제주어개론

하

제주어개론

하

고 재 환 저

보고사

알아두기
-하권-

이『제주어개론』'하권'의 <제6장 형태론>은 '선어말어미'·'전성어미'·
'강세첨사'·'연결어미'·'종결어미'를 대상으로 한 것이다. 이들은 문자화
해서 문장으로 옮길 때 가장 까다로운 것으로서 제대로 알지 못하면 문법에
어긋나고 만다. 특히 이들 어미형태는 복잡다양해서 그 용례를 꼼꼼히 다
챙기려면 별도로 단행본을 한 권 더 내도 유복일 정도다. 여기 다뤄지는
주요대상은 '상권'과 마찬가지로 필자가 출생해서 성장한 구-제주시지역(舊
-濟州市地域)을 무대로 해서 터득한 것들을 선별적으로 간추려서 그에 대한
기초이론과 용례를 제시하는 선에서 멈췄다.

1. 어미의 구분은 비어말어미인 '선어말어미'와 어말어미인 '전성어미'·
   '연결어미'·'종결어미'에 어세와 어감을 덧나게 하는 '강세첨사'를 추
   가시킨 5가지 형태를 대상으로 해서 그 용례를 제시하는 데 중점을
   두었다.

2. <선어말어미>의 대상은 과거시제인 '-앗/엇/엿-'·'-안/언/연-',
   ·'-낫-'·'-랏-', 진행시제인 '-암/엄/염-', 추측과 의도 따위를
   나타내는 '-겟/커/쿠/크/키-', 회상시제 '-더-', 현재를 나타내는 '-
   ㄴ/는-'과 존대형인 '-오/옵/시/스옵/ᄌ옵'… 등이다.

3. <전성어미>의 대상은 관형사형전성어미인 '-ㄴ/-는/-은'·'-ㄹ/-
   을'·'-던/-단'과 명사형전성어미인 '-ㅁ/-음'·'-기/-지'·'-ㄹ락
   /-을락'을 중심으로 그 용례를 다뤘다.

4. <강세첨사>는 제주어의 구어체 특성과 직결된 구술첨사로서 높임말인 존대어에 쓰이는 '마씀/마씸'·'양', 낮춤말인 비어에 쓰이는 '이', 존비어(尊卑語)에 공통으로 두루 쓰이는 '게/겐'을 대상으로 해서 그 용례를 다뤘다.

5. <연결어미>는 그 형태가 복잡 다양해서 일일이 예시할 수 없으므로 대표적인 것만 간추렸다. 그 대상은 편의상 '대등적 연결어미'·'종속적 연결어미'·'보조적 연결어미'·'시제적 연결어미'·'주요 연결어미'로 구분해서 그 용례를 열거했다.

6. <종결어미>의 대상은 서법(敍法)에 따른 '평서형종결어미'·'의문형종결어미'·'명령형종결어미'·'청유형종결어미'·'감탄형종결어미'로 한정했다. 그 중 '평서형종결어미'와 '의문형종결어미'는 '비존대형·존대형'으로 구분했고, 명령형종결어미는 비어형인 'ᄒ라체/말라체'와 존대형인 'ᅙᆸ서체/ᄆᆸ서체'로, 청유형종결어미는 비어형인 'ᄒ주체/말주체'와 존대형인 'ᅙᆸ주체/ᄆᆸ주체'로 나눠서 그 용례를 밝혔다.

7. 색인인 찾아보기는 '상권'에서처럼 표제어와 본문의 주요어휘나 용어를 대상으로 했다. 특히 본문에 표시된 부호나 문자들 중에, △는 주요 표제를, /는 구분을, //는 전절과 후절의 구분을, >는 변화를, <는 말의 강약과 크고 작음을, +는 결합을, ( ) [ ]는 해당 한자와 표준어를 써넣었다. 또 ( ) 속의 '자음'은 자음받침으로 끝나는 것임을, '모음'은 모음으로 끝나는 것임을, '모음/ㄹ'은 모음과 ㄹ받침으로 끝나는 것임을, '모음/ㄹ제외'는 모음이나 ㄹ받침을 제외한 것임을, 'ㅂ변칙'은 ㅂ-불규칙용언을, '사접'은 사동형접미사를, '피접'은 피동형접미사를 말한다. 또 '양성어간'은 양성모음 어간을, '음성어간'은 음성모음어간을 말한다.

차 례

제6장 형태론 ··· 9

  1. 선어말어미 ··· 9

    1) 시제형선어말어미 ·· 10

    2) 심의형선어말어미 ·· 19

    3) 존대형선어말어미 ·· 22

  2. 전성어미 ·· 32

    1) 관형사형전성어미 ·· 32

    2) 명사형전성어미 ·· 35

  3. 강세첨사 ·· 37

    1) 존대형:마씀/마씸 [요] ··· 38

    2) 존대형:양 [요] ··· 45

    3) 비존대형:이 [야] ·· 53

    4) 공통형:게/겐 [야/요] ·· 59

    5) 마씀/마씸+양 · 마씀/마씸+게/겐 [요네] ················ 64

    6) 이+게/겐 [야게] ··· 67

  4. 연결어미 ·· 72

    1) 대등적 연결어미 ··· 73

2) 종속적 연결어미 ·· 74

3) 보조적 연결어미 ·· 76

4) 시제적 연결어미 ·· 76

5) 주요 연결어미 ·· 129

5. 종결어미 ··· 168

1) 평서형종결어미 ·· 168

[비존대형] ·· 168

[존대형] ·· 201

2) 의문형종결어미 ·· 254

[비존대형] ·· 254

[존대형] ·· 304

3) 명령형종결어미 ·· 346

[ᄒ라체] ··· 347

[ᄒᆞᆸ서체] ·· 363

[말라체] ··· 382

[맙서체] ··· 388

4) 청유형종결어미 ·· 397

[ᄒ주체] ··· 398

[ᄒᆞᆸ주체] ·· 418

[말주체] ··· 434

[맙주체] ··· 444

5) 감탄형종결어미 ·· 454

참고문헌 ·· 465

찾아보기 ·· 467

형 태 론

　제주어의 어미에 대한 여러 형태는 다양하고 복잡할 뿐만 아니라, 현대 국어와 전연 다른 형태소들이 많다. 그 까닭은 제주어의 구조가 기록을 전제로 한 문어체(文語體)가 아닌, 말하기 중심의 구어체(口語體) 특성을 살렸기 때문이다. 그 기본골간은 국어문법과 맥을 같이 하는 비어말어미인 선어말어미(先語末語尾)를 비롯해서 전성어미(轉成語尾)·연결어미(連結語尾)·종결어미(終結語尾)에 제주어 특유의 '강세첨사(强勢添辭)'를 추가시킨 5가지 형태가 주축을 이루고 있다. 특히 이들 중 연결어미는 그 형태와 활용이 다양해서 꼼꼼히 다루려면, 알아두기에서 이미 밝힌 대로 단행본이 한권 더 나와야 할 정도로 방대한 작업을 해야 한다. 여기서는 가장 기본적이고 활용도가 높은 것만 대상으로 삼는다.

1. 선어말어미

　선어말어미라고 함은 용언의 어간과 어미 사이에 붙는 비어말어미(非語末語尾)를 말한다. 즉 과거나 진행상을 나타내는 시제형선어말어미를 비롯해서 의도·추측·가능 따위를 나타내는 심의형선어말어미(心意形先語末

語尾)와 상대방을 공대해서 말할 때 쓰이는 존대형선어말어미가 그에 해당한다. 그 대표적인 예시는 아래 1)·2)·3)과 같다.

1) 시제형선어말어미

여기에 해당하는 대표적인 시제형의 선어말어미는 과거의 사실을 나타내는 '-앗/엇/엿(았/었/였)-'·'-안/언/연(았/었/였)-'·'-낫(었)-'·'-랏(았/었/였)-'·'-더-'와 진행상과 현재의 사실을 나타내는 '-암/엄/염(고 있)-'·'-ㄴ/는-' 등이다.

(1) -앗/엇/엿- [-았/었/였-]

이들 선어말어미는 용언의 어간에 붙어서 무엇이 끝남을 나타낸다. 현대국어의 과거를 나타내는 '-았/었/였-'에 해당한다. 그것도 '-앗-'은 양성모음 어간 다음에, '-엇-'은 음성모음 어간 다음에, '-엿-'은 'ᄒ다(하다)'와 '-ᄒ다'가 붙어서 된의 어간 'ᄒ(하)' 다음에 붙는다.

△ 양성어간+앗 [-았-]
· 집이 갓(가<u>앗</u>)저.
(집에 갔(가<u>았</u>)다.)
· 눈이 다 녹앗다.
(눈이 다 녹<u>았</u>다.)

△ 음성어간+엇 [-었-]
· 짐을 잔뜩 지엇다.
(짐을 잔뜩 지<u>었</u>다.)
· 날이 어둑엇이난 흔저 가라.
(날이 어두<u>었</u>으니 어서 가라.)

△ ᄒ(ᄒ다)+엿 [-였-]

· 일 하영 ᄒ엿저.

(일 많이 하였다.)

· 소리 잘ᄒ엿젠 ᄀᆯ아라.

(노래 잘하였다고 말하더라.)

(2) -안/언/연- [-았/었/였-]

이들 선어말어미는 앞의 과거시제 '-앗/엇/엿-'과 같은 완료의 기능을 가진 현대국어의 '-았/었/였-'에 해당한다. 그 쓰이는 조건은 뒤에 의문형종결어미 '-가/-고/-댜'가 붙는데, 그것도 양성모음 어간 다음에는 '-안-'이, 음성모음 어간 다음에는 '-언-'이, 'ᄒ다(하다)'와 '-ᄒ다'가 붙어서 된 'ᄒ(하)' 다음에는 '-연-'이 붙는다.

△ 양성어간+안+가/고/댜 [-았는가/-았느냐]

· 지네덜찌리 잘 놀안가?

(자기들끼리 잘 놀았는가?)

· 누게영 ᄀᆞ찌 완(오안)고?

(누구하고 같이 왔(오았)는가?)

· 느 눈으로 똑똑이 보안댜?

(네 눈으로 똑똑히 보았느냐?)

△ 음성어간+언+가/고/댜 [-었는가/-었느냐]

· 울지 안ᄒ연 웃언가?

(울지 안하고 웃었는가?)

· 무사 잘못ᄒ엿덴 빌언고?

(왜 잘못하였다고 빌었는가.)

· 오늘도 ᄃᆞ퉈(투언)댜?

(오늘도 다투었느냐?)

△ 호(호다)+연+가/고/댜 [-였는가/-였느냐]
· 일 시작호연가?
(일은 시작하였는가?)
· 누게가 그 말 호연고?
(누가 그 말을 하였는가?)
· 경 호연댜 안호연댜?
(그렇게 하였느냐 안하였느냐?)

(3) -낫- [-었-]1)

이 과거시제 선어말어미는 지난 것에 대한 완료상을 나타내는 현대국어의 '-었-'에 해당한다. 그 쓰이는 조건은 아래 ❶❷와 같다.

❶ 체언+라낫/이라낫 [-였었/-이었었-]

이 형태를 취할 때의 '-낫-'은 모음으로 끝나는 체언에는 '-엿(였)-'의 구실을 하는 '-라-'와 결합한 '-라낫-'의 형태를 취해서 현대국어 '-였었-'의 '-었-'이 되고, 자음받침으로 끝나는 체언에는 '-이라'와 '-낫-'이 결합된 '-이라낫-'의 형태를 취해서 현대국어 '-이었었-'의 '-었-'이 된다.

△ 체언(모음)+라+낫 [-였었-]
· 두린 때 잘 우는 건 느라낫저.
(어린 때 잘 우는 것은 너였었다.)
· 엿 귀흔 게 비누라낫이냐?
(옛날 귀한 것이 비누였었느냐?)

---

1) '-낫-'은 현대국어의 보조동사 '나다'의 어간 '나'에 과거시제 선어말어미 '-았-'이 붙은 '나았'의 준말인 '났에 해당하는 것일 수도 있다. 하지만 제주어에서는 아래 ①의 '체언+라낫/이라낫[-었었-]'과 ②의 '어간+아/어/여+낫[-았었/었었/였었-]'과 같이 과거완료 시상을 나타내는 선어말어미의 구실을 한다.

△ 체언(자음)+이라+낫 [-이었었-]

· 질 엄흔 게 법이라낫주.
  (제일 엄한 것이 법이었었지.)
· 부재가 뒈는 게 꿈이라낫덴 혼다.
  (부자가 되는 것이 꿈이었었다고 한다.)

❷ **어간+아/어/여+낫 [-았었/었었/였었-]**

이 형태를 취할 때의 과거시제 선어말어미 '-낫-'은 용언의 어간에 붙는 어미 '-아/-어/-여'와 결합된 '-아낫/-어낫/-여낫'의 형태를 취해서 어미 '-아/-어/-여'를 '-았/-었/-엿'이 되도록 하는 현대국어에 쓰이는 과거완료시상을 나타내는 '-았었/었었/였었-'의 '-었-'이 된다.

△ 양성어간+아+낫 [-았었-]

· 나도 출령 나사민 고와(오아)낫다.
  (나도 차려서 나서면 고왔(오았)었다.)
· 맨발로 댕길 땐 발에 가시 박아낫저.
  (맨발로 다닐 때는 발에 가시 박았었다.)

△ 음성어간+어+낫 [-었었-]

· 그 중에선 질 커(크어)낫저.
  (그 중에서는 제일 컸(크었)었다.)
· 옛날도 돌림빙으로 사름 하영 죽어낫주기.
  (옛날도 돌림병으로 사람 많이 죽었었지.)

△ 흐(흐다)+여+낫 [-였었-]

· 밧듸 일흐여낫어냐?
  (밭에 일하였었더냐?)
· 어룬 앞이선 담배 핍지 못흐여낫저게.
  (어른 앞에서는 담배 피우지 못하였었다야.)

(4) -랏- [-았/었/였-]

이 과거시제 선어말어미 '-랏-'은 체언과 용언인 동사 '오다'와 형용사 '아니다'의 어간에만 붙는다. 그 쓰이는 조건은 아래 ❶❷와 같다.

❶ 체언+랏/이랏 [-였/이었-]

이 형태를 취할 때의 '-랏/이랏-'인 경우, '-랏-'은 모음으로 끝나는 체언 다음에 붙어서 현대국어의 과거시제 선어말어미 '-였-'이 되고, '-이랏-'은 자음받침으로 끝나는 체언 다음에 붙는 '이다'의 '이'와 결합된 '이랏'의 형태를 취해서 현대국어의 '-이었-'이 된다.

△ 체언(모음)+랏+저/이냐/구나 [-였다/-였느냐/-였구나]
- 그게 바로 나랏저.
  (그게 바로 나였다.)
- 질 아픈 듸가 배랏이냐?
  (제일 아픈 데가 배였느냐?)
- 그건 뭣도 몰른 소리랏구나.
  (그것은 뭣도 모른 소리였구나.)

△ 체언(자음)+이랏+저/이냐/구나 [-이었다/-이었느냐/-이었구나]
- 엿날도 귀흔 게 돈이랏저.
  (옛날도 귀한 게 돈이었다.)
- 것도 우리 밧이랏이냐?
  (그것도 우리 밭이었느냐?)
- 어제가 식갯날이랏구나.
  (어제가 제삿날이었구나.)

❷ **용언+랏 [-았/었-]**

이 형태를 취할 때의 '-랏-'은 동사 '오다'의 어간 '오' 다음에 붙어서 현대국어의 '-았-'이 되고, 형용사 '아니다'의 어간 '아니' 다음에 붙어서 '-었-'이 된다.

△ 동사어간(오다)+랏+저/이냐/구나 [-<u>았</u>다/-<u>았</u>느냐/-<u>았</u>구나]
  · 가인 볼써 오랏저.
    (그 아이는 벌써 <u>왔</u>(오았)다.)
  · 느 혼자(차)만 오랏이냐?
    (너 혼자만 <u>왔</u>(오았)느냐?)
  · 너미 늦게 오랏구나게.
    (너무 늦게 <u>왔</u>(오았)구나야.)

△ 형용사어간(아니다)+랏+저/이냐/구나 [-<u>었</u>다/-<u>었</u>느냐/-<u>었</u>구나]
  · 경 흐는 게 아니랏저.
    (그렇게 하는 거이 아니<u>었</u>다.)
  · 아무 일도 아니랏이냐?
    (아무 일도 아니<u>었</u>느냐?)
  · 느가 흔 게 아니랏구나.
    (네가 한 것이 아니<u>었</u>구나.)

(5) -더- [-더-] [2]

이 선어말어미는 용언의 어간에 붙어서 과거의 사실을 되생각해 내는 회상시제(回想時制)의 기능을 자진 현대국어의 '-더-'와 같다. 그 뒤에

---

2) 회상시제 선어말어미 '-더-'는 과거시제 선어말어미 '-앗/엇/엿(았/었/였)-'과 진행상을 나타내는 선어말어미 '-암/엄/염(고 있)-' 다음에도 붙는데, 그에 대한 예시는 생략했다.

는 주로 연결어미 '-니'와 종결어미 '-냐/-라/-구나' 따위의 종결어미가 붙는다.

   △ 어간+더+니 [-더니]
- 전인 말 못ᄒ더니 이젠 잘ᄒ염신게게.
  (전에는 말 못하더니 이제는 잘하고 있네야.)
- 뒌덴 ᄒ더니 안 뒌 모냥이어.
  (된다고 하더니 안 된 모양이다.)

   △ 어간+더+냐/라/구나 [-더냐/-더라/-더구나]
- 요샌 무신 약을 먹더냐?
  (요새는 무슨 약을 먹더냐?)
- ᄀ랑비에도 옷이 젖더라.
  (가랑비에도 옷이 젖더라.)
- ᄒ쑬만 거쪄도 잘 울더구나.
  (조금만 건드려도 잘 울더구나.)

(6) -암/엄/염- [-고 있-]

이들 선어말어미는 용언의 어간에 붙어서 어떤 사실이 진행상태를 나타낸다. 그 뜻은 모두 현대국어의 '-고 있-'에 해당하는데, '-암-'은 양성모음 어간 다음에 붙고, '-엄-'은 음성모음 어간 다음에 붙는다. '-염-'은 'ᄒ다(하다)'나 '-ᄒ다(하다)'가 붙어서 된 어간 'ᄒ(하)' 다음에 붙는다.

   △ 양성어간+암+저/시냐 [-고 있다/-고 있느냐]
- 생이가 놀암저.
  (새가 날고 있다.)
- 감ᄌ 숢암시냐?
  (고구마 삶고 있느냐?)

△ 음성어간+엄+게/구나 [-고 있자/-고 있구나]
　• 우리만이라도 들엄게.
　　(우리만이라도 듣고 있자.)
　• 숭키 썰엄구나.
　　(채소 썰고 있구나.)

△ ㅎ(ᄒ다)+염+주/시네 [-고 있다/-고 있네]
　• 이제사 밥ᄒ염주.
　　(이제야 밥하고 있다.)
　• 나강 놀 생각만 ᄒ염시네.
　　(나가서 놀 생각만 하고 있네.)

(7) -ㄴ/는- [-ㄴ/는-]

　이 선어말어미는 동사의 어간에 붙어서 현재를 나타내는 기능을 갖는다. 그 쓰임은 어간 끝음절이 모음이나 'ㄹ'로 끝나고 그 다음 종결어미 '-다'일 때 '-ㄴ-'이 붙고, 'ㄹ' 이외의 자음받침으로 끝날 때는 '-는-'이 붙는다. 특이한 것은 그 중 '-ㄴ-'인 경우 현대국어에서는 형용사에 붙지 않지만 제주어에는 붙는다. 다만 표준어로 대역할 때는 '-ㄴ-'이 탈락돼서 '-ㄴ다'가 아닌 '-다'라야 한다.

△ 동사어간(모음/ㄹ)+ㄴ+다 [-ㄴ다]
　• 비가 온(오ㄴ)다.
　　(비가 온다.)
　• 집이서만 논(놀ㄴ)다.
　　(집에서만 논다.)

△ 형용사어간(모음/ㄹ)+ㄴ+다 [-다]
　• 매 맞으민 아픈(프ㄴ)다.

(매 맞으면 아프<u>다</u>.)
- 이디서가 더 <u>먼</u>(멀ㄴ)다.
(여기서가 더 <u>멀다</u>.)

△ 동사어간(모음/ㄹ제외)+는+다 [−는다]
- 중빙에 걸리민 죽<u>는</u>다.
(중병에 걸리면 죽<u>는</u>다.)
- ᄌᆞ식은 부몰 믿<u>는</u>다.
(자식은 부모를 믿<u>는</u>다.)

실제 대화현장에서는 아래와 같이, 'ㄹ' 이외의 자음받침으로 끝나는 동사의 어간 다음에 선어말어미 '−는−'의 생략돼서 종결어미 '−나'가 붙은 형태를 선호한다.

△ 동사어간(모음/ㄹ제외)+나 [−는다]
- 중빙에 걸리민 죽<u>나</u>.
(중병에 걸리면 죽<u>는</u>다.)
- ᄌᆞ식은 부몰 믿<u>나</u>.
(자식은 부모를 믿<u>는</u>다.)

여기서 주의할 것은 선어말어미 '−ㄴ/는−'과 관형사형전성어미 '−ㄴ/−는'의 구분이다. 선어말어미로 쓰일 경우는 위의 예시처럼 그 뒤에 종결어미 '−다'·'−나'가 결합되지만, 관형사형 전성어미로 쓰일 경우는 체언 앞에 놓여서 관형어의 성분을 가진 수식어의 구실을 한다. 즉 관형사형 전성어미 '−ㄴ'은 모음으로 끝나는 동사의 어간에 붙으면 과거의 사실을 나태내고, 형용사의 어간에 붙으면 현재를 나타낸다. 또 '−는'은 동사 '잇다(있다)'와 형용사 '엇다(없다)'의 어간에 붙어 현재의 사실을 나타낸다. 이에 대한 구체적인 예시들은 뒤에 항목을 달리해서 다룬 <전성어미>의 '관형사형 전성어미'에서 다뤄진다.

2) 심의형선어말어미

여기에 해당하는 대표적인 심의형(心意形)의 선어말어미는 의향·추측·확인 따위를 나타내는 '-겟(겠)-'과 '-커/크/키(겠)-'·'-쿠(겠습)-'이 있다.

(1) -겟- [-겠-]

이 선어말어미 '-겟'은 용언의 어간에 붙어서 추측이나 의도를 나타내는 현대국어의 '-겠-'에 해당한다. 그 쓰이는 조건은 '-겟-'은 평서형 종결어미 '-다'와 의문형종결어미 '-느냐', 감탄형종결어미 '-구나' 앞에 놓인다.

    △ 어간+겟+다 [-겠다]
- 나 곧 가겟다.
  (나 곧 가겠다.)
- 맛좋게 잘 먹겟다.
  (맛좋게 잘 먹겠다.)

    △ 어간+겟+느냐 [-겠느냐]
- 느만으로 뒈겟느냐?
  (너만으로 되겠느냐?)
- 것도 몰르겟느냐?
  (그것도 모르겠느냐?)

    △ 어간+겟+구나 [-겠구나]
- 그디도 엇겟구나.

(거기도 없<u>겟</u>구나.)

· 자이가 그 집안에서 질 곱<u>겟</u>구나.

(저 아이가 그 집안에서 제일 곱<u>겠</u>구나.)

(2) -커/크/키- [-겠-]

이들 선어말미는 용언의 어간에 붙어서 위의 '-겟-'과 같이 추측이나 의도 따위를 나타내는 현대국어의 '-겠-'에 해당한다. 그 쓰이는 조건은 모음이나 'ㄹ'로 끝나는 어간에 붙는데, '-커-'·'-크-' 다음에 붙는 종결어미는 '-라'가, '-키-' 다음에는 '-어-'가 놓인다. '-커-'와 '-크-'는 같이 써도 된다.

△ 어간(모음/ㄹ)+커+라 [-<u>겠</u>다]

· 난 이만 놀앙 가<u>커</u>라.

(나는 이만 놀아서 가<u>겠</u>다.)

· 집이 가젱 ᄒᆞ민 멀<u>커</u>라.

(집에 가려고 하면 멀<u>겠</u>다.)

△ 어간(모음/ㄹ)+크+라 [-<u>겠</u>다]

· 가인 성보단 더 크<u>크</u>라.

(개는 형보다 더 크<u>겠</u>다.)

· 난 밧 안 풀<u>크</u>라.

(나는 밭 안 팔<u>겠</u>다.)

△ 어간(모음/ㄹ)+키+어 [-<u>겠</u>다]

· 난 고양이 강 살<u>키</u>어게.

(나는 고향에 가서 살<u>겠</u>다야.)

· 그건 안 뒈<u>키</u>어.

(그것은 안 되<u>겠</u>다.)

또 '-커-'·'-크-'가 'ㄹ' 이외의 자음받침으로 끝나는 어간에는 아래 예시와 같이 '-으커-'·'-으크-'가 붙는다.

△ 어간(모음/ㄹ제외)+으커+라 [-겠다]
· 난 늘 못ᄒ게 막으커라.
(나는 너를 못하게 막겠다.)
· 그걸 어떵 ᄒ민 좋으크라?
(그걸 어떻게 하면 좋겠나?)

(3) -쿠- [-겠습-]

이 선어말어미는 용언의 어간에 붙어서 추측이나 의도를 나타내는 현대국어의 존대어에 쓰이는 '-겠습니다'의 '-겠습'에 해당한다. 그 쓰이는 조건은 모음이나 'ㄹ'로 끝나는 어간 다음에 붙고, 'ㄹ'을 제외한 자음받침 어간에는 '-으쿠-'가 붙는다.

△ 어간(모음/ㄹ)+쿠+다/과 [-겠습니다/-겠습니까]
· 잘 댕경 오쿠다.
(잘 다녀서 오겠습니다.)
· 이 집이 살쿠과?
(이 집에 살겠습니까?)

△ 어간(모음/ㄹ제외)+으쿠+다/가 [-겠습니다/-겠습니까]
· 게민 집이 엇으쿠다.
(그러면 집에 없겠습니다.)
· 혼차(자) 살 방이라도 얻으쿠가?
(혼자 살 방이라도 얻겠습니까?)

3) 존대형선어말어미

여기에 해당하는 대표적인 존대형의 선어말어미는 '-시/오/옵-'과 '-ᄉ오/ᄉ옵(습)-'·'-ᄌ오/ᄌ옵(줍)-'이 아주높임말인 극존대어에 붙는데, 현대국어의 예스러운 말투에 쓰이는 '-사오/사옵(삽)-'·'-자오/자옵(잡)-'이 그것이다.

(1) -시/오/옵- [-시/오/옵-]

이들 선어말어미는 존대어에만 붙는다. 그것도 지체가 높은 사람을 대하는 관료층과 식자층의 선비들이 상대방을 아주 높여서 말하는 경어에 쓰였다. 하지만 민가의 농어민들에게는 잘 쓰이지 않고 주로 예사높임에 쓰이는 '-쿠(겠습)-'를 즐겨 썼다. 그 쓰이는 조건과 용례의 일부를 제시하면 아래 ❶❷❸❹와 같다.

❶ 체언+시+어/우꽈/구낭 [-시다/-십니까/-시구나]

이 형태를 취하는 존대형선어말어미 '-시-'는 모음으로 끝나는 체언 다음에 붙고, 자음받침으로 끝나는 체언 다음에는 '이다'의 '이'와 결합한 '-이시-'가 돼서 주체존대의 뜻을 나타낸다. 이 경우의 '-시/이시-' 다음에는 평서형종결어미 '-어', 의문형종결어미 '-우꽈', 감탄형종결어미 '-구낭'이 붙어서 현대국어의 '-시다/-이시다'·'-십니까/-이십니까'·'-시구나/-이시구나'의 '-시/이시-'·'-십/이십-'·'-시/이시-'가 된다.

　△ 체언(모음)+시+어/우꽈/구낭 [-시다/-십니까/-시구나]
　　·그이가 ᄉ또시어.
　　　(그이가 사또시다.)
　　·어느 어룬이 암행아ᄉ시우꽈?
　　　(어느 어른이 암행어사십니까?)

· 저디 앚인 분이 느네 부모<u>시</u>구낭.

(저기 앉은 분이 너의 부모<u>시</u>구나.)

△ 체언(자음)+이시어+우꽈/구낭 [-<u>이시</u>다/-<u>이십</u>니까/-<u>이시</u>구나]

· 저분이 훈장님<u>이시</u>어.

(저분이 훈장님<u>이시</u>다.)

· 그 분은 전라도가 고양<u>이시</u>우꽈?

(그 분은 전라도가 고향<u>이십</u>니까?)

· 누겐고 ᄒᆞ난 바로 사돈<u>이시</u>구낭.

(누군가 하니 바로 사돈<u>이시</u>구나.)

❷ **어간+시+어/우꽈/구낭 [-<u>시</u>다/-<u>십</u>니까/-<u>시</u>구나]**

이 형태를 취하는 존대형선어말어미 '-시-'는 모음이나 'ㄹ' 받침으로 끝나는 형용사의 어간 다음에 붙고, 'ㄹ' 이외의 자음받침으로 끝나는 어간 다음에는 '-으시-'가 붙어서 주체존대의 뜻을 나타낸다. 이 경우의 '-시/으시-' 다음에는 평서형종결어미 '-어', 의문형종결어미 '-우꽈'·감탄형종결어미 '-구낭'의 붙어서 현대국어의 '-시다/-으시다'·'-십니까/-으십니까'·'-시구나/-으시구나'의 '-시/으시-'·'-십/-으십'이 된다.

△ 형용사어간(모음/ㄹ)+시+어/우꽈/구낭 [-<u>시</u>다/-<u>십</u>니까/-<u>시</u>구나]

· 경 ᄒᆞᆯ 어룬이 아니<u>시</u>어.

(그렇게 할 어른이 아니<u>시</u>다.)

· 이디서 사는 듸가 머(멀)<u>시</u>우꽈?

(여기서 사는 데가 머(멀)<u>십</u>니까?)

· 나꽝 생각이 달르<u>시</u>구낭.

(나와 생각이 다르<u>시</u>구나.)

△ 형용사(모음/ㄹ제외)+으시+어/우꽈/구낭 [-으시다/-으십니
  까/-으시구나]

· 그 사람은 말버릇이 좋으시어.
  (그 사람은 말버릇이 좋으시다)
· 도량이 경도 족으시우꽈?
  (도량이 그렇게도 작으십니까?)
· 늙어도 눈이 붉으시구낭.
  (늙어도 눈이 밝으시구나.)

❸ 어간+오+니/민/리다 [-오니/-오면/-오리다]

　이 형태를 취하는 존대형선어말어미 '-오-'는 모음이나 'ㄹ'받침
용언의 어간에 붙어서 겸양의 뜻을 나타내는데, 주로 연결어미 '-니/-민'
과 종결어미 '-리다' 앞에 놓이는 것이 통례이다.

△ 어간(모음/ㄹ)+오+니/민… [-오니/-오면]

· 여간 급혼 일이 아니오니…
  (여간 급한 일이 아니오니…)
· 경 먼 듸 사(살)오민….
  (그렇게 먼 데 사(살)오면….)

△ 어간(모음/ㄹ)+오+리다 [-오리다]

· 잘 보술펴오리다.
  (잘 보살펴오리다)
· 돈을 하영 버스(슬)오리다.
  (돈을 많이 버오리다.)

❹ 어간+옵+고/더니/주/네다 [-옵고/-옵더니/-옵시다/-옵니다]

이 형태를 취하는 존대형선어말어미 '-옵-'은 모음이나 'ㄹ'받침 용언의 어간에 붙어서 겸양의 뜻을 나타내는데, 주로 연결어미 '-고/-더니'와 종결어미 '-주/-네다' 따위 앞에 붙는다.

△ 형용사어간(모음/ㄹ)+옵+고/더니… [-옵고/-옵더니]
 ·그것이 아니 옵고 …
  (그것이 아니옵고 …)
 ·입맛이 하도 드(들)옵더니….
  (입맛이 하도 다(달)옵더니….)

△ 동사어간(모음/ㄹ)+옵+주/네다 [-옵시다/-옵니다]
 ·일 뻘리 ㅎ옵주.
  (일 빨리 하옵시다.)
 ·그 집은 가난ㅎ게 사(살)옵네다.
  (그 집은 가난하게 사(살)옵니다.)

(2) -ㅅ오/ㅅ옵(습)/ㅈ옵(좁)- [-사오/사옵(삽)/자옵(잡)-]

이들 선어말어미는 위 1)의 '-시/오/옵-'과 같이, 지체가 높은 사람을 대하는 관료층과 식자층의 선비들이 상대방을 아주 높여서 말하는 극존대어(極尊待語)에 쓰였다. 하지만 민가의 농어민들에게는 잘 쓰이지 않았다. 그 쓰임은 아래 ❶❷❸과 같다.

❶ 어간+ㅅ오 [-사오]

이 형태를 취할 때의 극존대형선어말어미 '-ㅅ오-'는 모음이나 'ㄹ'로 끝나는 어간을 제외한 용언의 어간과 선어말어미 '-앗/엇/엿(았/었/

였)-'·'-암/엄/염(고 있)-'·'-겟(겟)-' 다음에 붙어서 공손의 뜻을 나타
내는 현대국어의 '-사오-'에 해당한다.

△ 어간(ㄹ제외)+스오+니/민/리다 [-사오니/-사오면/-사오리다]
· 가기가 어렵스오니 ….
(가기가 어렵사오니 ….)
· 무신 일이 잇스오민 ….
(무슨 일이 있사오면 ….)
· 그 말만 믿스오리다.
(그 말만 믿사오리다.)

△ 양성어간+앗+스오+니/민 [-왔사오니/-왔사오면]
· 궤로운 일을 당ᄒ여 보앗스오니 ….
(궤로운 일을 당하여 보았사오니….)
· ᄒ젱 ᄒ단 말앗스오민 ….
(하려고 하다가 말았사오면 ….)

△ 음성어간+엇+스오+니/민 [-었사오니/-었사오면]
· 빗을 물엇스오니 ….
(빚을 물었사오니 ….)
· 집을 새로 짓엇스오민 ….
(집을 새로 지었사오면 ….)

△ ᄒ(ᄒ다)+엿+스오+니/민 [-였사오니/-였사오면]
· 신신 당부를 ᄒ엿스오니 ….
(신신 당부를 하였사오니 ….)
· 경이라도 ᄒ엿스오민 ….
(그렇게라도 하였사오면 ….)

△ 양성어간+암+亽오+니/민 [-고 있亽오니/-고 있亽오면]

　· 날이 붉암亽오니 ….
　　(날이 밝고 있亽오니….)
　· 잘 보암亽오면 ….
　　(잘 보고 있亽오면 ….)

△ 음성어간+엄+亽오+니/민 [-고 있亽오니/-고 있亽오면]

　· 브름이 불엄亽오니 ….
　　(바람이 불고 있亽오니….)
　· 꽃이 피엄亽오면 ….
　　(꽃이 피고 있亽오면 ….)

△ ᄒ(ᄒ다)+염+亽오+니/민 [-고 있亽오니/-고 있亽오면]

　· 이제 떠나젠 ᄒ염亽오니 ….
　　(이제 떠나려고 하고 있亽오니….)
　· 걷지도 못ᄒ염亽오면 ….
　　(걷지도 못하고 있亽오면 ….)

△ 어간+켓+亽오+니/민/니다 [-겠亽오니/-겠亽오면/-겠亽오니
다]

　· 아이를 보내켓亽오니 ….
　　(아이를 보내겠亽오니 ….)
　· 어딘질 몰르켓亽오면 ….
　　(어딘지를 모르겠亽오면 ….)
　· 오늘은 아무 듸도 안 가켓亽오니다.
　　(오늘은 아무 데도 안 가겠亽오니다.)

❷ 어간+亽옵/습 [-사옵/-삽]

이 형태를 취할 때의 극존대형선어말어미 '-亽옵'과 그 준말인 '-
습-'은 모음이나 'ㄹ'로 끝나는 어간을 제외한 용언의 어간과 선어말어미

'-앗/엇/엿(았/었/였)-'·'-암/엄/염(고 있)-'·'-겟(겠)-' 다음에 붙어서 공손의 뜻을 나타내는 현대국어의 '-사옵-'·'-삽-'에 해당한다.

△ 어간(모음/ㄹ제외)+스옵/습+더니 [-사옵/삽더니]
· 빨리 걷스옵더니만, ….
  (빨리 걷사옵더니만, ….)
· 불빗이 어둑습더니 ….
  (불빛이 어둡삽더니 ….)

△ 어간(모음/ㄹ제외)+스옵/습+네다 [-사옵/삽니다]
· 날이 덥스옵네다.
  (날이 덥사옵니다.)
· 아무 일도 엇습네다.
  (아무 일도 없삽니다.)

△ 양성어간+앗+스옵/습+고/네다/주 [-았사옵/삽고·-았사옵/삽니다]
· 기별 받앗스옵/습고 ….
  (기별 받았사옵/삽고 ….)
· 돈 줜 삿(사앗)스옵/습네다.
  (돈을 주고 샀(사았)사옵/삽니다.)
· 비 안 맞게 잘 놓앗스옵/습주.
  (비 안 맞게 잘 놓았사옵/삽니다.)

△ 음성어간+엇+스옵/습+고/네다/주 [-었사옵/삽고·-었사옵/삽니다]
· 가분 건 아니엇스옵/습고 ….
  (가버린 것은 아니었사옵/삽고 ….)
· 숭년에 백성덜은 굶엇스옵/습네다.
  (흉년에 백성들은 굶었사옵/삽니다.)

· 그날은 집이 아무도 엇엇<u>스옵</u>/<u>습</u>주.
(그날은 집에 아무도 없었<u>사옵</u>/<u>삽</u>니다.)

△ ᄒ(ᄒ다)+엿+<u>스옵</u>/<u>습</u>+고/네다/주 [-었<u>사옵</u>/<u>삽</u>고·-았<u>사옵</u>/
<u>삽</u>니다]

· 그건 잘못ᄒ엿<u>스옵</u>/<u>습</u>고 ….
(그건 잘못하였<u>사옵</u>/<u>삽</u>고 ….)
· 과거시엄에 낙방ᄒ엿<u>스옵</u>/<u>습</u>네다.
(과거시험에 낙방하였<u>사옵</u>/<u>삽</u>니다.)
· 헛뒌 말은 안ᄒ엿<u>스옵</u>/<u>습</u>주.
(헛된 말은 안하였<u>사옵</u>/<u>삽</u>니다.)

△ 어간+암/엄/염+<u>스옵</u>/<u>습</u>+네다 [-고 있<u>사옵</u>/<u>삽</u>니다]

· 양성어간: 잘 알아듣게시리 곧암<u>스옵</u>네다.
(잘 알아듣게끔 말하고 있<u>사옵</u>니다.)
땅이서 물이 솟암<u>습</u>네다.
(땅에서 물이 솟고 있<u>삽</u>니다.)
· 음성어간: 맛나게 먹엄<u>스옵</u>네다.
(맛있게 먹고 있<u>사옵</u>니다.)
이제도 못 기엄<u>습</u>네다.
(이제도 못 기고 있<u>삽</u>니다.)
· ᄒ(ᄒ다): 아무 말도 안ᄒ염<u>스옵</u>네다.
(아무 말도 안하고 있<u>사옵</u>니다.)
늣빗이 벌겅ᄒ염<u>습</u>다.
(낯빛이 벌겋고 있<u>삽</u>니다.)

△ 어간+겟+<u>스옵</u>/<u>습</u>+네다 [-겠<u>사옵</u>/<u>삽</u>니다]
· 나도 ᄒ디 가겟<u>스옵</u>네다.
(저도 한데 가겠<u>사옵</u>니다.)
· 다음엔 절대로 안ᄒ겟<u>습</u>네다.

(다음에는 절대 안하겠<u>삽</u>니다.)

❸ 어간+ᄌᆞᆸ/줍 [-자옵/-잡]

이 형태를 취할 때의 극존대형 선어말어미 '-ᄌᆞᆸ-'과 그 준말인
'-줍-'은 주로 '묻다/받다 …' 따위의 동사의 어간 '묻/받' 다음에 붙어서
상대를 높이는 현대국어의 '-자옵-'·'-잡-'에 해당한다. 그 놓이는 자리
는 종결어미 '-나이다/-주(시다)'·선어말어미 '-시-'·'-는-'·연결어
미 '-아/-게/-지/-고' 앞이라야 한다.

△ 묻/받(묻다/받다)+ᄌᆞᆸ/줍+나이다/주 [-<u>자옵</u>/<u>잡</u>나이다·-<u>자</u>
<u>옵</u>/<u>잡</u>시다]
· 어루신신디 묻<u>ᄌᆞᆸ</u>나이다.
(어르신한테 묻<u>자옵</u>나이다.)
· 잘 몰르난 묻<u>줍</u>나이다.
(잘 모르니 묻<u>잡</u>나이다.)
· 그 뜻을 받<u>ᄌᆞᆸ</u>주.
(그 뜻을 받<u>자옵</u>시다.)
· 흔 잔 더 받<u>줍</u>주.
(한 잔 더 받<u>잡</u>시다.)

△ 묻/받(묻다/받다)+ᄌᆞᆸ/줍+시/는+다 [-<u>자옵</u>/<u>잡</u>시다·-<u>자옵</u>/
<u>잡</u>는다]
· 영감님신디 묻<u>ᄌᆞᆸ</u>/<u>줍</u>시다.
(영감한테 묻<u>자옵</u>/<u>잡</u>시다.)
· 안낸 건 다 받<u>ᄌᆞᆸ</u>/<u>줍</u>는다.
(드린 것은 다 받<u>자옵</u>/<u>잡</u>는다.)

△ 받(받다)+ᄌᆞ옵/줍+아/게/지/고 [-자와··-자옵/잡게··-자옵/
잡지··-자옵/잡고]

· 임금님 멩을 받ᄌᆞ와(오아)3) 황공ᄒᆞ옵네다.
(임금님 명을 받자와 황공하옵니다.)
· 귀ᄒᆞ 약이난 받ᄌᆞ옵/줍게 ᄒᆞ소서.
(귀한 약이니 받자옵/잡게 하소서.)
· 절대로 받ᄌᆞ옵/줍지 마소서.
(절대로 받자옵/잡지 마소서.)
· 음식을 받ᄌᆞ옵/줍고, ….
(음식을 받자옵/잡고, ….)

△ 묻(묻다)+ᄌᆞ옵/줍+게/고/나이다/주 [-자옵/잡게··-자옵/잡
고-자옵/잡나이다··-자옵/잡시다]

· 다신 어루신안티 묻ᄌᆞ옵/줍게 ᄒᆞ쿠다.
(다시는 어르신께 묻자옵/잡게 하겠습니다.)
· 잘 몰른 건 묻ᄌᆞ옵/줍고 ᄒᆞ도록 시키쿠다.
(잘 모른 것은 묻자옵/잡고 하도록 시키겠습니다.)
· 훈장님신디 묻ᄌᆞ옵/줍나이다.
(훈장님께 묻자옵/잡나이다.)
· 우리도 좀 묻ᄌᆞ옵/줍주.
(우리도 좀 묻자옵/잡시다.)

위와 같이 경어법(敬語法)에 사용되는 선어말어미 대부분이 극존대의 고
어들인데, 예사높임의 '-쿠(겠습)-'가 평서형종결어미 '-다'와 결합된 '-쿠
다(-겠습니다)'와 의문형종결어미 '-가/-까 …'와 결합된 '-쿠가/-쿠까(-
겠습니까)…'는 항목을 달리해서 다뤄질 '5.종결어미'의 '평서형종결어미'와

---

3) 존대형의 선어말어미 '-ᄌᆞ옵(자옵)-'과 그 준꼴 '-줍(잡)-'에 어미 '-아'가 결합된 'ᄌᆞ
옵+아'·'-줍+아'의 형태를 취하면 '-옵-'·'-줍-'의 ㅂ이 '오'로 변해서 'ᄌᆞ오아>ᄌᆞ
와(자오아>자와)'가 된다.

'의문형종결어미'에 구체적으로 예시돼 있으므로 여기서는 생략한다.

2. 전성어미

전성어미는 용언의 어간에 붙어서 관형사와 명사의 기능을 하도록 만드는 어미다. 그렇다고 그 품사까지 명사나 관형사로 바꿔지는 것은 아니다. 단 명사형전성어미인 경우는 용언을 전성명사로 바꿔놓을 수도 있다.

1) 관형사형전성어미

관형사형전성어미는 용언의 어간에 붙어서 관형사와 같은 기능을 갖도록 만드는 활용어미이다. 이를테면 아래 열거한 '-ㄴ/-는/-은'·'-ㄹ/-을'·'-던/-단'이 그것인데, 이들이 붙는 조건은 아래 (1)(2)(3)과 같다.

(1) -ㄴ/-는/-은 [-ㄴ/-는/-은]

이들 관형사형전성어미 중 '-ㄴ/-는'은 모음이나 'ㄹ'로 끝나는 어간에 붙어서 '-ㄴ'은 과거의 사실을 나타내고, '-는'은 모든 어간에 붙어서 현재를 나타낸다. '-은'인 경우는 자음받침으로 끝나는 어간에 붙어서 이미 되어 있는 사실을 나타낸다.

△ 어간(모음/ㄹ)+ㄴ+체언 [-ㄴ]
· 어제 산(사ㄴ) 책이 이거여.
(어제 산 책이 이것이다.)
· 느가 논(놀ㄴ) 듸가 어디고?
(너가 논 데가 어딘인가?)

△ 어간+는+체언 [-는]

· 가는 날이 장날인다.
  (가는 날이 장날이다.)
· 쓸데기엇는 일랑 흐지 말라.
  (쓸데없는 일랑 하지 마라.)

△ 어간(자음)+은+체언 [-은]

· 웨적을 막은 공이 크다.
  (왜적을 막은 공이 크다.)
· 저인 좋은 일 하영 흔다.
  (저이는 좋은 일을 많이 한다.)

(2) -ㄹ/-을 [-ㄹ/-을]

이들 관형사형전성어미는 용언의 어간에 붙는다. 그 쓰이는 조건은 '-ㄹ'인 경우, 모음으로 끝나는 아간에 붙어서 어떤 일의 미래를 나나타고, '-을'은 자음받침으로 끝나는 어간에 붙어 사실이나 추측을 나타낸다.

△ 어간(모음)+ㄹ+체언 [-ㄹ]

· 갈(가ㄹ) 사름은 가도 좋다.
  (갈 사람은 가도 좋다.)
· 오루도 날(나ㄹ) 굼 들(들ㄹ) 굼이 싯나.
  (오소리도 날 구멍 들 구멍이 있다.)

△ 어간(자음)+을+체언 [-을]

· 아무 일도 엇을 거여.
  (아무 일도 없을 것이다.)
· 믿을 사름은 느뿐이다.
  (믿을 사람은 너뿐이다.)

(3) -던/-단 [-던]

이들 관형사형전성어미는 용언의 어간에 붙어서 미완결의 상태를 나타내거나 지난 일을 돌이켜 보는 회상시제의 구실을 한다.

△ 어간+던/단+체언 [-던]
- ᄒᆞ<u>던/단</u> 일랑 다ᄒᆞ여 불라.
  (하<u>던</u> 일은 다하여 버려라.)
- 두린 때 놀<u>던/단</u> 생각이 난다.
  (어린 때 놀<u>던</u> 생각이 난다.)

(4) -난 [-던]

이 관형사형전성어미는 용언의 어간에 붙어서 지난 일을 돌이켜 보이는 회상시제의 기능을 가진 [-던]과 같다. 그 쓰이는 조건은 어미 '-아/-어/-여'와 결합된 '-아난/-어난/-여난'의 형태를 취해서 어미 '-아/-어/-여'를 '-앗/-엇/-엿'이 되도록 하는 현대국어 '-았던/었던/였던'의 '-던'이 그것이다.

△ 양성어간+아+난+체언 [-았던]
- 와(오아)<u>난</u> 사름이랑 오지 말라.
  (왔(오아)<u>던</u> 사람은 오지 마라.)
- 좋아<u>난</u> 때만 생각흔다.
  (좋았<u>던</u> 때만 생각한다.)

△ 음성어간+어+난+체언 [-었던]
- 지름 머거<u>난</u> 고냉이.
  (기름 먹었<u>던</u> 고양이.)
- 좋아<u>난</u> 때만 생각흔다.
  (좋았<u>던</u> 때만 생각한다.)

△ ㅎ(ㅎ다)+여+난+체언 [-였던]
- 지도 그 말ㅎ여난 적이 셔게.
  (자기도 그 말하였던 적이 있다.)
- 옛날 가난ㅎ여난 건 몰른다.
  (옛날 가난하였던 것은 모른다.)

2) 명사형전성어미

명사형전성어미라고 함은 용언의 어근이나 어간에 붙어서 명사의 형태로 만드는 어미를 말한다. 즉 '-ㅁ/-음/-기/-지'·'-ㄹ락/-올락'이 그것인데, 그 붙는 조건은 아래 (1)(2)(3)(4)와 같다. 여기서 주의할 것은 이들 전성어미가 명사화접미사(名詞化接尾辭)로도 쓰여서 '꿈/삶/놀음/돌리기(달리기) …'와 같이 명사로 바뀌어서 전성명사가 버리기도 한다. 이에 대해서는 <제3장 어휘론> '파생어'의 '어근+접미사→ 명사'에서도 다뤄지고 있다.

(1) 어간+ㅁ [-ㅁ]

이 형태를 취할 때의 명사형전성어미 '-ㅁ'은 모음과 'ㄹ'로 끝나는 용언의 어간에 붙어서 명사의 구실을 하게 만든다.

△ 어간(모음)+ㅁ [-ㅁ]
- 지가 사는 듸로 돌려보냄(내ㅁ)이 마땅ㅎ다.
  (자기가 사는 곳으로 돌려보냄이 마땅하다.)
- 그 상천 아픔(프ㅁ)이 크키더.
  (그 상처는 아픔이 크겠다.)

△ 어간(ㄹ)+ㅁ [-ㄻ]
- 매날 놂(놀ㅁ)도 궤롭나.

(매날 눕도 괴롭다.)
· 저추룩 고영 맨듦(들ㅁ)이 쉽지 안흔다.
(저처럼 곱게 만듦이 쉽지가 안하다.)

(2) 어간+음 [-음]

이 형태를 취할 때의 명사형전성어미 '-음'은 자음으로 끝나는 용언의 어간에 붙어서 명사의 구실을 하게 만든다.

△ 어근/어간+음 [-음]
· 놀멍 먹음이 펜흔 게 아닌다.
(놀면서 먹음이 편한 것이 아니다.)
· 크곡 족음이 무슨 상관고?
(크고 작음이 무슨 상관이냐?)

(3) 어간+기/지 [-기]

이 형태를 취할 때의 명사형전성어미 '-기/-지'는 용언의 어간에 붙어서 명사의 구실을 하게 만든다. 또 '-지'는 방언에서 볼 수 있는 '-기'가 구개음 '지'로 된 것이다.

△ 어간+기/지 [-기/-지]
· 이딘 놀기/지가 궂다.
(여기는 놀기가 나쁘다.)
· 돈 게 먹기/지 좋나.
(단 것이 먹기가 좋다.)

(4) 어간+ㄹ락/을락 [-기]

이 형태를 취할 때의 명사형전성어미 '-ㄹ락/-을락'은 동사의 어간 끝음절이 모음이나 'ㄹ'로 끝나면 '-ㄹ락'이 붙고, 자음받침으로 끝나면 '-을락'이 붙어서 현대국어의 명사형전성어미 '-기'와 같은 구실을 한다.

　△ 어간(모음/ㄹ)+ㄹ락 [-기]
　　· 우리랑 쪼기 찰락은 말게겐.
　　　(우리랑 제기 차기는 말자야.)
　　· 자인 나팔 불락도 잘혼다.
　　　(쟤는 나팔 불기도 잘한다.)

　△ 어간(자음)+을락 [-기]
　　· 땅 따먹을락ㅎ멍 놀게.
　　　(땅 따먹기하면서 놀자.)
　　· 오늘은 보물촛을락은 안홀 거여.
　　　(오늘은 보물찾기는 안할 거다.)

3. 강세첨사 4)

　강세첨사(强勢添辭)라고 함은 말끝에 덧붙어서 어세를 강하게 하는 구술첨사(口述添辭)로서 그 말하는 내용의 뜻을 덧나게 하는 형태소(形態素)를 말한다. 그 대표적인 것이 존대어에 붙는 '마씀/마씸'·'양', 비존대어에 붙는 '이', 공통으로 쓰이는 '게/겐'이다. 이들은 현대국어로 옮기면 만족치는 못하지만, 존대어에 붙는 첨사는 그 말의 뜻을 돋보이게 하는 보조사와 어미의 구실을 하는 '요'·'네'로, 비존대어에 붙는 첨사는 '야'로 했다. 특히 이들 강세첨사는 입말 중심의 구술효과를 살리려는 제주어의 특성과 직결돼 있어서, 어떻게 적재적소에 활용하느냐에 따라 그 본연의 가치가 드러

―――――――――――――――
　4) '강세첨사'란 용어는 '구술첨사'와 같은 것으로 양립할 수 있다.

난다. 다만 이들 첨사는 <제2장 품사론>에서 다뤄져야 할 것이나 종결어미에 잘 붙으므로 형태론에서 다뤘다.

1) 존대형: 마씀/마씸 [요]

이 존대형의 강세첨사는 높임말에 붙는다. 그 쓰이는 조건은 체언으로 끝맺는 말에 붙어서 존대형의 평서형종결어미의 구실을 하고,[5] 그 이외는 주로 용언의 어간에 붙는 종결어미 다음에 덧붙는다. 그 용례는 다양해서 일일이 다 열거할 수 없으므로, 다음 (1)~(7)에 한정한다.

(1) 체언+라/이라+마씀/마씸 [-ㅂ니다요/-입니다요]

이 형태를 취하는 강세첨사 '마씀/마씸'은 체언에 붙는 평서형종결어미 '-라'/-이라' 다음에 붙는다. 즉 모음으로 끝나는 체언에 붙는 종결어미 '-라' 다음에 놓여서 그 '-라'를 현대국어의 존대형종결어미 '-ㅂ니다요'로 바꾸는 구실을 하고, 자음받침으로 끝나는 체언에 붙는 종결어미 '-이라' 다음에 놓여서 그 '이라'를 '-입니다요'로 바꾸는 구실을 한다.

△ 체언(모음)+라+마씸/마씸 [-ㅂ니다요]
· 저게 바로 옥밤 소리라<u>마씀</u>.
  (저게 바로 올빼미 소립(리ㅂ)니다요.)
· 경 굴은 게 바로 나라<u>마씸</u>.
  (그렇게 말한 것이 바로 납(나ㅂ)니다요.)

△ 체언(자음)+이라+마씸/마씸 [-입니다요]
· 지 각각 달른 게 ᄆᆞᆷ속이라<u>마씀</u>.
  (제 각각 다른 것이 마음속입니다요.)

---

5) 강세첨사 '마씀/마씸'이 체언 다음에 직접 붙어서 존대형의 평서형종결어미로 쓰이는 용례는 별도의 <종결어미>의 '존대형'에서 다뤄지므로 여기서는 제외한다.

· 영 다운 게 방스탑이라<u>마씸</u>.
(이렇게 쌓은 것이 방사탑<u>입니다요</u>.)

(2) 어간+아/어/여+마씀/마씸 [-ㅂ니다요/-습니다요]

이 형태를 취하는 강세첨사 '마씀/마씸'은 용언의 어간에 붙는 종결어미 '-아/-어/-여' 다음에 붙는다. 그것도 양성모음 어간에 붙는 평서형종결어미 '-아'와 음성모음 어간에 붙는 '-어'는 모음이나 'ㄹ' 받침으로 끝나는 어간에 놓여서 그 '-아/-어'를 현대국어의 존대형종결어미 '-ㅂ니다요'로 바꾸는 구실을 하고, 모음이나 'ㄹ' 이외의 자음받침으로 끝나는 어간에 놓이면 '-습니다요'로 바꾸는 구실을 한다. 또 여-불규칙용언인 'ᄒ다(하다)'와 '-ᄒ다'가 붙어서 된 'ᄒ(하)'에 붙는 평서형종결어미 '-여' 다음에 놓여서 그 '-여'를 존대형인 '-ㅂ니다요'로 바꾸는 구실을 한다. 단 'ㅏ'로 끝나는 어간에는 '-아'가 탈락된다.

△ 양성어간(모음/ㄹ)+아+마씀/마씸 [-ㅂ니다요]
· 깝이 너미 비싸<u>마씀</u>.
(값이 너무 비쌉(싸ㅂ)니다요.)
· 술 먹으민 정신이 핑핑 돌아<u>마씸</u>.
(술을 먹으면 정신이 핑핑 돕(돌ㅂ)니다요.)

△ 양성어간(모음/ㄹ제외)+아+마씀/마씸 [-습니다요]
· 요샌 ᄌ주 안 춫아<u>마씀</u>.
(요새는 자주 안 찾습니다요.)
· 그 물은 지퍼도 몱아<u>마씸</u>.
(그 물은 깊어도 맑습니다요.)

△ 음성어간(모음/ㄹ)+어+마씀/마씸 [-ㅂ니다요]
· ᄋ름엔 밥 재기 쉬어<u>마씀</u>.

(여름에는 밥 빨리 쉽(쉬ㅂ)니다요.)
- 시리떡은 잘못 치민 설어<u>마씸</u>.
  (시루떡은 잘못 찌면 섭(설ㅂ)니다요.)

△ 음성어간(모음/ㄹ제외)+어+마씀/마씸 [-습니다요]

- 가도 벨로 볼 거 엇어<u>마씸</u>.
  (가도 별로 볼 것 없<u>습니다요</u>.)
- 곡속도 때가 돼사 익어<u>마씸</u>.
  (곡식도 때가 돼야 익<u>습니다요</u>.)

△ ᄒ(ᄒ다)+여+마씀/마씸 [-ㅂ니다요]

- 그 집은 놉 엇이 지냥으로만 ᄒ여<u>마씸</u>.
  (그 집은 놉 없이 자기대로만 합(하ㅂ)니다요.)
- 청은 ᄒ쏠만 볼라도 돌ᄒ여<u>마씸</u>.
  (꿀은 조금만 발라도 답(다ㅂ)니다요.)

(3) 어간+우까/우꽈+마씀/마씸 [-ㅂ니까요/-습니까요]

이 형태를 취하는 강세첨사 '마씀/마씸'은 존대형 의문형종결어미 '-우까/-우꽈'에 붙어서 현대국어의 '-ㅂ니까요/-습니까요'의 '요'와 같은 구실을 한다. 그 붙는 조건은 모음이나 'ㄹ' 받침으로 끝나는 형용사의 어간에 붙어서 '-ㅂ니까요'의 '요'가 되고, 'ㄹ' 이외 자음받침 형용사의 어간에 붙어서 '-습니까요'의 '요'가 된다. 단 형용사 '엇다/읏다(없다)'의 어간에는 '-우까/-우꽈'가 아닌 '-수가/-수과(습니까)'가 붙으므로 해당되지 않는다.

△ 형용사어간(모음/ㄹ)+우까/우꽈+마씸 [-ㅂ니까요]

- 이것광 그것이 달르우까<u>마씸</u>(씸)?
  (이것과 그것이 다릅(르ㅂ)니까요?)
- 쉬염이 경도 지우꽈<u>마씀</u>(씸)?
  (수염이 그렇게도 깁(길ㅂ)니까요?)

△ 형용사어간(모음/ㄹ제외)+우까/우꽈+마씀/마씸 [−입니까<u>요</u>]

· 가도 좋<u>곡</u> 말아도 좋우까<u>마씀</u>(씸)?

　(가고 좋고 말아도 좋습니까<u>요</u>?)

· 저 꽃이 고우꽈<u>마씀</u>(씸)?

　(저 꽃이 곱습니까<u>요</u>?)

　또 '−우까/−우꽈+마씀/마씸'의 형태는 모음으로 끝나는 체언 다음에도 붙어서 '−ㅂ니까<u>요</u>'의 '요'가 되고, 자음받침으로 끝나는 체언에는 '−이우까/−이우꽈+마씀/마씨'의 형태가 돼서 '−입니까요'의 '요'가 된다.

△ 체언(모음)+우까/우꽈+마씀/마씸 [−ㅂ니까<u>요</u>]

· 이것<u>광</u> 그건 뚠난 거우까<u>마씀</u>(씸)?

　(이것과 그것은 딴 겁(거ㅂ)니까<u>요</u>?)

· 군인 갈 날이 모리우꽈<u>마씀</u>(씸)?

　(군인 갈 날이 모렙(레ㅂ)니까<u>요</u>?)

△ 체언(자음)+이우까/이우꽈+마씀/마씸 [−입니까<u>요</u>]

· 그것도 나 입을 옷이우까<u>마씀</u>(씸)?

　(그것도 내가 입을 옷입니까<u>요</u>?)

· 저 둘 중에 어느 게 성이우꽈<u>마씀</u>(씸)?

　(저 둘 중에 어느 것이 형입니까<u>요</u>?)

(4) 어간+게/십주+마씀/마씸 [−십시다<u>요</u>]

　이 형태를 취하는 강세첨사 '마씀/마씸'은 동사의 어간에 붙는 청유형종결어미 다음에 놓여서 현대국어의 존대어인 '−십니다요'의 '요'의 구실을 한다. 원래 청유형종결어미 '−게'는 비어인 '−자/−자꾸나'에 해당하지만, 그 뒤에 '마씀/마씸'이 붙을 경우는 존대어인 '−십시다요'로 바뀐다.

△ 동사어간+게+마씀/마씸 [-십시다요]

　・밤이 지펏(ᄑ엇)이난 좀자게<u>마씀</u>.
　　(밤이 깊었으니까 잠자십시다<u>요</u>.)
　・아이랑 ᄒ쑬도 주지 말게<u>마씸</u>.
　　(애랑 조금도 주지 마십시다<u>요</u>.)

△ 동사어간+십주+마씀/마씸 [-십시다요]

　・이디 앚앙 좀 쉬십주<u>마씀</u>.
　　(여기 안자엇 좀 쉬십시다<u>요</u>.)
　・그 이왁은 내중에 ᄒ십주<u>마씸</u>.
　　(그 이야기는 나중에 하십시다<u>요</u>.)

(5) 어간+안/언/연+마씀/마씸 [-았/었/였습니다]

　　이 형태를 취하는 강세첨사 '마씀/마씸'은 과거시제 선어말어미 '안
/언/연(았/었/였)-' 다음에 연결되서 존대형의 평서형종결어미가 되게 한
다. 즉 양성모음 어간에 붙는 '-안(았)-'과 음성모음 어간에 붙는 '-언
(었)-' 다음에 놓여서 현대국어의 '-았습니다'・'-었습니다'의 '-습니다'
의 구실을 한다. 또 여-불규칙용언인 'ᄒ다(하다)'와 '-ᄒ다(하다)'가 붙어
서 된 어간 'ᄒ(하)'에 붙는 '-엿(였)-' 다음에 놓여서 현대국어의 '-였습니
다'의 '-습니다'의 구실을 한다.

△ 양성어간+안+마씀/마씸 [-았<u>습니다</u>]

　・줘도 느시 말안<u>마씸</u>.
　　(줘도 영 말았<u>습니다</u>.)
　・밤늦게ᄁ장 놀단 간(가안)<u>마씀</u>.
　　(밤늦게까지 놀다가 갔(가았)<u>습니다</u>.)

△ 음성어간+언+마씀/마씸 [-었습니다]

  ·가는 대로 내불언마씀.
  (가는 대로 내버렸(리었)습니다.)
  ·너미 짐을 하영 지언마씸.
  (너무 짐을 많이 지었습니다.)

△ ᄒ(ᄒ다)+연+마씀/마씸 [-였습니다]

  ·궤안에 들여 노렌 ᄒ연마씀.
  (궤안에 들여 놓으라고 하였습니다.)
  ·지쳐 부난 온 몸이 ᄂ롯ᄒ연마씸.
  (지쳐 버리니까 온 몸이 나른하였습니다.)

(6) 어간+안게/언게/연게+마씀/마씸 [-던데요]

이 형태를 취하는 강세첨사 '마씀/마씸'은 아래 예시와 같이, 지난 일을 돌이켜서 일컬을 때 쓰이는 평서형종결어미 '-던데'에 해당하는 '-안게/-언게/-연게'와 결합해서 현대국어의 '-던데요'의 '요'가 된다. 그것도 양성모음 어간에는 '-안게마씀/-안게마씸'이라야 하고, 음성모음 어간에는 '-언게마씀/-언게마씸'이라야 하고, 여-불규칙용언인 'ᄒ다(하다)'와 '-ᄒ다(하다)'가 붙어서 된 어간 'ᄒ(하)'에는 '-연게마씀/-연게마씸'이라야 한다.

△ 양성어간+안게+마씀/마씸 [-던데요]

  ·ᄉ방을 빙빙 돌안게마씀.
  (사방을 빙빙 돌던데요.)
  ·지레가 너미 족안게마씸.
  (키가 너무 작던데요.)

△ 음성어간+언게+마씀/마씸 [-던데요]

  ·나신디도 주언게마씀.

(나한테도 주던데요.)
· 너미 하난 덜어 불언게마씸.
(너무 많으니까 덜어 버리던데요.)

△ ᄒ(ᄒ다)+연게+마씀/마씸 [-던데요]
· 야인 둘음박질 잘ᄒ연게마씸.
(이 아이는 달음박질을 잘하던데요.)
· 아팟인디사 정신 엇언 ᄒ여게마씸.
(아팠는지 정신 없어서 하던데요.)

(7) 어간+암/엄/염+서+마씀/마씸 [-고 있습니다요]

이 형태를 취하는 강세첨사 '마씀/마씸'은 진행상을 나타내는 선어
말어미 '-암/엄/염(고 있)-'에 붙는 비존대형종결어미 '-서'와 결합해서 존
대형을 만드는 현대국어의 '-고 있습니다요'의 '-습니다요'가 된다. 그것
도 양성모음 어간에는 '-암서마씀(씸)-', 음성모음 어간에는 '-엄서마씀
(씸)', 여-불규칙용언인 'ᄒ다(하다)'와 '-ᄒ다'가 붙어서 된 어간 'ᄒ(하)'에
는 '-염서마씀(씸)'이라야 한다.

△ 양성어간+암+서+마씀/마씸 [-고 있습니다요]
· 난 서답을 뿔암서마씀.
(나는 빨래를 빨고 있습니다요.)
· 도아 주켕 ᄒ여도 말암서마씀.
(도와 주겠다고 하여도 말고 있습니다요.)

△ 음성어간+엄+서+마씀/마씸 [-고 있습니다요]
· 그 약 먹은 소력이 잇엄서마씀.
(그 약 먹은 효력이 있고 있습니다요.)
· 못뒌 꿰만 자꾸 늘엄서마씀.

(못된 꾀만 자꾸 늘고 있<u>습니다</u><u>요</u>.)

△ ᄒ(ᄒ다)+염+서+마씀/마씸 [-고 있<u>습니다</u><u>요</u>]

· 아무것도 말뎅 ᄒ염서<u>마씀</u>.
  (아무것도 말다고 하고 있<u>습니다</u><u>요</u>.)
· 커 가닥지 미련ᄒ염서<u>마씸</u>.
  (커 갈수록 미련하고 있<u>습니다</u><u>요</u>.)

2) 존대형: 양 [요]

이 존대형의 강세첨사는 비어형의 '이'와 상대적인 것으로서, '마씀/마씸'처럼 두루 쓰인다. 그 쓰이는 조건은 존대형에만 쓰이는데, 체언·감탄사 다음에 붙어서 현대국어의 강세보조사 '요'의 구실을 한다. 그 외는 주로 용언의 기본형이나 활용어미 다음에 붙어서 존대의 뜻을 가진 '-ㅂ니다/-습니다'와 '-ㅂ니다요/-입니다요'의 '요'와 같은 구실을 한다. 이들 용례는 다양해서 다음 (1)~(7)에 한정한다.

(1) 체언+양 [요]

이 형태를 취하는 강세첨사 '양'은 체언 중 모음으로 끝나는 체언에 붙어서 존대의 뜻을 나타내는 현대국어의 '요'의 구실을 하고, 자음받침으로 끝나는 체언 다음에는 '은양'이 붙어서 '은요'의 '요'가 된다. 특히 모음으로 끝나는 체언인 경우는 '양'만 붙는 게 아니라, 조사 '는'의 준 꼴과 결합된 'ㄴ양'이 형태가 돼서 현대국어의 'ㄴ요'가 되기도 한다.

△ 체언(모음)+양 [요]

· 나<u>양</u>, 언치냑 ᄒ줌도 못 잣수다.
  (저<u>요</u>, 어젯밤 한잠도 못 잤습니다.)
· 거기<u>양</u>, 밤인 구신 나는 되라마씀(씸).

(기기요, 밤에는 귀신이 나는 뎁니다요.)

△ 체언(모음)+ㄴ양 [는요]

· 난(나ㄴ)양 오늘은 일흐레 안 가쿠다.
(나는요 오늘은 일하러 안 가겠습니다.)
· 어젠(제ㄴ)양 사름덜이 하영 왓입데다.
(어제는요 사람이 많이 왔습디다.)

△ 체언(자음)+양 [은요]

· 요건(것은)양 까불이기만 홈니께.
(요것은요 까불이기만 합니다.)
· 그 맛은양 둘아마씀(씸).
(그 맛은요 답니다요.)

(2) 감탄사+양 [요]

이 형태를 취하는 강세첨사 '양'은 주로 무슨 말을 하기가 어려워서 망설이거나 놀라움을 나타낼 때 말머리에 오는 감탄사에 붙어서 존대의 뜻을 가진 보조사 '요'의 구실을 한다.

△ 감탄사+양 [요]

· 저양, 나 말 ᄒ쏠 들어봅서.
(저요, 제 말 좀 들어보십시오.)
· 아이고양, 그게 무신 말이우꽈?
(아이고요, 그것이 무슨 말입니까?)

(3) 기본형+양 [−ㅂ니다요/−습니다요]

이 형태를 취하는 강세첨사 '양'은 종결어미로 쓰이는 용언의 기본형/원형에 붙어서 존대의 뜻을 나타내는 현대국어의 '−ㅂ니다요'·'−습니

다요' 중 어느 하나가 된다. 즉 모음이나 'ㄹ'로 끝나는 어간을 가진 형용사
의 기본형인 경우는 그 기본형어미 '-다'를 '-ㅂ니다요'로 바꾸는 구실을
하고, 그 이외의 자음받침 어간을 가진 형용사의 기본형인 경우는 그 기본
형어미 '-다'를 '-습니다요'로 바꾸는 구실을 한다. 단 동사의 기본형인 경
우는 '잇다/싯다(있다)'에 한정해서 '-습니다요'가 된다.

  △ 형용사기본형(모음/ㄹ)+다+양 [-ㅂ니다요]
  · 물건덜 크기가 쭉 고르다양.
   (물건들 크기가 쭉 고릅(르ㅂ)니다요.)
  · 자인 허리가 ᄀ늘다양.
   (쟤는 허리가 가늡(늘ㅂ)니다요.)

  △ 형용사기본형(모음/ㄹ제외)+다+양 [-습니다요]
  · 이젠 걱저홀 일이 엇다양.
   (이제는 걱정할 일이 없습니다요.)
  · 눗빗이 붉다양.
   (낯빛이 붉습니다요.)

  △ 동사(잇다/싯다)+양 [-습니다요]
  · 이디저디 하영 잇다양.
   (여기저기 많이 있습니다요.)
  · 물방앤 ᄆ을마다 싯수다양.
   (연자마는 마을마다 있습니다요.)

(4) 어간+아/어/여+양 [-ㅂ니다요/-습니다요]

   이 형태를 취하는 강세첨사 '양'은 종결어미 '-아/-어/-여'에 붙어
서 존대를 나타내는 현대국어의 '-ㅂ니다요'·'-습니다요'로 바꾸는 구실
을 한다. 즉 '-아+양'은 모음이나 'ㄹ' 받침으로 끝나는 양성모음 어간에

붙는 종결어미 '-아'를 '-ㅂ니다요'로, '-어+양'은 모음이나 'ㄹ' 받침으로 끝나는 음성모음 어간에 붙는 종결어미 '-어'를 '-ㅂ니다요'로, '-여+양' 은 여-불규칙용언 'ᄒ다(하다)'나 '-ᄒ다(하다)'가 붙는 말의 어간 'ᄒ(하)'에 붙는 종결어미 '-여'를 '-ㅂ니다요'로 바꾼다. 또 'ㄹ' 받침 이외의 자음받침으로 끝나는 어간에 붙을 경우는 '-아/-어/-여'의 종결어미를 현대국어의 '-습니다요'로 바꾸는 구실을 한다.

△ 양성어간(모음/ㄹ)+아+양 [-ㅂ니다요]

· 자인 뿔리도 걸어가양.
  (저 아이는 빨리도 걸어갑(가ㅂ)니다요.)
· 독새긴 오래 눠두민 골아양.
  (달걀은 오래 눠두면 곱(골ㅂ)니다요.)

△ 음성어간(모음/ㄹ)+어+양 [-ㅂ니다요]

· 비앵장은 널러(르어)양.
  (비행장은 너릅(르ㅂ)니다요.)
· 성가시게 ᄒ민 짐승도 줄어양.
  (성가시게 하면 짐승도 여윕(우ㅂ)니다요.)

△ ᄒ(ᄒ다)+여+양 [-ㅂ니다요]

· 속에 든 건 엇어도 말은 잘ᄒ여양.
  (속에 든 것은 없어도 말은 잘합(하ㅂ)니다요.)
· 저 사름은 언제나 부지런ᄒ여양.
  (저 사람은 언제나 부지런합(하ㅂ)니다요.)

△ 양성어간(모음/ㄹ제외)+아+양 [-습니다요]

· 가이보단 야이가 더 낫아양.
  (그 아이보다는 이 아이가 더 낫습니다요.)
· 늙신넨디도 눈이 붉아양.

(늙은인데도 눈이 밝습니다요.)

△ 음성어간(모음/ㄹ제외)+어+양 [-습니다요]

· 난 성님만 믿어양.

(나는 형님만 믿습니다요.)

· 가인 아무거나 잘 먹어양.

(걔는 아무것이나 잘 먹습니다요.)

(5) 어간+안/언/연+게+양 [-던데요]

이 형태를 취하는 강세첨사 '양'은 용언의 어간에 붙어서 지난 일을 회상하는 연결어미 '-안/-언/-연(던데)'과 종결어미 '-게'가 결합된 '-안/-언/-연+게'가 돼서 현대국어의 '-던데요'의 '요'의 구실을 한다. 다만 '-안+게+양'은 양성모음 어간 다음에, '-언+게+양'은 음성모음 어간 다음에, '-연+게+양'은 여-불규칙용언 '흐다(하다)'나 '-흐다(하다)'가 붙은 어간 '흐(하)' 다음에 붙는다.

△ 양성어간+안+게+양 [-던데요]

· 정연이 노프게 솟안게양.

(방패연이 높게 솟던데요.)

· 잘 익은 홍실은 둘안게양.

(잘 익은 홍시는 달던데요.)

△ 음성어간+언+게+양 [-던데요]

· 하영 남안 잇언게양.

(많이 남아서 있던데요.)

· 저슬엔 입생기가 다 털어지언게양.

(겨울에는 잎사귀가 다 떨어지던데요.)

△ ᄒ(ᄒ다)+연+게+양 [-던데요]

• 집이 널찍ᄒ연게양.
  (집이 널찍하던데요.)
• 공분 잘ᄒ연게양.
  (공부는 잘하던데요.)

(6) 어간+암/엄/염+게+양 [-고 있습시다요]

이 형태를 취하는 강세첨사 '양'은 동사의 어간에 붙어서 진행상을 나타내는 선어말어미 '-안/엄/염(고 있)-'과 청유형종결어미 '-게'가 결합된 '-암/엄/염+게' 다음에 붙어서 그 앞에 있는 청유형종결어미 '-게'를 현대국어의 '-고 있습시다요'의 '-습시다요'로 바꾸는 구실을 한다. 다만 '-암+게+양'은 양성모음 어간 다음에, '-엄+게+양'은 음성모음 어간 다음에, '-염+게+양'은 여-불규칙용언 'ᄒ다(하다)'나 '-ᄒ다(하다)'가 붙은 어간 'ᄒ(하)' 다음에 붙는다.

△ 양성어간+암+게+양 [-고 있습시다요]

• 우리만이라도 감(가암)게양.
  (우리만이라도 가고 있습시다요.)
• 이디 앚앙 놀암게양.
  (여기 앉아서 놀고 있습시다요.)

△ 음성어간+엄+게+양 [-고 있습시다요]

• 콩이나 물에 둥강 불리엄게양.
  (콩이나 물에 담가서 불리고 있습시다요.)
• 우린 털어진 거나 줏엄게양.
  (우리는 떨어진 것이나 줍고 있습시다요.)

△ ᄒ(ᄒ다)+염+게+양 [-고 있습시다요]

· 자이영 앚앙 말ᄒ염게양.

(재하고 앉아서 말하고 있습시다요.)

· 우선 손쉬운 일부떠 ᄒ염게양.

(우선 손쉬운 일부터 하고 있습시다요.)

(7) 어간+크/커+라+양 [-겠습니다요]

이 형태를 취하는 강세첨사 '양'은 용언의 어간에 붙어서 추측이나 의도를 나타내는 선어말어미 '-크/커(겠)-'와 평서형종결어미 '-라(다)'가 결합된 '-크라/-커라'에 붙어서, 그 종결어미 '-라'를 현대국어의 존대형의 평서형종결어미인 '-겠습니다요'의 '-습니다요'로 바꾸는 구실을 한다. 다만 모음이나 'ㄹ' 받침으로 끝나는 어간에는 '-크라양'·'-커라양'이 되고, 그 이외의 자음받침 어간에는 '-으크라양'이 된다.

△ 어간(모음/ㄹ)+크+라+양 [-겠습니다요]

· 난 아니 가크라양.

(나는 아니 가겠습니다요.)

· 가인 부모가 엇어도 살크라양.

(걔는 부모가 엇어도 살겠습니다요.)

△ 어간+(모음/ㄹ)+커+라+양 [-겠습니다요]

· 드령 댕기기엔 너미 어리커라양.

(데려서 다니기에는 너무 어리겠습니다요.)

· 눌개기가 엇어부난 못 눌커라양.

(날개가 없어버리니 못 날겠습니다요.)

△ 어간+(모음/ㄹ제외)+으크+라+양 [-겠습니다요]

· 게민 돈도 엇으크라양.

(그러면 돈도 없겠습니다<u>요</u>.)
- 다덜 잘살앗이민 좋으크라<u>양</u>.
(다들 잘살았으면 좋겠습니다<u>요</u>.)

△ 어간+(모음/ㄹ제외)+으커+라+양 [−겠습니다<u>요</u>]
- 이제 곧 죽으커라<u>양</u>.
(이제 곧 죽겠습니다<u>요</u>.)
- 이리성젤 맺으커라<u>양</u>.
(의리형제를 맺겠습니다<u>요</u>.)

이 밖에도 강세첨사 '양'은 둘 이상의 첨사가 덧붙은 맨 끝자리에 놓여서 존대형의 평서형종결어미의 구실을 하는 것이 통례로 돼 있다. 이를테면 아래 예시와 같이, 현대국어의 '−던데요네'에 해당하는 구술형태인 아래 ㉠ <어간+<u>안/언/연</u>+<u>게</u>+<u>마씀/마씸</u>+<u>양</u>>은 밑줄 친 것처럼 4개의 형태소로 돼 있고, '−고 있습니다요네'에 해당하는 구술형태인 ㉡ <어간+<u>암/엄/염</u>+<u>서</u>+<u>게</u>+<u>라</u>+<u>양</u>>은 5개의 형태소로 돼 있다. 여기서 ㉠의 '마씀/마씸+양'에서 '양'은 현대국어의 종결어미 '요네'의 '네'가 되지만, ㉡의 끝에 붙은 '양'은 '−서+라+게'를 '−습니다요네'로 바꾸는 구실을 한다.

㉠ 어간+안/언/연+게+마씀/마씸+양 [−던데<u>요네</u>]]
- 양성어간: 모른 거 엇이 잘 알안게마씀(씸)<u>양</u>.
(모른 것 없이 잘 알던데<u>요네</u>.)
- 음성어간: 사농개난 노리 잘 물언게마씀(씸)<u>양</u>.
(사냥개니까 노루 잘 물던데<u>요네</u>.)
- ㅎ(ㅎ다): 혼차 놀지가 심심ㅎ연게마씀(씸)<u>양</u>.
(혼자 놀기가 심심하던데<u>요네</u>.)

㉡ 어간+암/엄/염+서+라+게+양 [−고 있습니다<u>요네</u>]]
- 양성어간: 너미 오래 앚암서라게<u>양</u>.

(너무 오래 앉고 있습니다요네.)

· 음성어간: 지금은 물 들엄서라게양.

(지금은 물이 들고 있습니다요네.)

· ᄒ(ᄒ다): 둘인 만나민 자꾸 쌉젱만 ᄒ염서라게양.

(둘이는 만나면 자꾸 싸우려고만 하고 있습니다요네.)

또 여기서 지적해 둘 것은 근간에는 '양' 대신 '예'를 쓰고 있는데, 원래 옛 분들은 '양'을 즐겨 썼다. 그러던 것이, 8 · 15 광복 후 표준어의 사용으로 인해서 '양'에 대한 대응어로 '예'를 쓰기 시작하다 보니, 마치 '예'가 제주어 본연인 것처럼 돼 버렸는데, 사실은 '양'이라야 한다. 예전에는 웃어른이 부르면 대답할 때도 '예'가 아니고 '양'이다. 이때의 '양'은 감탄사이다.

3) 비존대형: 이 [야]

이 비존대형의 강세첨사 '이'는 존대형의 강세첨사 '양' · '마씀/마씸'과 상대적인 것으로서, 예사말과 낮춤말에 쓰이는 보조사 내지 강세어미 '야'에 해당한다. 그와 관련된 용례는 위에서 다룬 '마씀/마씸' · '양'과 같이 다양해서 일일이 열거할 수 없으므로 다음 (1)~(7)에 한정키로 한다.

(1) 체언+다/이다+이 [-다야/-이다야]

이 형태를 취하는 강세첨사 '이'는 체언 다음에 붙는 종결어미 '-다' · '-이다'에 붙는다. 그 쓰이는 조건은 모음으로 끝나는 체언에 붙는 종결어미 '-다' 다음에 놓여서 현대국어의 '-다야'의 '야'가, 자음받침으로 끝나는 체언에 붙는 '이다' 다음에 놓여 '-이다야'의 '야'가 된다.

△ 체언(모음)+다+이 [-다야]

· 저건 나 거다이.

(저것은 내 거다야.)
· 잘못혼 건 바로 너다이.
(잘못한 것은 바로 너다야.)

△ 체언(자음)+이다+이 [-이다야]
· 그건 그림에 떡이다이.
(그것은 그림에 떡이다야.)
· 요디 산 게 우리 뚤이다이.
(요기 선 것이 우리 딸이다야.)

(2) 감탄사+이 [야]

이 형태를 취하는 강세첨사 '이'는 감탄사 다음에 놓여서 무슨 말을
꺼내기가 어려워서 망설이거나 놀라움을 나타낼 때 붙는 현대국어의 보조
사 '야'의 구실을 한다.

△ 저/아이고+이 [저야/아이고야]
· 저이,6) 그건 경 ᄒᆞ는 게 아니어.
(저야, 그것은 그렇게 하는 것이 아니어.)
· 아이고이, 간 보난 ᄒᆞ나도 엇어라게.
(아이고야, 간서 보니 하나도 없더라야.)

(3) 어간+다/나+이 [야]

이 형태를 취하는 강세첨사 '이'는 비존대형의 평서형종결어미 다
음에 붙어서 현대국어의 낮춤의 뜻을 나타내는 '야'의 구실을 한다. 이들에
대한 예시는 별도로 '종결어미'에서 다뤄지므로 여기서는 형용사의 기본형

---

6) '저이'의 '이'를 편의상 표준어의 보조사 '야'로 대역했지만, 실제 그 속에 내포돼 있는
뜻은 막 바로 말하기가 거북스러워서 망설이는 '저 말이야'에 해당한다.

을 나타내는 어미 '-다'와 용언의 어간에 두루 붙는 활용어미 '-나' 다음에 놓이는 것에 한정키로 한다. 다만 '-나'인 경우, 모음이나 'ㄹ' 받침 이외의 자음받침으로 끝나는 어간에 붙으면 평서형종결어미 '-다'가 되고, 모음이나 'ㄹ' 이외의 자음받침으로 끝나는 동사의 어간에 붙으면 '-는다야'의 '야'가 된다.

△ 형용사어간+다+이 [-다야]
　・오늘은 날씨가 얼다이.
　　(오늘은 날씨가 춥다야.)
　・느 골은 말이 맞다이.
　　(네가 말한 말이 맞다야.)

△ 형용사어간(모음/ㄹ제외)+나+이 [-다야]
　・몰 한 듸서 몰 굴리기 어렵나이.
　　(말이 많은 데서 말을 고르기 어렵다야.)
　・책은 가이신딘 아무 소용이 엇나이.
　　(책은 개한테는 아무 소용이 없다야.)

△ 동사어간(모음/ㄹ제외)+나+이 [-는다야]
　・밍이 쫄르민 인칙 죽나이.
　　(명이 짧으면 일찍 죽는다야.
　・실픈 맨 맞아도 실픈 밥은 못 먹나이.
　　(싫은 매는 맞아도 싫은 밥은 못 먹는다야.)

(4) 어간+앗/엇/엿+이카+이 [-았/었/였을까야]

이 형태를 취하는 강세첨사 '이'는 의문형종결어미 다음에 붙어서 현대국어의 낮춤의 뜻을 나타내는 '야'의 구실을 한다. 이들에 대한 예시는 별도로 '종결어미'에서 다뤄지므로 여기서는 과거시제 선어말어미 '-앗/엇

/엿(았/었/엿)-' 다음에 붙는 비어형의 의문형종결어미 '-이카'와 결합해서
현대국어의 '-았/었/였을까야'의 '야'에 한정한다.

> △ 양성어간+앗+이카+이 [-았을까<u>야</u>]
>
> · 이제<i>ㄲ</i>장 살앗이카<u>이</u>?
>   (이제까지 살았을까<u>야</u>?)
> · 집 촞안 잘 갓(가앗)이카<u>이</u>?
>   (집 찾아서 잘 갔(가았)을까<u>야</u>?)
>
> △ 음성어간+엇+이카+이 [-었을까<u>야</u>]
>
> · 이웃에도 갈라 주엇이카<u>이</u>?
>   (이웃에도 갈라 주었을까<u>야</u>?)
> · 가이영 싸완 이겻(기엇)이카<u>이</u>?
>   (걔하고 싸워서 이겼(기었)을까<u>야</u>?)
>
> △ <i>ㅎ</i>(<i>ㅎ</i>다)+엿+이카+이 [-였을까<u>야</u>]
>
> · 지금쭘 일 다<i>ㅎ</i>엿이카<u>이</u>?
>   (지금쯤 일 다하였을까<u>야</u>?)
> · 그놈이 초마 그런 생각을 <i>ㅎ</i>엿이카<u>이</u>?
>   (그놈이 차마 그런 생각을하을까<u>야</u>?)

(5) 어간+암/엄/염+시라+이 [-고 있거라<u>야</u>]

이 형태를 취하는 강세첨사 '이'는 비어형의 명령형종결어미 다음
에 붙어서 현대국어의 낮춤의 뜻을 나타내는 '야'의 구실을 한다. 이들에
대한 예시는 별도로 '종결어미'에서 다뤄지므로, 여기서는 동사의 어간에
놓여서 진행상을 나타내는 선어말어미 '-암/엄/염(고 있)-' 다음에 붙는
명령형종결어미 '-시라'와 결합해서 현대국어의 '-고 있거라야'의 '야'에
한정키로 한다.

　△ 동사양성어간+암+시라+이 [-고 있거라야]
　　· 춘춘이 걸어감(가암)시라이.
　　　(천찬히 걸어가고 있거라야.)
　　· 나 올 때꼬장 놀암시라이.
　　　(내가 올 때까지 놀고 있거라야.)

　△ 동사음성어간+엄+시라+이[-고 있거라야]
　　· 느냥으로 ㄱ무끈 듸 줴엄시라이.
　　　(너대로 접질린 데 쥐고 있거라야.)
　　· 밥이랑 느냥으로 춫앙 먹엄시라이.
　　　(밥이랑 너대로 찾아서 먹고 있거라야.)

　△ ㅎ(ㅎ다)+염+시라+이 [-고 있거라야]
　　· 느랑 이디서 일ㅎ염시라이.
　　　(너랑 여기서 일하고 있거라야.)
　　· 늘랑 정지에 강 밥이나 ㅎ염시라이.
　　　(너랑 부엌에 가서 밥이나 하고 있거라야.)

(6) 어간+주/주기+이 [-자야]

　　이 형태를 취하는 강세첨사 '이'는 비어형의 청유형종결어미 다음
에 붙어서 현대국어의 낮춤의 뜻을 나타내는 '야'의 구실을 한다. 이들에
대한 예시는 별도로 '종결어미'에서 다뤄지므로, 여기서는 동사의 어간에
붙어서 무엇을 하기를 권유하는 청유형종결어미 '-주/-주기'와 결합된 현
대국어 '-자야'의 '야'에 한정한다.

　△ 동사어간+주+이 [-자야]
　　· 이제랑 일덜 시작ㅎ주이.
　　　(이제랑 일들 시작하자야.)

· 우리랑 오렝 ᄒ고대나 가지덜 말주<u>이</u>.
  (우리랑 오라고 하더라도 가지들 말자<u>야</u>.)

△ 동사어간+주기+이 [-자<u>야</u>]

· 일 다 ᄆ쳣이난 집이덜 가주기<u>이</u>.
  (일 다 마쳤으니 집에 가자<u>야</u>.)
· 혹 부튼 손부떠 싯주기<u>이</u>.
  (혹 붙은 손부터 씻자<u>야</u>.)

(7) 어간+구나/구낭+이 [-구나야]

이 형태를 취하는 강세첨사 '이'는 감탄형종결어미 다음에 붙어서 현대국어의 낮춤의 뜻을 나타내는 '야'에 해당한다. 이들에 대한 예시는 별도로 '종결어미'에서 다뤄지므로, 여기서는 형용사의 어간에 붙어서 감탄의 뜻을 나타내는 감탄형종결어미 '-구나/-구낭'과 결합된 현대국어 '-구나야'의 '야'에 한정한다.

△ 형용사어간+구나+이 [-구나<u>야</u>]

· 야, 거 곱긴 곱구나<u>이</u>!
  (야, 거 곱기는 곱구나<u>야</u>!)
· 아이고, 그게 아니구나<u>이</u>!
  (아이고, 그것이 아니구나<u>야</u>!)

△ 형용사어간+구낭+이 [-구나<u>야</u>]

· 어춤, 어이가 엇구낭<u>이</u>!)
  (어참, 어이가 없구나<u>야</u>!)
· 야, 그건 색이 너미 쩐ᄒ구낭<u>이</u>!
  (야, 그건 너무 색이 진하구나<u>야</u>!)

4) 공통형: 게/겐 [야/요]

이 두 강세첨사는 제주어에 제일 많이 쓰는 것인데, 체언·감탄사·연결어미·종결어미에 두루 붙어서 현대국어의 '야/요'가 된다. 그 붙는 다양한 조건과 용례는 '연결어미'와 '종결어미'에서 구체적으로 다뤄지므로 여기서는 아래 예시한 (1)~(7)에 한정한다.

(1) 체언+다/우다+게/겐 [-다야/-ㅂ니다요]

이 형태를 취하는 강세첨사 '게/겐'은 체언에 붙는 종결어미 '-다'·'-우다' 다음에 붙는다. 그 붙는 조건은 비존대형의 종결어미에 붙은 '체언+다+게/겐'인 경우는 모음으로 끝나는 체언 다음에 붙는 종결어미 '-다'에 연결돼서 현대국어 '-다야'의 '야'에 해당하고, 존대형종결어미 '-우다(ㅂ니다)'에 붙은 '우다+게/겐'은 현대국어의 '-ㅂ니다요'의 '요'가 된다.

△ 체언(모음)+다+게/겐 [-다야] -비존대-
- 그 일흔 건 나다게.
  (그 일한 것은 나다야.)
- 연장 놓앗단 듸가 그디다겐.
  (연장을 놓았던 데가 거기다야.)

△ 체언(모음)+우다+게/겐 [-ㅂ니다요] -존대-
- 저게 우리 밧갈쉐우다게.
  (저것이 우리 황쉽(소ㅂ)니다요.)
- 오늘은 동짓돌 열흐르우다겐.
  (오늘은 동짓달 열하룹(루ㅂ)니다요.)

(2) 감탄사+게/겐 [야/요]

이 형태를 취하는 강세첨사 '게/겐'은 주로 무슨 말을 하기가 어려

워서 망설이거나 놀라움을 나타낼 때 말머리에 오는 감탄사에 붙는다. 이
경우 비어면 보조사 '야'가 되고, 존대어면 그 상황에 따라 '야'와 '요' 중
어느 것으로 대역할 수 있다.

> △ 감탄사+게/겐 [야] -비존대-
> · 저게, 그게 어떤 건고 ᄒ민 말이다.
> (저야, 그것이 어떤 것인가 하면 말이다.)
> · 아이고겐, 경 뒈어불언?
> (아이고야, 그렇게 돼버렸냐?)

> △ 감탄사+게/겐 [요/야] -존대-
> · 저게, 스실은 그게 아니라마씀.
> (저요, 사실은 그것이 아닙니다요.)
> · 아아고겐, 어떠난 경 뒈불언고양?
> (아이고야, 어떠니까 그렇게 돼버렸습니까요?)

(3) 기본형+게/겐 [-다야]

이 형태를 취하는 강세첨사 '게/겐'은 종결어미로 쓰인 용언의 기본
형/원형 다음에 놓여서 비존대어에 붙는 '야'가 된다. 그것도 동사의 기본
형인 경우는 '잇다(있다)'·'말다' 다음에 붙어서 '있다야'·'말다야'의 '야'
에 한정된다. 그 외는 주로 형용사의 기본형에 붙어서 현대국어의 '-다야'
의 '야'가 된다.

> △ 동사기본형(잇다/말다)+게/겐 [있다야/말다야]
> · 그 정돈 나안티도 잇다게(겐).
> (그 정도는 내한테도 있다야.)
> · 그런 건 아멩 하영 줘도 말다게(겐).
> (그런 것은 아무리 많이 줘도 말다야.)

△ 형용사기본형+게/겐 [-다야]

· 아직은 나이가 너미 어리다게(겐).
(아직은 나이가 너무 어리다야.)
· 그 사름은 만나지가 쉽다게(겐).
(그 사람은 만나기가 쉽다야.)
· 그 집은 우리 집이선 너미 멀다게(겐).
(그 집은 우리 집에서 너무 멀다야.)

(4) 어간+카/으카+게/겐 [-ㄹ까야/-을까야]

이 형태를 취하는 강세첨사 '게/겐'은 용언의 어간에 붙은 의문형종결어미 다음에 붙는다. 그 조건은 모음이나 'ㄹ' 받침으로 끝나는 어간에 붙는 의문형 '-카' 다음에 붙어서 현대국어의 비어 '-ㄹ까야'의 첨사 '야'의 구실을 하고, 'ㄹ' 이외의 자음받침 어간에는 '-으카'가 붙어서 현대국어 '-을까야'의 첨사 '야'의 구실을 한다.

△ 어간(모음/ㄹ)+카+게/겐 [-ㄹ까야]

· 나가 가민 가이도 가카게(겐)?
(내가 가면 걔도 갈까야?)
· 요 낭은 지둥곱으론 너미 질카게(겐)?
(요 나무는 기둥감으로는 너무 길까야?)

△ 어간(모음/ㄹ제외)+으카+게/겐 [-을까야]

· 경 ᄒᆞ여도 아무 말이 엇으카게(겐)?
(그렇게 하여도 아무 말이 없을까야?)
· 눌간을 먹으민 정말 눈이 ᄆᆞᆰ으카게(겐)?
(날간을 먹으면 정말 눈이 맑을까야?)

(5) 어간+라/거라+게/겐 [-라야/-거라야]

이 형태를 취하는 강세첨사 '게/겐'은 동사의 어간에 붙는 비존대형
의 명령형종결어미 다음에 놓여서 현대국어의 '-라야'·'-거라야'의 첨사
'야'의 구실을 한다.

 △ 동사어간+라+게/겐 [-라야]
  · 조고마니 정 가라게(겐).
   (자그마니 지고 가라야.)
  · 줌자게 이불 페우라게(겐).
   (잠자게 이불을 펴라야.)

 △ 동사어간+거라+게/겐 [-거라야]
  · 나안티라도 말흐거라게.
   (나에게라도 말하거라야.)
  · 상방에라도 자거라겐.
   (마루에라도 자거라야.)

(6) 어간+게/주기+게/겐 [-자야/-자꾸나야]

이 형태를 취하는 강세첨사 '게/겐'은 동사의 어간에 붙는 청유형종
결어미 '게/-주/-주기' 다음에 놓여서 무엇을 하도록 권유하는 현대국어
의 '-자야'·'-자꾸나야'의 첨사 '야'와 같은 구실을 한다.

 △ 동사어간+게+게/겐 [-자야]
  · 그 떡덜이랑 흐나썩 갈랑 먹게게.
   (그 떠들이랑 하나씩 갈라서 먹자야.)
  · 그 말랑 아무신디도 곧지 말게겐.
   (그말랑 아무안테도 말하지 말자야.)

△ 동사어간+주/주기+게/겐 [-자꾸나야]

· 우리부떠 몬저 ㅎ주게(겐).
 (우리부터 먼저 하자꾸나야.

· 이제랑 그만 놀앙덜 일어사주기게(겐).
 (이제는 그만 놀아서들 일어서자꾸나야.)

(7) 어간+앗/엇/엿+입주/입주기+게/겐 [-았/었/였습니다요]

이 형태를 취하는 강세첨사 '게/겐'은 과거시제 선어말어미 '-앗/엇/엿(았/었/엿)-' 다음에 연결되는 존대형의 평서형종결어미의 하나인 '-입주'에 붙어서 현대국어의 '-았/었/였습니다요'의 첨사 '요'의 구실을 한다.

△ 양성어간+앗+입주/입주기+게/겐 [-았습니다요]

· 난 원 몰랏(르앗)입주게(겐).
 (나는 전연 몰랐(르았)습니다요.)

· 나사 젊은 땐 고왓(곱앗)입주기게(겐).
 (나야 젊은 때는 고왔(곱았)습니다요.)

△ 음성어간+엇+입주/입주기+게/겐 [-었습니다요]

· 난 놈이 굴안 들엇입주게(겐).
 (나는 남이 말해서 들었습니다요.)

· 그날은 브름이 워낙 쎄게 불엇입주기게(겐).
 (그날은 바람이 워낙 세게 불었습니다요.)

△ ㅎ(ㅎ다)+엿+입주/입주기+게/겐 [-였습니다요]

· 난 아무 말도 못ㅎ엿입주게(겐).
 (나는 아무 말도 못하였습니다요.)

· 난 귀막은 첵ㅎ엿입주기게(겐).
 (나는 귀먹은 척하였습니다요.)

5) 마씀/마씸+양 · 마씀/마씸+게/겐 [요네]

이들 형태는 강세첨사 '마씀/마씸'에 다시 강세첨사 '양'과 '게/겐'이 덧붙어서 현대국어의 '요네'의 구실을 한다. 즉 <어간+마씀/마씸+양>과 <어간+마씀/마씸+게/겐>의 형태를 취하는 게 그것이다. 구체적인 용례는 별도의 '종결어미'에서 다뤄지므로, 여기서는 아래와 같이 용언의 어간에 붙는 (1)~(3)에 한정한다.

(1) 어간+게/주/주기+마씀/마씸+양 [-십시다요네]

이 형태를 취하는 강세첨사 '마씀/마씸+양'은 동사의 어간에 붙는 비존대형의 청유형종결어미 '-게' · '-주' · '-주기' 다음에 놓여서 현대국어의 존대형인 '-십시다요네' · '-읍시다요네'로 바꾸는 구실을 한다. 즉 모음이나 'ㄹ' 받침으로 끝나는 동사어간 다음에 붙는 청유형종결어미 '-게/-주/-주기'를 '-십시다요네'로 바뀌게 하고, 'ㄹ' 이외 자음받침으로 끝나는 어간 다음에 붙으면 '-게/-주/-주기'를 '-읍시다요네'로 바뀌게 한다.

△ 동사어간(모음/ㄹ)+게+마씀/마씸+양 [-십시다요네]
 · 우리도 운동구경 가게마씀양.
  (우리도 운동구경 가십시다요네.)
 · 우리랑 아이덜 하영 나지 말게마씸양.
  (우리랑 애를 많이 낳지 마십시다요네.)

△ 동사어간(모음/ㄹ)+주/주기+마씀/마씸+양 [-십시다요네]
 · 게거덜랑 닐랑 봅주마씀양.
  (그러거든 내일랑 보십시다요네.)
 · 우리랑 퉁수나 불주기마씀(씸)양.
  (우리랑 퉁소나 부십시다요네.)

△ 동사어간(모음/ㄹ제외)+게+마씀/마씸+양 [-읍시다요네]
  · 우리랑 고영 늙게마씀양.
    (우리랑 곱게 늙읍시다요네.)
  · 흐나썩만 언게마씸양.
    (하나씩만 얹읍시다요네.)

△ 동사어간(모음/ㄹ제외)+주/주기+마씀/마씸+양 [-읍시다요네]
  · 우선 책임부떠 벗주마씀(씸)양.
    (우선 책임부터 벗읍시다요네.)
  · 책이나 익주기마씀(씸)양.
    (책이나 읽읍시다요네.)

(2) 어간+아/어/여+마씀/마씸+양 [-ㅂ니다요네]

이 형태를 취하는 강세첨사 '마씀/마씸+양'은 비존대형의 평서형종
결어미 '-아/-어/-여'에 붙어서 존대형의 평서형종결어미로 바꾸는 구실
을 한다. 즉 '아니다'를 제외한 모음이나 'ㄹ' 받침으로 끝나는 어간에 붙는
'-아/-어'를 존대어인 '-ㅂ니다요네'로 바꾸고, 'ㄹ' 이외의 자음받침으로
끝나는 어간에 붙을 경우는 '-아/-어'를 '-습니다요네'로 바꾼다. 또 '흐다
(하다)'나 '-흐다(하다)'가 붙어서 된 '흐(하)'의 어간에 붙는 어미 '-여'에 붙
을 경우는 그 '여'를 존대어인 '-ㅂ니다요네'로 바꾼다.

△ 양성어간(모음/ㄹ)+ 아 +마씀/마씸+양 [-ㅂ니다요네]
  · 놔둬도 지냥으로 와(오아)마씀양.
    (놔둬도 자기대로 옵(오ㅂ)니다요네.)
  · 조갱기딜도 눌아마씸양.
    (조개들도 납(날ㅂ)니다요네.)

△ 음성어간(모음/ㄹ)+어+마씀/마씸+양 [-ㅂ니다요네]
- 가인 밴 짐도 잘 지어마씀양.
  (갠 무거운 짐도 잘 집(지ㅂ)니다요네.)
- 그 사름은 놈 가슴 아프게 굴어마씸양.
  (그 사람은 남 가슴 아프게 굽(굴ㅂ)니다요네.)

△ ᄒ(ᄒ다)+여+마씀/마씸+양 [-ㅂ니다요네]
- 그놈은 미운 짓만 ᄒ여마씀양.
  (그놈은 미운 짓만 합(하ㅂ)니다요네.)
- 가인 노는 게 버련ᄒ여마씸양.
  (걔는 노는 것이 난잡합(하ㅂ)니다요네.)

△ 양성어간(모음/ㄹ제외)+아 +마씀/마씸+양 [-습니다요네]
- 우리 집 마당이선 물이 솟아마씀양.
  (우리 집 마당에서는 물이 솟습니다요네.)
- 그 빙원선 약도 잘 짓어마씸양.
  (그 병원에서는 약도 잘 짓습니다요네.)

△ 음성성어간(모음/ㄹ제외)+어+마씀/마씸+양 [-습니다요네]
- 자인 굴갱이로 손 잘 찍어마씀양.
  (저 아이는 호미로 손을 잘 찍습니다요네.)
- 낫술에 비ᄒ민 젊어마씸양.
  (낫살에 비하면 젊습니다요네.)

(3) 어간+암/엄/염+서+마씀/마씸+게/겐 [-고 있습니다요네]

이 형태를 취하는 강세첨사 '마씀/마씸+게/겐'은 진행상을 나타내는 선어말어미 '-암/엄/염(고 있)-' 다음에 붙은 종결어미 '-서'를, 존대형 종결어미로 바꾸는 구실을 한다. 즉 비존대의 평서형종결어미 '-서'에 붙어서 그 '-서(다)'를 존대형의 평서형종결어미로 바꿔서 현대국어 '-고 있습니다요네'의 '-습니다요네'가 되게 한다.

△ 양성어간+암+서+마씀/마씸+게/겐 [-고 있습니다요네]
· 그 동산은 ᄎ추 늦암서마씀게.
(그 동산은 차차 낮아지고 있습니다요네.)
· 난 칼을 ᄀᆯ암서마씸겐.
(나는 칼을 갈고 있습니다요네.)

△ 음성어간+엄+서+마씀/마씸+게/겐 [-고 있습니다요네]
· 뭘 줭 놔두민 잘 일러불엄서마씀게.
(뭣을 줘서 놔두면 잘 잃어버리고 있습니다요네.)
· 가인 돗 넘어도 못 걸엄서마씸겐.
(걔는 돌이 넘어도 못 걷고 있습니다요네.)

△ ᄒ(ᄒ다)+염+서+마씀/마씸+게/겐 [-고 있습니다요네]
· 아픈 거 낫으난 좋안 ᄒ염서마씀게.
(아픈 것 나으니까 좋아서 하고 있습니다요네.)
· 요샌 살지가 펜안ᄒ염서마씸겐.
(요새는 살기가 편안하고 있습니다요네.)

6) 이+게/겐 [야게]

이 형태는 비존대형의 강세첨사 '이'와 '게/겐'이 덧붙어서 현대국어의 '요게'에 해당하는 '야게'의 구실을 한다. 그 놓이는 자리는 비존대형의 종결어미 다음에 두루 붙어서 어세를 강하게 만든다. 그들에 대한 구체적인 용례는 별도로 '종결어미'에서도 다뤄져 있으므로, 아래 (1)~(6)에 한정키로 한다. 이 경우 강세첨사 '이'와 '게/겐'은 그 위치를 바꿔서 <이+게/겐>을 <게/겐+이>로 해도 된다.

(1) 체언+다/이다+이/게/겐 [-다야게/-이다야게]

이 형태를 취하는 강세첨사 '이+게/겐'은 체언에 붙는 비존대형의 평서형종결어미 다음에 놓인다. 즉 모음으로 끝나는 체언에 붙는 평서형종결어미 '-다' 다음에 놓여서 현대국어의 '-다야게'의 '야게'가 되고, 자음받침으로 끝나는 체언에 붙어서 평서형종결어미의 구실을 하는 '-이다' 다음에 놓여서 '-이다야게'의 첨사 '야게'와 같은 구실을 한다.

   △ 체언(모음)+다+이+게/겐=게/겐+이 [-다야게]

   · 믿엉 매낄 사름은 느다이게=게이.
     (믿고 맡길 사람은 너다야게.)
   · 질 아픈 듸가 다리다이겐=겐이.
     (제일 아픈 데가 다리다야게.)

   △ 체언(자음)+이다+이+게/겐=게/겐+이 [-이다야게]

   · 이건 먹어지는 풀이다이게=게이.
     (이것은 먹을 수 있는 풀이다야게.)
   · 지름보단 귀흔 게 물이다이겐=겐이.
     (기름보다 귀한 것이 물이다야게.)

(2) 기본형+이+게겐 [-다야게]

이 형태를 취하는 강세첨사 '이+게/겐'은 종결어미로 쓰인 용언의 기본형/원형 다음에 놓여서 비존대어에 붙는 첨사 '야게'의 구실을 한다. 그것도 동사의 기본형인 경우는 '잇다(있다)'·'말다' 다음에 붙어서 '있다야게'·'말다야게'의 '야게'에 한정된다. 그 외는 주로 형용사의 기본형에 붙어서 현대국어의 '-다야게'의 '야게'가 된다.

△ 동사기본형(잇다/말다)+이+게/겐=게/겐+이 [있다야게/말다
야게]

· 살 방돈 다 잇다이게(겐)=게(겐)이.
(살 방법은 다 있다야게.)
· 난 그런 건 말다이게(겐)=게(겐)이.
(나는 그런 것은 말다야게.)

△ 형용사기본형+이+게/겐=게/겐+이 [-다야게]

· 지금은 시간이 너미 일르다이게(겐)=게(겐)이.
(지금은 시간이 너무 이르다야게.)
· 가인 ᄒ는 짓이 밉다이게(겐)=게(겐)이.
(걔는 하는 짓이 밉다야게.)
· 그 훼초린 너미 질다이게(겐)=게(겐)이.
(그 회초리는 너무 길다야게.)

(3) 어간+게/주/주기+이+게/겐 [-자꾸나야게]

이 형태를 취하는 강세첨사 '이+게/겐'은 동사의 어간에 붙는 청유
형종결어미 다음에 놓여서 현대국어의 비존대어인 '-자꾸나야게'의 첨사
'야게'의 구실을 한다.

△ 동사어간+게+이+게/겐=게/겐+이 [-자꾸나야게]

· 우리랑 더 뽈리 가게이게=게이.
(우리랑 더 빨리 가자꾸나야게.)
· 우리도 속솜ᄒ게이겐=겐이.
(이리도 잠잠하자꾸나야게.)

△ 동사어간+주/주기+이+게/겐=게/겐+이 [−자꾸나야게]

· 이걸랑 낫당 늴랑 먹주이게(겐)=게(겐)이.
  (이것이랑 놨다가 내일랑 먹자꾸나야게.)
· 궤기랑 잘 익게 굽주기이게(겐)=게(겐)이.
  (고기랑 잘 익게 굽자꾸나야게.)

(4) 어간+구나/구낭+이+게/겐 [−구나야게]

이 형태를 취하는 강세첨사 '이+게/게'은 형용사의 어간에 붙는 감탄형종결어미 다음에 놓여서 현대국어의 비존대어 '−구나야게'에 첨사 둘이 겹친 '야게'의 구실을 한다.

△ 형용사어간+구나+이+게/겐=게/겐+이 [−구나야게]

· 야, 뿔르긴 뿔르구나이게=게이!
  (야, 빠르기는 빠르구나야게!)
· 그쯤은게 아무것도 아니구나이겐=겐이!
  (그쯤은야 아무것도 아니구나야게!)

△ 형용사어간+구낭+이+게/겐=게/겐+이 [−구나야게]

· 아고야, 잘도 곱구낭이게=게이!
  (아이고야, 잘도 곱구나야게!)
· 어춤, 어처구나가 엇구낭이겐=겐이!
  (어참, 어처구니가 없구나야게!)

(5) 어간+앗/엇/엿+인가+이+게/겐 [앗/엇/엿는가야게]

이 형태를 취하는 강세첨사 '이+게/겐'은 과거시제 선어말어미 '−앗/엇/엿(았/었/였)−'에 붙는 의문형종결어미 '−인가' 다음에 놓여서, 현대

국어의 비존대어인 '-았/었/였는가야게'의 첨사 '야게'의 구실을 한다. 그
것도 양성모음 어간에는 '-앗+인가+이+게/겐'이, 음성모음 어간에는 '-엇
+인가+이+게/겐'이, 'ㅎ다(하다)'나 '-ㅎ다(하다)'가 붙어서 된 어간 'ㅎ(하)'
다음에는 '-엿+인가+이+게/겐'이 붙는다.

△ 양성어간+앗+인가+<u>이</u>+게/겐=게/겐+이 [-았는가야게]

· 깃대에 기 돌앗인가<u>이게</u>=게<u>이</u>?

(깃대에 기를 달았는가<u>야게</u>?)

· 조반은 먹언 왓(오앗)인가<u>이겐</u>=겐<u>이</u>?

(조반은 먹고서 왔(오았)는가<u>야게</u>?

△ 음성어간+엇+인가+<u>이</u>+게/겐=게/겐+이 [-었는가야게]

· 가이도 차에 치엇인가<u>이게</u>=게<u>이</u>?

(개도 차에 치었는가<u>야게</u>?)

· 경도 존셈이 엇엇인가<u>이겐</u>=겐<u>이</u>?

(그렇게도 잔셈이 없었는가<u>야게</u>?

△ ㅎ(ㅎ다)+엿+인가+<u>이</u>+게/겐=게/겐+이 [-였는가야게]

· ㄱ자 깨나지 못ㅎ엿인가<u>이게</u>=게<u>이</u>?

(여태 깨어나지 못하였는가<u>야게</u>?)

· 낭입이 노릿노릿ㅎ엿인가<u>이겐</u>=겐<u>이</u>?

(나뭇잎이 노릇노릇하였는가<u>야게</u>?

(6) 어간+암/엄/염/+신가+이+게/겐 [-고 있느냐야게]

이 형태를 취하는 강세첨사 '이+게/겐'은 진행상을 나타내는 선어말
어미 '-암/엄/염(고 있)-'에 붙는 의문형종결어미 '-신가' 다음에 놓여서,
현대국어의 비존대어인 '-고 있는가야게'의 첨사 '야게'의 구실을 한다. 그것

도 양성모음 어간에는 '-암+신가+이+게/겐'이, 음성모음 어간에는 '-엄+
신가+이+게/겐'이, 'ᄒ다(하다)'나 '-ᄒ다(하다)'가 붙어서 된 어간 'ᄒ(하)'
다음에는 '-염+신가+이+게/겐'이 붙는다.

△ 양성어간+암+신가+<u>이</u>+게/겐=게/겐+<u>이</u> [-고 있는가<u>야게</u>]

· 감낭에 순이 돋암신가<u>이</u>게=게<u>이</u>?
  (감나무에 순이 돋고 있는가<u>야게</u>?
· 요새도 맹탱일 줄암신가<u>이</u>겐=겐<u>이</u>?
  (요새도 망태기를 겯고 있는가<u>야게</u>?)

△ 음성어간+엄+신가+<u>이</u>+게/겐=게/겐+<u>이</u> [-고 있는가<u>야게</u>]

· 아이신디도 다 주엄신가<u>이</u>게=게<u>이</u>?
  (아이한테도 다 주고 있는가<u>야게</u>?)
· 지금쯤 떡 다 처졈(지엄)신가<u>이</u>겐=겐<u>이</u>?
  (지금쯤 떡 다 쳐지고 있는가<u>야게</u>?)

△ ᄒ(ᄒ다)+염+신가+<u>이</u>+게/겐=게/겐+<u>이</u> [-고 있는가<u>야게</u>]

· 심엇단 꿩 놓치난 애석ᄒ염신가<u>이</u>게=게<u>이</u>?
  (잡았던 꿩을 놓치니까 애석하고 있는가<u>야게</u>?
· 이젠 좀 소골소골ᄒ염신가<u>이</u>겐=겐<u>이</u>?
  (이제는 좀 고분고분하고 있는가<u>야게</u>?

4. 연결어미

연결어미라고 함은 용언인 동사와 형용사의 어간에 붙어 앞의 말을 뒷말
로 이어주는 구실을 하는 어말어미를 말한다. 그 기능은 어떤 사실의 나

열·설명·제한·원인·연속·방임·중단·의도·정도·반복… 등등
다양하다. 국어문법에서는 이들을 삼대별해서 '대등적 연결어미(對等的連
結語尾)'·'종속적 연결어미(從屬的連結語尾)'·'조보적 연결어미(補助的連
結語尾)'로 구분하지만, 제주어에 나타나는 시상과 직결된 '시제적 연결어
미(時制的連結語尾)'도 추가시켰는데, 여기서는 그 대표적인 것만 예시하
고, 나머지는 필자의 편의에 따라 구분 없이 총괄해서 제시했다. 이유는
그 하고많은 것들을 일일이 구분해서 다루기가 번거로워서이다. 더구나 같
은 형태의 어소가 달리 쓰이는 동형이역(同形異役)의 것이 있는가 하면, 다
른 형태의 어소가 같은 기능을 하는 이형동역(異形同役)의 것들이 있는데
다가, 서너너덧 개가 겹치는 복합어미군(複合語尾群)도 있어서 꼼꼼히 다
루기가 여간 벅찬 것이 아니다. 해서 아래 열거한 예시는 대화현장에서 주
로 쓰이는 것들 중에서 간추린 것이다.

1) 대등적 연결어미

대등적 연결어미라고 함은 앞뒤의 말이나 문장을 주종의 관계가 아닌
대등관계가 되게 이어주는 어말어미다. 그 대표적인 것이 아래 (1)(2)와
같은 기능을 가진 것인데, 용언의 어간에 붙어서 여러 사실을 나열하거나
상반되는 것을 대우관계로 나타내는 구실을 한다. 즉 현대국어의 '-고'·
'-면서/-며'·'-으면서/-으며'에 해당하는 '-고/-곡'·'-멍/-으멍'…
따위가 그것이다.

(1) -고/-곡 [-고]

　△ 어간+고/곡 [-고]
　　·흥흐기도 흐고/곡 망흐기도 흐고/곡 흔다.
　　(흥하기도 하고 망하기도 하고 한다.)

· 돈은 말도 몰르<u>고</u>/곡, 귀도 막<u>고</u>/곡, 눈도 어둑나.
(돈은 말도 모르<u>고</u>, 귀도 먹<u>고</u>, 눈도 어둡다.)

△ 어간+고/곡+게/겐 [-고야]

· 지레도 크<u>고게</u>/곡게 얼굴도 곱<u>고게</u>/곡게 나무릴 듸가 엇나.
(키도 크<u>고야</u> 얼굴도 곱<u>고야</u> 나무랄 데가 없다.)
· 이거민 먹<u>고겐</u>/곡겐 쓰<u>고겐</u>/곡겐 살당도 남나.
(이것이면 먹<u>고야</u> 쓰<u>고야</u> 살다가도 남는다.)

(2) -멍/-으멍 [-면서/-며]

△ 어간(모음/ㄹ)+멍 [-면서/-며]

· 가<u>멍</u> ᄒ나 오<u>멍</u> ᄒ나.
(가<u>면서</u> 하나, 오<u>면서</u> 하나.)
· 보리떡을 떡이엥 ᄒ<u>멍</u>, 다슴어멍을 어멍이엥 ᄒ랴.
(보리떡을 떡이라고 하<u>며</u>, 의붓어머니를 어머니라고 하랴.)

△ 어간(모음/ㄹ제외)+으멍 [-으면서/-으며]

· 물<u>으멍</u> 들<u>으멍</u> 제우 촞앗저.
(물<u>으면서</u> 들<u>으면서</u> 겨우 찾았다.)
· 성제간이도 튿<u>으멍</u> 싸<u>우멍</u> 산다.
(형제간에는 뜯<u>으며</u>, 싸<u>우며</u> 산다.)

2) 종속적 연결어미

종속적 연결어미는 앞의 말이나 문장을 뒤에 오는 말과 문장의 종속이 되게 이어주는 구실을 하는 어말어미다. 그 대표적인 것이 아래 (1)(2)와 같은 기능을 가진 것들인데, 용언의 어간에 붙어 원인과 결과를 나타내거나 앞뒤의 사실을 주(主)와 종(從)의 관계로 연결시켜 주는 구실을 한다. 즉 현대국어의 '-니/-니까'·'-으니/-으니까'·'-면/-며는'·'-으면/-

으며는'에 해당하는 '–난'·'–으(이)난'·'–민'·'으(이)민' … 따위가 그것
이다.

(1) –난 [–니/–니까]

△ 어간(모음/ㄹ)+난 [–니/–니까]
- 잘못ᄒ난 욕을 들어사 흔다.
  (잘못하니/니까 욕을 들어야 한다.)
- 죽지 못ᄒ연 사난 사는 거여.
  (죽지 못해서 사니/니까 사는 거야.)

△ 어간(모음/ㄹ제외)+으(이)난 [–으니/–으니까]
- 약 먹으난 빙이 낫앗저.
  (약을 먹으니/으니까 병이 나았다.)
- 옷이 젖으(이)난 몰려사 ᄒ키어.
  (옷이 젖으니/으니까 말려야 하겠다.)

(2) –민 [–면/–며는]

△ 어간(모음/ㄹ)+민 [–면/–며는]
- 욕심이 쎄민 도둑이 반인다.
  (욕심이 세면/며는 도둑이 반이다.)
- 쳇 둑 울민 먼둥이 튼다.
  (첫 닭이 울면/며는 먼동이 튼다.)

△ 어간(모음/ㄹ제외)+으(이)민 [–으면/으며는]
- 이녁이 좋으민 놈도 좋으카부뎅?
  (자기나 좋으면/으며는 남도 좋을까보냐?)
- 옷이 젖으(이)민 몰려사 흔다.
  (옷이 젖으면/으며는 말려야 한다.)

3) 보조적 연결어미

보조적 연결어미는 부사형어미라고도 하는데, 말이나 문장의 본용언에 보조용언을 이어주는 구실을 하는 어말어미이다. 그 대표적인 것이 아래 (1)(2)와 같은 기능을 가진 것들인데, 용언의 어간에 붙어서 그 다음에 오는 보조용언으로 이어지게 해서 이유·근거·의문·의지를 나타내는 '-아/-어/-여'와 부정이나 금지를 나타내는 '-지' … 따위가 그것이다.

(1) -아/-어/-여 [-아/-어/-여]

△ 어간+아/어/여 [-아/-어/-여]
· 양성어간: 어디 갓인지 촛아 보게게.
(어디 갔는지 찾아 보자야.)
· 음성어간: 새로 난 질거리 걸어 보안댜?
(새로 난 길거리 걸어 보았느냐?)
· 후(후다): 난 잘후여 안내쿠다.
(나는 잘하여 드리겠습니다.)

(2) -지 [-지]

△ 어간+지 [-지]
· 그 집이랑 놈 빌리지 말라.
(그 집은 남 빌리지 마라.)
· 늬 아판 먹지 못후키어겐.
(이 아파서 먹지 못하겠다야.)

4) 시제적 연결어미

시제적 연결어미라고 함은 용언의 어간에 붙어서 시제관계를 나타내는 어미를 일컫는 필자 나름의 명칭이다. 그것이 바로 제주어문법에서 노른자의 구실을 하는 '-ㅇ'과 '-ㄴ'의 시제성(時制性)이다. 이 두 형태소는 용언의 어간과 어미에 붙어서 미래·현재·과거를 나타내는 시제와 맞물려 있다. 이에 대해서는 <제1장 음운론>의 '자음의 구분과 쓰임' 7)에서 대충 그 윤곽을 살필 수 있는 용례의 일부를 제시한 바 있다. 여기서는 거기에서 밝히지 못한 것들을 아래 (1)~(31)로 세분해서 다뤘다. 특히 눈여겨볼 것은 '-ㅇ'은 현재 내지 미래상을 나타내는데 쓰이는 것이 원칙이나, 구어체 중심의 말하기에서는 시제구분 없이 쓰이는 경우도 있다. 하지만 '-ㄴ'은 거의가 과거를 나타내는데 쓰이는 것이 통례이다. 이에 대해서는 이론이 있을 수 있다.

(1) -아/-어/-여+ㅇ> -앙/-엉/-영 · -아/-어/-여+ㄴ> -안/-언/-연 [-아서/-어서/-여서]

이들 연결어미는 '-아/-어/-여'에 형태소 '-ㅇ/-ㄴ'이 끝소리 받침으로 붙은 '-앙/-안' · '-엉/-언' · '-영/-연'의 형태를 취해서, 미래·현제·과거·공통 중 어느 하나를 나타낸다. 그 쓰이는 조건은 아래 ❶ ❷❸과 같다.

❶ 어간+아/어/여+ㅇ>앙/엉/영 [-아서/-어서/-여서]

이들 형태를 취하는 '-앙/-엉/-영'은 미래나 현재를 나타낼 때 용언의 어간에 붙는다. 즉 양성모음 어간에는 '-앙'의 붙어서 현대국어의 연결어미 '-아서'가 되고, 음성모음 어간에는 '-엉'의 붙어서 연결어미 '-어서'가 된다. 또 '흐다(하다)'나 '-흐다'가 붙어서 된 어간 '흐(하)' 다음에는 '-영'이 붙어서 현대국어의 연결어미 '-여서'가 된다. 다만 어간의 끝음절이 자음받침이 없는 'ㅏ'이면 연결어미 '-아'는 탈락/생략되므로 '-ㅇ'이 어간 'ㅏ'에 붙는다.

[미래]

△ 양성어간+앙 [-아서]

· 잘 강(가앙) 올댜?.
(잘 가서 오겠느냐?)

· 닐(닐)은 날 묽앙 좋키어.
(내일은 날 맑아서 좋겠다.)

△ 음성어간+엉 [-어서]

· 비 올 땐 우장 썽(쓰엉) 뎅기라.
(비 올 때는 우장 써서 다니라.)

· 내년 저슬엔 얼엉(엉) 어떵 ᄒᆞ코?
(내년 겨울에는 추어서 어떻게 할까?)

△ ᄒᆞ(ᄒᆞ다)+영 [-여서]

· 더 일ᄒᆞ영 가마.
(더 일하여서 가마.)

· 다신 경 ᄒᆞ영 안 뒌다.
(다시는 그렇게 하여서 안 된다.)

[현재]

△ 양성어간+앙 [-아서]

· 못은 저추룩 박앙 안 된다.
(못은 저처럼 박아서 안 된다.)

· 막 좋앙 웃엄싱게.
(막 좋아서 웃고 있다.)

△ 음성어간+엉 [-어서]

· 무사 짜꾸 저영 더펑(프엉) 놔두젱 ᄒᆞ염시니?
(왜 자꾸 저렇게 덮어서 놔두려 하고 있느냐?)

· 이대론 눈 부시엉 못 보컨게.

(이대로는 눈이 부시<u>어서</u> 못 보겠다.)

△ ᄒ(ᄒ다)+영 [-여서]

· 영 ᄒ<u>영</u> 뒈카?

(이렇게 하<u>여서</u> 될까?)

· 경 ᄒ<u>영</u> 멩근다.

(그렇게 하<u>여서</u> 만든다.)

❷ 어간+아/어/여+ㄴ>안/언/연 [-아서/-어서/-여서]

이들 형태를 취하는 '-안/-언/-연'은 과거를 나타낼 때 용언의 어간에 붙는다. 즉 양성모음 어간에는 '-안'의 붙어서 현대국어의 연결어미 '-아서'가 되고, 음성모음 어간에는 '-언'의 붙어서 연결어미 '-어서'가 된다. 또 'ᄒ다(하다)'나 '-ᄒ다'가 붙어서 된 어간 'ᄒ(하)' 다음에는 '-연'이 붙어서 현대국어의 연결어미 '-여서'가 된다. 다만 어간이 자음받침이 없는 'ㅏ'이면 연결어미 '-아'는 탈락/생략되므로 '-ㄴ'이 어간 'ㅏ'에 붙는다.

[과거]

△ 양성어간+안 [-아서]

· 애기 <u>난</u>(나안) 누엇어라.

(아기 낳<u>아서</u> 누었더라.)

· 감줄 <u>ᄉᆞᆷ안</u> 먹엇저.

(고구마를 삶<u>아서</u> 먹었다.)

△ 음성어간+언 [-어서]

· 땅이 <u>굳언</u> 밧 못 갈앗저.

(땅이 굳<u>어서</u> 밭을 못 갈았다.)

· 간 보난 <u>누언</u> 잠서라.

(가서 보니 누<u>어서</u> 자고 있더라.)

△ ᄒ(ᄒ다)+연 [-여서]

· 일 너미 ᄒ연 아팟덴 ᄀᆞᆯ아라.

(일 너무 하여서 아팠다고 말하더라.)

· 안 오카부덴 걱정ᄒ연 둘레 갓저.

(안 올까보아 걱정하여서 데리러 갔다.)

❸ 어간+아/어/여+ㅇ/ㄴ>앙/안·엉/언·영/연 [-아서/-어서/-여서]

이들 형태를 취할 때의 '-앙/-안'·'-엉/-언'·'-영/-연'은 시제 구분 없이 공통으로 쓰일 때 용언의 어간에 붙는다. 즉 양성모음 어간에는 '-앙/-안'의 붙어서 현대국어의 연결어미 '-아서'가 되고, 음성모음 어간에는 '-엉/-언'이 붙어서 연결어미 '-어서'가 된다. 또 'ᄒ다(하다)'나 '-ᄒ다'가 붙어서 된 어간 'ᄒ(하)' 다음에는 '-영/-연'이 붙어서 현대국어의 연결어미 '-여서'가 된다. 다만 형용사 '아니다'에는 적용되지 않는다.

[공통]

△ 양성어간+앙/안 [-아서]

· 제비생인 ᄂᆞᆯ앙/안 강남 간다.

(제비는 날아서 강남 간다.)

· 상 타난 좋안/앙 웃엄저.

(상을 타니까 좋아서 웃고있다.)

△ 음성어간+엉/언 [-어서]

· 그 말 들엉/언 다 울엇저.

(그 말 들어서 다 우렀다.)

· 그 말 들으민 슬펑/펀운다.

(그 말 둘으면 슬퍼(프어)서 운다.)

△ ᄒ(ᄒ다)+영/연 [−여서]

· 홉셍 ᄒ<u>영/연</u> 글른 듸 엇나.

(하십시오 하<u>여서</u> 그른 데 없다.)

· 난 ᄀᆞ깝ᄒ<u>영/연</u> 못살키어.

(나는 가깝하<u>여서</u> 못살겠다.)

이들 <공통>의 용례는 실제 대화현장에서 흔히 나타나는데, 그 이유는 문법논리보다 의미전달이 우선이기 때문에 엄격한 문법의 적용을 중히 여기지 않는 데 있다. 이에 대해선 이론이 있을 수 있다.

(2) −다 + ㅇ/ㄴ>당/단 [−다가]

이들 연결어미는 현대국어의 '−다가'의 준말인 '−다'에 시제를 나타내는 구실을 하는 '−ㅇ'·'−ㄴ'이 붙어서 무슨 행위가 중단되고 다른 것으로 이어지는 구실을 하는 현대국어의 '−다가'에 해당한다. 그 쓰이는 조건은 '−당'인 경우, 용언의 어간에 붙어서 미래 내지 현재를 나타내고, '−단'은 과거를 나타낸다. 또 과거시제 선어말어미 '−앗/엇/엿(았/었/였)−' 다음에도 붙는데, 이때는 그 말의 내용에 따른 상황이나 동작이 이어짐이 현재 내지 미래와 연계된 것이면 '−앗당/엇당/엿당(았다가/었다가/였다가)−'가 되고, 과거와 연계된 것이면 '−앗단/엇단/엿단(았다가/었다가/였다가)−'가 된다. 때로는 시제구분 없이 공통으로 쓰이기도 한다.

[미래]

△ 어간+당 [−다가]

· 오래 잇<u>당</u> 가게.

(오래 있<u>다가</u> 가자.)

· 난 더 말ᄒ<u>당</u> 가키어.

(나는 더 말하다가 가겠다.)

△ 양성어간+앗+당 [-았다가]

· 줴진 놈 욮이 앚앗당 베락 맞나.
(죄진 놈 옆에 앉았다가 벼락 맞는다.)

· 잘 보앗당 그대로 ᄒ라.
(잘래 보았다가 그개로 하라.)

△ 음성어간+엇+당 [-었다가]

· 하건 덜엇당 먹으라.
(많거든 덜었다가 먹어라.)

· 오래 묵엇당 가도 뒌다.
(오래 묵었다가 가도 된다.)

△ ᄒ(ᄒ다)+엿+당 [-였다가]

· 공불 잘ᄒ엿당 상 받으라.
(공부를 잘하였다가 상 받아라.)

· 몰멩ᄒ엿당 지 앞잇것도 일러분다.
(미련하였다가 제 앞엣것도 잃어버린다.)

[현재]

△ 어간+당 [-다가]

· 지만 ᄀ당 말게 내불라.
(자기만 말하다가 말게 내버려라.)

· 저추룩 웨당 큰코닥치메.
(저렇게 외치다가 큰코다친다.)

△ 양성어간+앗+당 [-았다가]

· 저영 놓앗당 털어진다.
(저렇게 놓았다가 떨어진다.)

· 오래 살앗당 볼 일이어.
 (오래 살았다가 볼 일이다.)

△ 음성어간+엇+당 [-었다가]

· 저걸 보라 늘 믿엇당 뒈커냐?
 (저걸 봐라 너를 믿었다가 되겠느냐?)
· 저영 와리엇당 아무것도 안 뒌다.
 (저렇게 서둘렀(르었)다가 아무것도 안 된다.)

△ ᄒ(ᄒ다)+엿+당 [-였다가]

· 이런 말은 ᄒ엿당 본전 일른다.
 (이런 말하였다가 본전 잃는다.)
· 난 저추룩 ᄒ엿당 못 배긴다.
 (나는 처처럼 하였다가 못 배긴다.)

[과거]

△ 어간+단 [-다가]

· 게난, 물질ᄒ단 죽엇젠 말이순?
 (그러니까, 물질하다가 죽었다는 말인가?)
· ᄀ찌 가단 보난 엇어졋어라.
 (같이 가다가 보니까 없어졌더라.)

△ 양성어간+앗+단 [-았다가]

· 군인 갓단 오랏어라.
 (군인 갔다가 왔더라.)
· 도둑 잡앗단 놓쳐 불언.
 (도둑 잡았다가 놓쳐 버렸다.)

△ 음성어간+엇+단 [-었다가]

· 꼿은 피엇단 시들엇저.

(꽃은 피었다가 시들었다.)
· 옷이 젖엇단 몰랏저.
(옷이 젖었다가 말랐다.)

△ ᄒ(ᄒ다)+엿+단 [-엿다가]

· 군소리ᄒ엿단 야단맞앗저.
(군소리하였다가 야단맞았다.)
· 벗 멀리ᄒ엿단 손해가 여간 아니어.
(벗 멀리하였다가 손해가 여간 아니다.)

[공통]

△ 어간+당/단 [-다가]

· 숭에 튀난 복쟁이도 튀당/튀단 원담에 배 걸령/걸련 죽나.
(숭어 튀니 복어도 튀다가 원담에 배 걸려서 죽는다.)
· 놀당/놀단 죽은 염송애기나, 일ᄒ당/일ᄒ단 죽은 황밧갈쉐나.
(놀다가 죽은 염소나, 일하다가 죽은 황소나.)

(3) -뎅/-덴 [-다고]

이들 연결어미는 용언의 어간에 붙는 어미 '-다'에 부사격조사 '고' 가 결합된 현대국어의 '-다고'에 해당한다. 그 쓰이는 조건은 어간 다음에 붙을 경우, '-뎅'은 미래 내지 현재를 나타내고, '-덴'은 과거 사실을 나타 내는 데 쓰는 것이 원칙이지만, 때에 따라서는 구분 없이 공통으로 쓰이기 도 한다. 또 과거시제 선어말어미 '-앗/엇/엿(았/었/였)-', 진행상을 나타내 는 선어말어미 '-암/엄/염(고 있)-' 다음에 붙는다. 이때 '-앗/엇/엿-'에 붙은 '-뎅/-덴'은 현대국어의 '-았/었/였다고'의 '-다고'가 돼서, 이미 이 뤄진 사실일지라도 말을 하고 있는 상황에 따른 시점을 중심으로 보면, 미 래·현재·과거로 구분하여 써야 할 때와 구분 없이 공통으로 쓸 때도 있다. 특히 '-암/엄/염-' 다음에 '-뎅/-덴'이 붙을 경우는 시제구분 없이 공통으로 써도 된다. 이들에 대한 이론이 있을 수 있다.

[미래]

△ 어간+뎅 [-다고]
 · 지레 족뎅 나무릴 거여.
   (키가 작다고 나무랄 것이다.)
 · 흐렝 흐건 말뎅 흐라.
   (하라고 하거든 말다고 하라.)

△ 양성어간+앗+뎅 [-았다고]
 · 몰라도 알앗뎅 굴으라.
   (몰라도 알았다고 말하라.)
 · 알멍도 몰랏(르앗)뎅 홀 거여.
   (알아도 몰랐(르았)다고 할 것이다.)

△ 음성어간+엇+뎅 [-었다고]
 · 빗 안 물엇뎅 부재로 못 산다.
   (빚 안 물었다고 부자로 못 산다.)
 · 그딘 가민 울엇뎅 달레줄 사름 엇나.
   (거기는 가면 울었다고 달래줄 사람 없다.)

△ 흐(흐다)+엿+뎅 [-였다고]
 · 그 일흐엿뎅 욕흐지 안홀 걸.
   (그 일하였다고 욕하지 않을 걸.)
 · 잘 생각흐엿뎅 굴으라.
   (잘 생각하였다고 말하라.)

△ 양성어간+암+뎅 [-고 있다고]
 · 닐은 짐치 둠암뎅 흐연게.

(내일은 김치 담그고 있<u>다고</u> 하던데.)
- ᄒᆞ쑬 싯당 감(가암)뎅 ᄀᆞᆯ으라.
(조금 있다가 가고 있<u>다고</u> 말하라.)

△ 음성어간+엄+뎅 [-고 있<u>다고</u>]
- 절간 믿엄뎅 다 극락에 가카?
(절간/불교 믿고 있<u>다고</u> 다 극락에 갈까?)
- 잘 걸엄뎅 ᄒᆞ여도 지냥으로 못 올 거여.
(잘 걷고 있<u>다고</u> 하여도 자기대로 못 올 것이다.)

△ ᄒᆞ(ᄒᆞ다)+염+뎅 [-고 있<u>다고</u>]
- 모린 영장ᄒᆞ염뎅 ᄒᆞ난 강 봐사키어.
(모래는 장사(葬事)하고 있<u>다고</u> 하니까 가서봐야겠다.)
- 만나민 방상일 대움ᄒᆞ염뎅 나무린다.
(만나면 친족일 무관심하고 있<u>다고</u> 나무란다.)

[현재]

△ 어간+뎅 [-<u>다고</u>]
- 지금 나ᄀᆞ라 곱뎅 ᄒᆞ염시네게.
(지금 나더러 곱<u>다고</u> 하고 있다.)
- 경ᄒᆞ뎅 ᄀᆞᆯ암저.
(그렇<u>다고</u> 말하고 있다.)

△ 양성어간+앗+뎅 [-았<u>다고</u>]
- 눈 족앗뎅 못 보는 게 아니구낭.
(눈이 작았<u>다고</u> 못 보는 것이 아니구나.)
- 바당이 불앗뎅 다 날 좋은 게 아니어.
(바다가 잔잔하였<u>다고</u> 다 날씨가 좋은 것이 아니다.)

△ 음성어간+엇+뎅 [-었다고]

· 아이광 곡속은 궂엇뎅 못 내분다.
  (아이와 곡식은 궂었다고 못 내버린다.)
· 다슴아둘 배불엇뎅 ᄒᆞ멍 밥 안 준다.
  (의붓아들 배불렀(르었)다고 하면서 밥 안 준다.)

△ ᄒᆞ(ᄒᆞ다)+엿+뎅 [-였다고]

· 잘못ᄒᆞ엿뎅 빌라게.
  (잘못하였다고 비어라.)
· 이제도 화일 안ᄒᆞ엿뎅 굴암저.
  (이제도 화의를 안하였다고 말하고 있다.)

△ 양성어간+암+뎅 [-고 있다고]

· 쏠깝이 자꾸 올람(르암)뎅 ᄒᆞ염수게.
  (쌀값이 자꾸 올르고 있다고 합니다.)
· 똘 풀암뎅 굴암수게
  (딸 혼사시키고 있다고 말하고 있습다.)

△ 음성어간+엄+뎅 [-고 있다고]

· 굶엉 죽엄뎅 야단들이어.
  (굶어서 죽고 있다고 야단들이다.)
· 물질 실프민 놀 쎄엄뎅 ᄀᆞ나.
  (물질 싫으면 파도 거세지고 있다고 말한다.)

△ ᄒᆞ(ᄒᆞ다)+염+뎅 [-고 있다고]

· 일ᄒᆞ염뎅 말사 못ᄒᆞ랴.
  (일하고 있다고 말이야 못하랴.)
· 지금 절ᄒᆞ염뎅 다 복종ᄒᆞ는 건 아니어.
  (지금 절하고 있다고 다 복종하는 것은 아니다.)

[과거]

△ 어간+덴 [-다고]

· 줘도 말덴 안 받아라.
(줘도 말다고 안 받더라.)
· 맛이 엇덴 ᄒᆞ연게마는.
(맛이 없다고 하더니만,)

△ 양성어간+앗+덴 [-았다고]

· 경ᄒᆞ난 그 말이 맞앗덴 ᄒᆞ엿구나.
(그러니 그 말이 맞았다고 하였구나.)
· 용시철엔 밧듸서 살앗덴 ᄀᆞ나.
(농사철에는 밭에서 살았다고 한다.)

△ 음성어간+엇+덴 [-었다고]

· 그 사름 구신 들렷(리엇)덴 ᄒᆞ여라.
(그 사람 귀신 들리었다고 하더라.)
· 지만 가불엇덴 울엇이네.
(자기만 가버리었다고 울었다.)

△ ᄒᆞ(ᄒᆞ다)+엿+덴 [-였다고]

· 못뒌 짓ᄒᆞ엿덴 가두엇저.
(못된 짓하였다고 가두었다.)
· 싓이서도 못ᄒᆞ엿덴 나무려라.
(셋이서도 못하였다고 나무라더다.)

△ 양성어간+암/덴 [-고 있다고]

· 줘도 말암덴 ᄀᆞᆯ앗저.
(줘도 말고 있다고 말했다.)
· 느만 좋암덴 ᄒᆞᆫ 말 들어져라.
(너만 좋고 있다고 한 말 들리더라.)

△ 음성어간+엄/덴 [-고 있다고]

· 집 다 짓엄덴 굴웁디다.
  (집 다 잣고 있다고 말합디다.)
· 기냥 와불엄덴 욕홉데(디)다.
  (그냥 와버리고 있다고 욕합디다.)

△ ᄒ(ᄒ다)+염+덴 [-고 있다고]

· 군대 간 고생ᄒ염덴 편지 왓저.
  (군대에 가서 고생하고 있다고 편지 왔다.)
· 아판 오몽 못ᄒ염덴 소문낫어라.
  (아파서 움직이지 못하고 있다고 소문났더라.)

[공통]

△ 어간+뎅/덴 [-다고]

· 잇뎅/덴을 ᄒ던 엇뎅/덴을 ᄒ던 간에…
  (있다고 하던 없다고 하던 간에…)
· 둘뎅/덴도 쓰뎅/덴도 안 굴암저.
  (달다고도 쓰다고도 말하지 않고 있다.)

△ 양성어간+앗+뎅/덴 [-았다고]

· 맨땅에 앚앗뎅/덴 욕홀 게 아닌다.
  (맨땅에 앉았다고 욕할 것이 아니다.)
· 소리사 눈곰앗뎅/덴 못들으카?
  (소리야 눈감았다고 못 들을까?)

△ 음성어간+엇+뎅/덴 [-었다고]

· 궤안에 곱졋(지엇)뎅/덴 ᄒ여라.
  (궤안에 숨겼(기엇)다고 하더라.)
· 어떠난 먹엇뎅/덴도 썻(쓰엇)뎅/덴도 안ᄒ염시?
  (어째서 먹었다고도 썼(쓰었)다고도 안하고 있느냐?)

△ ᄒ(ᄒ다)+엿+뎅/덴 [-였다고]

· 잘ᄒ엿뎅/덴 ᄒ멍도 궂어라 ᄒ다.
  (잘하였<u>다고</u> 하면서도 나쁘게 여긴다.)
· 스정ᄒ엿뎅/덴 안 뒐 일이 뒈카?
  (사정하였<u>다고</u> 안 될 일이 될까?)

△ 양성어간+암+뎅/덴 [-고 있<u>다고</u>]

· 빙 다 낫암뎅/덴 기별 왓어라.
  (병 다 낫고 있<u>다고</u> 소식 왔더라.)
· 정신이 돌아왐(오암)뎅/덴 좋안 ᄒ여라.
  (정신이 돌아오고 있<u>다고</u> 좋아서 하더라.)

△ 음성어간+엄+뎅/덴 [-고 있<u>다고</u>]

· 업은 아이 발 실럼(리엄)뎅/덴 걷는 아이 둘으렝 ᄒ다.
  (업은 아이 발 시리고 있<u>다고</u> 걷는 아이 뛰라고 한다.)
· 줴도 엇은디 두드럼(리엄)뎅/덴 ᄒ여라.
  (죄도 없는데 때리고 있<u>다고</u> 하더라.)

△ ᄒ(ᄒ다)+염+뎅/덴 [-고 있<u>다고</u>]

· 이젠 헛소리ᄁ장 ᄒ염뎅/덴 ᄒ연게마는.
  (이제는 헛소리까지 하고 있<u>다고</u> 하더니만.)
· 지 말ᄒ염뎅/덴 저 모냥이어.
  (자기 말하고 있<u>다고</u> 저 모양이다.)

특히 완료를 나나내는 현대국어의 선어말어미 '-았/었/였-'에 해당하는 '-안/언/연-' 다음에도 '-뎅/-덴'이 붙는데, 그 경우는 아래 예시처럼 시제구분 없이 의문을 나타내는 연결어미 '-았/었/였느냐고'의 '-느냐고'로 쓰인다.

△ 양성어간+안+뎅/덴 [-았느냐고]

· 애기 잘 돌안뎅/덴 들엄저.
  (아기 잘 돌보았느냐고 듣고 있다.)
· 깞 얼메나 받안뎅/덴 듣진 안흐여냐?
  (값 얼마나 받았느냐고 듣지는 안하더냐?)

△ 음성어간+언+뎅/덴 [-었느냐고]

· 돈 빗젼(지언)뎅/덴 물어보라.
  (돈 빚졌느냐고 물어보라.)
· 누게신디 주언뎅/덴 들엄시네.
  (누구한테 주었느냐고 묻고 있다.)

△ 흐(흐다)+연+뎅/덴 [-였느냐고]

· 잘흐연뎅/덴 들을 걸.
  (잘하였느냐고 들을/물을 걸.)
· 무사 경 흐연뎅/덴 들엉 오라.
  (왜 그렇게 하였느냐고 들어서 오라.)

(4) -ㄴ뎅/-ㄴ덴 · -는뎅/-는덴 [-ㄴ다고 · -는다고]

이들 연결어미는 현대국어의 종결어미 '-ㄴ다' · '-는다'와 부사격
조사 '고'가 결합된 '-ㄴ다고' · '-는다고'에 해당한다. 그 쓰이는 조건은
시제구분 없이 모음이나 'ㄹ' 받침으로 끝나는 용언의 어간에는 '-ㄴ뎅/-
ㄴ덴'이 붙고, 'ㄹ' 이외의 자음받침으로 끝나는 어간에는 '-는뎅/-는덴'이
붙는다.

△ 어간(모음/ㄹ)+ㄴ뎅/ㄴ덴 [-ㄴ다고]

· 발 엇은 말이 천리 간(가ㄴ)뎅 흐다.
  (발 없는 말이 천리 간(가ㄴ)다고 한다.)

· 나을 동안 브름 분뎅 ᄒ여라.
(사흘 동안은 바람이 분(부ㄴ)다고 하더라.)

△ 어간(모음/ㄹ제외)+는뎅/는덴 [-는다고]

· 몽생인 나는 날부떠 백릿질 걷는뎅 ᄒ다.
(망아지는 나는 날부터 백릿길 갇는다고 한다.)

· 개염지탈 먹으민 머리 벗는뎅 곧나.
(뱀딸기 먹으면 머리 벗는다고 말한다.)

　

또한 표준어에는 형용사의 어간에 현재를 나타내는 관형사형어미 '-ㄴ' · '-은'이 붙지 않는 것으로 돼 있다. 하지만 연결어미 '-뎅/-덴'과 결합해서 '-ㄴ뎅/-ㄴ덴' · '-은뎅/-은덴'의 형태를 취해서, 아래 예시와 같이 현대국어의 '-다고'가 된다.

△ 형용사어간(모음/ㄹ)+ㄴ뎅/ㄴ덴 [-다고]

· 갓당 오민 다리 아픈(프ㄴ)뎅/덴 안 감저.
(갔다가 오면 다리가 아프다고 아니 가고 있다.)

· 재산이 목숨보단 귀흔 게 아닌(니ㄴ)뎅/덴 ᄒ다.
(재산이 목숨보다는 귀한 게 아니다고 한다.)

△ 형용사어간(모음/ㄹ제외)+은뎅/은덴 [-다고]

· 그른 일ᄒ민 ᄂᆞᆺ이 붉은뎅/은덴 ᄒ메.
(그른 일하면 낯이 붉다고 한다.)

· 가인 행실 ᄂᆞᆽ은뎅/은덴 소문낫주.
(걔는 행실이 나쁘다고 소문났어.)

　

(5) -ㄹ뎅/-ㄹ덴 · -을뎅/-을덴 [-려느냐고 · -으려느냐고]

이들 연결어미는 관형사형어미 '-ㄹ'에 의도를 나타내는 어미 '-뎅

/-덴'이 결합된 현대국어의 연결어미 '-려고'의 준말 '-려'에 의문형종결
어미 '-느냐'와 부사격조사 '고'가 결합된 '-려느냐고'·'-으려느냐고'에
해당한다. 그 쓰이는 조건은 동사의 어간이 모음으로 끝나거나 'ㄹ' 받침일
때는 '-ㄹ뎅/-ㄹ덴'이 붙어서 '-려느냐고'가 되고, 'ㄹ' 받침 이외의 자음
받침일 때는 '-을뎅/-을덴'이 붙어서 '-으려느냐고'가 된다. 실제 대화현
장에서는 말하는 사람의 어투에 따라 '-ㄹ뎅'·'-ㄹ덴' 중 어느 하나를 선
호하거나 혼용해서 쓰이기도 하지만, 주로 '-ㄹ뎅'·'-을뎅'을 쓴다.

    △ 동사어간(모음/ㄹ)+ㄹ뎅/ㄹ덴 [-려느냐고]

      ·좀잘(자르)뎅/<u>덴</u> 들어보라.
      (잠자<u>려느냐고</u> 들어보라.)
      ·누게영 놀뎅/<u>덴</u> 들어도 줌줌ᄒ염신게.
      (누구하고 놀<u>려느냐고</u> 들어도 잠잠하고 있다.)

    △ 동사어간(모음/ㄹ제외)+을뎅/을덴 [-으려느냐고]

      ·밥 먹을뎅/<u>덴</u> 들어보라.
      (밥을 먹<u>으려느냐고</u> 들어보라.)
      ·무신 말 들을뎅/<u>덴</u> 물어보라.
      (무슨 말을 들<u>으려느냐고</u> 물어보아라.)

(6) -딩/-딘 [-느냐고]

    이들 연결어미는 시제를 나타내는 선어말어미 다음에 붙어서 현
대국어의 의문형인 '-느냐고'에 해당한다. 그 붙는 조건은 완료를 나타내
는 과거시제 선어말어미 '-안/언/연(았/었/엿)-' 다음에 놓여서 현대국어
의 '-았/었/였느냐고'의 '-느냐고'가 되고, 진행상을 나타내는 선어말어
미 '-암/엄/염(고 있)-' 다음에 놓여서 현대국어의 '-고 있느냐고'의 '-느
냐고'가 된다. 또 'ᄒ다(하다)'나 '-ᄒ다'가 붙어서 된 어간 'ᄒ(하)' 다음에

놓여서 현대국어의 '-고 있느냐고'의 '-느냐고'가 된다. 시제구분 없이 쓰인다.

△ 양성어간+안+딩/딘 [-았느냐고]
· 느 눈으로 보안딩/딘 따졈세.
(네 눈으로 보았느냐고 따지고 있다.)
· 그 동안 어떵 살안딩/딘 들엄저.
(그 동안 어떻게 살았느냐고 듣고 있다.)

△ 음성어간+언+딩/딘 [-었느냐고]
· 무사 못 준디게 굴언딩/딘 욕ㅎ고라.
(왜 못 견디게 굴었느냐고 욕하였노라.)
· 빗 물언딩/딘 뒈물엄시네.
(빚을 갚았느냐고 되묻고 있다.)

△ ㅎ(ㅎ다)+연+딩/딘 [-였느냐고]
· 무사 잘못ㅎ연딩/딘 듣지도 안ㅎ여라.
(왜 잘못하였느냐고 듣지도 안하더라.)
· 어떵 ㅎ연딩/딘 알아나 보게.
(어떻게 하였느냐고 알아나 보자.)

△ 양성어간+암+딩/딘 [-고 있느냐고]
· 무신 말 굴암딩/딘 비웃엄저.
(무슨 말을 하고 있느냐고 비웃고 있다.)
· 얼메나 받안 풀암딩/딘 들어볼 걸게.
(얼마나 받아서 팔고 있느냐고 들어볼 걸야.)

△ 음성어간+엄+딩/딘 [-고 있느냐고]
· 무신 낭 싱검(그엄)딩/딘 들어라.
(무슨 나무를 심고 있느냐고 듣더라.)

· 집 언제 짓엄딩/딘 전와 왔어라.
 (집 언제 짓고 있느냐고 전화가 왔더라.)

△ ᄒ(ᄒ다)+염+딩/딩 [-고 있느냐고]
· 무사 ᄂ만 일ᄒ염딩/딘 불쌍ᄒ뎬 ᄒ읍다.
 (왜 너만 일하고 있느냐고 불쌍하다고 합디다.)
· 어떠난 아랫사름신디 절ᄒ염딩/딘 웃엄수게.
 (어떠니 아랫사람에게 절하고 있느냐고 웃고 있습니다.)

(7) -는딩/-는딘 · -ㄴ딩-ㄴ딘 [-느냐고]

이들 연결어미는 관형사형전성어미 '-는' · '-ㄴ'과 의문형어미 '-딩/-딘'이 결합된 것으로서, 현대국어의 의문형종결어미 '-느냐'에 부사격조사 '고'가 결합된 '-느냐고'에 해당한다. 그 쓰이는 조건은 시제구분 없이 '-는딩/-는딘'은 동사의 어간에 붙고, '-ㄴ딩/-ㄴ딘'은 모음이나 'ㄹ' 받침으로 끝나는 어간에 붙는다. 단 '싯다(있다)'의 경우는 어간에 'ㅅ' 받침이 있지만 '-ㄴ딩/-ㄴ딘'이 붙어서 '-신딩/-신딘'으로 쓰여서 '있느냐고'의 '-느냐고'가 된다.

△ 동사어간+는딩/는딘 [-느냐고]
· 어느 고단에 사는딩/는딘 물어보라.
 (어느 고을에 사느냐고 물어보라.)
· 무사 음식을 굴리멍 먹는딩/는딘 나무렴시네.
 (왜 음식을 고르면서 먹느냐고 나무라고 있다.)

△ 어간(자음/ㄹ)+ㄴ딩/ㄴ딘 [-느냐고]
· 어제 어디 간(가ㄴ)딩/딘 들엄시네.
 (어제 어디 갔느냐고 묻고 있다.)
· 허리가 무사 경 ᄀ는(늘ㄴ)딩/딘 웃엄수게.

(허리가 왜 그렇게 가<u>느냐고</u> 나무라고 웃고 있습니다.)

△ 동사어간(<u>싯다</u>)+ㄴ딩/ㄴ딘 [-느냐고]

· 무사 그디 신(싯<u>ㄴ</u>)<u>딩/딘</u> 물엄시네.

(왜 거기 있<u>느냐고</u> 묻고 있다.)

· 지금 어디 신(싯<u>ㄴ</u>)<u>딩/딘</u> 전화ᄒ여 보라.

(지금 어디 있<u>느냐고</u> 전화하여 보라.)

(8) -ㄹ딩/-ㄹ딘 · -을딩/-을딘 [-려느냐고 · -으려느냐고]

이들 연결어미 '-ㄹ딩/-ㄹ딘'은 앞의 (5)의 '-ㄹ뎅/-ㄹ덴' · '-을뎅/-을덴'과 같은 기능을 가진 어말어미이다. 즉 관형사형어미 '-ㄹ' · '-을'과 의문형어미 '-딩/-딘'이 결합된 것으로서, 의향을 묻는 '-려느냐' · '-으려느냐'에 부사격조사 '고'가 결합된 의문형연결어미에 해당한다. 그 쓰이는 조건은 모음이나 'ㄹ' 받침으로 끝나는 동사의 어간에는 '-ㄹ딩/-ㄹ딘'이 붙어서 현대국어의 '-려느냐고'가 되고, 'ㄹ' 이외 자음받침으로 끝나는 어간에는 '-을딩/-을딘'이 붙어서, 현대국어의 '-으려느냐고'가 된다. 단 '-ㄹ딩/-ㄹ딘'은 'ㄹ' 받침어간에 불을 경우는 '-ㄹ'이 탈락된다.

△ 동사어간(모음/ㄹ)+ㄹ딩/ㄹ딘 [-려느냐고]

· 뭘 홀(ᄒ<u>ㄹ</u>)<u>딩/딘</u> 안 들어냐?

(뭣을 <u>하려느냐고</u> 안 듣더냐?)

· 새 집인 언제 들어강 살<u>딩/딘</u> 들을 걸.

(새 집에는 언제 들어가서 <u>살려느냐고</u> 들을 걸.)

△ 동사어간(모음/ㄹ제외)+을딩/을딘 [-으려느냐고]

· 집 무사 튿<u>을딩/딘</u> 들엄시네.

(집 왜 뜯<u>으려느냐고</u> 듣고 있다.)

· 어느 자리에 앚을덩/딘 들엄저.
　(어느 자리에 앉으려느냐고 묻고/듣고 있다.)

(9) -넹/-넨 [-는다고] 7)

이들 연결어미는 현대국어의 평서형종결어미 '-는다'에 부사격조
사 '고'가 결합된 '-는다고'에 해당한다. 그 쓰이는 조건은 용언의 어간 다
음에 붙어서 위의 (3)에서 다룬 '-뎅'·'-뎬'과 같이 '-넹'은 미래나 현재
를, '-넨'은 과거를 나타낼 수도 있지만, 아래 예시와 같이 그 구분이 확연
치 않고 보면, 실제 말하기에서 시제구분 없이 쓰는 것처럼 공통으로 씀이
좋다. 이론이 있을 수 있다.

[미래]

△ 어간+넹 [-는다고]

· 먹넹 흔덜 다 먹지 못홀 거여.
　(먹는다고 한들 다 먹지 못할 것이다.)
· 쏠물 날은 바당더레 돈넹 혼다.
　(썰물 때는 바다로 닫는다고 한다.)

[현재]

△ 어간+넹 [-는다고]

· 그냥 두민 썩넹 흐멍 냉장고에 담암저.
　(그냥 두면 썩는다고 하면서 냉장고에 담고 있다.)

---

7) '-넹/-넨'은 말하기 때 '-넹/-넨'으로 발음되기도 한다. 그 결과 '-넹/넨'과 '-넹/-넨'
　을 혼용해서 쓰고 있어서 혼란을 일으키고 있다. 이에 대해서는 이론이 있을 수 있지
　만, 말할 때 설령 '-넹/-넨'으로 발음되는 경우가 있더라도 '-넹/넨'으로 쓰는 것이
　원칙이다. 또 이들은 의문형종결어미인 '-냐고/-느냐고'로도 쓰이는데, 그에 대한 것은
　아래 (10)의 '-넹/넨'을 참고하기 바란다.

· 새 옷 입으민 곱넹 저 모냥이어.

(새 옷 입으면 곱<u>는다고/다고</u> 저 모양이다.)

[과거]

△ 어간+넨 [-는다고]

· 구렁내 덜럽<u>넨</u> ᄒ연 다 가불엇저.

(고린내 더럽(<u>는</u>)<u>다고</u> 하여서 다 가버렸다.)

· 돈 받<u>넨</u> 아무도 안 구경ᄒ여라.

(돈을 받<u>는다고</u> 아무도 구경하지 아니하더라.)

[공통]

△ 어간+넹/넨 [-는다고]

· 셈 엇은 홀아방 각씨 못 얻<u>넹/넨</u> ᄀ나.

(셈 없는 홀아비 각시 못 얻<u>는다고</u> 한다.)

· 몽니다린 눈 못 ᄀᆷ앙 죽<u>넹/넨</u> ᄒᆞᆫ 속담도 싯저.

(몽니쟁이는 눈 못 감고서 죽<u>는다고</u> 한 속담도 있다.)

(10) -넹/-넨 [-냐고] [8]

이들 연결어미는 바로 위 (9)의 '-는다고'의 뜻을 가진 '-넹/-넨'
과 꼭 같다. 하지만 여기서는 의문형 '-냐고'와 '-더냐고'로 쓰임이 다르다.
그 쓰이는 조건은 아래 ❶❷❸과 같다.

❶ 체언+넹/넨 [-냐고]

이 형태를 취할 때의 '-넹/-넨'은 모음으로 끝나는 체언 다음에 붙
어서 현대국어의 '-냐고'가 된다. 또 자음받침으로 끝나는 체언 다으에 붙

---

8) '-넹/-넨'은 (9)의 '-넹/-넨'과는 달리 현대국어의 의문형연결어미 '-냐고/-느냐고'에
해당하는 '-느넹/-느넨'의 준말이다. 현대국어의 의문형종결어미 '-냐고'가 '-느냐고'
의 준말인 것과 같다.

을 경우는 서술격조사 '이다'의 '이'와 결합한 '이넹/이넨'이 돼서 현대국어
의 '-이냐고'가 된다.

　△ 체언(모음)+넹/넨 [-냐고]
　　・가일 뜨린 게 구게넹/넨 홀 거여.
　　　(걔를 때린 것이 누구냐고 할 것이다.)
　　・늬빨로 물민 개넹/넨 욕흔다.
　　　(이빨로 물면 개냐고 욕한다.)

　△ 체언(자음)+이넹/이넨 [-이냐고]
　　・쉰 밥도 밥이넹/넨 흥멍 안 먹어라.
　　　(쉰 밥도 밥이냐고 하면서 안 먹더라.)
　　・이런 것도 물건이넹/넨 나무리기만 흡다.
　　　(이런 것도 물건이냐고 나무라기만 합디다.)

　❷ 어간+넹/넨 · 느넹/느넨 [-느냐고]

　　이 형태를 취할 때의 의문형연결어미 '-넹/-넨'은 모음으로 끝나
는 어간 다음에 붙어서 현대국어의 '-냐고'가 된다. 또 자음받침으로 끝나
는 어간 다음에 붙을 때는 '-느넹/-느넨'의 형태를 취해서 현대국어의 '-
느냐고'가 된다.

　△ 어간(모음)+넹/넨 [-냐고]
　　・가고 시프넹/넨 흐걸랑 경호우뎅 흐라.
　　　(가고 싶냐고 하거든 그러합니다고 하라.)
　　・경호넨/넹 흐건 아니우뎅 굴으라.
　　　(그러하냐고 하거든 아닙니다고 말하라.)

　△ 어간(자음)+느넹/느넨 [-느냐고]
　　・그 집 아이덜도 밥 잘 안 먹느넹/느넨 들어보라.

(그 집 애들도 밥 잘 안 먹<u>느냐고</u> 들어보라.)
· 아이덜꼬장 어멍 닮<u>느넹/느넨</u> 들어라.
(애들까지 어머니 닮<u>느냐고</u> 듣더라.)

❸ 어간+아/어/여+넹/넨 [-더냐고]

이 형태를 취할 때의 '-넹/넨'은 용언의 어간에 붙는 어미 '-아/-어/-여'와 결합된 '-아넹/-아넨'·'-어넹/-어넨'·'-여넹/-여넨'의 형태를 취해서 지난 일을 회상하는 현대국어의 의문형어미 '-더냐'에 부사격조사 '고'가 붙은 '-더냐고'가 된다.

△ 양성어간+아+넹/넨 [-더냐고]
· 그 편지 누게가 받아<u>넹/넨</u> 알아보라.
(그 편지 누구가 받<u>더냐고</u> 알아보라.)
· 깝 얼메 받안 폴아<u>넹/넨</u> 들어볼 걸게.
(값 얼마 받아서 팔<u>더냐고</u> 들어볼 걸야.)

△ 음성어간+아+넹/넨 [-더냐고]
· 경도 홀 일 엇어<u>넹/넨</u> 홉데다.
(그렇게도 할 일이 없<u>더냐고</u> 합디다.)
· 무사 웃어<u>넹/넨</u> 알아보렌 홉데다양.
(왜 웃<u>더냐고</u> 알아보라고 합디다요.)

△ ㅎ(ㅎ다)+여+넹/넨 [-더냐고]
· 지 생각도 ㅎ여<u>넹/넨</u> 들읍데다.
(자기 생각도 하<u>더냐고</u> 듣습디다.)
· 무사 는 못ㅎ여<u>넹/넨</u> ㅎ멍 트집 잡아라겐.
(왜 너는 못하<u>더냐고</u> 하면서 트집을 잡더라야.)

(11) -닝/-닌 · -느닝/-느닌 [-냐고 · -느냐고]

이들 연결어미는 의문형인 '-느니(느냐)'와 그 준말 '-니(냐)'에 시제를 나타내는 '-ㅇ'·'-ㄴ'이 붙어서 된 현대국어의 '-느냐고'·'-냐고'에 해당한다. 그 붙는 조건은 모음으로 끝나는 체언 다음에는 '-닝/-닌'이 붙고, 자음받침으로 끝나는 체언 다음에는 '이다'의 '이'와 결합된 '이닝/이닌'이 돼서 현대국어의 '-이냐고'가 된다. 용언인 경우는 '아니다'의 어간이면 '-닝/-닌'이 붙어서 '-냐고'가 되고, 자음받침으로 끝나는 어간이면 '-느닝/-느닌'이 붙어서 현대국어의 '-냐고'·'-느냐고'가 된다. 그 쓰임은 시제구분 없이 공통이다.

△ 체언(모음)+닝/닌 [-냐고]
· 그게 누게닝/닌 들을 거여.
(그것이 누구냐고 들을 것이다.)
· 멜도 궤기닝/닌 나무린다.
(멸치도 고기냐고 나무란다.)

△ 체언+이(이다)+닝/닌 [-이냐고]
· 날마다 ᄒᆞ는 게 무슨 일이닝/이닌 ᄒᆞᆫ다.
(날마다 하는 게 무슨 일이냐고 한다.)
· 그게 무슨 망칙ᄒᆞᆫ 웃음이닝/이닌 욕ᄒᆞᆫ다.
(그게 무슨 망측한 웃음이냐고 욕한다.)

△ 어간(아니다)+닝/닌 [-냐고]
· 어떤난 그게 아니닝/닌 들엄저.
(어떠니 그게 아니냐고 묻고 있다.)
· 무사 아니닝/닌 들엄저.
(왜 아니냐고 듣고 있다.)

△ 어간(자음)+느닝/느닌 [-느냐고]
· 어디 이슨 간 사느닝/느닌 안 들어냐?
  (어디 이사 가서 사느냐고 안 듣더냐?)
· 조반 멧 시에 먹느닝/느닌 ᄒ염수게.
  (조반 몇 시에 먹느냐고 하고 있습니다.)

또 아래 예시와 같이 용언의 어간에 붙는 '-아/-어/-여'와 결합된 <어간+아/어/여+닝/닌>의 형태를 취하면, 앞의 (10) -넹/-넨의 ❸과 같이 지난 일을 돌이켜보는 의문형어미 '-더냐'에 부사격조사 '고'가 붙은 '-더냐고'가 된다. 단 'ㅏ'로 끝나는 어간은 어미 '-아'가 탈락된다.

△ 양성어간+아+닝/닌 [-더냐고]
· 줌 잘 자닝/닌 들어나 볼 걸.
  (잠 잘 자더냐고 들어나 볼 걸.)
· 누게가 경 ᄀᆞᆯ아닝/닌 홀 거여.
  (누구가 그렇게 말하더냐고 할 것이다.)

△ 음성어간+어+닝/닌 [-더냐고]
· 어디 내불어닝/닌 ᄒ멍 촛으레 간게겐.
  (어디 내버리더냐고 하면서 찾으러 가더라야.)
· 간에 얼메나 오래 뒈어닝/닌 ᄒᆞᆫ다.
  (가서 얼마나 오래 되더냐고 한다.)

△ ᄒ(ᄒᆞ다)+여+닝/닌 [-더냐고]
· 무사 못ᄒᆞ여닝/닌 야단첨서라.
  (왜 못하더냐고 야단치고 있더라.)
· 가난 무신 말ᄒᆞ여닝/닌 듣젱 ᄒᆞᆫ다.
  (가니까 무슨 말하더냐고 들으려 한다.)

(12) -이닝/-이닌 · -시닝/-시닌 [-느냐고]

이들 연결어미 '-이닝/-이닌'은 의문형종결어미 '-느냐'에 부서격
조사 '고'가 결합된 '-느냐고'에 해당한다. 그 붙는 자리는 과거시제 선어
말어미 '-앗/엇/엿(았/었였)-' 다음에 놓여서 현대국어의 '-았/었/였느냐
고'의 '-느냐고'가 되고, '-시닝/-시닌'은 진행상을 나타내는 선어말어미
'-암/엄/염(고 있)-' 다음에 붙어서 현대국어의 '-고 있느냐고'의 '-느냐
고'가 된다.

  △ 양성어간+앗+이닝/이닌 [-았느냐고]
  · 언제 삿(사앗)이닝/이닌 들엄수다.
    (언제 샀(사았)느냐고 듣고(묻고) 있습니다.)
  · 무사 못 춫게 놓앗이닝/이닌 ㅎ멍 저거우다.
    (왜 못 찾게 놓았느냐고 하면서 저겁니다.)

  △ 음성어간+엇+이닝/이닌 [-었느냐고]
  · 얼메나 걸엇이닝/이닌 굴암수게.
    (얼마나 걸었느냐고 말하고 있습니다.)
  · 누게가 경 놀렷(리엇)이닝/이닌 들어라.
    (누가 그렇게 놀렸(리었)느냐고 듣더라.)

  △ ㅎ(ㅎ다)+엿+이닝/이닌 [-였느냐고]
  · 그추룩 ㅎ엿이닝/이닌 들을 거여.
    (그처럼 하였느냐고 들을 것이다.)
  · 무사 느만 ㅎ엿이닝/이닌 야단이어.
    (왜 너만 하였느냐고 야단이다.)

  △ 양성어간+암+시닝/시닌 [-고 있느냐고]
  · 무신거엔 굴암시닝/시닌 통역ㅎ렌 홉디(데)다.
    (뭐라고 말하고 있느냐고 통역하라고 합디다.)

· 잘 돌아보암시닝/시닌 홉디(데)다.
(잘 돌아보고 있느냐고 합디다.)

△ 음성어간+엄+시닝/시신 [-고 있느냐고]

· 밥 안 먹엄시닝/시닌 부애냄저.
(밥 안 먹고 있느냐고 화내고 있다.)

· 언제 꼿 피엄시닝/시닌 보래 오켄 굴암수다.
(언제 꽃 피고 있느냐고 보러 오겠다고 말합니다.)

△ ᄒ(ᄒ다)+엄+시닝/시닌 [-고 있느냐고]

· 어느제 영장ᄒ염시닝/시닌 알려 도렌 홉디다.
(언제 장사지내고 있느냐고 알려 달라고 합디다.)

· 자꾸 말뎅만 ᄒ염시닝/시닌 궂어라 혼다.
(자꾸 말다고만 하고 있느냐고 싫어한다.)

(13) -렝/-렌 · -으렝/-으렌 · -우렝/-우렌 [-라고 · -으라고 · -우라고]

이들 연결어미 '-렝/-렌'은 모음과 'ㄹ' 받침으로 끝나는 동사의 어간에 붙어 무엇을 어떻게 하라고 하는 현대국어의 어미 '-라'와 부사격조사 '고'가 결합된 '-라고'에 해당한다. 또 'ㄹ' 이외의 자음받침으로 끝나는 어간에는 '-으렝/-으렌'이 붙어서 '-으라고'가 된다. 단 ㅂ-불규칙용언의 어간 다음에는 '-우렝/-우렌'이 붙어서 '-우라고'가 된다.

△ 어간(모음/ㄹ)+렝/렌 [-라고]

· 췌 더 시렝/렌 놔뒀저.
(초 더 시라고 놔두었다.)

· 다 ᄀ치딜 놀렝/렌 굴앗저.
(다 같이들 놀라고 말하였다.)

△ 어간(모음/ㄹ제외)+으렝/으렌 [−으라고]

· 주건 주는 냥 받으렝/으렌 ᄒ라.
(주거든 주는 대로 받으라고 하여라.)

· 웃옷 벗으렝/으렌 ᄒ라.
(윗옷 벗으라고 하여라.)

△ 어간(ㅂ변칙)+우렝/우렌 [−우라고]

· 나가 늘 도우렝/우렌 ᄒ엿저.
(내가 너를 도우라고 하였다.)

· 그건 일ᄒ기 쉬우렝/우렌 앗아불어라.
(그것은 일하기 쉬우라고 치워버리더라.)

(14) −이렝/−이렌 · −시렝/−시렌 [−으라고]

이들 연결어미는 동사의 어간에 붙는 선어말어미 다음에 놓여서 현대국어의 '−으라고'에 해당한다. 즉 과거시제 선어말어미 '−앗/엇/엿(았/였/였)−' 다음에 놓여서 현대국어의 '−았/었/였으라고'의 '−으라고'가 되고, 진행상을 나타내는 선어말어미 '−암/엄/염(고 있)−' 다음에 붙어서 현대국어의 '−고 있으라고'의 '−으라고'가 된다. 시제구분 없이 공통으로 써도 된다.

△ 양성어간+앗+이렝/이렌 [−았으라고]

· 호미나 굴앗이렝/이렌 ᄒ라.
(낫이나 갈았으라고 하여라.)

· 혼자 힘으로 살앗이렝/이렌 ᄒ라.
(혼자 힘으로 살았으라고 하여라.)

△ 음성어간+엇+이렝/이렌 [−었으라고]

· 지 말만 믿엇이렝/이렌 ᄒ다.

(자기 말만 믿<u>었으라고</u> 한다.)

· 우선 밥부떠 메엿(이엇)<u>이렝/이렌</u> ᄒ라.

(우선 밥부터 먹였(이었)<u>으라고</u> 해라.)

△ ᄒ(ᄒ)+엿+이렝/이렌 [–였<u>으라고</u>]

· 무사 일 그만 ᄒ엿<u>이렝/이렌</u> ᄒ엄이라?

(왜 일을 그만 하였<u>으라고</u> 하고 있느냐?)

· 문단속 잘ᄒ엿<u>이렝/이렌</u> 신신 당부ᄒ연게게.

(문단속 잘하였<u>으라고</u> 신신 당부하더라야.)

△ 양성어간+암+시렝/시렌 [–고 있<u>으라고</u>]

· 잘 익은 줄부떠 탐(타암)<u>시렝/시렌</u> ᄒ여라.

(잘 익은 귤부터 따고 있<u>으라고</u> 하여라.)

· 희성으로 쓸 돗이나 잡암<u>시렝/시렌</u> ᄀ르라.

(희생으로 쓸 돼지나 잡고 있<u>으라고</u> 말하라.)

△ 음성어간+엄+시렝/시렌 [–고 있<u>으라고</u>]

· 침떡이나 잘 익게 치엄<u>시렝/시렌</u> ᄒᆯ 거 아니가?

(시룻떡이나 잘 익게 찌고 있<u>으라고</u> 할 것 아니냐?)

· 톱은 낭 끈엄<u>시렝/시렌</u> ᄒ연 줘뒨 왓저.

(톱은 나무를 끊고 있<u>으라고</u> 해서 줘두고 왔다.)

△ ᄒ(ᄒ다)+염+시렝/시렌 [–고 있<u>으라고</u>]

· 강 여점 살 디 정ᄒ염<u>시렝/시렌</u> 앞이 보냇저.

(거서 잠시 살 데 정하고 있<u>으라고</u> 앞에 보냈다.)

· 집 거념 잘ᄒ염<u>시렝/시렌</u> ᄒ난 ᄒ엄신디 몰르켜.

(집 관리 잘하고 있<u>으라고</u> 하니까 하고 있는지 모르겠다.)

(15) **-고롕/-고렌 [-고라고]** 9)

이들 연결어미는 용언의 어간에 붙어 동작이나 행동의 진행·끝
남·의향 따위를 나타내는 어미 '-고'와 인용을 나타내는 부사격조사 '-라
고'인 '-롕/-렌'이 결합해서 된 현대국어의 '-고라고'에 해당한다. 또 과거
시제 선어말어미 '-앗/엇/엿(았/었/였)-' 다음에 붙어서 '-았/었/였고라고'
의 '-고라고'가 되고, 진행상을 나타내는 '-암/엄/염(고 있)-' 다음에 붙어
서 '-고 있노라고'의 '-노라고'가 된다. 그것도 어간과 선어말어미 '-앗/엇
/엿-' 다음에는 '-고렌'이 주로 붙고, '-암/엄/염-' 다음에 는 '-고롕'이
붙는다고 할 수 있지만, 실제 말하기에서는 구분 없이 쓰인다. 이론이 있을
수 있다.

△ 어간+고롕/고렌 [-고라고]
· 전이보단 곱<u>고롕/고렌</u> 자랑인게.
 (전에보다는 곱<u>고라고</u> 자랑이군.)
· 집 풀<u>고롕/고렌</u> 홉디다.
 (집 팔<u>고라고</u> 합디다.)

△ 양성어간+앗+고롕/고렌 [-았고라고]
· 탤 술앗<u>고롕/고렌</u> ᄒ여냐?
 (태반을 살았<u>고라고</u> 하더냐?)
· 문 맨들안 돌앗<u>고롕/고렌</u> 굴읍데다.
 (문 만들어서 달았<u>고라고</u> 합디다.)

△ 음성어간+엇+고롕/고렌 [-었고라고]
· 어디 안 간 잇엇<u>고롕/고렌</u> ᄒ연게.

---

9) '-고롕/-고렌'은 현대국어의 '-노라고'로 하는 것이 좋지만, 되도록 원래의 뜻을 그대
   로 살리고자 어색하지만 '-고라고'로 했다. 단 진행상을 나타내는 선어말어미 '-암/엄/
   염(고 있)-' 다음에는 '-고라고'로 하면 어색해지므로 '-노라고'로 했다.

    (어디 안 가서 있었<u>고라고</u> 하더라.)
- 털어진 밤덜 다 줏엇<u>고렝/고렌</u> ㅎ여냐?.
    (떨어진 밤들 다 주었<u>고라고</u> 하더냐?)

△ ㅎ(ㅎ다)+엿+고렝/고렌 [-였<u>고라고</u>]
- 진 무싱걸 ㅎ엿<u>고렝/고렌</u> 그거라.
    (자기는 무엇을 하<u>였고라고</u> 그거냐.)
- 가도오도 못ㅎ엿<u>고렝/고렌</u> 웅당거렴시네.
    (가도오도 못하<u>였고라고</u> 웅얼거리고 있다.)

△ 양성어간+암+고렝/고렌 [-고 있<u>노라고</u>]
- 안 뽐(보암)<u>고렝/고렌</u> ㅎ멍도 뽐신게.
    (아니 보고 있<u>노라고</u> 하면서도 보고 있네.)
- 줌이랑 잠<u>고렝/고렌</u> ㅎ멍 들을 말은 다 듣나.
    (잠은 자고 있<u>노라고</u> 하면서 들을 말은 다 듣는다.)

△ 음성어간+엄+고렝/고렌 [-고 있<u>노라고</u>]
- 일도 안ㅎ멍 농ㅅ지엄<u>고렝/고렌</u> ㅎ다.
    (일도 안하면서 농사짓고 있<u>노라고</u> 한다.)
- 귀ㅎ 거 지만 얻엄<u>고렝/고렌</u> 자랑ㅎ다.
    (귀한 것 자기만 얻고 있<u>노라고</u> 자랑한다.)

△ ㅎ(ㅎ다)+염+고렝/고렌 [-고 있<u>노라고</u>]
- 집이서 공부ㅎ염<u>고렝/고렌</u> 거짓말ㅎ다.
    (집에서 공부하고 있<u>노라고</u> 거짓말한다.)
- 만나민 불펜ㅎ난 피ㅎ염<u>고렝/고렌</u> ㅎ여라.
    (만나면 불편하니까 피하고 있<u>노라고</u> 하더라.)

(16) -노렝/-노렌 [-노라고]

이들 연결어미는 위의 '-고렝/-고렌'과 같은 구실을 한다. 즉 용언

의 어간에 붙어 자기의 생각이나 행동을 알리는 종결어미 '–노라'에 부사
격조사 '고'가 결합된 현대국어의 '–노라고'에 해당한다. 또 과거시제 선어
말어미 '–앗/엇/엿(았/었/엿)–' 다음에 붙어서 현대국어의 '–았/었/였노라
고'의 '–노라고'가 되고, 진행상을 나타내는 선어말어미 '–암/엄/염(고
있)–' 다음에 붙어서 '–고 있노라고'의 '–노라고'가 된다.

△ 어간+노렝/노렌 [–노라고]

· 난 ᄒᆞ노렝/노렌 ᄒᆞᆫ 게 그거여.
(나는 하노라고 한 것이 그거다.)
· 지만 곱노렝/노렌 까불린다.
(자기만 곱노라고 까분다.)

△ 양성어간+앗+노렝/노렌 [–았노라고]

· 일본에 오래 살앗노렝/노렌 ᄒᆞ연게.
(일본에 오래 살았노라고 하더구나.)
· 그 굼에 막댕이 꽂앗노렝/노렌 굴아라.
(그 경계에 막대기 꽂았노라고 말하더라.)

△ 음성어간+엇+노렝/노렌 [–었노라고]

· 그땐 집에 웃엇노렝/엇노렌 홉디다.
(그때는 집에 없었노라고 합디다.)
· 게난 는 아니엇노렝/노렌 벤멩은 ᄒᆞ여봔다?
(그러니 너는 아니었노라고 변명이나 하여보았느냐?)

△ ᄒᆞ(ᄒᆞ다)+엿+노렝/노렌 [–였노라고]

· 지만 ᄒᆞ엿노렝/노렌 저 모냥이어.
(자기만 하였노라고 저 모양이다.)
· 안ᄒᆞ여도 ᄒᆞ엿노렝/노렌 ᄒᆞ민 고정듣나.
(아니하여도 하였노라고 하면 곧이듣는다.)

△ 양성어간+암+노렝/노렌 [-고 있노라고]
· 살기가 좋암<u>노렝/노렌</u> 곧더라.
(살기가 좋고 <u>있노라고</u> 말하더라.)
· 집서 애기 돌암<u>노렝/노렌</u> 핑계 댄다.
(집에서 아기 돌보고 <u>있노라고</u> 핑계 댄다.)

△ 음성어간+엄+노렝/노렌 [-고 있노라고]
· 무사 이기멍도 지엄<u>노렝/노렌</u> 홈이라?
(왜 이기면서도 지고 <u>있노라고</u> 함이냐?)
· 새 걸 내불엄<u>노렝/노렌</u> 앗당 쓰렝 ᄒ여라.
(새 것을 내버리고 <u>있노라고</u> 갖다가 쓰라고 하더라.)

△ ᄒ(ᄒ다)+염+노렝/노렌 [-고 있노라고]
· 무신 걸 잘ᄒ염<u>노렝/노렌</u> 저영 큰소리라?
(무슨 것을 잘하고 <u>있노라고</u> 저렇게 큰소리냐?)
· 완 보난 부지런ᄒ염<u>노렝/노렌</u> ᄒ 게 거짓인게게.
(와서 보니 부지런하고 <u>있노라고</u> 한 것이 거짓이다야.)

또한 모음으로 끝나는 체언 다음에 '-노렝/-노렌'이 붙고, 자음받침으로 끝나는 체언 다음에는 서술격조사 '이다'의 '이'와 결합해서 현대국어의 '-이노라고'가 된다.

△ 체언(모음)+노렝/노렌 [-노라고]
· 가인 지만 지<u>노렝/노렌</u> ᄒ다.
(걔는 자기만 자기<u>노라고</u> 한다.)
· 다 큰 놈이 아이<u>노렝/노렌</u> 곧나.
(다 큰 놈이 아이<u>노라고</u> 말한다.)

△ 체언(자음)+이(이다)+노렝/노렌 [-이노라고]
· 지도 사름<u>이노렝/이노렌</u> 참례ᄒ다.

(자기도 사람<u>이노라고</u> 참례한다.)
· 게도 성<u>이노렝</u>/<u>이노렌</u> 우쭐거린다.
(그래도 형<u>이노라고</u> 우쭐거린다.)

(17) -더렝/-더렌 [-더라고]

이들 연결어미는 용언의 어간에 붙어서 지난 일을 회상해서 떠올리는 선어말어미 '-더-'에 어미 '-라'와 부사격조사 '고'가 결합된 구실을 하는 '-렝/-렌'이 한데 어울려 현대국어의 '-더라고'에 해당한다. 시제구분 없이 공통으로 쓰인다.

△ 어간+더렝/더렌 [-더라고]
· 둘이 먹단도 남<u>더렝</u>/<u>더렌</u> 굴아라.
(둘이 먹다가도 남<u>더라고</u> 말하더라.)
· 글 못 익<u>더렝</u>/<u>더렌</u> 나무려라.
(글 못 읽<u>더라고</u> 나무라더라.)
· 가이광은 월등이 뜨나<u>더렝</u>/<u>더렌</u> ㅎ여라.
(개와는 월등히 다르<u>더라고</u> 하더라.)

(18) -ㅂ셍/-ㅂ센 · -읍셍/-읍센 · -웁셍/-웁센 [-시라고 · -으시라고 · -우시라고]

이들 연결어미는 현대국어의 존대형어미 '-시라' · '-으시라' · '-우시라'에 부사격조사 '고'가 결합된 것과 같은 '-시라고' · '-으시라고' · '-우시라고'에 해당한다. 그 붙는 조건은 모음이나 'ㄹ' 받침으로 끝나는 어간에는 '-ㅂ셍/-ㅂ센'이 붙어서 '-시라고'가 되고, 'ㄹ' 이외의 자음받침으로 끝나는 어간에는 '-읍셍/-읍센'이 붙어서 '-으시라고'가 된다. 또 ㅂ-불규칙어간 다음에는 '-웁셍/-웁센'이 붙어서 '-우시라고'가 된다. 시제구분 없이 공통으로 쓰인다.

△ 어간(모으/ㄹ)+ㅂ셍/ㅂ센 [-시라고]

· 홉(ㅎㅂ)셍/센 ᄒ영 글른 듸 엇나.
(하시라고 하여서 그른 데 없다.)

· 갑(가ㅂ)셍/센 ᄒ건 가곡, 옵(오ㅂ)셍/센 ᄒ건 옵서.
(가시라고 하건 가고, 오시라고 하건 오십시오.)

△ 어간(모음/ㄹ제외)+읍셍/읍센 [-으시라고]

· 옷소매 더 걷읍셍/읍센 ᄒ라.
(옷소매 더 걷으시라고 하여라.)

· 상방더레 들여놓읍셍/읍센 굴암수다.
(마루로 들여놓으시라고 말하고 있습니다.)

△ 어간(ㅂ변칙)+웁셍/웁센 [-우시라고]

· 분 불랑 고웁셍/웁센 홉데.
(분을 바라서 고우시라고 합디다.)

· 강 일 도웁셍/웁센 ᄒ엿수다.
(가서 일 도우시라고 하였습니다.)

(19) -수겡/-수겐 [-습니까고]

이들 연결어미는 존대형의문형어미 '-습니까'에 부사격조사 '고'가 결합된 것과 같은 현대국어의 '-습니까고'에 해당한다. 그 붙는 조건은 동사의 어간에 붙을 경우는 '잇다/싯다(있다)'의 어간 '잇/싯'에 붙어서 '-있습니까고'의 '-습니까고'가 된다. 형용사인 경우는 모음과 'ㄹ' 이외의 자음받침으로 끝나는 어간에 붙어서 '-습니까고'가 된다.

△ 동사어간(잇다/싯다)+수겡/수겐 [-습니까고]

· 돈페지 어디 잇수겡/수겐 ᄒ염수게.
(돈표지 어디 있습니까고 하고 있습니다.)

· 어디 곱젼 싯수겡/수젠 ᄒ멍 뒤집데다.
  (어디 숨겨서 있습니까고 하면서 뒤집디다.)

△ 형용사어간(모음/ㄹ제외)+수겡/수젠 [-습니까고]
· 아무 것도 받은 게 엇수겡/수젠 들엄수다.
  (아무 것도 받은 것이 없습니까고 듣고 있습니다.)
· 가인 밉수겡/수젠 ᄒ난 아니엔 ᄒ여라.
  (그 아이는 밉습니까고 하니 아니라고 하더라.)
· 나보단 젊수겡/수젠 ᄒ여도 몰르켄 ᄒ여고.
  (나보다는 젊습니까고 하여도 모르겠다고 하더군.)

  또 과거시제 선어말어미 '-앗/엇/엿(았/었/였)-'과 진행상을 나타내는 선어말어미 '-암/엄/염(고 있)-' 다음에 붙어서 '-았/었/였습니까고'·'-고 있습니까고'의 '-습니까고'가 된다.

△ 어간+앗/엇/엿+수겡/수젠 [-았/었/였습니까고]
· 양성어간: 그 동안 어떵 살앗수겡/수젠 들어보라.
            (그 동안 어떻게 살았습니까고 들어보라.)
· 음성어간: 엿날은 무사 재기 늙엇수겡/수젠 들엄수게.
            (옛날은 왜 빨리 늙었습니까고 듣고 있습니다.)
· ᄒ(ᄒ다): 뭘 잘못ᄒ엿수겡/수젠 ᄒ염수게게.
            (뭣을 잘못하였습니까고 하고 있습니다요.)

△ 어간+암/엄/염+수겡/수젠 [-고 있습니까고]
· 양성어간: 똘 어느 제 풀암수겡/수젠 들언댜?
            (딸 어느 때 혼인시키고 있습니까고 들었느냐?)
· 음성어간: 말소린 잘 들렴(리엄)수겡/수젠 들어보라.
            (말소리는 잘 들리고 있습니까고 물어보라.)
· ᄒ(ᄒ다): 멀쩡ᄒᆫ 사름ᄀᆞ라 노실ᄒ염수겡/수젠 놀려라.
            (말짱한 사람더러 노실하고 있습니까고 놀리더라.)

(20) -수뎅/-수뎬 [-습니다고]

이들 연결어미는 현대국어의 존대형종결어미 '-습니다'에 부사격 조사 '고'가 결합된 '-습니다고'에 해당한다. 그 붙는 조건은 모음이나 'ㄹ' 이외의 자음받침으로 끝나는 형용사의 어간 다음에 놓인다. 동사에 붙을 경우는 '잇다/싯다(있다)'의 어간 '잇/싯'에 붙어서 '-습니다고'가 된다. 시제구분 없이 공통으로 쓰인다.

△ 형용사어간(모음/ㄹ제외)+수뎅/수뎬 [-습니다고]

· 셔도 엇수뎅/수뎬 곧나.
(있어도 없습니다고 말한다.)
· 쉐왕이라도 좋수뎅/수뎬 ᄒ멍 장 가켄 ᄒ염수다.
(웨양간이라도 좋습니다고 하면서 자고 가겠다고 합니다.)
· 얼굴이 박박 얽수뎅/수뎬 ᄒ멍 말덴 ᄒ연게.
(얼굴이 박박 얽습니다고 하면서 마다고 하더라.

△ 동사어간(잇다/싯다)+수뎅/수뎬 [-습니다고]

· 엇으멍도 잇수뎅/수뎬 ᄒ다.
(없으면서도 있습나다고 한다.)
· 지 안 썽 놈 줄 거 싯수뎅/수뎬 홀 사름 엇다.
(자기가 안 쓰고 남 줄 거 있습니다고 할 사람 없다.)

또 과거시제 선어말어미 '-앗/엇/엿(았/었/였)-' 다음에 붙어서 '-았/었/였습니다고'의 '-습니다고'가 되고, 진행상을 나타내는 선어말어미 '-암/엄/염(고 있)-' 다음에 붙어서 '-고 있습니다고'의 '-습니다고'가 된다.

△ 어간+앗/엇/엿+수뎅/수뎬 [-았/었/였습니다고]

· 양성어간: 이젠 빙 낫앗수뎅/수뎬 홉디다.
(이젠 병 다 나았습니다고 합디다.)

- 음성어간: 돈 하영 벌실엇수뎅/수뎬 ᄒ연게.

  (돈 많이 벌었습니다고 하더라.)
- ᄒ(ᄒ다): ᄒ고도 안ᄒ엿수뎅/수뎬 홀 수가 시냐게?

  (하고도 안하였습니다고 할 수가 있냐야?)

△ 어간+암/엄/염+수뎅/수뎬 [-고 있습니다고]

- 양성어간: 밥 ᄎ련 놓암수뎅/수뎬 굴안댜?

  (밥 차려서 놓고 있습니다고 말했느냐?)
- 음성어간: 매날 사름이 죽엄수뎅/수뎬 야단덜이우다.

  (매날 사람이 죽고 있습니다고 야단들입니다.)
- ᄒ(ᄒ다): 배 타민 수질ᄒ염수뎅/수뎬 ᄒ멍 안 감세.

  (배 타면 멀미하고 있습니다고 하면서 안 가고 있다.)

(21) –우껭/–우껜 [–ㅂ니까고/–습니까고]

이들 연결어미는 현대국어의 높임말에 쓰이는 의문형종결어미 '–ㅂ니까'·'–습니까'에 부사격조사 '고'가 결합된 '–ㅂ니까고'·'–습니까고'에 해당한다. 그 붙는 조건은 모음이나 'ㄹ' 받침으로 끝나는 형용사의 어간 다음에 놓이면 '–ㅂ니까고'가 되고, 'ㄹ' 이외의 자음받침 어간에 놓이면 '–습니까고'가 된다. 동사에 붙을 경우는 '말다'의 어간 '말'에 붙어서 '맙니까고'의 '–ㅂ니까고'가 된다. 시제구분 없이 공통으로 쓰인다.

△ 형용사어간(모음/ㄹ)+우껭/우껜 [–ㅂ니까고]

- 어떠난 아니우껭/우껜 들어보심.

  (어떠니 아닙(니ㅂ)니까고 들어보게나.)
- 이디서 얼메나 머우껭/우껜 들어봅서.

  (여기서 얼마나 멉(멀ㅂ)니까고 물어보십시오.)

△ 형용사어간(모음/ㄹ제외)+우껭/우껜 [–습니까고]

- 일ᄒ는 게 경 쉬우껭/우껜 ᄀ나.

(일하는 것이 그렇게 쉽<u>습니까고</u> 말한다.)
· 무사 좋<u>우껭/우껜</u> ᄒ난 웃기만 ᄒ염저.
(왜 좋<u>습니까고</u> 하니 웃기만 하고 있다.)

△ 동사어간(말다)+우껭/우껜 [-ㅂ니까고]
· 어떠난 안내도 마<u>우껭/우껜</u> 들엄수게게.
(어떠니 드려도 맙(맙ㅂ)<u>니까고</u> 듣고 있습니다요.)
· 무사 마<u>우껭/우껜</u> 들어보카마씀?
(왜 맙<u>니까고</u> 들어볼까요?)

(22) -엥/-엔 [-라고]

이들 연결어미는 현대국어의 활용어미 '-라'와 인용을 나타내는 부사격조사 '고'가 결합된 '-라고'에 해당한다. 그 쓰이는 곳은 형용사 '아니다'의 어간 '아니'에 붙어서 '아니라고'의 '-라고'가 되고, 모음으로 끝나는 체언에 붙는 서술격조사 '이다'의 '이'와 결합해서 '-이라고'의 '-라고'가 된다. 시제구분 없이 공통으로 쓰인다.

△ 형용사어간(<u>아니다</u>)+엥/엔 [-라고]
· 강 들어도 아니<u>엥/엔</u> ᄀᆞᆯ을 거여.
(가서 들어도 아니<u>라고</u> 말할 것이다.)
· 아닌 건 아니<u>엥/엔</u> 우겨사 ᄒᆞᆫ다.
(아닌 건 아니<u>라고</u> 우겨야 한다.)

△ 체언(모음)+이(<u>이다</u>)+엥/엔 [-이라고]
· 지름보단도 귀흔 게 먹는 물이<u>엥/엔</u> ᄒᆞᆫ다.
(기름보다도 귀한 게 먹는 물이<u>라고</u> 한다.)
· ᄎᆞ마 콩을 폿이<u>엥/엔</u> ᄀᆞᆯ으랴.
(차마 콩을 팥이<u>라고</u> 말하랴.)

(23) -젱/-젠 [-려고/-다고]

이들 연결어미는 아래 ❶❷와 같이 두 가지 뜻을 가지고 있다. 즉 의도를 나타내는 '-려고'와 무엇이 어떻다는 '-다고'로 쓰인다.

❶ 어간+젱/젠 [-(으)려고]

이 형태를 취하는 연결어미 '-젱/-젠'은 용언의 어간에 붙어서 현대국어의 의도형연결어미인 '-려고'에 해당한다. 즉 모음이나 'ㄹ' 받침으로 끝나는 동사의 어간에 붙어서 '-려고'가 되고, 'ㄹ' 이외의 자음받침으로 끝나는 어간에 붙으면 '-으려고'가 된다. 단 ㅂ-불규칙어간에 붙으면 '-우려고'가 된다.

△ 어간(모음/ㄹ)+젱/젠 [-려고]
· 어퍼지지도 못ㅎ멍 기젱/젠 흔다.
  (엎어지지도 못하면서 기려고 한다.)
· 밧을 풀젱/젠 내놧어라.
  (밭을 팔려고 내놨더라.)

△ 어간(모음/ㄹ제외)+젱/젠 [-으려고]
· 사지도 못ㅎ는게 걷젱/젠 흔다.
  (서지도 못하는 것이 걸으려고 한다.)
· 흔입에 먹젱/젠 ㅎ당 목 걸린다.
  (한입에 먹으려고 하다가 목 걸린다.)

△ 어간(ㅂ변칙)+젱/젠 [-우려고]
· 자인 얼메나 곱젱/젠 ㅎ염신고?
  (쟤는 얼마나 고우려고 하는가?)
· 이번은 누겔 돕젱/젠 ㅎ염나?
  (이번은 누구를 도우려고 하고 있느냐?)

❷ 어간+선어말어미+젱/젠 [-다고]

이 형태를 취하는 연결어미 '-젱/-젠'은 과거시제 선어말어미 '-앗/엇/엿(았/었/였)-'과 진행상을 나타내는 선어말어미 '-암/엄/염(고 있)-' 다음에 붙어서 현대국어의 '-았/었/였다고'·'-고 있다고'의 '-다고'가 된다. 시제구분 없이 공통으로 쓰인다.

△ 어간+앗/엇/엿+젱/젠 [-았/었/였다고]
· 양성어간: 뽈 돈앗젱/젠 찔르젠 혼다.
    (뽈 돈았다고 찌르려고 한다.)
· 음성어가: 돈 벌엇젱/젠 잘살아지는 것 아니어.
    (돈 벌었다고 잘사는 것이 아니다.)
· 흐(흐다): 출세흐엿젱/젠 거들거린다.
    (출세하였다고 거들거린다.)

△ 어간+암/엄/염+젱/젠 [-고 있다고]
· 양성어간: 못 가게 막암젱/젠 흐엉 안 감시네.
    (못 오게 막고 있다고 하면서 안 가고 있다.)
· 음성어간: ㄱ물안 곡숙덜 유울엄젱/젠 야단이어.
    (가물어서 곡식 시들고 있다고 야단이다.)
· 흐(흐다): 오몽 안흐염젱/젠 맨날 욕만 듣나.
    (활동 아니하고 있다고 맨날 욕만 듣는다.)

(24) -겡/-겐 [-자고]

이들 연결어미는 동사의 어간에 붙는 청유형종결어미 '-자'에 대응하는 '-게'와 부사격조사 '고'에 대응하는 '-ㅇ'·'-ㄴ'이[10] 결합된 현대국어의 '-자고'에 해당한다. 그 쓰이는 조건은 '-겡'은 미래나 현재, '-겐'

10) '-ㅇ'·'-ㄴ'은 시제를 나타내는 형태소이지만, 여기서는 '-겡/-겐'이 가진 어의가 '-자고'이므로 부사격조사 '고'의 구실을 하고 있다.

은 과거적인 사실과 연계시킬 수 있지만, 실제는 아래 예시와 같이 공통으로 두루 쓰인다. 이론이 있을 수 있다.

> △ 동사어간+겡/겐 [-자고]
> · ᄀᆞ찌 가겡/겐 골아 보앗이냐?
> (같이 가자고 말하여 보았느냐?)
> · 밧갓듸 나강 놀겡/겐 ᄒᆞ여도 말암저.
> (바깥에 나가서 놀자고 하여도 말고 있다.)

형용사에 붙을 경우는 '아니다'의 어간 '아니'에 붙어서 의문형연결어미인 '-냐고'가 된다.

> △ 형용사어간(아니다)+겡/겐 [-냐고]
> · 그게 무사 아니겡/겐 ᄒᆞ다.
> (그것이 왜 아니냐고 한다.)
> · 오늘이 생일날 아니겡/겐 들읍데다.
> (오늘이 생일날 아니냐고 듣습디다.)

(25) -공/-곤 [-냐고]

이들 연결어미는 그 쓰임이 복잡다양하다. 이미 앞에서 다룬 시제적 연결어미 (6)의 '-딩/-딘', (10)의 '-넹/-넨', (11)의 '-닝/-닌'과 같은 맥락이지만, 그 용례를 여기서는 아래 ❶❷❸에 한정키로 한다.

❶ '아니다'의 어간에 붙는다.

용언의 어간에 연결어미 '-공'이 직접 붙는 것은 형용사 '아니다'의 어간 '아니'에 한정돼 있다. 그 뜻은 왜 그런지 의문을 나타내는 현대국어의 '-냐고'에 해당한다.

　△ 아니(<u>아니다</u>)+공/곤 [-냐고]

　　・어떠난 아니<u>공/곤</u> 듣건 몰른뎅 골으라.
　　(어떠니 아니<u>냐고</u> 듣건 모른다고 말하라.)
　　・무사 느 때(따)문이 아니<u>공/곤</u> 듣건 대답 잘ᄒ라.
　　(왜 너 때문이 아니<u>냐고</u> 듣거든 대답 잘하라.)

❷ '이다'의 어간에 붙는다.

　서술격조사로 쓰이는 '이다'는 용언처럼 활용하므로 어간에 해당하
는 '이'에 '-공/-곤'이 붙는다. 그 용례는 아래 예시와 같이 주로 체언 다음
에 붙는 서술격조사 '이다'가 놓일 자리에 붙어서 현대국어의 '-(이)냐고'
가 된다.

　△ 체언+공/곤 [-(이)냐고]

　　・가민 느ᄀ라 누게<u>공/곤</u> 들을 거여.
　　(가면 너더러 누구<u>냐고/이냐고</u> 들을/물을 것이다.)
　　・느가 뭣<u>공/곤</u> ᄒ건 이 집 임재노렝 ᄒ라.
　　(네가 뭐<u>냐고/이냐고</u> 하건 이 집 임자노라고 하여라.)

❸ 과거시제 선어말어미 '-안/-언/-연-' 다음에 붙는다.

　동사의 어간에 붙는 과거시제 선어말어미 '-앗/엇/엿(았/었/였)-'의
다른 꼴인 '-안/언/연(았/었/였)-' 다음에 '-공/곤'이 붙어서 현대국어의 '-
았/었/였냐고'의 '-냐고'가 된다. 이때 어간 끝음절이 모음 'ㅏ'로 끝나는
경우는 '-안(았)'의 '아'가 탈락되고 'ㄴ'은 어간 'ㅏ'에 붙는다.

　△ 어간+안/언/연+공/곤 [-았/었/였냐고]
　　・양성어간: 아인 어디 간(가안)<u>공/곤</u> ᄒ멍 촛으레 댕겸서라.
　　　　　(아이는 어디 갔<u>냐고</u> 하면서 찾으러 다니고 있더라.)

· 음성어간: 그 돈 누게가 주언공/곤 들어나 볼 걸.

　　　　　　(그 돈 누가 주었<u>냐고</u> 들어나/물어나 볼 걸.)

· ᄒ(ᄒ다): 무사 경 ᄒ연공/곤 들으레 왓입데다.

　　　　　(왜 그렇게 하였<u>냐고</u> 들으러/물으러 왔습디다.)

(26) -인공/-인곤 · -신공/-신곤 · -운공/-운곤 [-는가고 · -운
　　 가고]

이들 연결어미 '-인공/-인곤' · '-신공/-신곤'은 시제를 나타내는 선어말어미에 붙고, '-운공/-운곤'은 ㅂ-불규칙어간에 붙는다. 즉 '-인공/-인곤'은 과거시제 선어말어미 '-앗/엇/엿(았/었/였)-' 다음에 붙어서 현대국어의 '-았/었/였는가고'의 '-는가고'가 되고, '-신곤/-신곤'은 진행상을 나타내는 선어말어미 '-암/엄/염(고 있)-' 다음에 붙어서 '-고 있는가고'의 '-는가고'가 된다. '-운공/-운곤'은 ㅂ-불규칙용언의 어간에 붙어서 '-운가고'가 되지만 동사 '돕다'의 어간 '돕'에는 현대국어의 '-왔는가고'에 해당하는 '-완공/-완곤'이 붙는다.

△ 어간+앗/엇/엿+인공/인곤 [-았/었/였<u>는가고</u>]

· 양성어간: 어느제 떠낫(나앗)<u>인공/인곤</u> 들어라.

　　　　　　(언제 떠났(나았)<u>는가고</u> 듣더라.)

· 음성어간: 올힌 무사 꽃 족영 피엇<u>인공/인곤</u> ᄒ여라.

　　　　　　(올해는 왜 꽃이 적게 피었<u>는가고</u> 하더라.)

· ᄒ(ᄒ다): 부탁ᄒ 거 어떵 ᄒ엿<u>이공/이곤</u> 알아봔댜?

　　　　　(부탁한 거 어떻게 하였<u>는가고</u> 알아보았느냐?)

△ 어간+암/엄/염+신공/신곤 [-고 있<u>는가고</u>]

· 양성어간: 올저슬은 무사 영 똣암<u>신곤/신곤</u> 이상이 여겸저.

　　　　　　(올겨울은 왜 이렇게 따뜻하고 있<u>는가고</u> 이상히 여기고
　　　　　　있다.)

ㆍ음성어간: 돈 어디 간 썸(쓰엄)신공/신곤 몰란 ㅎ염수게게.

　　　　(돈 어디 가서 쓰고 있는<u>가고</u> 몰라서 하고 있습니다요).

ㆍㅎ(ㅎ다): 무사 굴체부지런ㅎ염신공/신곤 비웃엄수게.

　　　　(왜 헛부지런하고 있는<u>가고</u> 비웃고 있습니다.)

△ 형용사어간(ㅂ변칙)+운공/운곤 [-운가고]

ㆍ무사 이추룩 덜러(럽<u>운)</u>공/곤 춤 바깜저.

　(왜 이렇게 더러(럽<u>운)가고</u> 침 뱉고 있다.)

ㆍ어떠난 가이가 경 고(곱<u>운)</u>공/곤 보레딜 왔입데다.

　(어떠니 개가 그렇게 <u>고운가고</u> 보려들 왔습디다.)

△ 동사어간(돕다)+완공/완곤 [-왔는가고]

ㆍ누게 날 도(돕<u>완)</u>공/곤 알고판 ㅎ여라.

　(누구가 나를 <u>도왔는가고</u> 알고파 하더라.)

ㆍ나 말앙 또 누겔 도(돕<u>완)</u>곤/공 홉데다.

　(나 말고 또 누구를 <u>도왔는가고</u> 합디다.)

(27) -거덜랑/-거덜란 [-거든]

　　이들 연결어미는 용언의 어간에 붙어서 가정이나 조건을 드러내는 구실을 하는 현대국어의 '-거든'에 해당한다. 또 과거시제 선어말어미 '-앗/엇/엿(았/었/였)-'과 진행상을 나타내는 선어말어미 '-암/엄/염(고 있)-' 다음에 붙으면, 현대국어의 '-았/었/였거든'ㆍ'-고 있거든'의 '-거든'의 된다. 끝에 강세첨사 '게/겐'이 붙으면 어세가 강해지는데, 그것도 비존대어면 보조사 '야'가, 존대어면 '요'가 덧붙은 효과가 있다. 구분 없이 공통으로 쓰인다. 단 형용사 '아니다'의 어간 '아니' 다음에는 진행상을 나타내는 선어말어미 '-암/엄/염(고 있)-'이 붙지 않는다.

△ 어간+거덜랑/거덜란 [-거든]

· 국 짜거덜랑 물 놩 먹으라.

　(국 짜거든 물을 놓아서 먹어라.)

· 그 사름 가거덜란 만나나 보라.

　(그 사람 가거든 만나나 보아라.)

△ 어간+거덜랑/거덜란+게/겐 [-거든야/-거든요]

· 경 아프거덜랑(란)게(겐) 빙원이 가라.

　(그렇게 아프거든야 병원에 가라.)

· 물건이랑 줏거덜랑(란)게(겐) 임잴 촞앙 줍서.

　(물건이랑 줍거든요 임자를 찾아서 주십시오.)

△ 어간+앗/엇/엿+거덜랑/거덜란 [-았/었/였거든]

· 양성어간: 보앗거덜랑(란) 보앗젠 굴으라.

　　　　　　(보았거덜랑 보았다고 말하라.)

· 음성어간: 호미 거껏(끄엇)거덜랑(란) 새 걸로 바꾸라.

　　　　　　(낫 꺾었거든 새 것으로 바꿔라.)

· 흥(흐다): 밥흥엿거랑(란) 먹엉 가게.

　　　　　　(밥하였거든 먹고 가자.)

△ 어간+앗/엇/엿+거덜랑/거덜란+게/겐 [-았/엇/였거든야/거든요]

· 양성어간: 글 쓰당 말앗거덜랑(란)게(겐) 끗ᄆ차불라.

　　　　　　(글 쓰다가 말았거든야 끝마쳐버려라.)

· 음성어간: 콩 다 익엇거덜랑(란)게(겐) 건집서.

　　　　　　(콩 다 익었거든요 지십시오.)

· 흥(흐다): 빗깔이 노리롱흥엿거덜랑(란)게(겐) 타도 뒌다.

　　　　　　(빛깔이 노르스름하였거든야 따도 된다.)

△ 어간+암/엄/염+거덜랑/거덜란 [-고 있<u>거든</u>]

· 양성어간: 서답 물암<u>거덜랑(란)</u> 그냥 더 널어두라.

    (빨래 마르고 있<u>거든</u> 그냥 더 널어두라.)

· 음성어간: 짐 무껌(끄엄)<u>거덜랑(란)</u> フ찌 무꺼 줍셍 ᄒ라.

    (짐 묶고 있<u>거든</u> 같이 묶어 주십사고 하여라.)

· ᄒ(ᄒ다): 일 못ᄒ염<u>거덜랑(란)</u> 왕 글으라.

    (일 못하고 있<u>거든</u> 와서 말하라.)

△ 어간+암/엄/염+거덜랑/거덜란+게/겐 [-고 있<u>거든야/거든요</u>]

· 양성어간: 장이 붓 풀암<u>거덜랑(란)</u>게(겐) 상 오라.

    (장에 붓 팔고 있<u>거든야</u> 사서 오너라.)

· 음성어간: 품삭 주엄<u>거덜랑(란)</u>게(겐) 나 것도 받으라.

    (품삯 주고 있<u>거든야</u> 내 것도 받아라.)

· ᄒ(ᄒ다): 일 쉿이서 ᄒ염<u>거덜랑(란)</u>게(겐) 둘만 ᄒ렝 홉주.

    (일 셋이서 하고 있<u>거든요</u> 둘만 하라고 합죠.)

또 이들 '-거덜랑/-거덜란'을 하나로 아우르는 '-거랑/-걸랑'과 그 준말에 해당하는 '-건'도 아래 예시와 같이 쓰인다. 선어말어미 '-앗/엇/엿(았/었/엿)-'·'-암/엄/염(고 있)-' 다음에 놓이는 경우의 예시는 위의 '-거덜랑/-거덜란'을 '-거랑/-걸랑'·'-건'으로 바꾸면 되므로 생략한다.

△ 어간+거랑/걸랑 [-거든]

· 우리 ᄆ쉬 아니<u>거랑/걸랑</u> 다둘려불라.

  (우리 우마가 아니<u>거든</u> 쫓아버려라.)

· 맛이 궂<u>거랑/걸랑</u> 궂뎅 글으라.

  (맛이 궂<u>거든</u> 궂다고 말하여라.)

△ 어간+건 [-거든]

· 옷 ᄆ르<u>건</u> 걸엉 가게.

(옷 마르거든 걷고 가자.)
· 밥 먹고정 흐건 먹으라.
(밥을 먹고자 하거든 먹어라.)

△ 어간+거랑/걸랑/건+게/젠 [-거든야/-거든요]
· 조랍거(걸)랑게(젠) 일찍 자라.
(졸리거든 일찍 자거라.)
· 집이 가고프건게(젠) 닐랑 가라.
(집에 가고프거든야 내일랑 가거라.)
· 주건게(젠) 몬 ᄀᆞ졍 갑주.
(주거든요 모두 가지고 갑시다.)

(28) -켕/-켄 [-겠다고]

  이들 연결어미는 용언의 어간에 붙어서 의도나 추측을 나타내는 현대국어의 선어말어미 '-겠-'에 어미 '-다고'가 결합된 '-겠다고'에 해당한다. 그 쓰이는 조건은 모음과 'ㄹ'로 끝나는 어간 다음에 붙으면 '-겠다고'가 되고, 'ㄹ' 이외의 자음받침 어간 다음에 붙을 경우는 조모음 '으'가 삽입된 '-으켕/-으켄'이 돼서 현대국어의 '-겠다고'가 된다. 시제구분 없이 공통으로 쓰인다.

△ 어간+켕/켄 [-겠다고]
· 느광만 흐디 가켕/켄 저영 울엄셰.
(너하고만 함께 가겠다고 저렇게 울고 있다.)
· 혹교 댕기젱 흐민 멀켕/켄 즈들암서라.
(하교 다니려고 하면 멀겠다고 걱정하고 있더라.)

△ 어간(모음/ㄹ제외)+으켕/으켄 [-겠다고]
· 비 오민 지싯물 받으켕/으켄 굴안게마는.

    (비 오면 낙숫물 받겠다고 말하더니만.)
- 눔은 좋으켕/으켄 곧주만 그게 아니메.
    (남은 좋겠다고 말하지만 그게 아니다.)

(29) -이켕/-이켄 · -시켕/-시켄 [-겠다고]

    이들 연결어미는 선어말어미 다음에 붙는다. 즉 과거시제 선어말어미 '-앗/엇/엿(았/었/였)-' 다음에는 '이켕/이켄'이 붙어서 현대국어의 '-았/었/였겠다고'의 '-겠다고'가 되고, 진행상을 나타내는 선어말어미 '-암/엄/염(고 있)-' 다음에는 '-시켕/-시켄'이 붙어서 '-고 있겠다고'의 '-겠다고'가 된다.

    △ 어간+앗/엇/엿+이켕/이켄 [-았/었/였겠다고]
- 양성어간: 그 따문에 속께나 탓(타앗)이켕/이켄 골아라.
         (그 때문에 속께나 탔(타았)겠다고 말하더라.)
- 음성어간: 짐부떠 푸엇이켕/이켄 ᄒ라.
         (짐부터 푸었겠다고 하라.)
- ᄒ(ᄒ다): 일 다 못ᄒ엿이켕/이켄 걱정해라.
         (일 다 못하였겠다고 걱정하더라.)

    △ 어간+암/엄/염+시켕/시켄 [-고 있겠다고]
- 양성어간: 지냥으로 창 볼람(ᄅ암)시켕/시켄 골아라.
         (자기대로 창을 바르고 있겠다고 말하더라.)
- 음성어간: 못 존디게 굴엄시켕/시켄 귀뜸ᄒ ᆸ데다.
         (못 견디게 굴고 있겠다고 귀띔합디다.)
- ᄒ(ᄒ다): 욕들언 칭원ᄒ염시켕/시켄 달래레 갓저.
         (욕들어서 원통해 하고 있겠다고 달래러 갔다.)

(30) -쿠뎅/-쿠덴 [-겠습니다고]

이들 연결어미는 경어법에서 추측·의지·가능을 나타내는 현대 국어의 '-겠습니다'의 선어말어미 '-겠-'에 '습'이 결합된 '-쿠-'와 어미 '-다고'인 '-뎅/-덴'이 결합된 형태이다. 그 쓰임의 조건은 용언의 어간에 붙어서 '-쿠뎅'은 미래 내지 현재를, '-쿠덴'은 과거를 나타내는 것이 통례이다. 하지만 실제 말하기에서는 시제구분 없이 공통으로 쓰이기도 하는데, 이들 시제에 관해서는 이론이 있을 수 있다.

[미래]

△ 어간+쿠+뎅 [-겠습니다고]

· 가걸랑 다시 오**쿠뎅** ᄒ라.
  (가거든 다시 오<u>겠습니다고</u> 해라.)
· 가지 말**쿠뎅** 홀 듸만 브램저.
  (가지 말<u>겠습니다고</u> 할 데만 바라고 있다.)

[현재]

△ 어간+쿠+뎅 [-겠습니다고]

· 이젠 정신 출리**쿠뎅** ᄒ염신게.
  (이제는 정신 차리<u>겠습니다고</u> 하고 있네.)
· 영 ᄒ는 게 좋**쿠뎅** 굴암십주.
  (이렇게 하는 게 좋<u>겠습니다고</u> 말하고 있습죠.)

[과거]

△ 어간+쿠+덴 [-겠습니다고]

· 어제부떠 태풍 불**쿠덴** 굴앗입주.
  (어제부터 태풍이 불<u>겠습니다고</u> 말하였습죠.)
· 송애기 잘 질루**쿠덴** 홉데다.

(송아지 잘 기루겠습니다고 합디다.)

[공통]

△ 어간+쿠+뎅/뗀 [-겠습니다고]

· ᄒ여 뒹도 다시 아니ᄒ쿠뎅/쿠뗀 빈다.

(하여 뒨서도 다시 안하겠습니다고 빈다.)

· 놀레갓이민 좋쿠뎅/쿠뗀 ᄒ난 말렌 ᄒ여라.

(놀러갔으면 좋겠습니다고 하니 말라고 하더라.)

(31) -쿠겡/-쿠겐 [-겠습니까고]

이들 연결어미는 용언의 어간에 붙어서 의문이나 물음을 나타내는 현대국어의 존대어 '-겠습니까고'에 해당한다. 즉 추측·가능·의도 따위를 나타내는 선어말어미 '-겠-'에 '습'이 결합된 '-쿠-'와 의문형어미 '-니까'에 부사격조사 '고'가 결합된 것과 같은 합성태(合成態)이다. 또 이들은 모음이나 'ㄹ' 이외의 자음받침으로 끝나는 어간에는 조모음 '으'가 삽입된 '-으쿠겡/-으쿠겐'이 쓰이지만, 현대국어로 대역할 때는 '-으겠습니까고'로 하는 것보다는 '-겠습니까고'로 하는 것이 좋다. 시제구분 없이 공통으로 쓰인다.

△ 어간+쿠+겡/겐 [-겠습니까고]

· 나도 갓이민 좋쿠겡/쿠겐 들어보라.

(나도 갔으면 좋겠습니까고 들어보라.)

· 육지 강 얼메나 살당 오쿠겡/쿠겐 들엄수게.

(육지에 가서 얼마나 살다가 오겠습니까고 듣고 있습니다.)

△ 어간(모음/ㄹ제외)+으쿠+겡/겐 [-(으)겠습니까고]

· 셋 중 누겔 사위로 삼으쿠겡/으쿠겐 ᄒ염수게.

(셋 중 누구를 사위로 삼(으)겠습니까고 하고 있습니다.)

· 감줄 어느제민 숨<u>으쿠겍/으쿠겐</u> 보챔수게겐.
(고구마를 언제면 삶<u>(으)</u>겠습니까고 보채고 있습니다요.)

5) 주요 연결어미

이들 주요연결어미는 앞의 기능별 구분에 따른 '대등적 연결어미'·
'종속적 연결어미'·'보조적 연결어미'에서 다뤄져야 할 것이지만, 편의상
구분 없이 총체적으로 개괄한 것이다. 아래 제시된 (1)~(27)의 연결어미
는 기본적으로 터득해야 할 대표적인 것들이다.

(1) -게/-겐 · -게게/-게겐 [-게 · -게야]

이들 연결어미는 <강세첨사>에 다뤄져 있다. 하지만 그들은 종결어
미에 붙는 경우에 한정된 것이다. 여기서는 그와는 달리 용언의 어간에 붙는
연결어미로서 '-게/-겐'과 거기에 다시 강세첨사 '게/겐'의 덧붙은 <-게+
게/겐>의 형태를 취하는 경우를 다뤘다.[11] 이들은 용언의 어간에 직접 붙기
도 하지만, 어미 다음에 붙는 보조사 '은/도…' 따위에 덧붙어서 어세를 북돋
는 강세첨사의 구실을 한다. 그 뜻은 어간에 직접 붙을 경우의 '-게/-겐'은
'-게'가 되지만, 강세첨사 '게/겐'이 붙어서 <-게+게/겐>의 형태를 취할
경우는 비존대어면 보조사 '야'가, 존대어면 '요'가 덧붙은 '-게야'·'-게요'
가 된다.[12]

△ 어간+게/겐 [-게]
· 그냥 가<u>게/겐</u> 말라.

---

11) '-게'과 '-겐'의 차이는 어감이 차이만 있고 뜻은 같다. '-게게'·'-게겐'도 마찬가지로
어감이나 어세의 차만 있다. 부등호로 표시하면 '-게<-겐'·'-게게<-게겐'으로 나타
낼 수 있다.
12) 보조사 '야'는 비어일 경우이고, 존대어일 경우는 '요'가 된다.

(그냥 가게 마라.)
· 꽃이 곱게/겐 피엇이냐?
(꽃이 곱게 피었느냐?)

△ 어간+게게/게겐 [-게야] -비존대-
· 지 멋대로 살게게 내불라.
(제 멋대로 살게야 내버려라.)
· 무사 경 아프게겐 꽉 무껏이니?
(왜 그렇게 아프게야 꽉 묶었느냐?)

△ 어간+게게/게겐 [-게요] -존대-
· 지만 가게게 내붑서.
(자기만 가게요 내버리십시오.)
· 바래기 좋게겐 잘 놉주.
(보기 좋게요 잘 놓읍시다.)

또 이들 '-게/-겐'은 아래 예시와 같이, 양성모음 어간과 음성모음 어간에 따라 선별적으로 붙는 연결어미 '-앙/-안(아서)·-엉/-언(어서)·-영/-연(여서)'과 보조사 '은/도' 다음에 붙어서 <-앙/-안+은/도+게/겐>·<-엉/-언+은/도+게/겐>·<-영/-연+은/도+게/겐>의 형태로 활용하기도 한다. 그렇게 되면 말의 뜻과 청각인상을 강하게 만든다. 여기서 주의할 것은 '-앙/-엉/-영'은 미래 내지 현재를 나타낼 때 쓰이고, '-안/-언/-연'은 과거 사실을 나타낼 때 쓰이는 것이 원칙이다.

[미래/현재]

△ 양성어간+앙+게/겐 [-아서야]
· 경 놀앙게/겐 뒈느나?
(그렇게 놀아서야 되느나?)

· 눌땅이 앚지 말앙게/겐 요 돌 우이 앚이라.
  (날땅에 앉지 말아서야 요 돌 위에 앉아라.)

△ 양성어간+앙+은/도+게/겐 [–아서는야/–아서도야]
· 억지로 돈 모앙은게/겐 뭐흐젠.
  (억지로 돈을 모아서는야 뭐하려고.)
· 두가시만 좋앙도게/겐 못 산다.
  (부부만 좋아서도야 못 산다.)

△ 음성어간+엉+게/겐 [–어서야]
· 이젠 너미 늦엉게/겐 안 뒌다.
  (이젠 너무 늦어서야 안 된다.)
· 경 족게 거령(리엉)게/겐 흔 사름도 나쁘컨게.
  (그렇게 적게 떠(뜨어)서야 한 사람도 모자라겠네.)

△ 음성어간+엉+은/도+게/겐 [–어서는야/–어서도야]
· 아이덜은 부모가 엇엉은게/겐 고생흔다.
  (아이들은 부모가 없어서는야 고생한다.)
· 놈이위가 뒈엉도게/겐 일흔다.
  (임신이 되어서도야 일한다.)

△ 흐(흐다)+영+게/겐 [–여서야]
· 경 스정흐영게/겐 뭐흐젠.
  (그렇게 사정하여서야 뭐하려고.)
· 흐단 일랑 다 흐영게/겐 놀라.
  (하던 일랑 다 하여서야 놀라.)

△ 흐(흐다)+영+은/도+게/겐 [–여서는야/–여서도야]
· 쌍일흐영은게/겐 안 지칠 사름 엇나.
  (된일하여서는야 안 지칠 사람 없다.)

· 저영 미련ᄒ영도게/겐 뒐 건가?
(저렇게 미련하여서도야 될 것인가?)

[과거]

△ 양성어간+안+게/겐 [-아서야]

· 그디 앚안게/겐 ᄆᆞᆫ직암서라.
(거기 앉아서야 만지고 있더라.)
· 볼써 폴안게/겐 다 써불엇저.
(벌써 팔아서야 써버렸다.)

△ 양성어간+안+은/도+게/겐 [-어서는야/-어서도야]

· 지 핏줄은 알안은게/겐 반겨라.
(제 핏줄은 알아서는야 반기더라.)
· 재산덜 놓안도게/겐 대판 ᄐᆞ투앗주.
(재산들 놓아서도야 대판 다투었다.)

△ 음성어간+언+게/겐 [-어서야]

· 지갑 일러불언게/겐 못 ᄎᆞ자라.
(지갑 일허버려(리어)서야 못 찾더라.)
· 하도 미원(우언)게/겐 욕만 ᄒ염서라.
(하도 미워(우어)서야 욕만 하고 있더라.)

△ 음성어간+언+은/도+게/겐 [-어서는야/-어서도야]

· 약을 먹언은게/겐 죽엇저.
(약을 먹어서는야 죽었다.)
· 걸언도게/겐 잘만 가라.
(걸어서도야 잘만 가더라.)

△ ᄒ(ᄒᆞ다)+연+게/겐 [-여서야]

· 공불 잘ᄒ연게/겐 늘 상 타낫저.

(고부를 잘하여서<u>야</u> 상을 탔었다.)
· 어떵 ᄒ연게/겐 경 늦언고?
(어떻게 하여서<u>야</u> 그렇게 늦었는가?)

△ ᄒ(<u>ᄒ</u>다)+연+은/도+게/겐 [-여서는<u>야</u>/-여서도<u>야</u>]
· 말로만 ᄒ연은게/겐 벨 소력이 엇엇주.
(말로만 하여서는<u>야</u> 별 효력이 없었다.)
· 용시ᄒ연도게/겐 부재엔 말 들엇저.
(농사하여서도<u>야</u> 부자라는 말을 들었다.)

(2) -그네/-그넹 [-서 · -가] [13)]

이들 연결어미는 그 앞에 놓인 어미에 따라 전연 다른 기능을 가진
형태소가 된다. 즉 어간에 붙는 어미가 '-아/-어/-여'와 결합된 '-아+그
네/그넹'·'-어+그네/그넹'·'-여+그네/그넹'의 형태를 취할 때는 현대국
어의 '-아서/-어서/-여서'의 '서'가 된다. 또 기본형어미 '-다'와 결합된
'-다+그네/그넹'의 형태를 취하면 다른 동작으로 이어지는 '-다가'의 '가'
가 되고, 과거시제 선어말어미 '-앗/엇/엿(았/었/였)-' 다음에 붙어도 '-었/
었/였다가'의 '가'가 된다.

△ 양성어간+아+그네/그넹 [-아<u>서</u>]
· 잘 놀아<u>그네/그넹</u> 오라.
(잘 놀아<u>서</u> 오너라.)
· 눈이 붉아<u>그네/그넹</u> 좋키어.
(눈이 밝아<u>서</u> 좋겠다.)

---

13) '-그네/-그넹'은 의미상의 차이는 없다. 다만 말할 때 심정적으로 느낄 수 있는 어감이
나 어세가 부등호로 나타내면 '-그네<-그넹'이 된다.

△ 음성어간+어+그네/어그넹 [-어서]
- 애기 업어그네/그넹 가라.
  (아기 업어서 가라.)
- 발이 붓어그네/그넹 못 걷나.
  (발이 부어서 못 걷는다.)

△ ᄒ(ᄒ다)+여+그네/그넹 [-여서]
- 일 못ᄒ여그네/그넹 앚앗어라.
  (일 못하여서 앉았더라.)
- 눈이 부영ᄒ여그네/그넹 못 보키어.
  (눈이 부예서 못 보겠다.)

△ 어간+다+그네/그넹 [-다가]
- 놀기만 ᄒ다그네/그넹 살 수가 엇나.
  (놀기만 하다가 살 수가 없다.)
- 꽁지가 저추룩 질다그네/그넹 끄차진다.
  (꼬리가 저렇게 길다가 끊어진다.)

△ 양성어간+앗+다+그네/그넹 [-았다가]
- 빙은 낫앗다그네/그넹 또 걸린다.
  (병은 나았다가 또 걸린다.)
- 그듸 놓앗다그네/그넹 일러분다.
  (거기 놓았다가 잃어버린다.)

△ 음성어간+엇+다+그네/그넹 [-었다가]
- 이디 누엇다그네/그넹 모기 물린다.
  (여기 누었다가 모기 물린다.)
- 밴 짐은 지엇다그네/그넹 애먹나.
  (무거운 짐은 졌다가 애먹는다.)

△ ᄒ(ᄒ다)+엿+다+그네/그넹 [−였다가]

· 너미 일쩍 밥ᄒ엿다그네/그넹 식어분다.

(너무 일찍 밥하였다가 식어버린다.)

· 놈 미어ᄒ엿다그네/그넹 줴받나.

(남 미워하였다가 죄받는다.)

또 '−그네'의 축약형인 '−근'도 아래 예시와 같이, '−그네/−그넹'을 아우르는 연결어미가 돼서 어미 '−아/−어/−여'·'−다'와 결합해서 쓰인다.

△ 어간+아/어/여+근=아/어/여+그네/그넹 [−아서]

· 양성어간: 그듸 앗아근=그네/그넹 쉬라.

(거기 앉아서 쉬라.)

· 음성어간: 피나게 모은 재산 죽어근=그네/그넹 못 앗앙 간다.

(피나게 모은 재산 죽어서 못 가지고 간다.)

· ᄒ(ᄒ다): 부지런이 ᄒ여근=그네/그넹 일쩍 ᄆ치게.

(부지런히 하여서 일찍 마치자.)

△ 어간+다+근=그네/그넹 [−다가] 14)

· 더 먹다근=그네/그넹 욕 듣다.

(더 먹다가 욕 듣는다.)

· 내창 넘다근=그네/그넹 쓰러진다.

(내 넘다가 쓰러진다.)

(3) −주/−주기 [−지]

이들 연결어미는 용언의 어간에 붙어서 현대국어의 어떠하기를 바

---

14) '−근'은 '−가는'의 준꼴로 쓸 수도 있다. 또 '−그넹'은 '에'가 덧붙은 '−그넹에'로도 쓰인다.

라는 어미 '-지'에 해당한다. 특히 이들 다음에 강세첨사 '게/겐'이 붙으면 그 어감이 더 강해져서 '-지'에 보조사 '야'가 덧붙은 '-지야'와 같은 효과를 나타낸다. 즉 '-주<-주게<-주겐'·'-주기<-주기게<-주기겐'과 같이, 그 뜻은 변하지 않지만 어감의 강도가 더해지는 점층적인 구술효과가 있다. 또 이들은 연결어미만이 아닌 종결어미로도 쓰이는데, 그에 대한 것은 별도로 '종결어미'에 다뤄져 있다.

△ 어간+주/주기 [-지]
· 그만 ᄒ주 더ᄒ젠?
(그만 하지 더하려고?)
· 걸엉 오주기 업정 오지 말아그네.
(걸어서 오지 업혀서 오지 말아서.)

△ 어간+주/주기+게/겐 [-지야]
· 칼로 썰주게(겐) 그냥 먹어지커냐?
(칼로 썰지야 그냥 먹아지겠느냐?)
· 느도 ᄂᆞᆷ추룩 곱주기게(겐) 무사 굿으렌 ᄒ여냐?
(너도 남처럼 곱지야 왜 굿으라고 하더냐?)

또 아래와 같이 과거시제 선어말어미 '-앗/엇/엿(았/었/였)-'과 진행상을 나타내는 선어말어미 '-암/엄/염(고 있)-' 다음에 붙어서 '-았/었/였지'·'-고 있지'의 '-지'가 된다. 끝에 다시 강세첨사 '게/겐'이 겹붙으면 보조사 '야'가 덧붙은 구술효과가 있다.

△ 양성어간+앗+주/주기 [-았지]
· 볼써 알앗주 몰랏이카부뎬.
(벌써 알았지 몰랐을까보냐.)
· 탠 술앗주기 데껴불지 안ᄒ연.

(태반은 살았지 던져버리지 않고.)

△ 양성어간+앗+주/주기+게/겐 [-았지야]
- 재산사 모앗주게(겐) 고생은 ᄒ엿주만.
  (재산이야 모았지야 고생은 하였지만.)
- 가이보단사 낫주기게(겐) ᄀ치 낭 걷느냐?
  (걔보다야 낫지야 같이 봐서 말하느냐?)

△ 음성어간+엇+주/주기 [-었지]
- 잘 익엇주 보낭마낭.
  (잘 익었지 보나마나.)
- 아난 쉬윗(우엇)주기 그냥 쉬워서.
  (아니까 쉬웠(우었)지 그냥 쉬운가.)

△ 음성어간+엇+주/주기+게/겐 [-었지야]
- 이불은 더껫(끄엇)주게(겐) 얼카부덴.
  (이불은 덮었지야 추울까보아서.)
- 앞집이도 주엇주기게(겐) 나만 안 먹언에.
  (앞집에도 주었지야 나만 안 먹어서.)

△ ᄒ(ᄒ다)+엿+주/주기 [-였지]
- 잘ᄒ노렝 ᄒ엿주 그럴 중 알아서.
  (잘하노라고 하였지 그럴 줄 알았나.)
- 알민 ᄒ엿주기 그자 안ᄒ 거라.
  (알면 하였지 그저 안한 거냐.)

△ ᄒ(ᄒ다)+엿+주/주기+게/겐 [-였지야]
- 가이도 ᄒ엿주게(겐) 나만 ᄒ엿어.
  (걔도 하였지야 나만 하였냐.)
- 맨날 ᄒ엿주기게(겐) 오늘만 ᄒ엿이냐.

(만날 하였지야 오늘만 하였느냐.)

△ 양성어간+암+주/주기 [-고 있지]

· 난 잘 살암주 걱정 말게.
(난 잘 살고 있지 걱정 말게.)
· 그냥 감(가암)주기 오지 말앙게.
(그냥 가고 있지 오지 말고야.)

△ 양성어간+암+주/주기+게/겐 [-고 있지야]

· 요새난 날 불암주게(겐) 매날 우쳣저.
(요새니 날씨가 좋았지야 매일 비가 왔었다.)
· 궤로와도 춤암주기게(겐) 오죽 못 존덤서.
(괴로워도 참고 있지야 오죽 못 견디고 있을까.)

△ 음성성어간+엄주/주기 [-고 있지]

· 꿀려 앗앙 빌엄주 무사 오랏이니?
(꿀려 앉아서 빌고 있지 왜 왔느냐?)
· 도장도 찍엄주기 걱정 말라.
(도장도 찍고 있지 걱정 마라.)

△ 음성어간+엄+주/주기+게/겐 [-고 있지야]

· 부지런이 걸엄주게(겐) 다울리지 말라.
(부지런히 걷고 있지야 재촉하지 마라.)
· 요샌 굶엄주기게(겐) 양속이 엇으난게.
(요새는 굶고 있지야 양식이 없으니까야.)

△ ᄒ(ᄒ다)+염+주/주기 [-고 있지]

· 우리 집 잔치ᄒ염주 먹으레 오심.
(우리 집 잔치하고 있지 먹으러 오게나)
· 누언 오몽 못ᄒ염주기 강 보게.

(누어서 움직이지 못하고 있<u>지</u> 가서 보자.)

△ 흥(흐다)+염+주/주기+게/겐 [-고 있지야]

· 늘 보고정사 흥<u>염주게(겐)</u> 무사 들엄시니?
(늘 보고자야 하고 있<u>지야</u> 왜 듣느냐?)
· 느만이라도 일흥<u>염주기게(겐)</u> 와불지 말앙.
(너만이라 일하고 있<u>지야</u> 와버리지 말고.)

다음은 동사 '주다'의 어간 '주' 다음에 어미 '-주/-주기'가 붙고 다시 강세첨사 '게/겐'이 덧붙어 <-주+주+게/겐>·<-주+주기+게/겐>의 형태를 취하면 현대국어의 '주지'·'주지야'의 '-지'·'-지야'가 돼서, 긍정과 부정을 나타내는 말로 이어지는 연결어미가 된다.

△ 동사어간(<u>주</u>다)+주/주기 [-지]

· 집 잘 보아주<u>주</u> 걱정흐지 말게.
(집 잘 보아주<u>지</u> 걱정하지 말게.)
· 메종 다 심어주<u>주기</u> 냉기카부덴.
(모종 다 심어주<u>지</u> 남길까보냐.)

△ 동사어간(<u>주</u>다)+<u>주게/주겐</u>=<u>주기게/주기겐</u> [-지야]

· 빈 집이랑 놈 빌려주<u>주게</u>=<u>주기게</u> 그냥 내불지 말앙.
(빈 집이랑 남 빌려주<u>지야</u> 그냥 내버리지 말아서.)
· 옷은 입져주<u>주겐</u>=<u>주기겐</u> ㅂ레지만 말앙게.
(옷은 입혀주<u>지</u> 처다보지만 말고.)

(4) -게꾸리 · -게꾸룸 · -게시리 [-게끔]

이들 연결어미는 용언의 어간에 붙어서 어떤 상태에 이르고 있음을 나타내거나 의도하고 있는 바향·목표 따위를 나타내는 '-도록'의 뜻을 나타내는 어미 '-게'를 더 강하게 하는 현대국어의 '-게끔'에 해당한다. 그 다음에 다시 강세첨사 '게/겐'이 붙을 수 있는데, 그렇게 되면 보조사 '야'가 덧붙은 효과가 있다.

> △ 어간+게꾸리/게꾸룸/게시리 [-게끔]
> ・이디 오지 못ᄒ게꾸리 잘 막으라.
>   (여기 오지 못하게끔 잘 막아라.)
> ・여즌 곱게꾸룸 출령 댕겨사 혼다.
>   (여자는 곱게끔 차리고 다녀야 한다.)
> ・술 못 먹게시리 말리라.
>   (술 못 먹게끔 말려라.)

> △ 어간+게꾸리/게꾸룸/게시리+게/겐 [-게끔야]
> ・가인 집이 가게꾸리게(겐) 내불어도 뒌다.
>   (그 아이는 집에 가게끔야 내버려도 된다.)
> ・몰르게 도망가게꾸룸게(겐) 내불엇구나.
>   (모르게 도망가게끔야 내버렸구나.)
> ・너미 밉게시리게(겐) 까불리지 말라.
>   (너무 밉게끔야 까불지 마라.)

(5) -고정/-구정 [-고자]

이들 연결어미는 용언의 어간에 붙어 무엇을 하려는 의도를 들어내는 현대국어의 '-고자'에 해당한다. 그 다음에 보조사 '은/도/사 …' 따위가 덧붙기도 한다.

> △ 어간+고정/구정 [-고자]
> ・밧 풀고정 ᄒ건 풀라.
>   (밭 팔고자 하거든 팔라.)

· 얼메나 보<u>구정</u> ᄒ엿이민 불럿일 거라게.

(얼마나 보<u>고자</u> 하였으면 불렀을 거냐.)

△ 어간+고정/구정+은/도/사 [-고자는/-고자도/-고자야]

· 흑교 가<u>고정은/구정은</u> 다 ᄒ다.

(학교 가<u>고자는</u> 다 한다.)

· 공분 안ᄒ<u>고정도/구정도</u> ᄒ다.

(공부는 안하<u>고자도</u> 한다.)

· 속이 셩ᄒ난 먹<u>고정사/구정사</u> 홀 테주.

(속이 성하니 먹<u>고자야</u> 할 테지.)

(6) -메 · -으메 [-니 · -으니]

이들 연결어미는 용언의 어간에 붙어서 어떤 사실의 인과관계를 나타내는데, '-메'는 현대국어의 '-니'에, '-으메'는 '-으니'에 해당한다. 그 붙는 조건은 모음으로 끝나거나 'ㄹ' 받침으로 끝나는 어간 다음에는 '-메'가 붙어서 현대국어의 '-니'가 되고, 'ㄹ' 이외의 자음받침 어간에는 '-으메'가 붙어서 '-으니'가 된다. 또 그 끝에 강세첨사 '게/겐'이 붙으면 어세가 더 강해져서 보조사 '야가 덧붙은 효과가 있다.

△ 어간(모음/ㄹ)+메 [-니]

· 가민 주<u>메</u> 받앙 오라.

(가면 주<u>니</u> 받아서 오너라.)

· 지냥으로도 잘살<u>메</u> 걱정ᄒ지 말라.

(자기대로도 잘사<u>니</u> 거정하지 마라.)

△ 어간(모음/ㄹ)+메+게/겐 [-니야]

· 지만도 잘 놀<u>메게</u> 낭 내불라.

(자기만도 잘 노<u>니야</u> 놔서 내버려라.)

·사름마다 성질이 뜨나메겐 굳으카부뎅 말라.
　(사람마다 성질이 다르니야 같을까보다고 마라.)

△ 어간(모음/ㄹ제외)+으메 [-으니]

·그 사름은 도량이 좁으메 그런 중 알아.
　(그 사람은 도량이 좁으니 그런 줄 알아.)
·가인 주민 주는 냥 다 먹으메 조그마니 주라.
　(걔는 주면 주는 대로 다 먹으니 자그마니 주라.)

△ 어간(모음/ㄹ제외)+으메+게/겐 [-으니야]

·지냥으로 잘 촛으메게 내불라.
　(자기대로 잘 찾으니야 내버려라.)
·지금 안 받으민 못 받으메겐 도렝 따물라.
　(지금 안 받으면 못 받으니야 달라고 재촉하라.)

또 '-메'는 아래와 같이 체언 다음에 붙는 '이다'의 '이'와 결합된 '이+메'
의 형태를 취해서 현대국어의 '-이니'가 된다. 끝에 강세첨사 '게/겐'이 붙
으면 그 어세가 더 강해져서 비존대어면 보조사 '야'가, 존대어면 '요'가 덧
붙은 효과가 있다.

△ 체언+이(이다)+메 [-이니]

·사름 판내우는 게 노롬이메 흣지 말라.
　(사람 끝장내는 것이 노름이니 하지 마라.)
·웃녁집이서 보낸 식갯태물이메 먹게겐.
　(윗집에서 보낸 제사퇴물이니 먹자야.)

△ 체언+이(이다)+메+게/겐 [-이니야/이니요]

·그놈이 그놈이메게(겐) 더 낫으카부뎅 말라.
　(그놈이 그놈이니야 더 나을까보다고 마라.)

· 지레 족은 게 성<u>이메게</u>(겐) 그 중 압서.
  (키 작은 것이 형<u>이니요</u> 그 줄 아십시오.)

(7) -이난/-이메 [-으니]

이들 연결어미는 과거시제 선어말어미 '-앗/엇/엿(았/었/엿)-' 다음
에 붙어서 뒤에 이어지는 말의 이유나 근거를 나타내는 현대국어의 '-았/었/
였으니'의 '-으니'가 된다. 끝에 강세첨사가 '게/겐'이 붙으면 어세를 더 강하
게 하는데, 비존대어면 보조사 '야'가, 존대어면 '요'가 덧붙은 효과가 있다.

  △ 양성어간+앗+이난/이메 [-았<u>으니</u>]
· 볼 거 다 보앗<u>이난</u> 가키어.
  (볼 것 다 보았<u>으니</u> 가겠다.)
· 줘도 말앗<u>이메</u> 못 받앗고렝 ᄒ지 말라.
  (줘도 말았<u>으니</u> 못 받았다고 하지 마라.)

  △ 음성어간+엇+이난/이메 [-었<u>으니</u>]
· 그런 놈을 믿엇<u>이난</u> 뒐 수가 엇나.
  (그런 놈을 믿었<u>으니</u> 될 수가 없다.)
· 지사 그디 잇엇<u>이메</u> 잘 알 테주.
  (자기야 거기 있었<u>으니</u> 잘 알 테지.)

  △ ᄒ(ᄒ다)+엿+이난/이메 [-였<u>으니</u>]
· 느가 ᄒ엿<u>이난</u> 잘뒐 리가 시냐.
  (네가 하였<u>으니</u> 잘될 리가 있느냐.)
· 기왕 시작ᄒ엿<u>이메</u> ᄭᅳᆺ을 내우라.
  (기왕 시작하였<u>으니</u> 끝을 내라.)

  △ 양성어간+앗+이난/이메+게/겐 [-았<u>으니야/으니요</u>]
· 날이 훤이 붉앗<u>이난게</u>(겐) 일어나라.

(날이 환히 밝았<u>으니야</u> 일어나거라.)
· 드리 놓앗<u>이메게(젠)</u> 넘어 뎅겨도 됩니다.
(다리 놓았<u>으니요</u> 넘어 다녀도 됩니다.)

△ 음성어간+엇+이난/이메+게/젠 [-었<u>으니야/으니요</u>]
· 이젠 먹을 거 다 먹엇<u>이난게(젠)</u> 가라.
(이젠 먹을 거 다 먹었<u>으니야</u> 가거라.)
· 쉴 만이 쉬엇<u>이메게(젠)</u> 일어상 갑주기.
(쉴 만큼 쉬었<u>으니요</u> 일어서서 가십시다.)

△ ᄒ(ᄒ다)+엿+이난/이메+게/젠 [-였<u>으니야/으니요</u>]
· 곧 올 거엔 ᄒ엿<u>이난게(젠)</u> 지드려 보게.
(곧 올 거라고 하였<u>으니야</u> 기다려 보자.)
· 살 곳을 정ᄒ엿<u>이메게(젠)</u> 그 중 압서.
(살 곳을 정하였<u>으니요</u> 그 줄 아십시오.)

특히 '-메'인 경우 추측·가능·의도를 나타내는 선어말어미 '-커(겠)-' 다음에 붙을 때는 그 '-커'와 결합해서 현대국어의 '-겠으니'가 된다. 끝에는 다시 강세첨사 '게/젠'이 붙을 경우 어세가 더 강해져서 비어면 보조사 '야'가, 존대어면 '요'가 덧붙은 효과가 있다.

△ 어간+커+메 [-겠<u>으니</u>]
· 난 집이 이시커메 느네만 강 오라.
(나는 집에 있겠<u>으니</u> 너희들만 가서 오너라.)
· 나팔을 불커메 들어보젠?
(나팔을 불겠<u>으니</u> 들어보런?)

△ 어간+커+메+게/젠 [-겠<u>으니야/으니요</u>]
· 다신 안ᄒ커<u>메게(젠)</u> 용서ᄒ여 도라.

(다시는 안하겠으니야 용서하여 달라.)
· 나도 걸으커메게(겐) 성님도 걸읍서.
(저도 걷겠으니요 형님도 걸으십시오.)

(8) -시난/-시메 [-으니]

이들 연결어미는 바로 앞 (7)의 '-이난/-이메'와 같이, 그 뜻은 현대국어의 '-으니까'의 준말 '-으니'에 해당한다. 다만 그 쓰이는 조건이 진행상을 드러내는 선어말어미 '-암/엄/염(-고 있)-' 다음에 붙어서, 원인이나 근거를 드러내는 현대국어 '-고 있으니'의 '-으니'에가 된다. 끝에 강세첨사 '게/겐'이 붙으면 어세가 더 강해져서 비어면 보조사 '야'가, 존대어면 '요'가 덧붙은 효과가 있다.

△ 양성어간+암+시난/시메 [-고 있으니]
· 애기 둘암시난 걱정 말앙 일ᄒ라.
(아기 돌보고 있으니 걱정 말고 일하라.)
· 누언 잠(자암)시메 깨우지 말라.
(누어서 자고 있으니 깨우지 마라.)

△ 음성어간+엄+시난/시메 [-고 있으니]
· 식구가 늘엄시난 돈도 하영 벌어사 ᄒ키어.
(식구가 늘고 있으니 돈도 많이 벌어야 하겠다.)
· 꽂이 피엄시메 거끄지 말게.
(꽃이 피고 있으니 꺾지 말자.)

△ ᄒ(ᄒ다)+염+시난/시메 [-고 있으니]
· 그 집 망ᄒ염시난 뒤 대지 말라.
(그 집 망하고 있으니 뒤 대지 마라.)
· 난 일ᄒ염시메 느도 ᄀ찌 ᄒ라.

(나는 일하고 있으니 너도 같이 해라.

△ 양성어간+암+시난/시메+게/겐 [-고 있으니야/으니요]
·홀터 남(나암)시난게(겐) 대 끈어지카부뎅 말라.
(계속 낳고 있으니야 대 끊어질까보다고 마라.)
·밤이 순 돌암시메게(겐) 몸 놔그네 잡서.
(밤에 순찰 돌고 있으니요 맘 놔서 주무십시오.)

△ 음성어간+엄+시난/시메+게/겐 [-고 있으니야/으니요]
·짐치 시엄시메게(겐) 앗당덜 먹어불라.
(김치 시고 있으니야 가져다가들 먹어버려라.)
·촐 비엄시난게(겐) 날라갈 생각이나 흡서.
(꼴 베고 있으니요 운반할 생각이나 하십시오.)

△ ᄒ(ᄒ다)+염+시난/시메+게/겐 [-고 있으니야/으니요]
·ᄋ라 날 ᄒ염시난게(겐) ᄒ를쫌은 쉬어도 뒌다.
(여러 날 하고 있으니야 하루쯤은 쉬어도 된다.)
·늘 멩심ᄒ염시메게(겐) 걱정 맙서.
(늘 명심하고 있으니요 걱정 마십시오.)

(9) -이민 · -시민 [-으면]

이들 연결어미는 과거시제 선어말어미 '-앗/엇/엿(았/었/였)-' 다음
에는 '-이민'이 붙어서 현대국어 '-았/었/였으면'의 '-으면'이 되고, 진행
상을 나타내는 선어말어미 '-암/엄/염(고 있)-' 다음에는 '-시민'이 붙어서
'-고 있으면'의 '-으면'이 된다. 끝에 강세첨사 '게/겐' 붙을 경우 그 어세
가 더 강해져서 낮춤말이면 보조사 '야'가, 높임말이면 '요'가 덧붙은 효과
가 있다.

△ 양성어간+앗+이민+게/겐 [-았으면/으면야/으면요]

· 지가 좋앗이민 놈도 좋나.
  (자기가 좋았으면 남도 좋다.)
· 월급이나 하영 받앗이민게(겐) 사주렝 ᄒ마.
  (월급이나 많이 받았으면야 사주라고 하마.)
· 맛이 더 둘앗이민게(겐) 좋쿠다.
  (맛이 더 달았으면요 좋겠습니다.)

△ 음성어간+엇+이민+게/겐 [-었으면/으면야/으면요]

· 물 들엇이민 바릇 못 잡나.
  (물이 들었으면 해산물 못 잡는다.)
· ᄂ몰 매엇이민게(겐) 서너 페기 줄 거여.
  (나물 매었으면야 서너 포기 줄 것이다.)
· 혼 참만 더 멀엇이민게(겐) 안 갓일 거우다.
  (오리만 더 멀었으면요 안 갔을 것입니다.)

△ ᄒ(ᄒ다)+엿+이민+게/겐 [-였으면/으면야/으면요]

· 개역ᄒ엿이민 낭푼에 담앙 오라.
  (미숫가루를 만들었으면 양푼에 담아서 오너라.)
· 웃어룬신디 절ᄒ엿이민게(겐) 잘ᄒ엿저.
  (웃어른한테 절하였으면야 잘하였다.)
· 게민 무신 걸 ᄒ엿이민게(겐) 좋쿠광?
  (그러면 무슨 것을 하였으면요 좋겠습니까?)

△ 양성어간+암+시민+게/겐 [-고 있으면/으면야/으면요]

· 창을 불람(르암)시민 종인 실 거여.
  (창을 바르고 있으면 종이는 있을 것이다.)
· 발로 발암시민게(겐) 열 발은 뒘직ᄒ다.
  (발로 밟고 있으면야 열 발은 됨직하다.)
· 가이랑 뽕입을 톨암시민게(겐) 내붑서.

(그 아이랑 뽕잎을 따고 있<u>으면요</u> 내버리십시오.)

△ 음성어간+엄+시민+게/겐 [-고 있<u>으면/으면야/으면요</u>]
- 느가 먹엄<u>시민</u> 나도 먹주.
  (네가 먹고 있<u>으면</u> 나도 먹지.)
- 몬저 강 눌 더껌(끄엄)<u>시민게(겐)</u> 곧 가마.
  (먼저 가서 가리 덮고 있<u>으면야</u> 곧 가마.)
- 이딘 집짓엄<u>시민게(겐)</u> 좋을 땅이우다.
  (여기는 집을 짓고 있<u>으면요</u> 좋을 땅입니다.)

△ ㅎ(ㅎ다)+염+시민+게/겐 [-고 있<u>으면/으면야/으면요</u>]
- 저 사름은 말ㅎ염<u>시민</u> 세월 다 가키어.
  (저 사람은 말하고 있<u>으면</u> 세월 다 가겠다.)
- 그놈이 공불 ㅎ염<u>시민게(겐)</u> 아무도 못 쫓차간다.
  (그놈이 공부를 하고 있<u>으면야</u> 아무도 못 쫓아간다.)
- 자리에서 일어나젠 ㅎ염<u>시민게(겐)</u> 살아나쿠다.
  (자리에서 일어나려고 하고 있<u>으면요</u> 살아나겠습니다.)

(10) -레 · -으레 [-러 · -으러]

이들 연결어미는 '잇다/싯다(있다)'를 제외한 동사의 어간에 붙어서 의도나 목적을 나타내는 구실을 하는 현대국어의 '-러'에 해당한다. 그 놓이는 자리는 모음이나 'ㄹ' 받침으로 끝나는 어간에 붙고, 'ㄹ' 이외의 자음 받침으로 끝나는 어간 다음에는 조모음 '으'가 삽입된 '-으레'가 붙어서, 현대국어의 '-으러'가 된다. 또 그 다음에는 보조사 '는/도/라도…' 따위가 덧붙을 수 있다.

△ 동사어간(모음/ㄹ)+레 [-러]
- 궤기 갈르<u>레</u> 감저.

(고기 가르러 가고 있다.)
· 다른 무슬 살레 감저.
(다른 마을 살러 가고 있다.)

△ 동사어간(모음/ㄹ제외)+으레 [-으러]
· 징심 먹으레 갓수다.
(점심 먹으러 갔습니다.)
· 양숙 받으레 보내라.
(양식 받으러 보내라.)

△ 동사어간(모음/ㄹ)+레+는/도/라도 [-러는/-러도/-러라도]
· 놈이 집 살레는 뎅겨낫수과?
(남의 집 살러는 다녔었습니까?)
· 물질ㅎ레도 가낫입주.
(물질하러도 가었습니다.)
· 집이만 잇지 말앙 놀레라도 가주마는.
(집에만 있지 말고 놀러라도 가지만.)

△ 동사어간(모음/ㄹ제외)+으레+는/도/라도 [-으러는/-으러도/
   -으러라도]
· ㄱ슬 그루에 이석 줏으레는 뎅긴다.
(곡식 그루에 이삭 주으러는 다닌다.)
· 몰른 사름신딘 얻으레도 못 간다.
(모른 사람한테는 얻으러도 못 간다.)
· 궨당집이 식개 먹으레라도 가게.
(친족집에 제사 먹으러라도 가라야.)

(11) -ㄴ디··-은디··-는디 [-ㄴ데··-은데··-는데]

이들 연결어미는 체언과 용언의 어간에 붙어서 서로 다른 동형이역

(同形異役)의 구실을 한다. 그 하나는 아래 ❶❷와 같이 무슨 일에 대한 설명이나 어떻게 된 사실을 나타내는 현대국어의 '-ㄴ데'·'-은데'에 해당하고, 다른 하나는 아래 ❸❹와 같이 무어에 대한 막연한 의문을 나타내는 현대국어의 '-ㄴ지'·'-는지'·'-은지'에 해당한다. 그 쓰이는 조건은 아래 ❶❷❸❹와 같다.

❶ 체언+ㄴ디 [-ㄴ데]

이 형태를 취할 때의 연결어미 '-ㄴ디'는 모음으로 끝나는 체언 다음에 붙어서 어떤 사실을 말하는 현대국어의 '-ㄴ데'가 된다. 또 자음받침으로 끝나는 체언인 경우는 서술격조사 '이다'의 '이'와 결합해서 '-인데'가 된다.

△ 체언(모음)+ㄴ디 [-ㄴ데]
· 느가 누겐(게ㄴ)디 날 촞암시니?
  (네가 누군데 나를 찾고 있느냐?)
· 지난 지가 언젠(제ㄴ)디 이제사 왓이니?
  (지난 지가 언젠데 이제야 왔느냐?)

△ 체언(자음)+이(이다)+ㄴ디 [-인데]
· 그건 새 책인디 찢이민 안 뒌다.
  (그것은 새 책인데 찢으면 안 된다.)
· 그 둘찌린 물광 불인디 만날 리가 엇다.
  (그 둘끼리는 물과 불인데 만날 리가 없다.)

❷ 어간+ㄴ디/는디/은디 [-ㄴ데/-는데/-은데]

이 형태를 취할 때의 연결어미 '-ㄴ디'는 모음이나 'ㄹ'받침으로 끝나는 형용사어간에 붙어서 현대국어의 '-ㄴ데'가 되고, '-는디'는 동사의 어간이나 과거시제 선어말어미 '-앗/엇/엿(았/었/였)-' 다음에 붙어서 현

대국어의 '-는데'가 된다. 또 '-은디'는 어간의 끝음절이 '모음'·'ㄹ받
침'·'ㅂ변칙' 이외의 형용사에 붙어서 현대국어의 '-은데'가 된다.

△ 형용사어간(모음/ㄹ)+ㄴ디 [-ㄴ데]
· 짐치가 신신혼(ㅎㄴ)디 잘덜 먹어라.
  (김치가 시디<u>신데</u> 잘들 먹더라.)
· 맛이 둔(둘ㄴ)디 안 먹켕 혼다.
  (맛이 <u>단데</u> 안 먹겠다고 한다.)

△ 동사어간+는디 [-는데]
· 밥을 호끔만 먹<u>는디</u> 하영 먹넹 곤나.
  (밥을 조금만 먹<u>는데</u> 많이 먹는다고 말한다.)
· 손등이 붓<u>는디</u> 무신 약을 볼르민 좋코이?
  (손등이 붓<u>는데</u> 무슨 약을 바르면 좋을까야?)

△ 어간+앗/엇/엿+는디 [-았/었/였는데]
· 양성어간: 우린 볼써 알았<u>는디</u> 지녠 몰랏구낭게.
          (우리는 벌써 알았<u>는데</u> 너네는 몰랐구나야.)
· 음성어간: 자리에 곧 누엇<u>는디</u> 콜 고는 게 아니라.
          (자리에 곧 누었<u>는데</u> 코를 고는 게 아닌가.)
· 혓(호다): 일찍 들어가젠 호엿<u>는디</u> 다 틀렷저.
          (일찍 들어가려고 하였<u>는데</u> 다 틀렸다.)

△ 형용사어간(모음/ㄹ/ㅂ변칙제외)+은디 [-은데]
· 경호지 안호여도 족<u>은디</u> 덜어불어라.
  (그렇지 않아도 적<u>은데</u> 덜어버리더라.)
· 우리 집도 좁<u>은디</u> 무사 놈이 집이 감네까?
  (우리 집도 좁<u>은데</u> 왜 남의 집에 갑니까?)

❸ **체언+ㄴ디 [-ㄴ지]**

　　이 형태를 취할 때의 연결어미 '-ㄴ디'는 모음으로 끝나는 체언 다음에 붙어서 막연한 의문을 나타내는 현대국어의 '-ㄴ지'가 된다. 또 그것이 자음받침으로 끝나는 체언 다음에 붙을 경우는 서술격조사 '이다'의 '이'와 결합해서 현대국어의 '-인지'가 된다.

　　△ 체언(모음)+ㄴ디 [-ㄴ지]
　　·난 어디가 어딘(디ㄴ)디 늿시 몰르키어.
　　(나는 어디가 어딘지 전연 모르겠다.)
　　·눈곱앙 동인디 선(서ㄴ)디 알아지커냐?
　　(눈감고서 동인지 선지 알아지겠느냐?)

　　△ 체언(자음)+이(이다)+ㄴ디 [-인지]
　　·가인 뭐가 뭣인디 몰른다.
　　(걔는 뭐가 뭣인지 모른다.)
　　·아픈 듸가 손인디 풀인디 알아보라.
　　(아픈 데가 손인지 팔인지 알아봐라.)

❹ **어간+ㄴ디/는디/은디 [-ㄴ지/-는지/-은지]**

　　이 형태를 취할 때의 연결어미는 막연한 의문을 나타낼 때 쓰인다. 즉 '-ㄴ디'는 모음이나 'ㄹ' 받침으로 끝나는 형용사의 어간 다음에 붙어서 현대국어의 '-ㄴ지'가 되고, '-는디'는 형용사어간의 끝음절이 모음이나 'ㄹ' 받침이면 현대국어의 '-ㄴ지'가 되고, 동사어간에 붙으면 '-는디'가 된다. 또 '-은디'는 'ㄹ' 이외 자음받침으로 끝나는 용언의 어간에 붙어서 현대국어의 '-은지'가 된다.

△ 형용사어간(모음/ㄹ)+ㄴ디 [-ㄴ지]

·오롬이 얼메나 큰(크ㄴ)디 올라 봔댜?
 (오름이 얼마나 큰지 놀라 보았으냐?)
·얼메나 진(질ㄴ)디 자로 재엇이냐?
 (얼마나 긴지 자로 재었느냐?)

△ 동사어간+는디 [-는지]

·맬 맞는디 욕을 듣는디 누게가 알 말가.
 (매를 맞는지 욕을 듣는지 누가 알 말이냐.)
·어디 간 죽는디 사는디 난 몰른다.
 (어디 가서 죽는지 사는지 나는 모른다.)

△ 형용사어간(모음/ㄹ제외)+은디 [-은지]

·목소리론 젊은디 늙은디 구벨 못혼다.
 (목소리로는 젊은지 늙은지 구별을 못한다.)
·치매폭이 좁은디 넙은디 입어보게게.
 (치마폭이 좁은지 넓은지 입어보자야.)

이 밖에 ㅂ-불규칙용언인 경우, 그 어간의 'ㅂ'이 변한 '우'와 '-ㄴ디'가 결합된 '-운디'는 현대국어의 '-운지'가 된다.

△ 어간(ㅂ변칙)+우+ㄴ디 [-운지]

·안 보민 미운디 고(곱우ㄴ)디 몰른다.
 (아니 보면 미운지 고운지 모른다.)
·뒤이서 누게가 도(돕우ㄴ)디 알암나?
 (뒤에서 누가 도운지 알고 있냐?)

(12) -ㄹ디/-을디 [-ㄹ지/-을지]

이들 연결어미는 관형사형어미 '-ㄹ'·'-을'과 보조적 연결어미 '-

디(지)'가 결합된 형태인데, 용언의 어간에 붙어서 추측·의문을 나타내는 현대국어의 '-ㄹ지'·'-을지'에 해당한다. 그 붙는 자리는 모음이나 'ㄹ' 받침으로 끝나는 어간 다음에는 '-ㄹ디'가 붙고, 'ㄹ' 의외의 자음받침으로 끝나는 어간 다음에는 '-을디'가 붙는다. 이 경우 '-ㄹ디/-을디'의 '디'가 현대국어의 '-ㄹ지/-을지'의 '지'로 된 것은 구개음화에 의한 것이다.

△ 어간(모음/ㄹ)+ㄹ디 [-ㄹ지]

· 가켕 홀(ᄒᆞᆯ)디 몰르키어.
 (가겠다고 할지 모르겠다.)
· 멧 술꼬장 살디 아는 사름 엇나.
 (몇 살까지 살지 아는 사람 없다.)

△ 어간(모음/ㄹ제외)+을디 [-을지]

· 아시가 더 낫을디 누가 알아.
 (아우가 더 나을지 누가 알아.)
· 언제 구룸이 걷을디 봐사 안다.
 (언제 구름이 걷을지 봐야 안다.)

(13) -인디/-신디 [-는데]

이들 연결어미는 과거시제 선어말어미 '-앗/엇/엿(았/었/였)-' 다음에는 '-인디'가 붙어서 현대국어의 '-았/었/엿는데'의 '-는데'가 되고, 진행상을 나타내는 선어말어미 '-암/엄/염(-고 있)-' 다음에는 '-신디'가 붙어서 '-고 있는데'의 '-는데'가 된다. 또 이들 다음에 보조사 '도…' 따위와 강세첨사 '게/겐'이 결합될 수 있는데, 그렇게 되면 그 어세가 더 강해져서 낮춤말이면 겹보조사 '도야'가, 높임말이면 '도요'가 덧붙은 효과가 있다.

△ 어간+앗/엇/엿+인디 [-았/었/였는데]

· 양성어간: 먹단 남앗인디 더 줨샤?
　　　　　　(먹다가 남았는데 더 주고 있느냐?)
· 음성어간: 아무도 엇엇인디 그런 일이 생기카?
　　　　　　(아무도 없었는데 그런 일이 생길까?)
· ㅎ(ㅎ다): 아이도 ㅎ엿인디 어룬은 ㅎ당도 남나.
　　　　　　(아이도 하였는데 어른은 하다가도 남는다.)

△ 어간+엇/엇/엿+인디+도+게/겐 [-았/었/였는데도야/는데도요]

· 양성어간: 기분이 좋앗인디도게(겐) 욕만 ㅎ다.
　　　　　　(기분이 좋았는데도야 욕만 한다.)
　　　　　　경 인칙 갓(가앗)인디도게(겐) 춤례 못흡디가?
　　　　　　(그렇게 일찍 갔(가았)는데도요 참려 못합디까?)
· 음성어간: 아판 누엇인디도게(겐) 일어나렝 다울린다.
　　　　　　(아파서 누었는데도야 일어나라고 재촉한다.)
　　　　　　신이 헐엇인신디도게(겐) 들러가불언마씀?
　　　　　　(신이 헐었는데도요 훔쳐가버렸습니까?)
· ㅎ(ㅎ다): 잘ㅎ엿인디도게(겐) 못ㅎ엿젠 나무린다.
　　　　　　(잘하였는데도야 못하였다고 나무란다.)
　　　　　　멩심ㅎ노렌 ㅎ엿인디도게(겐) 일러붑데다.
　　　　　　(명심하노라고 하였는데도요 잃어버립디다.)

△ 어간+암/엄/염+신디 [-고 있는데]

· 양성어간: 잘 곧암신디 못 곧넹 ㅎ다.
　　　　　　(잘 말하고 있는데 못 말한다고 한다.)
· 음성어간: 잘 걸엄신디 못 걷넹 ㅎ다.
　　　　　　(잘 걷고 있는데 못 걷는다고 한다.)
· ㅎ(ㅎ다): 멩심ㅎ염신디 경 뒛저.
　　　　　　(명심하고 있는데 그렇게 됐다.)

△ 어간+암/엄/염+신디+도+게/겐 [-고 있는데도야/는데도요]
- 양성어간: 매날 돌아보암신디도게(겐) 엇어졋저.
  (매날 돌아보고 있는데도야 없어졌다.)
  흔동네 살암신디도게(겐) 몰른 첵흡니께.
  (한동네 살고 있는데도요 모른 척합니다.)
- 음성어간: 아프게 굴엄신디도게(겐) 안 운다.
  (아프게 굴고 있는데도야 안 운다.)
  꼿이 안 피엄신디도게(겐) ᄋ름이 욥니까?
  (꽃이 안 피고 있는데도요 열매가 엽니까?)
- ᄒ(ᄒ다): 공손ᄒ노렝 ᄒ염신디도게(겐) 건방지뎅 곤나.
  (공손하노라고 하고 있는데도야 건방지다고 한다.)
  삶이 펜안ᄒ염신디도게(겐) 저 모냥이우다.
  (삶이 편안하고 있는데도요 자 모양입니다.)

또 이들 연결어미 '-인디/-신디'는 시제를 나타내는 선어말어미 다음에 붙어서, 무엇을 확인하거나 의문을 나타내는 현대국어의 '-는지'가 된다. 즉 과거시제 선어말어미 '-앗/엇/엿(았/었/였)-'에는 '-인디'가, 진행상을 나타내는 선어말어미 '-암/엄/염(고 있)-' 다음에는 '-신디'가 붙어서, 현대국어의 '-았/었/였는지'·'-고 있는지'의 '-는지'가 된다.

△ 어간+앗/엇/엿+인디 [-았/었/였는지]
- 양성어간: 잘덜 놀앗인디 몰르키어.
  (잘들 놀았는지 모르겠다.)
- 음성어간: 그 돈 어디 써불엇인디 알 말가?
  (그 돈 어디에 써버렸(리었)는지 알 말이냐?)
- ᄒ(ᄒ다): 누게가 거짓말ᄒ엿인디 들어보라.
  (누가 거짓말하였는지 들어보라.)

△ 어간+암/엄/염+신디 [-고 있는지]
- 양성어간: 어떤 걸 앗암신디 강 보라.

(어떤 것을 가지고 있는지 가서 보라.)
· 음성어간: 무사 저영 와렴(리엄)신디 몰르켜.
(왜 저렇게 서두르고 있는지 모르겠다.)
· 흥(호다): 무시걸 흥염신디 알 수가 엇다.
(무엇을 하고 있는지 알 수가 없다.)

(14) -닥지 [-ㄹ록]

이 연결어미는 용언의 어간에 붙어 무슨 사실이 심화되는 정도를 나타
내는 구실을 한다. 즉 모음이나 'ㄹ' 받침으로 끝나는 어간에 붙으면 현대국어
의 '-ㄹ수록'이 되고, 'ㄹ' 이외의 자음받침으로 끝나는 어간에 붙으면 '-을수
록'이 된다. 단 ㅂ-불규칙어간에 붙으면 현대국어의 '-울수록'이 된다.

△ 어간(모음/ㄹ)+닥지 [-ㄹ수록]
· 동산은 올르닥지 노파 벤다.
(동산은 오를(르르)수록 높아 보인다.)
· 놀민 놀닥지 더 놀고정 흐다.
(놀면 놀수록 더 놀고자 한다.)

△ 어간(모음/ㄹ제외)닥지 [-을수록]
· 돈은 엇(읏)닥지 벌젱 흐여사 흐다.
(돈은 없을수록 벌려고 하여야 한다.)
· 짠 건 먹닥지 몸에 해롭나.
(짠 것은 먹을수록 몸에 해롭다.)

△ 어간(ㅂ변칙)+닥지 [-울수록]
· 색깔은 곱닥지 좋나.
(색깔은 고울수록 좋다.)
· 놈을 돕닥지 우대받나.
(남을 도울수록 우대받는다.)

(15) -아사/-어사/-여사 [-아야/-어야/-여야]

이들 연결어미는 용언의 어간에 붙는 어미 '-아/-어/-여'와 보조사 '사(야)'가 결합된 형태인데, 어떤 조건의 필요성이나 당연함을 나타내는 현대국어의 '-아야'·'-어야'·'-여야'에 해당한다. 그 붙는 자리는 '-아사'는 어간의 끝음절이 양성모음 어간 다음에, '-어사'는 음성모음 어간 다음에 붙는다. 또 '-여사'는 'ᄒ다(하다)'나 '-ᄒ다'가 붙어서 된 어간 'ᄒ(하)' 다음에 붙는다. 단 모음 'ㅏ'로 끝나는 어간에 붙는 '-아사'의 '-아'는 탈락된다.

△ 양성어간+아사 [-아야]
· 사농개도 들에 나가(가아)사 꿩을 문다.
　(사냥개도 들에 나가(아)야 꿩을 문다.)
· 아이 약은 돌아사 잘 먹나.
　(아이의 약은 달아야 잘 먹는다.)

△ 음성어간+어사 [-어야]
· 아픈 땐 자리에 ᄀ만이 누어사 ᄒ다.
　(아픈 때는 자리에 가만히 누어야 한다.)
· 궤긴 씹어사 맛 난다.
　(고기는 씹어야 맛이 난다.)

△ ᄒ(ᄒ다)+여사 [-여야]
· 마튼 일은 ᄒ여사 ᄒ다.
　(맡은 일은 하여야 한다.)
· 췌 멘ᄒ여사 사름 노룻ᄒ다.
　(죄는 면하여야 사람 노릇한다.)

(16) -산디 [-인지]

이 연결어미는 형용사 '아니다'의 어간 '아니'와 어미 '-아서/-어서/-여서'에 해당하는 '-앙/-안'·'-엉/-언'·'-영/-연' 다음에 붙어서, 무

엇이 확연치 못한 사실을 나타내는 현대국어의 '아니인지'·'-아서인지/-
어서인지/-여서인지'의 '-인지'에 해당한다. 또 끝에 강세첨사 '게/겐'이
붙으면 그 어세가 더 강해지는데, 낮춤말이면 보조사 '야'가, 높임말이면
'요'가 덧붙은 효과가 있다. 이 경우의 '-앙/-언'·'-엉/-언'·'-영/-연'
은 시제구분 없이 써도 된다. 이론이 있을 수 있다.

△ 형용사어간(아니다)+산디 [-아니인지]

· 그게 아니산디 어떵 아나.
  (그게 아니인지 어떻게 아나.)
· 느 물건이 아니산디 몰르난 잘 문직아보라.
  (네 물건이 아니인지 모르니까 잘 만져보라)

△ 형용사어간(아니다)+산디+게/겐 [-아니인지야/인지요]

· 무사 아니산디게(겐) 누게가 아는 말가?
  (왜 아니인지야 누가 아는 말이냐?)
· 어떠난 아니산데게(겐) 난 몰르쿠다.
  (어떠니 아니인지요 나는 모르겠습니다.)

△ 양성어간+앙/안+산디 [-아서인지]

· 그 사름은 어디가 좋앙산디 ᄀ찌 살켄 ᄒ연게.
  (그 사람은 어디가 좋아서인지 같이 살겠다고 하더라.)
· 못 오게시리 질을 막안산디 안 왐수다.
  (못 오게끔 길을 막아서인지 안 오고 있습니다.)

△ 음성어간+엉/언+산디 [-어서인지]

· 약을 잘못 먹엉산디 죽엇젠 ᄒ다.
  (약을 잘못 먹어서인지 죽었다고 한다.)
· 도독이 들언산디 다 털어가불엇저.
  (도둑이 드렁서인지 다 떨어가버렸다.)

△ ᄒ(ᄒ다)+영/연+산디 [−여서인지]

· 인술 ᄒ고정치 안ᄒ영산디 피ᄒ염저.
　(인사를 하고자 안하여서인지 피하고 있다.)
· 날 생각ᄒ연산디 ᄌ주 놀레 온다.
　(나를 생각하여서인지 자주 놀러 온다.)

△ 양성어간+앙/안+산디+게/겐 [−아서인지야/인지요]

· 뭘 보안산디게(겐) ᄆ스완 울엄저.
　(뭣을 보아서인지야 무서워서 울고 있다.)
· 돈을 얼메나 받안산디게(겐) 속솜ᄒ데다.
　(돈을 얼마나 받아서인지요 잠잠합디다.)

△ 음성어간+앙/안+산디+게/겐 [−어서인지야/인지요]

· 놉 멧이나 빌엉산디게(겐) 일 다ᄒ엿어라.
　(놉 몇이나 빌어서인지야 일 다하였더라.)
· 누게신디 들언산디게(겐) 지도 도랜 야단이우다.
　(누구한테 들어서인지요 자기도 달라고 야단입니다.)

△ ᄒ(ᄒ다)+영/영+산디+게/겐 [−여서인지야/인지요]

· 몸 조심ᄒ영산디게(겐) 술은 안 먹언게.
　(몸 조심하여서인지야 술은 안 먹더라.)
· 그 말에 노ᄒ연산디게(겐) 나영 궂어젓수다.
　(그 말에 노하여서인지요 나하고 나빠졌습니다.)

　또한 아래와 같이 ㅂ−불규칙용언은 그 어간받침 ‘ㅂ’이 변한 ‘오/우’와 어미 ‘−앙/−안’·‘−언/−언’과 결합된 ‘−왕/−완’·‘−웡/−원’ 다음에도 붙는다. 이 경우 현대국어로 대역할 때 양성모음 어간이면 ‘−와서’ 음성모음 어간이면 ‘−워서’가 되는 것이 원칙이다.

△ 양성어간(ㅂ변칙)+오+앙/안+산디 [-와서<u>인지</u>]
  · 자인 ᄆᆞ음새가 고왕(오앙)<u>산디</u> 사름마다 탐냄저.
    (쟤는 마음씨가 고와서<u>인지</u> 사람마다 탐내고 있다.)
  · 하늘이 도완(오안)<u>산디</u> 살아낫저.
    (하늘이 도와서<u>인지</u> 살아났다.)

△ 음성어간(ㅂ변칙)+우+엉/언+산디 [-워서<u>인지</u>]
  · 문제덜이 쉬웡(우엉)<u>산디</u> 잘 풀엇젱 혼다.
    (문제들이 쉬워서<u>인지</u> 잘 풀었다고 한다.)
  · 아파그네 누원(우언)<u>산디</u> 아직도 잠저.
    (아파서 누워서<u>인지</u> 아직도 자고 있다.)

(17) -건-건 [-거나-거나]

이 반복형연결어미는 용언의 어간에 붙어서 어떤 일에 제한을 두지 않는 방임(放任)을 나타내는 현대국어의 '-거나-거나'에 해당한다. 이 경우 그들 어휘를 이루고 있는 앞뒤의 말은 서로 상반되는 내용으로 돼 있다.

△ <어간+건>+<어간+건> [-거나-거나]
  · 가<u>건</u> 말<u>건</u> 난 몰른다.
    (가<u>거나</u> 말<u>거나</u> 나는 모른다.)
  · 잘ᄒ<u>건</u> 못ᄒ<u>건</u> 내불라.
    (잘하<u>거나</u> 못하<u>거나</u> 내버려라.)

(18) -곡-곡 [-고-고]

이 반복형연결어미는 용언의 어간에 붙어서 어떤 일의 반복됨을 드러내거나 그에 따라 나타는 경황을 드러내는 현대국어의 '-고-고'에 해당한다. 이 경우 그들 어휘를 이루고 있는 앞뒤의 말은 서로 상반되는 내용도 있고, 같은 부류의 것을 열거하는 형태를 취하기도 한다.

　△ <어간+곡>+<어간+곡> [-고-고]
　　· 서로 오곡가곡/가곡오곡 친ᄒ게 지낸다.
　　(서로 오고가고/가고오고 친하게 지낸다.)
　　· 그런 일사 ᄒ곡말곡 ᄒᆯ 게 엇나.
　　(그런 일이야 하고말고 할 것이 없다.)
　　· 지만은 먹곡쓰곡 ᄒ당도 남나.
　　(자기만은 먹고쓰고 하다가도 남는다.)

(19) -낭-낭·-으낭-낭 [-나-나·-으나-나]

　이 반복형연결어미는 용언의 어간에 반복적으로 붙어서 기대효과가 없는 상반된 내용을 나타내는 현대국어의 '-나-나'·'-으나-나'에 해당한다. 그 쓰이는 조건은 모음이나 'ㄹ' 받침으로 끝나는 어간에는 '-낭'이 붙어서 현대국어의 '-나-나'가 되고, 'ㄹ' 이외의 자음받침으로 끝나는 어간에는 조음 '으'가 삽입된 '-으낭'이 붙어서 '-으나-나'가 된다. 이때 뒷말에 붙는 '-낭'은 '말다'의 어간 '말'에 한정돼 있다.

　△ <어간(모음/ㄹ)+낭>+<어간(말다)+낭> [-나-나]
　　· 그 말은 ᄒ낭마낭 소용이 없나.
　　(그 말은 하나마나 소용이 없다.)
　　· 주인은 집에 사낭마낭 ᄒ는 거 닮아라.
　　(주인은 집에 사나마나 하는 것 닮더라.)

　△ <어간(모음/ㄹ제외)+으낭>+<어간(말다)+낭> [-으나-나]
　　· 그런 ᄌ식은 잇으낭마낭 ᄒ다.
　　(그런 자식은 있으나마나 한다.)
　　· 그까짓 건 먹으낭마낭 간에 기별도 안 간다.

(그까짓 것은 먹<u>으나마나</u> 간에 기별도 안 간다.)

(20) -닥-닥 [-다-다]

이 반복형연결어미는 과거시제 선어말어미 '-앗/엇/엿(았/었/였)-' 다음에 붙어서 어떤 행동을 반복하는 구실을 하는 현대국어의 '-다-다'에 해당한다.

 △ <어간+앗/엇/엿+닥>+<어간+앗/엇/엿+닥> [-았/었/였다-았/었/였다]

  · 무사 앚앗<u>닥</u>삿(사앗)<u>닥</u> ㅎ염시니?.
  (왜 앉<u>았다</u>섰<u>다</u> 하고 있느냐?)
  · 사도 안ㅎ멍 물건만 들엇<u>닥</u>놓앗<u>닥</u> 흔다.
  (사지도 안하면서 물건만 들<u>었다</u>놓<u>았다</u> 한다.)
  · ㅎ엿<u>닥</u>말앗<u>닥</u> 종잡지 못흔다.
  (하<u>였다</u>말<u>았다</u> 종잡지 못한다.)

(21) -락-락 · -으락-으락 [-락-락 · -으락-으락]

이 반복형연결어미는 모음이나 'ㄹ' 받침 어간에 붙어서 번갈아 되풀이되는 현상을 나타내는 현대국어의 '-락-락' · '-으락-으락' 그대로이다. 그 쓰이는 조건은 모음으로 끝나는 어간에 '-락-락'이 붙고, 자음받침으로 끝나는 어간에는 '으락-으락'이 붙는다.

 △ <어간(모음/ㄹ)+락>+<어간(모음/ㄹ)+락> [-락-락]

  · 동산은 오르<u>락</u>ㄴ리<u>락</u> 잘흔다.
  (도산은 오르<u>락</u>내리<u>락</u> 잘한다.)
  · 정신이 들<u>락</u>날<u>락</u> 말이 아니어.
  (정신이 들<u>락</u>날<u>락</u> 말이 아니다.)

△ <형용사어간(모음/ㄹ제외)+으락>+<어간(모음/ㄹ제외)+으
락> [-으락-으락]

· 용심 나난 얼굴이 붉으락붉으락 말이 아니어.
(화가 나니 얼굴이 붉으락붉으락 말이 아니다.)
· 멀위가 익어 가난 붉으락검으락 색깔이 곱다.
(머루가 익어 가니 붉으락검으락 색깔이 곱다.)

그러나 동사 '죽다'의 어간 '죽'과 '살다'의 어간 '살'에 붙어서 어떤 행위
가 계속됨을 나타내는 현대국어의 '-자-자'가 되기도 한다. 그것도 '죽' 다
음에는 '-을락'이, '살' 다음에는 '-락'이 붙는다.

△ <동사어간(죽다)+을락>+<동사어간(살다)+락> [-자-자] 15)
· 난 죽을락살락 일ᄒ염저.
(나는 죽자살자 일하고 있자.)
· 느도 나ᄀ치 살락죽을락 일ᄒ라.
(너도 나같이 살자죽자 일하라.)

(22) -ㄹ레-ㄹ레 · -을레-(을)레 [-겠냐-겠냐]

이들 반복형연결어미는 모음이나 'ㄹ' 받침으로 끝나는 어간에는
'-ㄹ레'가 붙어서 현대국어의 의문형인 '-겠냐'가 되고, 'ㄹ' 이외의 자음
받침으로 끝나는 어간에는 '-을레'가 붙어서 '-겠냐'가 된다. 다만 'ㄹ' 받
침 어간 다음에 붙는 '-ㄹ레'의 'ㄹ'은 탈락된다.

---

15) '살자죽자'는 실제 쓰이지 않지만 모음이나 'ㄹ' 받침으로 끝나는 어간에는 '-락'이 붙
고, 'ㄹ' 이외의 자음받침에는 '-을락'이 붙을 수 있다는 것을 나타내기 위해서 제시한
것이다.

△ <동사어간(모음/ㄹ)+ㄹ레>+<동사어간(모음/ㄹ)+ㄹ레>
[-겠냐-겠냐]

· 닐 일ᄒ레 갈(가ᄅ)레말레 들엄시네.
(내일 일하러 가<u>겠냐</u> 말<u>겠냐</u> 듣고 있다.)
· 그 사름광 ᄀ치 살레말레 분멩이 ᄀᆯ으라.
(그 사람과 같이 살<u>겠냐</u> 말<u>겠냐</u> 분명히 말하라.)

△ <동사어간(모음/ㄹ제외)+을레>+<동사어간(모음/ㄹ)+을레>
[-겠냐-겠냐]

· 밥 먹<u>을레</u>말레 안 먹을 거민 치와불켜.
(밥 먹<u>겠냐</u> 말<u>겠냐</u> 안 먹을 거면 치워버리겠다.)
· 예술 믿을레 말레 잘 알아보렌 홉데다.
(예수를 믿<u>겠냐</u> 말<u>겠냐</u> 잘 알아보라고 합디다.)

(23) -멍-멍 [-면서-면서]

이 반복형연결어미는 모음이나 'ㄹ' 받침으로 끝나는 용언의 어간
에 붙어서 무슨 일의 연이어 이어짐을 나타내는 현대구어의 '-면서-면서'
에 해당한다.

△ <동사어간+멍>+<동사어간+멍> [-면서-면서]
· 지치걸랑 쉬<u>멍</u>쉬<u>멍</u> ᄒ라.
(지치거든 쉬<u>면서</u>쉬<u>면서</u> 하라.)
· 듣지 말앙 놀<u>멍</u>놀<u>멍</u> 걸으라.
(닫지 말고 놀<u>면서</u>놀<u>면서</u> 걸어라.)

또한 아래 예시와 같이, 형용사의 어간과 '말다'의 어간 '말'에 붙어서 부
정도 긍정도 아닌 현대국어의 그저 그렇다고 할 때의 심정을 나타내는 '-
기도 하고 -기도 하고'라는 뜻이 함축된 현대국어의 '-며-며'로도 쓰인다.

△ <형용사어간+멍>+<동사어간(말다)+멍> [-며-며]

· 맛이 벨로 돌멍말멍 ᄒ다.
(맛이 별로 달며말며 하다.)
· 벨로 고멍말멍 그자 보통인게겐.
(별로 고며말며 그저 보통이다야.)

**(24) -악-악/-억-억/-역-역 [-았다-았다/-었다-었다/-였
다 -였다] 16)**

이들 반복형연결어미는 과거시제 선어말미 '-앗/-엇/-엿(았/었/
였)-' 다음에 붙어서 반복적이고 연속성을 나타내는 현대국어의 '-았다 -
았다'·'-었다 -었다'·'-였다 -였다'에 해당한다. 그 놓이는 자리는 양성
모음 어간 다음에는 '-악-악'이, 음성모음 어간 다음에는 '-억-억'이, 'ᄒ다
(하다)'와 '-ᄒ다'가 붙어서 된 어간'의 'ᄒ(하)' 다음에는 '-역-역'이 붙는다.

△ <양성어간+악>+<양성어간+악> [-았다 -았다]

· 봣단 거만 자꾸 보악보악 ᄒ지 말라.
(보았던 것만 자꾸 보았다보았다 하지 마라.)
· 재산만 풀악풀악 ᄒ단 보난 걸바시 돼서.
(재산만 팔았다팔았다 하다가 보니 거지가 됐다.)

△ <음성어간+억>+<음성어간+억> [-었다 -었다]

· 돈은 놈신디 주억주억 ᄒ당 보민 지 쓸 것도 엇어진다.
(돈은 남한테 주었다주었다 하다가 보면 자기 쓸 것도 없어진다.)
· 밥솟디 물 덜억덜억 ᄒ민 선 밥 뒌다.
(밥솥에 물은 덜었다덜었다 하면 선 밥 된다.)

---

16) 이들 외에 '-악-억(-았다-었다)'·'-억-악(-었다-았다)'·'-역-악(-였다-았다)'
의 형태도 있다.

△ <ㅎ(ㅎ다)+역>+<ㅎ(ㅎ다)+역> [-였다 -였다]

· 전이 ㅎ여난 말만 ㅎ역ㅎ역 듣구정치 안흔다.
(전에 하였던 말만 하였다하였다 듣고자 않는다.)
· 저 사름은 일만 ㅎ역ㅎ역 그게 낙이라.
(저 사람은 일만 하였다하였다 그게 낙이다.)

(25) -자 -자 [-자 -자]

이 반복형연결어미는 동사의 어간에 붙어서 어느 한 동작이 끝남과 동시에 연이어서 또 다른 동작으로 이어짐을 나타내는 현대국어의 '가자마자' · '하자마자'와 무엇을 권하는 '먹자먹자' · '차자차자'와 같은 형태를 취하는 어휘의 '-자-자' 따위가 그것이다.

△ <동사어간+자>+<동사어간(말다)+자> [-자 -자]

· 손에 줸 걸 놓자말자 들런 돌아나라.
(손에 쥔 것을 놓자마자 들어서 도망가더라.)
· 그 사름은 날 보자말자 고갤 돌려 불언게.
(그 사람은 나를 보자마자 고개를 돌려 버리더구나.)

△ <동사어간+자>+<동사어간+자> [-자 -자]

· 자꾸 먹자먹자 흔 건 너 아니냐?
(자꾸 먹자먹자 한 것은 너 아니냐?)
· 나가 뿔을 차자차자 ㅎ엿고 지가 ㅎ엿주.
(내가 공을 차자차자 하였냐 네가 하였지.)

5. 종결어미

종결어미라고 함은 말이나 문장을 끝맺을 때 붙는 어말어미를 말한다. 여기에는 현대국어와 같이 '평서형종결어미'·'의문형종결어미'·'명령형 종결어미'·'청유형종결어미'·'감탄형종결어미' 등 5개가 있다. 이들은 감 탄형종결미만 제외하고는 말하는 상대에 따라 비존대형과 존대형으로 구 분해서 쓰인다.

1) 평서형종결어미

평서형종결어미는 음성언어가 문장화될 때 보통문인 서술문으로 끝 맺는 어말어미(語末語尾)이다. 그것들은 '선어말미'·'전성어미'·'연결 어미'가 그랬듯이, 현대국어에 쓰이고 있는 것과 같은 것도 있지만, 그렇지 않은 것도 꽤 많다. 이를테면 현대국어의 '-다/-걸/-게/-네/-마/-세/-지…'를 비롯해서, '-나/-라/-메/-서/-저/-주/-아/-어/-여'·'-거라 /-라라/-ㄴ다/-인다/-느네/-느네/-이네/-시네/-아라/-어라/-여라 /-커라/-크라'·'-게게/-게겐/-주기/-주기게/-주기겐' 등등 다양하다. 이들에 대한 사례는 [비존대형]과 [존대형]으로 구분해서 다루되, 위 밑줄 친 것에 한정키로 한다.

[비존대형]

(1) -나 [-다/-는다]

이 비존대형의 평서형종결어미는 용언의 어간에 붙어서, 말이나 문 장을 끝맺는 현대국어의 '-다'·'-는다'에 해당한다. 그 쓰이는 조건은 모 음이나 'ㄹ' 이외의 자음으로 끝나는 어간에 붙는데, 형용사의 어간에 붙으 면 현대국어의 '-다'가 되고, 동사의 어간에는 붙으면 '-는다'가 된다. 끝에 다시 강세첨사 '게/겐'이 붙을 경우는 그 뜻은 변함이 없지만, 어세가 강해지는 '야'가 덧붙은 효과가 있다.

　△ 형용사어간(모음/ㄹ제외)+나 [-다]

　　· 나이보단 젊<u>나</u>.
　　(나이보다 젊<u>다</u>.)
　　· 밥 줄 사름은 셔도 옷 줄 사름은 엇<u>나</u>.
　　(밥 줄 사람은 있어도 옷 줄 사람은 없<u>다</u>.)

　△ 형용사어간(모음/ㄹ제외)+나+게/겐 [-다야]

　　· 두갓은 삼앙 보민 닮<u>나게</u>.
　　(부부는 삼고 보면 닮<u>다야</u>.)
　　· ᄀ을하늘광 지세어멍은 검어도 곱<u>나겐</u>.
　　(가을하늘과 조강지처는 검어도 곱<u>다야</u>.)

　△ 동사어간(모음/ㄹ제외)+나 [-는다]

　　· 난 아무거나 잘 먹<u>나</u>.
　　(나는 아무것이나 잘 먹<u>는다</u>.)
　　· 맹마구리 울민 마 간<u>나</u>.
　　(맹꽁이 울면 장마가 멎<u>는다</u>.)

　△ 동사어간(모음/ㄹ제외)+나+게/겐 [-는다야]

　　· 이웃찌린 서로가 돕<u>나게</u>.
　　(이웃끼리는 서로가 돕<u>는다야</u>.)
　　· 사름은 누게나 다 늙<u>나겐</u>.
　　(사람은 누구나 다 늙<u>는다야</u>.)

　다만 동사라도 ㄷ받침 어간을 가진 '곧다(말하다)'의 '곧'에 '-나'가 붙을 경우는 현대국어의 '-ㄴ다'가 되고, ㅅ받침 어간을 가진 '잇다/싯다(있다)'의 '잇/싯'에 '-나'가 붙을 경우는 현대국어의 '-다'가 된다. 끝에 강세첨사

'게/겐'이 붙는 것은 위와 마찬가지다.

> △ 동사어간(곧다)+나 [-ㄴ다]
> · 곧지 말렝 혼 건 더 잘 곧나.
> (말하지 말라고 한 것은 더 잘 말한(하느)다.)
> · 나 굴을 말 사돈이 몬저 곧나.
> (내가 할 말을 사돈이 먼저 말한(하느)다.)

> △ 동사어간(곧다)+나+게/겐 [-ㄴ다야]
> · 지 말만 자꾸 곧나게.
> (제 말만 자꾸 말한(하느)다야.)
> · 자인 거령청혼 말만 잘 곧나겐.
> (쟤는 엉뚱한 말만 잘 말한(하느)다야.)

> △ 동사어간(잇다/싯다)+나+게/겐 [-다/-다야]
> · 죽은 낭 아래 산 낭 잇나/싯나.
> (죽은 나무 아래 산 나무가 있다.)
> · 방상마다 물 곳히는 사름잇나게(겐)/싯나게(겐).
> (친족마다 물 곳히는 사람 있다야.)

(2) -라··-이라 [-다··-이다]

이들 비존대형의 평서형종결어미는 현대국어의 '-다'··'-이다'에 해당한다. 그 쓰이는 조건은 '-라'인 경우 모음으로 끝나는 체언과 형용사 '아니다'의 어간 '아니'에 붙어서 '-다'가 되고, '-이라'인 경우는 자음받침으로 끝나는 체언에 붙는 '이다'의 '이'와 종결어미 '-라'가 결합해서 된 현대국어의 '-이다'가 된다. 끝에 강세첨사 '게/겐'이 붙으면 그 뜻을 덧나게 하는 '야'가 덧붙은 효과가 있다.

△ 체언(모음)+라 [-다]

· 간세다리가 바로 느라.
  (게으름뱅이가 바로 너다.)
· 질 족은 생이가 고망둑새라.
  (제일 작은 새가 굴뚝새다.)

△ 체언(모음)+라+게/겐 [-다야]

· 제우 아둘이 흐나라게.
  (겨우 아들이 하나다야.)
· ᄀ을 곡숙은 조라겐.
  (가을 곡식은 조다야.)

△ 형용사어간(아니다)+라 [-다]

· 그건 아무것도 아니라.
  (그것은 아무것도 아니다.)
· 절대로 그런 게 아니라.
  (절대로 그런 게 아니다.)

△ 형용사어간(아니다)+라+게/겐 [-다야]

· 것도 잘흐는 게 아니라게.
  (그거도 잘하는 것이 아니다야.)
· 나도 몰르는 건 아니라겐.
  (나도 모르는 것은 아니다야.)

△ 체언+이라 [-이다]

· 엿날 영주산이 이젠 한락산이라.
  (옛날 영주산이 이제는 한라산이다.)
· 그 ᄆ을 자랑은 인심이라.
  (그 마을 자랑은 인심이다.)

△ 체언+이라+게/겐 [-이다야]

· 그것도 다 나 탓이라게.
(그것도 다 내 탓이다야.)
· 흐곡 안흐는 건 지 ᄆᆞ음이라겐.
(하고 안하는 것은 자기 마음이다야.)

(3) -라라 · -이라라 [-더라 · -이더라] 17)

이들 비존대형의 평서형종결어미는 지난 것을 회상하여 말하는 현대국어의 '-더라' · '-이더라'에 해당한다. 그 쓰이는 조건은 '-라라'인 경우 모음으로 끝나는 체언과 형용사 '아니다'의 어간 '아니'에 붙어서 '-더라'가 되고, '-이라라'인 경우는 자음으로 끝나는 체언에 붙는 '이다'의 '이'와 종결어미 '-라라'가 결합해서 된 현대국어의 '-이더라'가 된다. 끝에 강세첨사 '게/겐'이 붙으면 그 뜻을 덧나게 하는 '야'가 덧붙은 효과가 있다.

△ 체언(모음)+라라 [-더라]

· 웃놀 때 잘 나는 건 개라라.
(윷놀 때 잘 나는 것은 개더라.)
· 집마다 질루는 게 도새기라라.
(집마다 기르는 것이 돼지더라.)

△ 체언(모음)+라라+게/겐 [-더라야]

· 벚낭이 굴묵이라라게.
(벚나무가 굴묵이더라야.)
· 끈지 못흐는 게 담배라라겐.
(끊지 못하는 것이 담배더라야.)

---

17) '-라라'는 현대국어의 지난 일에 대한 회상을 나타내는 선어말어미 '-더-'에 해당하는 '-라-'와 종결어미 '-라'가 결합된 형태이고, '-이라라'는 현대국어의 '이다'의 '이'에 회상시제 선어말어미 '-더-'와 종결어미 '-라'가 결합된 형태이다.

△ 형용사어간(아니다)+라라 [-더라]
 · 흐는 짓거리가 사름이 아니라라.
 (하는 짓거리가 사람이 아니더라.)
 · 그거카 부덴 흐난 그게 아니라라.
 (그걸까 보다고 하니까 그게 아니더라.)

△ 형용사어간(아니다)+라라+게/겐 [-더라야]
 · 알안 보난 그게 아니라라게.
 (알고 보니 그것이 아니더라야.)
 · 술은 하영 먹을 게 아니라라겐.
 (술은 많이 먹을 것이 아니더라야.)

△ 체언(자음)+이(이다)+라라 [-이더라]
 · 바로 그 즈식이라라.
 (바로 그 자식이더라.)
 · 들어도 그 말이 그 말이라라.
 (들어도 그 말이 그 말이더라.)

△ 체언(자음)+이(이다)+라라+게/겐 [-이더라야]
 · 상고진 일곱 가지 색이라라게.
 (무지개는 일곱 가지 색이더라야.)
 · 그 맛이 그 맛이라라겐.
 (그 맛이 그 맛이더라야.)

(4) -커라/-크라 [-겠다]

이들 비존대형의 평서형종결어미는 추측·의도·가능 따위를 나타내는 선어말어미 '-겠-'인 '-커/크-'에 종결어미 '-다'인 '-라'가 결합된 현대국어의 '-겠다'에 해당한다. 그 쓰이는 조건은 용언의 어간에 연결되는데, 끝에 강세첨사 '게/겐'이 붙으면 그 뜻을 덧나게 하는 '야'가 덧붙은 효과가 있다.

　△ 어간+커/크+라 [-겠다]
　・난 그런 거 몰르<u>커라</u>.
　　(나는 그런 거 모르<u>겠다</u>.)
　・셔난 듸 그냥 놔두<u>크라</u>.
　　(있었던 데 그냥 놔두<u>겠다</u>.)

　△ 어간+커/크+라+게/겐 [-겠다야]
　・야인 그 집 식구 중 질 고<u>커라게(겐)</u>.
　　(애는 그 집 식구 중 제일 곱<u>겠다야</u>.)
　・날 성가시게 ᄒ민 돌아나불<u>크라게(겐)</u>.
　　(나를 성가시게 하면 달아나버리<u>겠다야</u>.)

　(5) -메·-으메··-우메 [-다··-ㄴ다/-는다]

　이들 비존대형의 평서형종결어미는 체언과 용언의 어간에 붙어서 어떤 사실을 서술하는 현대국어의 '-다'·'-ㄴ다/-는다'에 해당한다. 그 쓰이는 조건을 아래 ❶❷❸과 같다.

　❶ 체언+메/이메 [-다/-이다]

　이 형태를 취할 때의 '-메/-이메'는 모음으로 끝나는 체언이면 '-메'가 붙어서 현대국어의 '-다'가 되고, 자음받침으로 끝나는 체언이면 '이다'의 '이'와 결합된 '이메'가 붙어서 현대국어의 '-이다'가 된다. 끝에 강세 첨사 '게/겐'이 붙으면 그 뜻을 덧나게 하는 '야'가 덧붙은 효과가 있다.

　△ 체언(모음)+메+게/겐 [-다/-다야]
　・사름은 옷이 눌개<u>메</u>.
　　(사람은 옷이 날개<u>다</u>.)

· 짐승도 애끼는 건 새끼메게(겐).
(짐승도 아끼는 것은 새끼<u>다</u>야.)

△ 체언(자음)+이(<u>이</u>다)+메+게/겐 [-<u>이</u>다/-이다야]
· 저디 젝여진 건 책<u>이</u>메.
(저기 쌓아진 것은 책<u>이</u>다.)
· 건 아픈 사름만 먹는 약<u>이</u>메게(겐).
(그것은 아픈 사람만 먹는 약<u>이</u>다야.)

❷ 어간+메/으메 [-다·-ㄴ다/-는다]

이 형태를 취할 때의 '-메'·'-으메'인 경우, 그 어간 끝음절이 모음
이나 'ㄹ' 받침 일 때는 '-메'가 붙는데, 그것도 형용사는 현대국어의 '-다'가
되고, 동사는 '-ㄴ다'가 된다. 'ㄹ' 받침이나 ㅂ-불규칙 이외의 자음받침으
로 끝나는 어간일 때는 조모음 '으'가 삽입된 '-으메'가 붙는데, 형용사는
'-다'가, 동사는 '-는다'가 된다. 끝에 강세첨사 '게/겐'이 붙으면 그 뜻을
덧나게 하는 '야'가 덧붙은 효과가 있다.

△ 형용사어간(모음/ㄹ)+메+게/겐 [-다/-다야]
· 속ㅁ음광 것마ㅁ음은 달르<u>메</u>.
(속마음과 겉마음은 다르<u>다</u>.)
· 그건 너미 질메게(겐).
(그것은 너무 길<u>다</u>야.)

△ 형용사어간(모음/ㄹ/ㅂ변칙제외)+으메+게/겐 [-다/-다야]
· 그 집 올렌 좁<u>으메</u>.
(그 집 골목은 좁<u>다</u>.)
· 웃물이 묽아사 아랫물이 묽<u>으메게</u>(겐).
(윗물이 맑아야 아랫물도 맑<u>다</u>야.)

△ 동사어간(모음/르)+메+게/겐 [-ㄴ다/-ㄴ다야]

· 누게가 더 잘홀디 몰르메.
(누구가 더 잘할지 모른(르ㄴ)다.)
· 땅에 꽂앙만 내불어도 잘살메게/겐.
(땅에 꽂아서만 내버려도 잘산(사ㄴ)다야.)

△ 동사어간(모음/르/ㅂ변칙제외)+으메+게/겐 [-는다/-는다야]

· 죽으민 다 썩으메.
(죽으면 다 썩는다.)
· 배고프민 아무 거나 잘 먹으메게(겐).
(배고프면 아무 것이나 잘 먹는다야.)

❸ 어간(ㅂ변칙)+우메 [-다/-는다]

이 형태를 취할 때의 '-우메'는 ㅂ-불규칙용언의 어간 'ㅂ'이 변한 '우'에 '-메'가 결합된 것인데, 형용사면 현대국어의 '-다'가 되고, 동사면 '-는다'가 된다. 끝에 강세첨사 '게/겐'이 붙으면 그 뜻을 덧나게 하는 '야'가 덧붙은 효과가 있다.

△ 형용사어간(ㅂ변칙)+우메+게/겐 [-다/-다야]

· 가인 눈매가 고우메.
(그 아이는 눈매가 곱다.)
· 그놈은 보닥지 미우메게(겐).
(그놈은 볼수록 밉다야.)

△ 동사어간(ㅂ변칙)+우메+게/겐 [-는다/-는다야]

· 엿날은 솟강알에서 감줄 구우메.
(옛날은 솥아궁이에서 고구마를 굽는다.)
· 잇인 사름보단 엇은 사름이 더 잘 도우메게(겐).
(있는 사람보다 없는 사람이 더 잘 돕는다야.)

(6) -아/-어/-여 [-아/-어/-여·-다/-ㄴ다/-는다]

이들 비존대형의 평서형종결어미는 용언의 어간에 붙어서 말끝을 맺는 현대국어의 '-아/-어/-여'·'-다/-ㄴ다/-는다'에 해당한다. 그 쓰이는 조건은 아래 ❶❷❸❹❺와 같다.

❶ **양성어간+아 [-아/-다/-ㄴ다/-는다]**

이 형태를 취하는 '-아'는 용언의 어간 끝음절이 양성모음일 때 붙는다. 즉 동사일 경우 그 어간의 끝음절이 모음이나 'ㄹ'받침일 때는 현대국어의 '-아/-다/-ㄴ다'가 되고, 'ㄹ' 이외의 자음받침 어간일 때는 '-아/-는다'가 된다. 하지만 형용사일 경우는 그 어간의 받침 유무에 상관없이 현대국어의 '-아/-다'가 된다. 또 끝에 강세첨사 '게/겐'이 붙으면 그 말하는 의도를 덧나게 하는 '야'가 덧붙은 효과가 있다. 단 'ㅏ'로 끝나는 어간에는 '-아'가 탈락된다.

△ 동사양성어간(모음/ㄹ)+아 [-아/-ㄴ다]
 ·가인 지만도 질 춫앙 잘 <u>가</u>.
  (걔는 자기만도 길을 찾고 잘 <u>가</u>.)
 ·가인 지만도 잘 놀<u>아</u>.
  (걔는 자기만도 잘 논(놀ㄴ)다.)

△ 동사양성어간(모음/ㄹ)+아+게/겐 [-아야/-ㄴ다야]
 ·신문은 매날 잘 와(오아)게.
  (신문은 매날 잘 와(오아)야.)
 ·원가 밋지멍은 안 풀아겐.
  (원가 밑지면서는 안 판(파ㄴ)다야.)

△ 동사양성어간(모음/ㄹ제외)+아+게/겐 [-아야/-는다야]
 ·그만이 아픈 건 뇌두민 절로 낫아게.

(놔두면 그만큼 아픈 것은 다 나(낫아)야.)
·나도 닐이민 상 받아겐.
(나도 내일이면 상을 받는다야.)

△ 형용사양성어간+아 [-아/-다]
·가인 입이 쫄(르아)라.
(걔는 입이 짧아)
·맛 안 봐도 돌아.
(맛을 안 봐도 달다.)

△ 형용사양성어간+아+게/겐 [-아야/-다야]
·그 마당은 너미 좁아게.
(그 마당은 너무 좁아야.)
·그 집 아이덜은 다 고와(오아)겐.
(그 집 아이들은 다 곱다야.)

❷ 음성어간+어 [-어/-다/-ㄴ다/-는다]

이 형태를 취하는 '-어'는 용언의 어간 끝음절이 음성모음일 때 붙는다. 즉 동사일 경우 그 어간의 끝음절이 모음이나 'ㄹ' 받침일 때는 현대국어의 '-어/-다/-ㄴ다'가 되고, 'ㄹ' 이외의 자음받침 어간일 때는 '-어/-는다'가 된다. 형용사일 경우는 그 어간의 받침 유무에 관계없이 '-어/-다'가 된다. 또 끝에 강세첨사 '게/겐'이 붙으면 그 말하는 의도를 덧나게 하는 '야'가 더 붙은 효과가 있다.

△ 동사음성어간(모음/ㄹ)+어 [-어/-ㄴ다]
·놈을 도왐서사 지도 잘뒈어.
(남을 돕고 있어야 자기도 잘되어)
·저 집인 놉 잘 빌어.
(저 집에는 놉 잘 빈(빌ㄴ)다.)

△ 동사음성어간(모음/ㄹ)+어+게/겐 [-어야/-ㄴ다야]

· 그 동넨 시압만 ㅎ민 지어게.
  (그 동네는 시합만 하면 지어야.)
· 언제나 잘 돌아나불어겐.
  (언제나 잘 달아나버린(리ㄴ)다야.)

△ 동사음성어간(모음/ㄹ제외)+어 [-어/-는다]

· 자인 언제나 잘 웃어.
  (쟤는 언제나 잘 웃어.)
· 이제 곧 비구룸 걷어.
  (이제 곧 비구름이 걷는다.)

△ 동사음성어간(모음/ㄹ제외)+어+게/겐 [-어야/-는다야]

· 이젠 죽어도 땅에 못 묻어게.
  (이젠 죽어도 땅에 못 묻어야.)
· ㄱ려운 된 통대로도 잘 긁어겐.
  (가려운 데는 답뱃대로도 잘 긁는다야.)

△ 형용사음성어간+어 [-어/-다]

· 경 ㅎ는 게 아니어.
  (그렇게 하는 게 아니어.)
· 그 고집 거끌 사름 아무도 엇어.
  (그 고집 꺾을 사람은 아무도 없다.)

△ 형용사음성어간+어+게/겐 [-어야/-다야]

· 그 막댕인 너미 질어게.
  (그 막대기는 너무 길어야.)
· 사름 ㄱ리치는 게 어려워(우어)겐.
  (사람 가르치는 것이 어렵다야.)

❸ ㅎ(ᄒ다)+여 [-어/-ㄴ다]

　　이 형태를 취할 때의 '-여'는 'ᄒ다(하다)'나 '-ᄒ다(하다)'가 붙어서 된 어간 'ᄒ(하)' 다음에 붙어서 현대국어의 '-여/-ㄴ다'가 된다. 이 경우는 조건 없이 동사어간이든 형용사어간이든 가리지 않고 두루 붙고, 끝에 강세첨사 '게/겐'이 붙으면 그 어세를 더 강하게 하는 구실을 한다.

　　　△ ㅎ(ᄒ다)+여 [-여/-ㄴ다]

　　　・일은 못ᄒ여도 공분 잘ᄒ<u>여</u>.
　　　　(일은 못하여도 공부는 잘하<u>여</u>.)
　　　・그건 나도 못ᄒ<u>여</u>.
　　　　(그것은 나도 못한(하ㄴ)<u>다</u>.)

　　　△ ㅎ(ᄒ다)+여+게/겐 [-여야/-ㄴ다야]

　　　・가인 홀 말은 ᄒ<u>여게</u>.
　　　　(걔는 할 말은 하<u>여야</u>.)
　　　・요샌 밥을 잘 먹지 아니ᄒ<u>여겐</u>.
　　　　(요새는 밥을 잘 먹지 아니한(하ㄴ)<u>다야</u>.)

❹ 어간+앗/엇/엿/+어 [-았/었/였어/다]

　　이 형태를 취하는 '-어'는 과거시제 선어말어미 '-앗/엇/엿(았/었/였)-' 다음에 붙어서 현대국어의 '-았/었/였어'의 '-어'와 '-았/었/였다'의 '-다'가 된다. 여기서 주의해야 할 것은 '-앗/엇/엿-' 다음에는 모음조화에 관계없이 일률적으로 '-어'가 붙는다는 점이다. 끝에 강세첨사 '게/겐'이 붙는 것은 여느 거나 다름없다.

　　　△ 양성어간+앗+어 [-았어/<u>다</u>]

　　　・나도 상을 받앗<u>어</u>.
　　　　(나도 상 받았<u>어</u>.)

· 그 반에서 성적이 질 좋앗어.

(그 반에서 성적이 제일 좋았다.)

△ 음성어간+엇+어+게/겐 [-있어야/다야]

· 몸 궤로완 누엇어게.

(몸이 아파서 누었어야.)

· 아마도 늬 시간은 걸엇어겐.

(아마도 네 시간은 걸었다야.)

△ ᄒ(ᄒ다)+엿+어 [-였어/다]

· 나도 가켄 ᄒ엿어.

(나도 가겠다고 하였어.)

· 펀진 잘 받앗노렌 훼답ᄒ엿어.

(편지는 잘 받았노라고 회답하였다.)

△ ᄒ(ᄒ다)+엿+어+게/겐 [-였어야/다야]

· 베슬은 아무나 못ᄒ엿어게.

(벼슬은 아무나 못하였어야.)

· 그 말은 잘ᄒ엿어겐.

(그 말은 잘하였다야.)

❺ 체언+어/여 [-어/-다 · -여/-다]

이 형태를 취할 때의 '-어/-여'는 현대국어의 종결어미 '-어/-(이)
다' · '-여/-다'에 해당한다. 그 붙는 조건은 <체언+어>의 '-어'는 주로
모음 'ㅣ'로 끝나는 체언에 붙어서 현대국어의 '-어/-다'가 되고, 'ㅣ' 이외
의 모음으로 끝나는 체언에는 주로 '-여'가 붙어서 '-여/-다'가 된다. 또한
'-어'는 자음받침으로 끝나는 체언에 붙는 '이다'의 '이'와 결합해서 현대국
어의 '-이어/-이다'가 되기도 하는데, 모음 'ㅣ' 다음에 '-이어'가 붙을 경
우는 '이'가 탈락된다. 특히 '-이어'의 준 꼴로 쓰일 때의 '-여'는 모음으로

끝나는 체언에 주로 붙는다.

△ 체언(ㅣ모음)+어 [-어/-다]
· 멜도 궤기어.
(멸치도 고기어.)
· 질 아픈 듸가 다리어.
(제일 아픈 데가 다리다.)

△ 체언(ㅣ모음)+어+게/겐 [-어야/-다야]
· 나는 날부떠 재우는 건 애기어게.
(낳는 날부터 재우는 것은 아기어야.)
· 으름철 짓궂은 건 비어게.
(여름철 짓궂은 것은 비다야.)

△ 체언(ㅣ제외)+여 [-여/-다]
· 게을른 건 바로 느여.
(게으른 것은 바로 너여.)
· 그놈은 공불 잘홀 거여.
(그놈은 공부를 잘할 거다.)

△ 체언(ㅣ제외)+여+게/겐 [-여야/-다야]
· 질 실려운 듸가 코여게.
(제일 시린 데가 코여야.)
· 그건 우시개로 흐는 거여겐.
(그것은 우스개로 하는 거다야.)

△ 체언(자음)+이어 [-이어/-이다]
· 호박고장도 꽂이어.
(호박꽃도 꽃이어.)
· 스방에 널어진 게 돌이어.

(사방에 널어진 것이 돌이다.)

△ 체언(자음)+이어+게/겐 [-이어야/-이다야]
· 두갓은 갈라사민 놈광 놈이어게.
(부부는 갈라서면 남과 남이어야.)
· 곡숙밧디 해로운 게 풀이어겐.
(곡식밭에 해로운 것이 풀이다야.)

(7) -ㄴ다/-은다 [-ㄴ다/-다]

이들 비존대형의 평서형종결어미는 용언의 어간과 사동·피동형접미사 다음에 연결돼서 현대국어의 '-ㄴ다'·'-다'가 된다. 그 쓰이는 조건은 아래 ❶❷❸과 같다.

❶ 어간+ㄴ다/은다 [-ㄴ다/다]

이 형태를 취하는 '-ㄴ다'는 선어말어미 '-ㄴ-'에 종결어미 '-다'가 결합된 형태로서, 모음이나 'ㄹ' 받침으로 끝나는 동사의 어간에 붙으면 현재의 사실을 나타내는 현대국어의 '-ㄴ다'가 되고, 형용사 어간에 붙으면 '-다'가 된다. '-은다'는 관형사형어미 '-은'과 종결어미 '-다'가 결합된 형태로서, 'ㄹ' 받침 이외의 자음받침으로 끝나는 동사의 어간에 붙으면 현재의 사실을 나타내는 현대국어의 '-는다'가 되고, 형용사 어간에 붙으면 '-다'가 된다. 여기서 눈여겨볼 것은 '-ㄴ다' 18)·'-은다'가 동사와 형용사의 어간에 붙는다는 점이다. 끝에 강세첨사 '게/겐'이 붙으면 그 뜻을 덧나게 하는 '야'가 덧붙은 효과가 있다.

---

18) '-ㄴ다'는 '엇다/읏다(없다)'의 어간 '엇/읏(없)'에는 붙지 않는다.

△ 동사어간(모음/ㄹ)+ㄴ다+게/겐 [-ㄴ다/-ㄴ다야]

· 먹어볼 거 엇은 식개에 절만 흔(ㅎㄴ)다.
(먹어볼 것 없는 제사에 절만 한다.)
숭년엔 장 흔 사발에 밧 흔 판이 준(주ㄴ)다게(겐).
(흉년에는 장 한 사발에 밭 한 뙈기 준다야)
· 놀앙은 못 산(사ㄴ)다.
(놀아서는 못 산다.)
쥉이덜 배에서 느리민 태풍 분(부ㄴ)다게(겐).
(쥐들이 배에서 내리면 태풍이 분다야.)

△ 동사어간(모음/ㄹ제외)+은다+게/겐 [-는다/-는다야]

· 눌 자리 보멍 발 벋은다.
(눌 자리 보면서 발을 벋는다.)
· 열 냥짜리 흔 냥도 받은다게(겐).
(열 냥짜리 한 냥도 받는다야.)

△ 형용사어간(모음/ㄹ)+ㄴ다+게/겐 [-다/-다야]

· 절대 그런 게 아닌(니ㄴ)다.
(절대 그런 것이 아니다.)
· 그 밧된(딘) 눔삐가 준(줄ㄴ)다게(겐).
(그 밭에는 무가 잘다야.)

△ 형용사어간(모음/ㄹ제외)+은다+게/겐 [-다/-다야]

· 가인 양지가 넙은다.
(걔는 얼굴이 넓다.)
· 사름 ᄆᆞ음은 곧아사 좋은다게(겐).
(사람의 마음은 곧아야 좋다야.)

❷ 어간+사동형접미사+ㄴ다 [-이/-기/-리/-히/-구/-우/- 추+ㄴ다]

이들 형태를 취할 때의 '-ㄴ다'는 사동형접미사 '-이/-기/-리/- 히/-우/-구/-추' 다음에 붙어서 현대국어의 '-인다/-긴다/-린다/-힌다 /-운다/-군다/-춘다'가 된다. 끝에 강세첨사 '게/겐'이 붙으면 그 어세를 덧나게 하는 '야'가 덧붙은 효과가 있다.

△ 어간+이(사접)+ㄴ다+게/겐 [-인다/-인다야]
·밥을 흔지네 멕인(이ㄴ)다.
(밥을 자꾸 먹인다.)
·배친 소곰에 절인(이ㄴ)다게(겐).
(배추는 소금에 절인다야.)

△ 어간+기(사접)+ㄴ다+게/겐 [-긴다/-긴다야]
·늠삐 거죽을 벗긴(기ㄴ)다.
(무의 껍질을 벗긴다.)
·사름은 죽으민 일름을 냉긴(기ㄴ)다게(겐).
(사람은 죽으면 이름을 남긴다야.)

△ 어간+리(사접)+ㄴ다+게/겐 [-린다/-린다야]
·온 ᄆᆞ슬에 다 알린(리ㄴ)다.
(온 마을에 다 알린다.)
·벳디 널엉 몰린(리ㄴ)다게(겐).
(볕에 널어서 말린다야.)

△ 어간+히(사접)+ㄴ다+게/겐 [-힌다/-힌다야]
·집이만 낭 묵힌(히ㄴ)다.
(집에만 놔서 묵힌다.)
·작대기로 잘 받힌(히ㄴ)다.

(작대기로 잘 받힌다양.)

△ 어간+우(사접)+ㄴ다+게/겐 [-운다/-운다야]
·쓰러진 비석은 일려 세운(우ㄴ)다.
(쓰러진 비석은 일으켜 세운다.)
·밧거린 곧 비운(우ㄴ)다게(겐).
(바깥채는 곧 비운다양.)

△ 어간+구(사접)+ㄴ다+게/겐 [-군다/-군다야]
·풍안 도수를 더 노픈 걸로 돋군(구ㄴ)다.
(안경 도수를 더 높은 것으로 돋군다.)
·약 처매엉 가실 우트레 솟군(구ㄴ)다게(겐).
(약을 쳐매어서 가시를 위로 솟군다양.)

△ 어간+추(사접)+ㄴ다+게/겐 [-춘다/-춘다야]
·더 야프겐 못 늦춘(추ㄴ)다.
(더 얕게는 못 낮춘다.)
·쫄른 친은 더 질게 늦춘(추ㄴ)다게(겐).
(짧은 끈은 더 길게 늦춘다양.)

　또한 사동형접미사 '-기/-히' 대신 '-지'가 쓰인다. 이를테면 '곱다(숨다)/웃다(웃다)'·'눅다(눕다)/앚다(앉다)/업다(업다)/좁다(좁다)…'와 같은 용언의 어간에 붙는 '-지'에 '-ㄴ다'가 결합해서 '-곱진다(숨긴다)/웃진다(웃긴다)'·'-눅진다(눕힌다)/앚진다(앉힌다)/업진다(업힌다)/좁진다(좁힌다)…'의 '-ㄴ다'가 그것이다.

△ 어간+지(사접)+ㄴ다+게/겐 [-긴다/-긴다야]
·그 사름은 놈 잘 웃진(지ㄴ)다.
(그 사람은 남 잘 웃긴다.)

· 귀흔 건 땅 파그네 곱진(지ㄴ)다게(겐).
　(귀한 것은 땅을 파서 숨<u>긴다야</u>.)

△ 어간+지(사접)+ㄴ다+게/겐 [-힌다/-힌다야]

· 그 자리에만 앚진(지ㄴ)다.
　(그 자리에만 앉<u>힌다</u>.)
· 널른 딜 좁진(지ㄴ)다.
　(너른 데를 좁<u>힌다</u>.)
· 자인 애기 잘 업진(지ㄴ)다게(겐).
　(저 아이는 아기 잘 업<u>힌다야</u>.)
· ㅂ제기 삼대민 조상을 바당이 눅진(지ㄴ)다게(겐).
　(어부 삼대면 조상을 바다에 눕<u>힌다야</u>.)

❸ **어간+피동형접미사+ㄴ다 [-이/-기/-리/-히/+ㄴ다]**

이 형태를 취할 때의 '-ㄴ다'는 피동형접미사 '-이/-기/-리/-히'
다음에 붙어서 현대국어의 '-인다/-긴다/-린다/-힌다'가 된다. 끝에 강
세첨사 '게/겐'이 붙으면 그 어세가 강해지는 것은 위 사동형접미사의 용례
와 같다.

△ 어간+이(피접)+ㄴ다+게/겐 [-인다/-인다야]

· 저디 신 건 눈에 잘 보인(이ㄴ)다.
　(저기 있는 것은 눈에 잘 보<u>인다</u>.)
· 여춫ㅎ민 어려운 지경에 놓인(이ㄴ)다게(겐).
　(여차하면 어려운 지경에 놓<u>인다야</u>.)

△ 어간+기(피접)+ㄴ다+게/겐 [-긴다/-긴다야]

· 물이 싸신디도 허리ㄲ장 줌긴(기ㄴ)다.
　(물이 썼는데도 허리까지 잠<u>긴다</u>.)
· 곡속은 뒤지 안에 담긴(기ㄴ)다게(겐).

(곡식은 뒤주 안에 담긴다야.)

△ 어간+리(피접)+ㄴ다 [-린다/-린다야]

· 독흔 개신디 물린(리ㄴ)다.

(독한 개에게 물린다.)

· 대문엔 문패가 둘린(리ㄴ)다게(겐).

(대문에는 문패가 달린다야.)

△ 어간+히(피접)+ㄴ다+게/겐 [-힌다/-힌다야]

· 죽으민 땅소곱에 묻힌(히ㄴ)다.

(죽으면 땅속에 묻힌다.)

· 콜 줍아불민 숨이 맥힌(히ㄴ)다게(겐).

(코를 잡아버리면 숨이 막힌다야.)

(8) -인다 [-이다]

이 비존대형의 평서형종결어미는 '이다'의 '이'와 종결어미 '-ㄴ다'가 결합된 형태이다. 그 쓰임은 자음받침이 있는 체언과 명사형전성어미 '-ㅁ /-음/-기'가 붙어서 된 용언의 명사형 다음에 붙어서 현대국어의 '-이다'가 된다. 다만 '-기' 다음에 붙는 '-인다'의 '-이'는 탈락되기도 한다. 끝에 강세 첨사 '게/겐'이 붙으면 그 뜻을 덧나게 하는 '야'가 덧붙은 효과가 있다.

△ 체언(자음)+인다+게/겐 [-이다/-이다야]

· 욕심이 쎄민 도독이 반인다.

(욕심이 세면 도둑이 반이다.)

· 인정에 약흔 게 사름인다게(겐).

(인정에 약한 것이 사람이다야.)

△ 어간+ㅁ+인다+게/겐 [-이다/-이다야]

· 두린애긴 좀매좀매가 높(놀ㅁ)인다.

(어린애는 죄암죄암이 높<u>이다</u>.)
· 밥 먹음도 일 출림(리ㅁ)<u>인다게(젠)</u>.
(밥 먹음도 일 차림<u>이다야</u>.)

△ 어간+음+인다+게/젠 [-이다/-이다야]
· 가는 듸마다 헛걸음<u>인다</u>.
(가는 데마다 헛걸음<u>이다</u>.)
· 저숭질 반은 애기 낳음<u>인다게(젠)</u>.
(저승길 반은 아기 낳음<u>이다야</u>.)

△ 어간+기+인다+게/젠 [-다/-다야]
· 반은 걷곡 반은 돋기<u>인다</u>.
(반은 걷고 반은 달리기<u>다야</u>.)
· 모듬일은 반이 놀기<u>인다게(젠)</u>.
(모둠일은 반이 놀기<u>다야</u>.)
· 땅 지펑 히엄치긴(기ㄴ)<u>다</u>.
(땅 짚어서 헤엄치기다.)
· 수박 것 할트긴(기ㄴ)<u>다게(젠)</u>.
(수박 겉 핥기<u>다야</u>.)

(9) -서 [-다]

이 비존대형의 평서형종결어미는 진행상을 나타내는 선어말어미 '-암/엄/염(고 있)-' 다음에 붙어서 무엇이 어떻게 진행되고 있음을 나타내는 현대국어 '-고 있다'의 '-다'에 해당한다. 끝에 강세첨사 '게/젠'이 붙으면 그 뜻을 덧나게 하는 '야'가 덧붙은 효과가 있다.

△ 양성어간+암+서+게/젠 [-고 있<u>다/다야</u>]
· 저 사름도 무신 거엔 골암<u>서</u>.

(저 사람도 무슨 거라고 말하고 있다.)
· 나도 돈을 하영 모암서게(겐).
(나도 돈을 많이 모으고 있다야.)

△ 음성어간+엄+서+게/겐 [-고 있다/다야]
· 몰 입에 자갈을 물리엄서.
(말 입에 자갈은 물리고 있다.)
· 나이가 먹어가난 등이 굽엄서게(겐).
(나이가 먹어가니 등이 굽고 있다야.)

△ 흐(흐다)+염+서+게/겐 [-고 있다/다야]
· 난 날마다 걱정흐염서.
(나는 날마다 걱정하고 있다.)
· 용실 잘흐여 보젱 흐염서게(겐).
(농사를 잘하여 보려고 하고 있다야.)

(10) -저 [-(으)마/-다]

이 비존대형의 평서형종결어미는 용언의 어간과 시상(時相)을 나타
내는 선어말어미에 붙어서 말끝을 맺는 현대국어의 '-(으)마'·'-다'에 해
당한다. 그 붙는 조건은 아래 ❶❷❸과 같다.

❶ 동사어간+저 [-마/-으마]

이 형태를 취할 때의 '-저'는 동사의 어간에 붙어서 무엇을 하겠다
는 현대국어의 종결어미 '-마'가 되고, 'ㄹ' 이외의 자음받침 어간에는 조
성모음 '으'가 삽입된 현대국어의 '-으마'가 된다. 또 그 끝에 강세첨사 '게/
겐'이 더 붙으면 그 뜻을 덧나게 하는 '야'가 덧붙은 것과 같은 효과가 있다.

△ 동사어간+저+게/겐 [-마/-마야]
· 언제 갈디 나도 흔디 가저.
(어제 가냐 나도 한데 가마.)
· 나도 느영 ᄀ찌 놀저게(겐).
(나도 너하고 같이 놀마야.)

△ 동사어간(모음/ㄹ제외)+저+게/겐 [-으마/-으마야]
· 나도 도라 먹저.
(나도 달라 먹으마.)
· 그거 누게가 줘니 나도 얻저게(겐).
(그거 누구가 주더냐 나도 얻으마야.)

❷ **형용사어간+저 [-다]**

이 형태를 취할 때의 '-저'는 형용사 '엇다/읏다(없다)'의 어간 '엇/
읏'에 붙어서 현대국어의 종결어미 '-다'가 된다. 또 끝에 강세어미 '게/겐'
에 붙으면 그 뜻을 덧나게 하는 '야'가 덧붙은 것과 같은 효과가 있다.

△ 형용사어간(엇다/읏다)+저+게/겐 [-다/-다야]
· 숭년엔 먹어볼 것 엇(읏)저.
(흉년에는 먹어볼 것 없다.)
· 나신딘 흔푼도 엇(읏)저게(겐).
(나한테는 한푼도 없다야.)

❸ **어간+(앗/엇/엿 · 암/엄/염)+저 [-았/었/였다 · -고 있다]**

이 형태를 취할 때의 '-저'는 과거시제 선어말어미 '-앗/엇/엿(있/
었/였)-'과 진행상을 나타내는 선어말어미 '-암/엄/염(고 있)-' 다음에 붙
을 때는 '-았/었/였다' · '-고 있다'의 '-다'가 된다. 끝에 강세첨사 '게/겐'

이 붙으면 그 뜻을 덧나게 하는 '야'가 덧붙은 효과가 있다.

> △ 양성어간+앗+저+게/겐 [-았다/다야]
> · 얼굴 고왓(오앗)<u>저</u>.
>   (얼굴 고왔(오왔)<u>다</u>.)
> · 나도 아둘 나앗<u>저게(겐)</u>.
>   (나도 아들 나았<u>다야</u>.)
>
> △ 음성어간+엇+저+게/겐 [-었다/다야]
> · 친 질게 잇엇<u>저</u>.
>   (끈 길게 이었<u>다</u>.)
> · 다 골로로딜 주엇<u>저게(겐)</u>.
>   (다 골고루들 주었<u>다야</u>.)
>
> △ ᄒ(ᄒ다)+엿+저+게/겐 [-였다/다야]
> · 나도 놀젠 ᄒ엿<u>저</u>.
>   (나도 놀려고 ᄒ였<u>다</u>.)
> · 다덜 가지 못ᄒ엿<u>저게(겐)</u>.
>   (다들 가지 못하였<u>다야</u>.)
>
> △ 양성어간+암+저+게/겐 [-고 있다/다야]
> · 하늘 노피 눌암<u>저</u>.
>   (하는 높이 날고 있<u>다</u>.)
> · 나도 느 말 굴암<u>저게(겐)</u>.
>   (나도 너 이야기를 하고 있<u>다야</u>.)
>
> △ 음성어간+엄+저+게/겐 [-고 있다/다야]
> · 다리 아판 쉬엄<u>저</u>.
>   (다리 아파서 쉬고 있<u>다</u>.)
> · 뽈 차는 시압에 지엄<u>저게(겐)</u>.

(축구시합에 지고 있다야.)

△ ᄒ(ᄒ다)+염+저+게/겐 [-고 있다/다야]
· 는 일 잘ᄒ염저.
(너는 일을 잘하고 있다.)
· 이제사 가겐 ᄒ염저게(겐).
(이제야 가려고 하고 있다야.)

(11) -주/-주기 · -이주/-이주기 [-지 · -이지]

이들 비존대형의 평서형종결어미는 체언·어간·선어말어미 다음에 붙어서 현대국어의 '-지'·'-이지'에 해당한다. 그 쓰이는 조건은 아래 ❶❷❸❹와 같다.

❶ 체언+주/주기·이주/이주기 [-지·-이지]

이 형태를 취할 때의 종결어미 '-주/-주기'는 모음으로 끝나는 체언에 '-주/-주기'가 붙어서 현대국어의 '-지'가 되고, '-이주/-이주기'는 자음받침으로 끝나는 체언에 붙는 '이다'의 '이'와 결합된 것으로서 현대국어의 '-이지'가 된다. 끝에 강세첨사 '게/겐'이 붙으면 그 뜻을 덧나게 하는 '야'가 덧붙은 효과가 있다.

△ 체언(모음)+주+게/겐 [-지/-지야]
· 저영 생긴 게 산비둘기주.
(저렇게 생긴 것이 산비들기지.)
· 이건 멀위가 아닌 오미ᄌ주게(겐).
(이것은 머루가 아닌 오미자지야.)

△ 체언(모음)+주기+게/겐 [-지/-지야]
· 집마다 질루는 게 도새기주기.

(집마다 가르는 것이 돼지<u>지</u>.)
· 옛날은 질 헐흔 게 복쟁이<u>주기게(겐)</u>.
(옛날은 제일 헐한 것이 복어<u>지야</u>.)

△ 체언(자음)+이(<u>이</u>다)+주+게/겐 [-이지/-이지야]
· 이디가 낫이민 그딘 밤<u>이주</u>.
(여기가 낮이면 거기는 밤<u>이지</u>.)
· 주난 마틀 뿐<u>이주게(겐)</u>.
(주니까 받을 뿐<u>이지야</u>.)

△ 체언(자음)+이(<u>이</u>다)+주기+게/겐 [-이지/-이지야]
· 아멩 굴아도 아둘이 아둘<u>이주기</u>.
(아무리 말해도 아들이 아들<u>이지</u>.)
· 꿰긴 썹어 맛<u>이곡</u>, 말은 굴아 맛<u>이주기게(겐)</u>.
(고기는 썹어 맛<u>이고</u>, 말은 해서 맛<u>이지야</u>.)

❷ 어간+주/주기 [-지/-다]

이 형태를 취할 때의 '-주/-주기'는 용언의 어간에 붙어서 현대국
어의 종결어미 '-지'가 되는데, 형용사의 어간에 붙을 경우는 '-지'보다 '-
다'가 더 어울린다. 끝에 강세첨사 '게/겐'이 붙으면 그 뜻을 덧나게 하는
'야'가 덧붙은 효과가 있다.

△ 동사어간+주+게/겐 [-지/-지야]
· 가지 말렝 호여도 가<u>주</u>.
(가지 말라고 하여도 가<u>지</u>.)
· 그건 나가 더 잘 알<u>주게(겐)</u>.
(그것은 내가 더 잘 알<u>지야</u>.)

△ 동사어간+주기+게/겐 [-지/-지야]

· 돋지 말앙 7만이 사주기.
  (뛰지 말고서 가만히 서지.)
· 핸 동펜으로 돈주기게(겐)
  (해는 동쪽으로 돋지야.)

△ 형용사어간+주+게/겐 [-다/-다야]

· 맨 맞으민 아프주.
  (매는 맞으면 아프다.)
· 난 손에 쥔 게 아무것도 엇주게(겐).
  (나는 손에 쥔 것이 아무것도 없다야.)

△ 형용사어간+주기+게/겐 [-다/-다야]

· 그 우던덜은 다 몹실주기.
  (그 족속들은 다 사납다.)
· 두불 검질이 초불보단사 매지 쉽주기게(겐).
  (두벌 김이 초벌보다야 매기가 쉽다야.)

❸ **어간+(앗/엇/엿·암/엄/염)+주/주기 [-았/었/였지··-고 있지]**

이 형태를 취할 대의 '-주/-주기'는 과거시제 선어말어미 '-앗/엇/엿(았/었/였)-'과 진행상을 나타내는 선어말어미 '-암/엄/염(고 있)-' 다음에 붙어서 '-았/었/였지'·'-고 있지'의 '-지'가 된다. 끝에 강세첨사 '게/겐'이 붙으면 그 뜻을 덧나게 하는 '야'가 덧붙은 효과가 있다.

△ 양성어간+앗+주/주기+게/겐 [-았지/지야]

· 그놈 썩 잘낫(나앗)주/주기.
  (그놈 썩 잘났(나았)지.)
· 난 볼써 보앗주게(겐)/주기겐(겐).

(나는 벌써 보았<u>지야</u>.)

△ 음성어간+엇+주/주기+게/겐 [-었<u>지</u>/지야]

· 집에 재산은 엇엇<u>주/주기</u>.
  (집에 재산은 없었<u>지</u>.)
· 오래난 곰생이 피엇<u>주게</u>(겐)/<u>주기겐</u>(겐).
  (오래니까 곰팡이 피었<u>지야</u>.)

△ ᄒ(ᄒ다)+엿+주/주기+게/겐 [-였<u>지</u>/지야]

· 죽을 때도 말은 ᄒ엿<u>주/주기</u>.
  (죽을 때도 말은 하였<u>지</u>.)
· 하늘레기론 약도 ᄒ엿<u>주게</u>(겐)/<u>주기게</u>(겐).
  (하늘타리로는 약도 하였<u>지야</u>.)

△ 양성어간+암+주/주기+게/겐 [-고 있<u>지</u>/지야]

· 집이서 애기 둘암<u>주/주기</u>.
  (집에서 아기 데리고 있<u>지</u>.)
· ᄇ름이 안 부난 바당이 볼암<u>주게</u>(겐)/<u>주기게</u>(겐).
  (바람이 안 부니까 바다가 잔잔하고 있<u>지야</u>.)

△ 음성어간+엄+주/주기+게/겐 [-고 있<u>지</u>/지야]

· 먹을 거 안 먹으난 줄엄<u>주/주기</u>.
  (먹을 거 안 먹으니 여위고 있<u>지</u>.)
· 간 사름신딘 다 주엄<u>주게</u>(겐)/<u>주기게</u>(겐).
  (간 사람한테는 다 주고 있<u>지야</u>.)

△ ᄒ(ᄒ다)+염+주/주기+게/겐 [-고 있<u>지</u>/지야]

· 난 안 가젠 ᄒ염<u>주/주기</u>.
  (나는 안 가려고 하고 있<u>지</u>.
· 너미 아견 키와 노난 간세ᄒ염<u>주게</u>(겐)/<u>주기게</u>(겐).

(너무 아껴서 키워 놓으니까 게으르고 있<u>지야</u>.)

❹ 어간(주다)+주/주기 [-지]

이 형태를 취할 때의 '-주/-주기'는 동사 '주다'의 어간과 '주'와 결합된 '주주/주주기'가 돼서 현대국어의 무엇을 하여 준다는 '주지'의 종결어미 '-지'가 된다. 끝에 강세첨사 '게/겐'이 붙으면 그 뜻을 덧나게 하는 '야'가 덧붙은 효과가 있다.

△ 주(<u>주</u>다)+주/주기 [-주<u>지</u>]
· 그 책이랑 나신디 주<u>주</u>.
(그 책이랑 나한테 주<u>지</u>.)
· 쓰러지지 말게 손이나 심어 주<u>주기</u>.
(넘어지지 말게 손이나 잡아 주<u>지</u>.)

△ 주(<u>주</u>다)+주/주기+게/겐 [-주지야]
· 깝사 알앙 주<u>주</u>게(<u>겐</u>).
(값이야 알아서 주<u>지야</u>.)
· 나가 잘 낫당 주<u>주기</u>게(<u>겐</u>).
(내가 잘 났다가 주<u>지야</u>.)

(12) -네 · -느네 [-네 · -ㄴ다/-는다]

이들 평서형종결어미는 말끝을 맺는 현대국어의 '-네' · '-ㄴ다' · '-는다'에 해당한다. 그 쓰이는 조건은 아래 ❶❷❸과 같다.

❶ 체언+네/이네 [-네/-이네]

이 형태를 취할 때의 '-네'는 모음으로 끝나는 체언에 붙어서 말끝을 맺는 현대국어의 '-네'가 되고, '이다'의 '이'와 결합될 경우는 '-이네'가

된다. 문제는 '-녜' 대신 '-네'를 썼을 경우에 어느 것이 어법에 맞아드느냐
다. 원어는 '-네'고 '-녜'는 말할 때 나는 소리이다. 모음 'ㅣ'로 끝나는 말
다음에는 ㅣ모음동화에 의해서 '-녜'로 소리가 나지만 표기는 동화되기 전
의 형태인 '-네'로 하는 것이 원칙이다. 이에 대해서는 이론이 있을 수 있
다. 끝에 강세첨사 '게/겐'이 붙으면 그 뜻을 덧나게 하는 '야'가 덧붙은 효
과가 있다.

　　△ 체언(모음)+네+게/겐 [-네/-네야]
　　・저건 애기 우는 소리네.
　　　(저것은 아기 우는 소리네.)
　　・그건 다 나 잘못흔 줴네게(겐).
　　　(그것은 다 내가 잘못한 죄네야.)

　　△ 체언(자음)+이(이다)+네+게/겐 [-이네/-이네야]
　　・산 사름 눈 빠 갈 시상이네.
　　　(산 사람 눈 빼 갈 세상이네.)
　　・불쌍흔 게 백성덜이네게(겐).
　　　(불쌍한 것이 백성들이네야.)

❷ 어간+느네 [-ㄴ다/-는다]

이 형태를 취할 때의 '-느네'는 용언의 어간에 붙어서 무엇이 어떠
함을 나타내는 현대국어의 '-ㄴ다/-는다'에 해당한다. 그것도 동사의 어
간 끝음절이 모음이나 'ㄹ' 받침으로 끝나는 경우는 '-ㄴ다'가 되고, 'ㄹ'
이외의 자음받침으로 끝나는 어간에는 '-는다'가 된다. 단 형용사의 어간
다음에 붙으면 기본형을 나타내는 어미 '-다'가 된다. 특히 말하는 사람의
어투에 따라 '-네'・'-녜' 둘로 발음하는데, 표기는 '-네'로 하는 것이 원
칙이다. 이론이 있을 수 있다. 끝에 강세첨사 '게/겐'이 붙으면 그 뜻을 덧

나게 하는 '야'가 덧붙은 효과가 있다.

△ 동사어간(모음/ㄹ)+느네 [-ㄴ다]

· 아무라도 가민 다 주느네.
(아무라도 가면 다 준(주ㄴ)다.)
· 검질은 잘 매도 밧은 잘못 가느네.
(김은 잘 매도 밭은 잘못 간(갈ㄴ)다.)

△ 동사어간(모음/ㄹ)+느네+게/겐 [-ㄴ다야]

· 가인 매일 오느네게(겐).
(걔는 매일 온(오ㄴ)다야.)
· 자인 요 앞집에 사느게(겐).
(쟤는 요 앞집에 산(살ㄴ)다야.)

△ 동사어간(모음/ㄹ제외)+느네 [-는다]

· 맨발로 댕기민 발에 가시 박느네.
(맨발로 다니면 발에 가시 박는다.)
· 좀 오래 자민 눈이 붓느네.
(잠 오래 자면 눈이 붓는다.)

△ 동사어간(모음/ㄹ제외)+느네+게/겐 [-는다야]

· 업은 애기 사을 춫느네게.
(업은 아기 사흘 찾는다야.)
· 으든이 넘으민 날마다 늙느네게.
(여든이 넘으면 날마다 늙는다야.)

△ 형용사어간+느네+게/겐 [-다/-다야]

· 느왕 난 생각ᄒ는 게 달르느네.
(너와 나는 생각하는 것이 다르다.)
· 느네 집이 훨씬 더 머느네게.

(너의 집이 훨씬 더 멀다야.)

· 그 집 아이덜은 다 곱느네겐.

(그 집 아이들은 다 곱다야.)

(13) -이네 · -시네 [-다] 19)

이들 비존대형의 평서형종결어미는 시상을 나타내는 선어말어미 다음에 붙는다. 즉 '-이네'는 과거시제 선어말어미 '-앗/엇/엿(았/었/였)-' 다음에 붙어서 '-았/었/였네-'의 '-네'가 되고, '-시네'는 진행상을 나타내는 선어말어미 '-암/엄/염(고 있)-' 다음에 붙어서 '-고 있네'의 '-네'가 된다. 끝에 강세첨사 '게/겐'이 붙으면 그 뜻을 덧나게 하는 '야'가 덧붙은 효과가 있다.

△ 양성어간+앗+이네+게/겐 [-았네/-았네야]

· 나 눈으로 똑똑이 보앗이네.

(내 눈으로 똑똑히 보았네.)

· ᄒ렌 ᄒ여도 말앗이네게(겐).

(하라고 하여도 말았네야.)

△ 음성어간+엇+이네+게/겐 [-었네/-었네야]

· 그 말 성안티 들엇이네.

(그 말 형한테 들었네.)

· 집은 튿어불엇이네게(겐).

(집은 뜯어버렸(리었)네야.)

△ ᄒ(ᄒ다)+엿+이네+게/겐 [-였네/-였네야]

· 느 엇으난 일 못ᄒ엿이네.

---

19) '-이네' · '-시네'의 '네'는 ㅣ 모음동화에 따라 '-네'로 소리가 나므로 '-이네' · '-시네'
로 표기하기 쉽다. 하지만 표기는 동화되기 전의 형태인 '-이네' · '-시네'라야 한다.

(너 없으니까 일을 못하였네.)
· 자꾸 울기만 ㅎ엿이네게(겐).
　(자꾸 울기만 하였네야.)

△ 양성어간+암+시네+게/겐 [−고 있네/네야]
· 저디 감(가암)시네.
　(저기 가고 있네.)
· 자이만 좋암시네게(겐).
　(저 아이만 좋고 있네야.)

△ 음성어간+엄+시네+게/겐 [−고 있네/네야]
· 이제사 꽃 피엄시네.
　(이제야 꽃이 피고 있네.)
· 얼언 돌돌 털엄시네게(겐).
　(추어서 돌돌 떨고 있네야.)

△ ㅎ(ㅎ다)+염+시네+게/겐 [−고 있네/네야]
· 느 보난 궂어라 ㅎ염시네.
　(너 보니까 싫어서 하고 있네.)
· 요아 갈수록 몰멩ㅎ염시네게(겐).
　(커 갈수록 미련하고 있네야.)

[존대형]

(1) −마씀/−마씸 [−ㅂ니다/−입니다]

　원래 '마씀/마씸'은 말의 뜻을 덧나게 하는 <강세첨사>에서 다뤘던 대로 어말어미에 붙어서 그 뜻을 강하게 하는 것이 주된 기능이다. 하지만 아래 예시 ❶❷와 같이 높임말에 붙는 현대국어의 종결어미인 '−ㅂ니다'·'−입니다'로도 쓰인다.

❶ 체언+마씀/마씸 [-ㅂ니다/-입니다]

이 형태를 취할 때의 '-마씀/-마씸'은 모음으로 끝나는 체언에 붙어서 현대국어의 '-ㅂ니다'가 되고, 자음받침으로 끝나는 체언에 붙으면 '-입니다'가 된다. 또 그 끝에 강세첨사 '게/겐'이 붙을 경우는 어세와 뜻을 덧나게 하는 '요'가 덧붙은 효과가 있다.

△ 체언(모음)+마씀/마씸 [-ㅂ니다]
· ᄀᆞᆺ사 왔단 건 우리 조캐마씀.
　(아까 왔던 건 우리 조캅(카ㅂ)니다.)
· 저건 ᄆᆞᆼ생이가 아닌 송애기마씸.
　(저것은 망아지가 아닌 송아집(지ㅂ)니다.)

△ 체언(모음)+마씀/마씸+게/겐 [-ㅂ니다요]
· 저건 밀이 아닌 보리마씀게(겐).
　(저것은 밀이 아닌 보립(리ㅂ)니다요.)
· ᄆᆞ리가 열ᄒᆞ루마씸게(겐).
　(모래가 열하룹(루ㅂ)니다요.)

△ 체언(자음)+마씀/마씸 [-입니다]
· 그건 우리왕은 ᄄᆞ난 펜마씀.
　(그것은 우리와는 딴 편입니다.)
· 모든 게 다 나 탓마씸.
　(모든 것이 다 내 탓입니다.)

△ 체언(자음)+마씀/마씸+게/겐 [-입니다요]
· ᄆᆞ스운 건 불광 물마씀게(겐).
　(무서운 것은 불과 물입니다요.)
· 그것도 지가 타고난 복마씸게(겐).
　(그것도 자기가 타고난 복입니다요.)

❷ **어간+마씀/마씸 [-ㅂ니다]**

　　이 형태를 취할 때의 '-마씀/-마씸'은 동사 '뒈다(되다)'의 어간 '뒈
(되)'와 형용사 '아니다'의 어간 '안니'에 붙어서 현대국어의 '-ㅂ니다'가 된
다. 또 그 끝에 강세첨사 '게/겐'이 붙을 경우는 어세와 뜻을 덧나게 하는
'요'가 덧붙은 효과가 있다.

　　△ 동사어간(뒈다)+마씀/마씸 [-ㅂ니다]
　　　・요샌 장시가 잘뒈마씀.
　　　　(요새는 장사가 잘 됩(되ㅂ)니다.)
　　　・아무 거나 줘도 뒈마씸.
　　　　(아무 것이나 줘도 됩(되ㅂ)니다.)

　　△ 동사어간(뒈다)+마씀/마씸+게/겐 [-ㅂ니다요]
　　　・그런 건 몰랑도 뒈마씀게(겐).
　　　　(그런 것은 몰라서도 됩(되ㅂ)니다요.)
　　　・오늘만은 놀아도 뒈마씸게(겐).
　　　　(오늘만은 놀아도 됩(되ㅂ)니다요.

　　△ 형용사어간(아니다)+마씀/마씸 [-ㅂ니다]
　　　・아무 것도 아니마씀.
　　　　(아무 것도 아닙(니ㅂ)니다.)
　　　・그것도 나 거 아니마씸.
　　　　(그것도 내 것이 아닙(니ㅂ)니다.)

　　△ 형용사어간(아니다)+마씀/마씸+게/겐 [-ㅂ니다요]
　　　・그런 건 절대로 아니마씀게(겐).
　　　　(그런 것은 절대로 아닙(니ㅂ)니다요.)
　　　・ᄆᆞ음이 펜치 못흔 높은 높이 아니마씸게(겐).
　　　　(마음이 편치 못한 높은 높이 아닙(니ㅂ)니다요.)

(2) -수다 [-습니다]

이 존대형의 평서형종결어미는 용언의 어간에 붙는 현대국어의 '-습니다'에 해당한다. 그 쓰이는 조건은 아래 ❶❷❸❹와 같다.

❶ 어간+수다 [-습니다]

이 형태를 취할 때의 '-수다'는 동사인 경우는 '잇다/싯다(있다)'의 어간 '잇(있)'·'싯(있)' 다음에 붙어서 현대국어의 '있습니다'의 '-습니다'가 되고, 형용사의 어간에 붙을 때는 모음이나 'ㄹ' 이외의 자음받침으로 끝나는 어간에 붙어서 현대국어의 '-습니다'가 된다. 또 끝에 강세첨사 '게/겐'·'양'이 덧붙는데, 그 중 어느 하나만 붙으면 '요'가, 둘이 겹쳐서 붙으면 그 어세가 더 강해져서 '네'가 덧붙은 '요네'가 된다.

    △ 동사어간(잇다/싯다)+수다 [-습니다]
- 으라 사름이 잇<u>수</u>다.
  (여러 사람이 있<u>습니다</u>.)
- 누게나 다 잘못홀 때가 싯<u>수</u>다.
  (누구나 다 잘못할 때가 있<u>습니다</u>.)

    △ 동사어간(잇다/싯다)+수다+게/겐 [-습니다요]
- 그런 건 나신도 잇<u>수</u>다게(겐).
  (그런 것은 나한테도 있<u>습니다요</u>.)
- 곤쏠은 엇어도 보리쏠은 싯<u>수</u>다게(겐).
  (쌀은 없어도 보리쌀은 있<u>습니다요</u>.)

    △ 동사어간(잇다/싯다)+수다+양 [-습니다요]
- 어디 안 간 집이 잇<u>수</u>다양.
  (어디 안 가서 집에 있<u>습니다요</u>.)
- 나신디도 돈 싯<u>수</u>다양.

(나한테도 돈 있습니다요.)

△ 동사어간(잇다/싯다)+수다+게/겐+양 [-습니다요네]

· 그 징건 나가 가젼 잇수다게(겐)양.
(그 증거는 제가 가지고 있습니다요네.)
· 말실순 누게나 다 홀 수 싯수다게(겐)양.
(말실수는 누구나 다 할 수 있습니다요네.)

△ 형용사어간(모음/ㄹ제외)+수다 [-습니다]

· 출련 나사난 곱수다.
(차려서 나서니까 곱습니다.)
· 볼 거 아무것도 엇수다.
(볼 거 아무것도 없습니다.)

△ 형용사어간(모음/ㄹ제외)+수다+게(겐) [-습니다요]

· 물질보단 밧일이 쉽수다게(겐).
(물질보다는 밭일이 쉽습니다요.)
· 그 집인 큰아둘이 질 낫수다게(겐).
(그 집에는 큰아들이 제일 낫습니다요.)

△ 형용사어간(모음/ㄹ제외)+수다+양 [-습니다요]

· 밧담이 너미 늦수다양.
(밭담이 너무 낮습니다요.)
· 오늘 날은 좋수다양.
(오늘 나씨는 좋습니다요.)

△ 형용사어간(모음/ㄹ제외)+수다+게/겐+양 [-습니다요네]

· 저게 날 나무리난 어이가 엇수다게(게)양.
(저게 나를 나무라니 어이가 없습니다요네.)
· 우린 손헬 안 봣이난 좋수다게(겐)양.

(우리는 손해를 안 보았으니 좋습니다요네.)

❷ 어간+앗/엇/엿+수다 [-았/었-였습니다]

이 형태를 취할 때의 '-수다'는 과거시제 선어말어미 '-앗/엇/엿(았/었/였)-' 다음에 붙어서, 현대국어의 '-았/었/였습니다'의 '-습니다'가 된다. 또 끝에 강세첨사 '게/겐'·'양'이 덧붙는데, 그 중 어느 하나만 붙으면 '요'가, 둘이 겹쳐서 붙으면 그 어세가 더 강해져서 '네'가 덧붙은 '요네'가 된다.

　△ 양성어간+앗+수다 [-았습니다]
　· 그 일은 다 끗낫(나앗)<u>수다</u>.
　　(그 일은 다 끝났<u>습니다</u>.)
　· 산에 눈이 녹앗<u>수다</u>.
　　(산에 눈이 녹았<u>습니다</u>.)

　△ 양성어간+앗+수다+게/겐 [-았습니다요]
　· 감주 먹을 만이 돌앗<u>수다게</u>.
　　(감주 먹을 만큼 달았<u>습니다요</u>.)
　· 나도 알아듣게시리 잘 굴앗<u>수다겐</u>.
　　(나도 알아듣게끔 잘 말하였<u>습니다요</u>.)

　△ 양성어간+앗+수다+양 [-았습니다요]
　· 우꿋 들엇단 놓앗<u>수다양</u>.
　　(거뜬히 들었다가 놓았<u>습니다</u>.)
　· 오래도 살앗<u>수다양</u>.
　　(오래도 살았<u>습니다요</u>.)

　△ 양성어간+앗+수다+게/겐+양 [-았습니다요네]
　· 놀만이 놀앗<u>수다게양</u>.
　　(놀만큼 놀았<u>습니다요네</u>.)

· 눌개기 한착으로 멀리도 눌앗<u>수다</u>겐양.
(날개 한쪽으로 멀리도 날았<u>습니다</u>요네.)

△ 음성어간+엇+수다 [-었습니다]

· 집이 텅텅 비엇<u>수다</u>.
(집이 텅텅 비었<u>습니다</u>.)

· 그건 우리신디 주엇<u>수다</u>.
(그건 우리한테 주었<u>습니다</u>.)

△ 음성어간+엇+수다+게/겐 [-었습니다요]

· 터진 옷 바농으로 주엇<u>수다</u>게.
(터진 옷 바늘로 기웠(우었)<u>습니다</u>요.)

· 나 것도 ᄀ찌 놔둿(두엇)<u>수다</u>겐.
(내 것도 같이 놔두었<u>습니다</u>요.)

△ 음성어간+엇+수다+양 [-었습니다요]

· 난 올 걸로 믿엇<u>수다</u>양.
(저는 올 것으로 믿었<u>습니다</u>요.)

· 어제 떠나불엇<u>수다</u>양.
(어제 떠나버렸(리었)<u>습니다</u>요.)

△ 음성어간+엇+수다+게/겐+양 [-었습니다요네]

· 감즈 잘 들엇<u>수다</u>게겐양.
(고구마 잘 들엇<u>습니다</u>요네.)

· 아프난 자리에 누엇<u>수다</u>겐양.
(아파니까 자리에 누었<u>습니다</u>요네.)

△ 흥(ᄒᆞ다)+엿+수다 [-였습니다]

· 일은 시킨 냥 잘ᄒᆞ엿<u>수다</u>.
(일은 시킨 대로 잘하였<u>습니다</u>.)

· 난 벗 엇언 가지 안ᄒ엿<u>수다</u>.
(나는 벗이 없어서 가지 안하였<u>습니다</u>.)

△ ᄒ(ᄒ다)+수다+게/겐 [-였습니다요]

· 오노렌 고생ᄒ엿<u>수다게</u>.
(오느라고 고생하였<u>습니다요</u>.)

· 나도 ᄀ찌 벌 받젠 ᄒ엿<u>수다겐</u>.
(저도 벌을 받으려고 하였<u>습니다요</u>.)

△ ᄒ(ᄒ다)+엿+수다+양 [-였습니다요네]

· 색깔이 불구룽ᄒ엿<u>수다</u>.
(색깔이 불그스름하였<u>습니다</u>.)

· 아이덜은 ᄃ라오지 못ᄒ엿<u>수다양</u>.
(아이들은 데려오지 못하였<u>습니다요</u>.)

△ ᄒ(ᄒ다)+엿+수다+게/겐+양 [-였습니다요네]

· 나만도 일ᄒ엿<u>수다게양</u>.
(나만도 일하였<u>습니다요네</u>.)

· 빙으로 쫓겨부난 크지 못ᄒ엿<u>수다겐양</u>.
(병으로 시달려버리니 크지 못하였<u>습니다요네</u>.)

❹ 어간+암/엄/염+수다 [-고 있습니다]

이 형태를 취할 때의 '-수다'는 진행상을 나타내는 선어말어미 '-암/엄/염(고 있)-' 다음에 붙어서, 현대국어의 '-고 있습니다'의 '-습니다'가 된다. 또 끝에 강세첨사 '게/겐'·'양'이 덧붙는데, 그 중 어느 하나만 붙으면 '요'가, 둘이 겹쳐서 붙으면 그 어세가 더 강해져서 '네'가 덧붙은 '요네'가 된다.

△ 양성어간+암+수다 [-고 있습니다]

· 낭입덜이 돋암수다.
  (나뭇잎들이 돋고 있습니다.)
· ᄀ레로 ᄀᆯ암수다.
  (맷돌로 갈고 있습니다.)

△ 양성어간+암+수다+게/겐 [-고 있습니다요]

· 날 훤이 붉암수다게.
  (날이 환히 밝고 있습니다요.)
· 돌도 오래뒈난 삭암수다겐.
  (돌도 오래되니 삭고 있습니다요.)

△ 양성어간+암+수다+게/겐+양 [-고 있습니다요네]

· 멩부에 일름 둘암수다게양.
  (명부에 이름 달고 있습니다요네.)
· 물이 ᄎᆞᄎᆞ 맑암수다겐양.
  (물이 차차 맑고 있습니다요네.)

△ 음성어간+엄+수다 [-고 있습니다]

· 께만 자꾸 늘엄수다.
  (꾀만 자꾸 늘고 있습니다.)
· ᄀ물안 풀이 다 죽엄수다.
  (가물어서 풀이 다 죽고 있습니다.)

△ 음성어간+엄+수다+게/겐 [-고 있습니다요]

· 꼿이 하영 피엄수다게.
  (꽃이 많이 피고 있습니다요.)
· 둑덜이 빙 걸련 죽엄수다겐.
  (닭이 병 걸려서 죽고 있습니다요.)

△ 음성어간+엄+수다+양 [-고 있습니다요]
  · 얼언 독독 털엄수다양.
  (추워서 돌돌 떨고 있습니다요.)
  · 동지 넘으난 낮이 질엄수다양.
  (동지가 넘으니 낮이 길고 있습니다요.)

△ 음성어간+엄+수다+게/겐+양 [-고 있습니다요네]
  · 말수가 자꾸 늘엄수다게양.
  (말수가 자꾸 늘고 있습니다요네.)
  · 장마 지난 보리가 밧듸서 썩엄수다겐양.
  (장마가 지니까 보리가 밭에서 썩고 있습니다요네.)

△ ᄒ(ᄒ다)+염+수다 [-고 있습니다]
  · 아직 걷지도 못ᄒ염수다.
  (아직 걷지도 못하고 있습니다.)
  · 맨날 지침만 ᄒ염수다.
  (맨날 기침만 하고 있습니다.)

△ ᄒ(ᄒ다)+염+수다+게/겐 [-고 있습니다요]
  · 경 ᄒ젠 멩심ᄒ염수다게.
  (그렇게 하려고 명심하고 있습니다요.)
  · 죽어도 안 가켄 ᄒ염수겐.
  (죽어도 안 가겠다고 하고 있습니다요.)

△ ᄒ(ᄒ다)+염+수다+양 [-고 있습니다요]
  · 이제사 가젠 ᄒ염수다양.
  (이제야 가려고 하고 있습니다요.)
  · 애기 울젠 ᄒ염수다양.
  (아기 울려고 하고 있습니다요.)

△ 흥(흥다)+염+수다+게/겐+양 [-고 있습니다요네]]
- 그 사름만 독ᄎ지흥염수다게양.
  (그 사람만 독차지하고 있습니다요네.)
- 나도 부지런이 흥염수다겐양.
  (나도 부지런히 하고 있습니다요네.)

(3) -수게/-수겡/-수겐 [-습니다]

이들 존대형의 평서형종결어미는 '-수다'와 같이 쓰인다. 다른 점은 어감의 차이만 부등호로 나타내면 '-수게<-수겡<-수겐'이 될 뿐, 그 뜻은 '-습니다' 그대로다. 그 쓰이는 조건도 '-수다'와 같이 아래 ❶❷❸과 같다.

❶ 어간+수게/수겡/수겐 [-습니다]

이 형태를 취할 때의 '-수게/-수겡/-수겐'은 동사의 어간에 붙을 경우는 '잇다/싯다(있다)'의 어간 '잇(있)'·'싯(있)' 다음에 놓여서 현대국어의 '있습니다'의 '-습니다'가 된다. 형용사의 어간에 붙을 때는 모음이나 'ㄹ' 이외의 자음받침으로 끝나는 어간에 붙어서 현대국어의 '-습니다'가 된다. 또 끝에 강세첨사 '게/겐'이 붙으면 그 어세가 더 강해져서 '네'가 덧붙은 효과가 있다.

△ 동사어간(잇다/싯다)+수게/수겡/수겐 [-습니다]
- 그런 건 아무 듸나 잇수게.
  (그런 건 아무 데나 있습니다.)
- 쓸 만이 싯수겡.
  (쓸 만큼 있습니다.)
- 굼벵이도 늼 둥글 재간은 잇(싯)수겐.
  (굼벵이도 뉘서 뒹굴 재간은 있습니다.)

△ 동사어간(잇다/싯다)+수게/수겡/수겐+게/겐 [-습니다요]

· 바당이도 므르가 잇수게게(겐).
(바다에도 마루가 있습니다요.)
· 지금도 빗이 싯수겡게(겐).
(지금도 빚이 있습니다요.)
· 멜도 베설은 다 잇(싯)수겐게(겐).
(멸치도 베설은 다 있습니다요.)

△ 형용사어간(모음/ㄹ제외)+수게/수겡/수겐 [-습니다]

· 주는 거 엇이 밉수게.
(주는 것 없이 밉습니다.)
· 그 집인 아들 하나밧긔 엇수겡.
(그 집에는 아들 하나밖에 없습니다.)
· 천장이 너미 늦수겐.
(천정이 너무 낮습니다.)

△ 형용사어간(모음/ㄹ제외)+수게/수겡+게/겐 [-습니다요]

· 낭 싱근 스이가 너미 촛수게게(겐).
(나무 심은 사이가 너무 잦습니다요.)
· 집 새로 고치난 좋수겡게(겐).
(집 새로 고치니까 좋습니다요.)
· 불빗이 어둑수겐게(겐).
(불빛이 어둡습니다요.)

❷ 어간+앗/엇/엿+수게/수겡/수겐 [-았/었/였습니다]

이 형태를 취할 때의 '-수게/-수겡/-수겐'은 과거시제 선어말어미 '-앗/엇/엿(았/었/였)-' 다음에 붙어서, 현대국어의 '-았/었/였습니다'의 '-습니다'가 된다. 또 끝에 강세첨사 '게/겐'이 붙으면 그 어세가 더 강해져서 존대의 뜻이 담긴 '요'가 덧붙은 효과가 있다.

△ 양성어간+앗+수게/수겡/수겐 [-았습니다]

· 다덜 보앗<u>수게</u>.
  (다들 보았<u>습니다</u>.)
· 옛날은 사름으로 밧을 갈앗<u>수겡</u>.
  (옛날은 사람으로 밭을 갈았<u>습니다</u>.)
· 누에 줄 뽕닙을 톨앗<u>수겐</u>.
  (누에 줄 뽕잎을 땄(따았)<u>습니다</u>.)

△ 양성어간+앗+수게/수겡/겐+게/겐 [-았습니다요]

· 집끄장 다 삿(사앗)<u>수게게(겐)</u>.
  (집까지 다 샀(사았)<u>습니다요</u>.)
· 밥에 놀 콩을 깟(까앗)<u>수겡게(겐)</u>.
  (밥에 놓을 콩을 깠(까았)<u>습니다요</u>.)
· 불난 집이 다 캇(카앗)<u>수겐게(겐)</u>.
  (불나서 집이 다 탔(타았)<u>습니다요</u>.)

△ 음성어간+엇+수게/수겡/수겐 [-었습니다]

· 요새 돈 하영 버실엇<u>수게</u>.
  (요새 돈 많이 벌었<u>습니다</u>.)
· 제우제우 빗 물엇<u>수겡</u>.
  (겨우겨우 빚 물었<u>습니다</u>.)
· 궤안에 지피 곱견 놔뒷(두엇)<u>수겐</u>.
  (궤안에 깊이 숨겨서 놔두었<u>습니다</u>.)

△ 음성어간+엇+수게/수겡/스겐+게/겐 [-었습니다요]

· 늠삔 썰언 지붕우이 널엇<u>수게게(겐)</u>.
  (무는 썰어서 지붕위에 널었<u>습니다요</u>.)
· 부름에 휘어졋(지엇)<u>수겡게(겐)</u>.
  (바람에 휘어졌(지었)<u>습니다요</u>.)
· 그 밧딘 소낭만 싱겻(그엇)<u>수겐게(겐)</u>.

(그 밭에는 소나무만 심었습니다요.)

△ ᄒ(ᄒᄃ다)+엿+수게/수겡/스겐 [-였습니다]

· 놈신디 못뒌 말 ᄒ엿<u>수게</u>.
(남한테 못된 말을 하였습니다.)

· 들에 강 자멍 용시ᄒ엿<u>수겡</u>.
(들에 가서 자면서 농사하였습니다.)

· 엿날엔 보리낭불로 밥ᄒ엿<u>수겐</u>.
(옛날에는 보릿짚불로 밥하였습니다.)

△ ᄒ(ᄒᄃ다)+엿+수게/수겡/수겐+게/겐 [-였습니다요]

· 아직은 뿔리가 존존ᄒ엿<u>수게게</u>(겐).
(아직은 뿌리가 자잘하였습니다요.)

· 젊은 땐 고생께나 ᄒ엿<u>수겡게</u>(겐).
(젊은 때는 고생께나 하였습니다요.)

· 정신이 오락가락ᄒ엿<u>수겐게</u>(겐).
(정신이 오락가락하였습니다요.)

❸ 어간+암/엄/염+수게/수겡/수겐 [-고 있습니다]

이 형태를 취할 때의 '-수게/-수겡/-수겐'은 진행상을 나타내는 선어말어미 '암/엄/염(고 있)-' 다음에 붙어서, 현대국어의 '-고 있습니다'의 '-습니다'가 된다. 또 끝에 강세첨사 '게/겐'이 붙으면 그 어세가 더 강해져서 존대의 뜻이 담긴 '요'가 덧붙은 효과가 있다.

△ 양성어간+암+수게/수겡/수겐 [-고 있습니다]

· 공중이서 빙빙 돌암<u>수게</u>.
(공중에서 빙빙 돌고 있습니다.)

· 늙으난 몸집도 족암<u>수겡</u>.
(늙으니까 몸집도 작고 있습니다.)

· 놀젱 ᄒ여도 놀개가 엇언 못 놀암<u>수젠</u>.
(날려고 하여도 날개가 없어서 못 날고 있습니다.)

△ 양성어간+암+수게/수겡/수젠+게/젠 [-고 있습니다요]
· 정ᄒ여진 자리에만 앚암<u>수게</u>게(젠).
(정해진 자리에만 앉고 있습니다요.)
· 독새기 오래 난 내부난게 골암<u>수겡</u>게(젠).
(달걀 오래 놔서 내버리니까 골고 있습니다요.)
· 커가난 점점 고왐(오암)<u>수젠</u>게(젠).
(커가니 점점 곱고 있습니다요.)

△ 음성어간+엄+수게/수겡/수젠 [-고 있습니다]
· 자인 몬저 집이 가불엄<u>수젠</u>.
(쟨 먼저 집에 가버리고 있습니다.)
· 인스 안ᄒ연 댕겨부난 궂어졈(지엄)<u>수게</u>.
(인사 안하고 다녀버리니까 궂어지고 있습니다.)
· 도로기 상방이서 둥구리엄<u>수겡</u>.
(팽이 마루에서 굴리고 있습니다.)

△ 음성어간+엄+수게/수겡/수젠+게/젠 [-고 있습니다요]
· 가인 목에 때 밀엄<u>수게</u>게(젠).
(그 아이는 목에 때를 밀고 있습니다요.)
· 츳츳 배가 불엄<u>수겡</u>게(젠).
(차차 배가 불고 있습니다요.)
· 어이가 엇으난 웃엄<u>수젠</u>게(젠).
(어이가 없으니까 웃고 있습니다요.)

△ ᄒ(ᄒ다)+염+수게/수겡/수젠 [-고 있습니다]
· 연 멘들안 색 칠ᄒ염<u>수게</u>.
(연 만들어서 색을 칠하고 있습니다.)

· 스이 좋게 말ᄒ염<u>수</u>겡.

(사이 좋게 말하고 있<u>습니다</u>.)

· 놉 안 빌언 지냥으로 ᄒ염<u>수</u>겐.

(놉 안 빌어서 자기대로 하고 있<u>습니다</u>.)

△ ᄒ(ᄒ다)+염+수게/수겡/수겐+게/겐 [-고 있<u>습니다요</u>]

· 지만도 일 잘ᄒ염<u>수</u>게게(겐).

(자기만도 일 잘하고 있<u>습니다요</u>.)

· ᄀᆞ물아 부난 입이 노랑ᄒ염<u>수</u>겡게(겐).

(가물어 버리니까 잎이 노랗고 있<u>습니다요</u>.)

· 느량 고양생각만 ᄒ염<u>수</u>겐게(겐).

(늘 고향생각만 하고 있<u>습니다요</u>.)

(4) -우다 [-ㅂ니다/-입니다/-습니다]

이 존대형의 평서형종결어미는 체언과 용언의 어간 다음에 놓여서 현대국어의 '-ㅂ니다'·'-입니다'·'-습니다'에 해당한다. 그 쓰이는 조건은 아래 ❶❷와 같다.

❶ 체언+우다 [-ㅂ니다/-입니다]

이 형태를 취할 때의 '-우다'는 모음으로 끝나는 체언에 붙어서 현대국어의 '-ㅂ니다'가 되고, 자음받침으로 끝나는 체언에는 '이다'의 '이'와 결합된 '-이우다'의 형태를 취해서 현대국어의 '-입니다'가 된다. 또 그 끝에 강세첨사 '게/겐'·'양'이 붙을 경우, 어느 하나만 붙으면 현대국어의 '-ㅂ니다요'·'-입니다요'가 되고, 둘이 겹쳐서 <-(이)우다+게/겐+양>의 형태를 취하면, 그 어세가 더 강해져서 존대를 나타내는 '요'와 '네'가 덧붙은 '-ㅂ니다요네'·'-입니다요네'·'-습니다요네'가 된다.

△ 체언(모음)+우다 [-ㅂ니다]

· 고생ᄒᆞ는 건 여주우다.

  (고생하는 것은 여잡(자ㅂ)니다.)

· 숨 쉬는 듸가 코우다.

  (숨 쉬는 데가 콥(코ㅂ)니다.)

△ 체언(모음)+우다+게/겐/양 [-ㅂ니다요]

· 저디 줄짓언 눌아가는 건 기레기우다게.

  (저기 줄지어서 날아가는 것은 기러깁(기ㅂ)니다요.)

· 승키 담을 그릇은 대바구리우다겐.

  (채소 담을 그릇은 대바구닙(니ㅂ)니다요.)

· 집집마다 질루는 게 도새기우다양.

  (집집마다 기르는 것이 돼집(지ㅂ)니다요.)

△ 체언(모음)+우다+게/겐+양 [-ㅂ니다요네]

· 저 사름은 술고래우다게양.

  (저 사람은 술고랩(래ㅂ)니다요네.)

· 궤기 신 듸 잘 아는 건 물가마기우다겐양.

  (고기 있는 데 잘 아는 것은 가마우집(지ㅂ)니다요네.)

△ 체언(자음)+이우다 [-입니다]

· 멀정ᄒᆞ 사름 잡는 게 말이우다.

  (말짱한 사람 잡는 것이 말입니다.)

· 모리가 나 생일날이우다.

  (모레가 내 생일날입니다.)

△ 체언(자음)+이우다+게/겐/양 [-입니다요]

· 궨당은 옷 우잇 ᄇᆞ름이우다게.

  (친족은 옷 위의 바람입니다요.)

· ᄉᆞ철 중에 질 좋은 때가 ᄀᆞ을이우다겐.

(사철 중에 제일 좋은 때가 가을<u>입니다요</u>.)
· 그건 우리 ᄉ춘성<u>이우다양</u>.
(그것은 우리 사촌형<u>입니다요</u>.)

△ 체언(자음)+이우다+게/겐+양 [-입니다요네]
· 질긴 게 사름 목숨<u>이우다게양</u>.
(질긴 것이 사람 목숨<u>입니다요네</u>.)
· 생각덜이 지만썩<u>이우다겐양</u>.
(생각들이 제만씩<u>입니다요네</u>.)

❷ 어간+우다 [-ㅂ니다/-습니다]

이 형태를 취할 때의 '-우다'는 모음이나 'ㄹ'받침으로 끝나는 형용
사의 어간 다음에 붙어서 현대국어의 '-ㅂ니다'가 되고, 동사인 경우는 '말
다'의 어간 '말'에 붙어서 '-습니다'가 된다. 또 끝에 강세첨사 '게/겐'·'양'
이 덧붙는데, 그 중 어느 하나만 붙으면 '-요'가, 둘이 겹쳐서 붙으면 그
어세가 더 강해져서 존대의 뜻이 담긴 '네'가 덧붙은 '요네'가 된다.

△ 형용사어간(모음/ㄹ)+우다 [-ㅂ니다]
· 그건 절대 아니<u>우다</u>.
(그건은 절대 아닙(니ㅂ)니다.)
· 궤기술 너미 지<u>우다</u>.
(낚싯줄이 너무 깁(길ㅂ)니다.)

△ 형용사어간(모음/ㄹ)+우다+게/겐 [-ㅂ니다요]
· 어룬보단 아이가 더 크<u>우다게</u>.
(어른보다 아이가 더 큽(크ㅂ)니다요.)
· 그 ᄁᆞ장은 멀긴 머<u>우다겐</u>.
(그 까지는 멀기는 멉(머ㅂ)니다요.)

△ 형용사어간(모음/ㄹ)+우다+게/겐+양 [-ㅂ니다요네]

· 물건이 쭉 골르우다게양.
 (물건이 쭉 고릅(르ㅂ)니다요네.)
· 물맛이 드우다겐양.
 (물맛이 답(달ㅂ)니다요네.)

△ 동사어간(말다)+우다 [-습니다]

· 난 돈 줘도 마우다.
 (나는 돈을 쥐고 싫습니다.)
· 그런 부스레긴 마우다.
 (그런 부스러기는 싫습니다.)

△ 동사어간(말다)+우다+게/겐/양 [-습니다요]

· 아멩 고와도 그 새각썬 마우디게.
 (아무리 고와도 그 색시는 싫습니다요.)
· 그 재산 다 물려준뎅 흐여도 마우다겐.
 (그 재산 다 물려준다고 하여도 싫습니다요.)
· 난 재산도 마우다양.
 (나는 재산도 싫습니다요.)

△ 동사어간(말다)+우다+게/겐+양 [-습니다요네]

· 벨거엥 골아도 난 마우다게양.
 (별것이라 말하여도 나는 싫습니다요네.)
· 난 아무 것도 마우다겐양.
 (나는 아무 것도 싫습니다요네.)

(5) -우께/-우껭/-우껜 [-ㅂ니다/-입니다/-습니다]

이들 존대형의 평서형종결어미는 '-우다'의 변이형으로서, 그 뜻도 '-우다'와 같은 현대국어의 '-ㅂ니다'·'-입니다' '-습니다'에 해당한다.

다만 동사에는 붙지 않고 체언과 형용사어간에만 붙어서 '-우다'보다 어감
과 어세를 강하게 한다. 부등호로 나타내면 '-우께<-우껭<-우껜'이 되는
데, 그 쓰이는 조건은 아래 ❶❷와 같다.

❶ 체언+우께/우껭/우껜 [-ㅂ니다/-입니다]

이 형태를 취할 때의 '-우께/-우껭/-우껜'은 모음으로 끝나는 체언
에 붙으면 현대국어의 '-ㅂ니다'가 되고, 자음받침으로 끝나는 체언에는
'이다'의 '이'와 결합해서 '-입니다'가 된다. 또 끝에 강세첨사 '게/겐'이 붙으
면 존대의 뜻을 나타내는 '요'가, '양'이 붙으면 '네'가 덧붙은 효과가 있다.

△ 체언(모음)+우께/우껭/우껜 [-ㅂ니다]
· 저건 물이 아닌 쉐우께.
(저것은 말이 아닌 숩(소ㅂ)니다.)
· 아강발로 줍지는 게 깅이우껭.
(엄지발로 집는/깨무는 것이 겝(게ㅂ)니다.
· 밥 대신 먹는 게 감저(ᄌ)우껜.
(밥 대신 먹는 것이 고구맙(마ㅂ)니다.)

△ 체언(모음)+우께/우껭/우껜+게/겐 [-ㅂ니다요]
· ᄋᆞ름철 귀치 아니흔 게 모기우께게(겐).
(여름철 귀찮는 게 모깁(기ㅂ)니다요.)
· 집마다 질루는 게 도새기우껭게(겐).
(집마다 기르는 것이 돼집(지ㅂ)니다요.)
· 걸을 때 질 아픈 듸가 종에우껜게(겐).
(걸을 때 제일 이픈 데가 다립(리ㅂ)니다요.)

△ 체언(모음)+우께/우껭/우껜+양 [-ㅂ니다네]
· 아이덜이 ᄆᆞ스왕 ᄒᆞ는 게 고냉이우께양.

(아이들이 무서워서 하는 것이 고양입(이ㅂ)니다네.)

· 멀뤼가 산포도우껭양.

(머루가 산포돕(도ㅂ)니다네.)

· 낳는 날부떠 재우는 게 애기우껜양.

(낳는 날부터 재우는 것이 아깁(기ㅂ)니다네.)

△ 체언(자음)+이우께/이우껭/이우껜 [−입니다]

· 천동 아니민 베락이우께.

(천둥이 아니면 벼락입니다.)

· 해가 지는 듸가 서펜이우껭.

(해가 지는 데가 서편/서쪽입니다.)

· 땔 잘 알앙 우는 게 독이우껜.

(때를 잘 알고 우는 것이 닭입니다.)

△ 체언(자음)+이우께/이우껭/이우껜+게/겐 [−입니다요]

· 저 산이 찐 건 으남이우께게(겐).

(저 산에 낀 것은 안개입니다요.)

· 일 안흥영 노는 때가 멩질날이우껭게(겐).

(일을 안하고 노는 때가 명절날입니다요.)

· 심심홀 때 춫는 게 벗이우껜게(겐).

(심심할 때 찾는 것이 벗입니다요.)

△ 체언(자음)+이우께/이우껭/이우껜+양 [−입니다네]

· 밥이 보약이우께양.

(밥이 보약입니다네.)

· 불공흐는 듸가 절간이우껭양.

(불공하는 데가 절간입니다네.)

· 가차왕 좋은 듸가 빙원이우껜양.

(가까워서 좋은 데가 병원입니다네.)

❷ 어간+우께/우껭/우껜 [-ㅂ니다/-습니다]

이 형태를 취할 때의 '-우께/-우껭/-우껜'은 모음이나 'ㄹ' 받침으로 끝나는 형용사의 어간에 붙어서 현대국어의 '-ㅂ니다'가 되고, ㅂ-불규칙이면 '-습니다'가 된다. 또한 '엇다/읏다(없다)'와 ㅂ-불규칙을 제외한 자음받침 어간에는 조모음 '으'가 삽입된 '-으우께/-으우껭/-으우껜'이 붙어서 '-습니다'가 된다. 또 끝에 강세첨사 '게/겐'이 붙으면 존대의 뜻을 나타내는 '요'가 덧붙은 효과가 있다.

　△ 형용사어간(모음/ㄹ)+우께/우껭/우껜 [-ㅂ니다]
　・이디가 물건 깝 싸우께.
　　(여기가 물건 값이 쌉(싸ㅂ)니다.)
　・그게 거짓이 아니우껭.
　　(그것이 거짓이 아닙(니ㅂ)니다.)
　・그끄장은 너미 머우껜.
　　(그까지는 너무 멉(멀ㅂ)니다.)

　△ 형용사어간(모음/ㄹ)+우께/우껭/우껜+게/겐 [-ㅂ니다요]
　・다덜 쭉 골르우께게(겐).
　　(다들 쭉 고릅(르ㅂ)니다요.)
　・뒘뒘이 달르우껭게(겐).
　　(됨됨이가 다릅(르ㅂ)니다요.)
　・그건 부럭시가 너미 ㄱ느우껜게(겐).
　　(그것은 굵기가 너무 가늡(늘ㅂ)니다요.)

　△ 형용사어간(ㅂ변칙)+우께/우껭/우껜 [-습니다]
　・그딘 이디서 가차우께.
　　(거기는 여기서 가깝습니다.)
　・이 산에 단풍이 고우껭.
　　(이 산에 단풍이 곱습니다.)

· 그 일이 훨씬 흐기 쉬우껜.
(그 일이 훨씬 하기 쉽습니다.)

△ 형용사어간(ㅂ변칙)+우께/우껭/우껜+게/겐 [-습니다요]
· 사름 댕기는 질이 너미 덜려우께게(겐).
(사람 다니는 길이 너무 더럽습니다요.)
· 욕심쟁이난 미우껭게(겐).
(욕심쟁이니 밉습니다요.)
· 자이가 부러우껜게(겐).
(저 아이가 부럽습니다요.)

△ 형용사어간(모음/ㄹ/ㅂ변칙제외)+으우께/으우껭/으우껜 [-습니다]
· 낭 절이 곧으우께.
(나무의 결이 곧습니다.)
· 이 물건이 더 낫으우껭.
(이 물건이 더 낫습니다.)
· 구둘이 상방보단 넙으우껜.
(구들이 마루보다 넓습니다.)

△ 형용사어간(모음/ㄹ/ㅂ변칙제외)+으우께/으우껭/으우껜+게/겐 [-습니다요]
· 나 직신 너미 족으우께게(겐).
(내 몫은 너무 적습니다요.)
· 빙애기덜이 흙으우껭게(겐).
(병아리들이 굵습니다요.)
· 낭간이 너미 좁으우껜게(겐).
(난간이 너무 좁습니다요.)

(6) -쿠다 [-겠습니다]

이 존대형의 평서형종결어미는 용언의 어간에 붙어서 추측·의도 따위를 드러내는 현대국어의 선어말어미 '-겠'에 종결어미 '-습니다'가 결합된 것이다. 그 쓰이는 조건은 모음이나 'ㄹ' 받침으로 끝나는 어간에 붙어서 '-겠습니다'가 되고, 'ㄹ' 이외의 자음받침으로 끝나는 어간에는 조모음 '으'가 삽입된 '-으쿠다'의 형태를 취해서 '-겠습니다'가 된다. 끝에 강세첨사 '게/겐'·'양'이 붙으면 존대의 뜻을 나타내는 '요'가, 둘이 겹 붙은 '게겐+양'의 형태를 취하면 '요네'가 덧붙은 효과가 있다.

△ 어간(모음/ㄹ)+쿠다 [-겠습니다]
· 그건 흐끔 하쿠다.
(그것은 약간 많겠습니다.)
· 말 잘 안 들으난 못 준디게 굴쿠다.
(말을 잘 안 들으니까 못 견디게 굴겠습니다.)

△ 어간(모음/ㄹ)+쿠다+게/겐/양 [-겠습나다요]
· 곡숙 크는 게 흐르흐르가 달르쿠다게.
(곡식 크는 것이 하루하루가 다르겠습니다요.)
· 날이 더원 밥이 쉬쿠다겐.
(날이 더워서 밥이 쉬겠습니다요.)
· 검질맬 놉 늿만 빌쿠다양.
(김맬 놉 넷만 빌겠습니다요.)

△ 어간(모음/ㄹ)+쿠다+게/겐+양 [-겠습나다요네]
· 밋을 흐쏠 더 노피쿠다게양.
(밑을 조곰 더 높이겠습니다요네.)
· 난 삼촌네 집이강 놀쿠다겐양.
(나는 삼촌네 집에 가서 놀겠습니다요네.)

△ 어간(모음/ㄹ제외)+으(이)쿠다 [-겠습니다]

· 난 어디 안 강 집이 잇으(이)쿠다.
  (나는 어디 안 가서 집에 있겠습니다.)
· 나도 밥 먹으쿠다.
  (나도 밥 먹겠습니다.)

△ 어간(모음/ㄹ제외)+으쿠다+게/겐/양 [-겠습니다요]

· 경 홀 거민 안 가는 게 낫으쿠다게.
  (그렇게 할 것이면 안 가는 것이 낫겠습니다요.)
· 난 집이 그냥 잇엇이민 좋으쿠다겐.
  (나는 집에 그냥 있었으면 좋겠습니다요.)
· 주기만 ㅎ민 받으쿠다양.
  (주기만 하면 받겠습니다요.)

△ 어간(모음/ㄹ제외)+으쿠다+게/겐+양 [-겠습니다요네]

· 숭년이랑 들지 말앗이민 좋으쿠다게양.
  (흉년이랑 들지 말았으면 좋겠습니다요네.)
· 가이 닮으민 걱정홀 게 엇으쿠다겐양.
  (걔 닮으면 걱정할 일이 없겠습니다요네.)

(7) -이쿠다 · -시쿠다 [-겠습니다]

이들 존대형의 평서형종결어미는 시상을 나타내는 선어말어미에 붙어서 현대국어의 '-겠습니다'가 된다. 그 붙는 조건은 아래 ❶❷와 같이, 과거시제 선어말어미 '-앗/엇/엿(았/었/였)-' 다음에는 '-이쿠다'가 붙어서 '-았/었/였겠습니다'의 '-겠습니다'가 되고, 진행상을 나타내는 선어말어미 '-암/엄/염(고 있)-' 다음에는 '-시쿠다'가 붙어서 '-고 있겠습니다'의 '-겠습니다'가 된다. 끝에 강세첨사 '게/겐' · '양'이 붙으면 존대의 뜻을 나타내는 '요'가, 둘이 겹붙은 '게/겐+양'의 형태를 취하면 '요네'가 덧붙은 효과가 있다.

❶ 어간+앗/엇/엿+쿠다 [-겠습니다]

△ 양성어간+앗+이쿠다 [-았겠습니다]

· 씨 쁜 거 잘 낫(나앗)이쿠다.
  (씨 뿌린 것 잘 났(나았)겠습니다.)
· 독새긴 골앗이쿠다.
  (달걀은 곯았겠습니다.)

△ 양성어간+앗+이쿠다+게/겐/양 [-았겠습니다요]

· 밥을 먹단 말앗이쿠다게.
  (밥을 먹다가 말았겠습니다요.)
· 이젠 ᄀ레 다 ᄀ롤앗이쿠다겐.
  (이제는 맷돌 다 갈았겠습니다요.)
· 눌젱 ᄒ여도 눌개가 엇언 못 눌앗이쿠다양.
  (날려고 하여도 날개가 없어서 못 날았겠습니다요.)

△ 양성어간+앗+이쿠다+게/겐+양 [-겠습니다요네]

· 지 눈으로 돈돈이 잘 보앗이쿠다게양.
  (제 눈으로 단단히 잘 보았겠습니다요네.)
· 새끼 ᄋ라 개 낫(나앗)이쿠다겐양.
  (새끼 여러 개 났(나았)겠습니다요네.)

△ 음성어간+엇+이쿠다 [-었겠습니다]

· 쉴 만이 푹 쉬엇이쿠다.
  (쉴 만큼 푹 쉬었겠습니다.)
· 낭입덜이 다 지엇이쿠다.)
  (나뭇잎들이 다 지었겠습니다.)

△ 음성어간+엇+이쿠다+게/겐/양 [-었겠습니다요]

· 버릇은 잘 ᄀ리치엇이쿠다게.
  (버릇은 잘 가르쳤(치었)겠습니다.)
· 아팟이민 자리에 누엇이쿠다겐.
  (아팠으면 자리에 누웠겠습니다요.)
· 욱아가난 장난만 늘엇이쿠다양.
  (자라가니 장난만 늘었겠습니다요.)

△ 음성어간+엇+이쿠다+게/겐+양 [-었겠습니다요네]

· 난 이디 그냥 잇이쿠다게양.
  (나는 여기 그냥 있겠습니다요네.)
· 집이 도착ᄒ기 전에 어둑엇이쿠다겐양.
  (집에 도착하기 전에 어두었겠습니다요네.)

△ ᄒ(ᄒ다)+엿+이쿠다 [-였겠습니다]

· 몬저 일 시작ᄒ엿이쿠다.
  (먼저 일을 시작하였겠습니다.)
· 말 못ᄒ게 ᄒ난 답답ᄒ엿이쿠다.
  (말 못하게 하니까 답답하였겠습니다.)

△ ᄒ(ᄒ다)+엿+이쿠다+게/겐/양 [-였겠습니다요]

· 지 ᄆ음냥 못ᄒ엿이쿠다게.
  (제 마음대로 못하였겠습니다요.)
· 서로 ᄃ투는 거 볼 만ᄒ엿겟이쿠다겐.
  (서로 다투는 것 볼 만하였겠습니다요.)
· 입장이 곤란ᄒ엿이쿠다양.
  (입장이 곤란하였겠습니다요.)

△ ᄒ(ᄒ다)+엿+이쿠다+게/겐+양 [-였겠습니다요네]

· 잘못ᄒ여부난 미안ᄒ엿이쿠다게양.

(잘못하여버리니까 미안하였<u>겠습니다요네</u>.)
- 막 먹구정 ᄒ엿<u>이쿠다겐</u>양.
  (막 먹고자 하였<u>겠습니다요네</u>.)

❷ 어간+암/엄/염+시쿠다 [-고 있겠습니다]

△ 양성어간+암+시쿠다 [-고 있<u>겠습니다</u>]
- 나만이라도 순 돌암<u>시쿠다</u>.
  (나만이라도 순찰을 돌고 있<u>겠습니다</u>.)
- 이젠 낭순이 프릇프릇 돋암<u>시쿠다</u>.
  (이제는 나무순이 파릇파릇 돋고 있<u>겠습니다</u>.)

△ 양성어간+암+시쿠다+게/겐/양 [-고 있<u>겠습니다요</u>]
- 날랑 불 숨암<u>시쿠다게</u>.
  (나는 불을 떼고 있<u>겠습니다요</u>.)
- 지금쯤 감ᄌ 메종 다 놓암<u>시쿠다겐</u>.
  (지금쯤 감자 모종 다 놓고 있<u>겠습니다요</u>.)
- 나만 몬저 감(가암)<u>시쿠다양</u>.
  (나만 먼저 가고 있<u>겠습니다요</u>.)

△ 양성어간+암+시쿠다+게/겐+양 [-고 있<u>겠습니다요네</u>]
- 안 굴아도 알암<u>시쿠다게양</u>.
  (안 말해도 알고 있<u>겠습니다요네</u>.)
- 게민 날 촛암<u>시쿠다겐양</u>.
  (그러면 나를 찾고 있<u>겠습니다요네</u>.)

△ 음성어간+엄+시쿠다 [-고 있<u>겠습니다</u>]
- 아무도 못 들어오게 지키엄<u>시쿠다</u>.
  (아무도 못 들어오게 지키고 있<u>겠습니다</u>.)
- 벡에 볼른 흑이 굳엄<u>시쿠다</u>.
  (벽에 바른 흙이 굳고 있<u>겠습니다</u>.)

△ 음성어간+엄+시쿠다+게/겐/양 [-고 있겠습니다요]

· 볏이 잘 들엄시쿠다게(겐).

　(볕이 잘 들고 있겠습니다요.)

· 올린 꼿 하영 피엄시쿠다겐.

　(올해는 꽃이 많이 피고 있겠습니다요.)

· 지금쯤 해가 지엄시쿠다양.

　(지금쯤 해가 지고 있겠습니다요.)

△ 음성어간+엄+시쿠다+게/겐+양 [-고 있겠습니다요네]

· 난 밥부떠 먹엄시쿠다게양.

　(나는 밥부터 먹고 있겠습니다요네.

· 나도 ᄀ치 강 들엄시쿠다겐양.

　(나도 같이 가서 듣고 있겠습니다요네.)

△ ᄒ(ᄒ다)+염+시쿠다 [-고 있겠습니다]

· 말 안 ᄀ라부난 답답ᄒ염시쿠다.

　(말 안하여 버리니까 답답하고 있겠습니다.)

· 사람덜이 북작북작ᄒ염시쿠다.

　(사람들이 북적북적하고 있겠습니다.)

△ ᄒ(ᄒ다)+염+시쿠다+게/겐/양 [-고 있겠습니다요]

· 나 엇으난 더 좋안 ᄒ염시쿠다게.

　(내가 없으니까 더 좋아서 하고 있겠습니다요.)

· 나만이라도 ᄒ염시쿠다겐.

　(나만이라도 하고 있겠습니다요.)

· 머리가 어지렁ᄒ염시쿠다양.

　(머리가 복잡하고 있겠습니다요.)

△ ᄒ(ᄒ다)+염+시쿠다+게/겐+양 [-고 있겠습니다네]

· 난 눕 올 때ᄭ장 일 아니ᄒ염시쿠다게양.

(나는 놉이 올 때까지 일을 아니하고 있겠습니다요네.)
· 나 홀 것만 ᄒ엄시쿠다겐양.
(나 할 것만 하고 있겠습니다요네.)

(8) -ㅂ네다 [-ㅂ니다]

이 존대형의 평서형종결어미는 체언과 용언의 어간에 붙어서 현대
국어의 '-ㅂ니다'에 해당한다. 그 쓰이는 조건은 아래 ❶❷와 같다.

❶ 체언+ㅂ네다 [-ㅂ니다]

이 형태를 취할 때의 '-ㅂ네다'는 모음으로 끝나는 체언에 붙어서
'-ㅂ니다'가 되고, 자음받침으로 끝나는 체언에는 '이다'의 '이'와 결합돼서
'-입니다'가 된다. 또 끝에 강세첨사 '게/겐'이 붙으면 존대의 뜻을 나타내
는 '요'가 덧붙은 효과가 있다.

△ 체언(모음)+ㅂ네다+게/겐 [-ㅂ니다/-ㅂ니다요]
· 이번 추례는 납(나ㅂ)네다.
(이번 차례는 납니다.)
· 그건 우리 아입(이ㅂ)네다게.
(그것은 우리 아입니다요.)
· 이 밥은 젯상이 올릴 멥(메ㅂ)네다겐.
(이 밥은 제상에 올릴 멥니다요.

△ 체언(자음)+이(이다)+ㅂ네다+게/겐 [-입니다/-입니다요]
· 꿩 대신 둑입(이ㅂ)네다.
(꿩 대신 닭입니다.)
· 고집이 쎙게 탈입(이ㅂ)네다게.
(고집이 센 것이 탈입니다요.)
· 그 싸움은 돈 따문입(이ㅂ)네다겐.

(그 싸움은 돈 때문<u>입니다요</u>.)

❷ 어간+ㅂ네다 [-ㅂ니다]

이 형태를 취할 때의 '-ㅂ네다'는 모음이나 'ㄹ' 받침으로 끝나는 어간에 붙어서 '-ㅂ니다'가 되고, 'ㄹ' 이외의 자음받침으로 끝나는 어간에는 조모음 '으'가 삽입된 '-읍네다'가 돼서 현대국어의 '-습니다'가 된다. 또 끝에 강세첨사 '게/겐'이 붙으면 존대의 뜻을 나타내는 '요'가 덧붙은 효과가 있다.

△ 어간(모음/ㄹ)+ㅂ네다 [-ㅂ니다]
· 안ᄒ켕 ᄒ 건 안홉(ᄒᄇ)네다.
(안하겠다고 한 것은 안합니다.)
· 홀 일 다 못ᄒ멍도 삽(살ㅂ)네다.)
(할 일 다 못하면서도 삽니다.)

△ 어간(모음/ㄹ)+ㅂ네다+게/겐 [-ㅂ니다요]
· 그 집이 훨씬 널릅(르ㅂ)네다게.
(그 집이 훨씬 너릅니다요.)
· 가인 다리가 집(질ㅂ)네다겐.
(걔는 다리가 <u>깁니다요</u>.)

△ 어간(모음/ㄹ제외)+읍네다 [-습니다]
· 그 사름은 성질이 막 좋읍네다.
(그 사람은 성질이 막 좋습니다.)
· ᄀ랑비에도 옷이 젖읍네다.
(가랑비에도 옷이 젖<u>습니다</u>.)

△ 어간(모음/ㄹ제외)+읍네다+게/겐 [-습니다요]
· 포돈 익으민 색이 검읍네다게.

(포도는 익으면 색이 검습니다요.)
· 굴갱이로 손등 찍읍네다겐.
(호미로 손등 찍습니다요.)

(9) -ㅂ데다 [-ㅂ디다]

이들 존대형의 평서형종결어미는 체언과 용언의 어간에 붙어서 현
대국어의 '-ㅂ디다'에 해당한다. 그 붙는 조건은 아래 ❶❷와 같다.

❶ 체언+ㅂ데다 [-ㅂ디다]

이 형태를 취할 때의 '-ㅂ데다'는 모음으로 끝나는 체언 다음에 붙
어서 '-ㅂ디다'가 되고, 자음받침으로 끝나는 체언에는 '이다'의 '이'와 결
합해서 현대국어의 '-입디다'가 된다. 또 끝에 강세첨사 '게/겐'이 붙으면
존대의 뜻을 나타내는 '요'가, '게/겐+양'의 겹 붙은 형태를 취하면 '-요네'
가 덧붙은 효과가 있다.

△ 체언(모음)+ㅂ데다 [-ㅂ디다]
· 어리석은 게 납(나ㅂ)데다.
(어리석은 것이 납디다.
· 물우이 앚앙 히는 게 올립(리ㅂ)데다.
(물위에 앉아서 헤엄치는 것이 오립디다.

△ 체언(모음)+ㅂ데다+게/겐/양 [-ㅂ디다요]
· 야인 잘 웃지는 아입(이ㅂ)데다게.
(이 아이는 잘 웃기는 아입디다요.
· 부리지 심들 무쉽(쉬ㅂ)데다겐.
(부리기 힘들 우맙디다요.)
· 그 갠 잘 주끄는 갭(개ㅂ)데다양.
(그 개는 잘 짖는 갭디다요.)

△ 체언(모음)+ㅂ데다+게/겐+양 [−ㅂ디다요네]

· 뿌른 게 즈동찹(차ㅂ)데다게양.
  (빠른 것이 자동찹디다요네.
· 너미 매운 고치ㄱ룹데다겐양.
  (너무 매운 고치가룹디다요네.)

△ 체언(자음)+이(이다)+ㅂ데다 [−입디다]

· 옷 모냥이 가지각색입(이ㅂ)데다.
  (옷 모양이 가지각색입디다.)
· 밤이 잘 보이는 게 불빗입(이ㅂ)데다.
  (밤에 잘 보이는 것이 불빛입디다.)

△ 체언(자음)+이(이다)+ㅂ데다+게/겐/양 [−입디다요]

· 질 필요흔 게 돈입(이ㅂ)데다게(겐).
  (제일 필요한 것이 돈입디다요.)
· 말끗마다 흐는 게 욕입(이ㅂ)데다게.
  (말끝마다 하는 것이 욕입디다요.)
· 간 보난 다덜 아는 사름입(이ㅂ)데다양.
  (가서 보니 다들 아는 사람입디다요.)

△ 체언(자음)+이(이다)+ㅂ데다+게/겐+양 [−입디다요네]

· 족아도 지픈 물입(이ㅂ)데다게양.
  (작아도 깊은 물입디다요네.)
· 오분잭이카부덴 흐난 전복입(이ㅂ)데다겐양.
  (떡조개인가 보다고 하니 전복입디다요네.)

❷ **어간+ㅂ데다 [−ㅂ디다]**

이 형태를 취할 때의 '−ㅂ데다'는 모음이나 'ㄹ' 받침으로 끝나는
어간에 붙어서 '−ㅂ디다'가 되고, 'ㄹ' 이외의 자음받침으로 끝나는 어간에

는 '-읍데다'가 붙어서 '-습디다'가 된다. 또 끝에 강세첨사 '게/겐'이 붙으면 존대의 뜻을 나타내는 '요'가, '게/겐+양'의 겹 붙은 형태를 취하면 '요네'가 덧붙은 효과가 있다.

△ 어간(모음/ㄹ)+ㅂ데다 [-ㅂ디다]
- 아칙 일찍 나갑(가ㅂ)데다.
  (아침 일찍 나갑디다.)
- 지만 웨롭게 삽(살ㅂ)데다.
  (자기만 외롭게 삽디다.)

△ 어간(모음/ㄹ)+ㅂ데다+게/겐/양 [-ㅂ디다요]
- 간 보난 그런 게 아닙(니ㅂ)데다게.
  (가서 보니 그런 것이 아닙디다요.)
- 그 집안 식구덜은 다 잘삽(살ㅂ)데다겐.
  (그 집안 식구들은 다 잘삽디다요.)
- 어인간이 멀긴 멉(멀ㅂ)데다양.
  (어인간이 멀기는 멉데다요.)

△ 어간(모음/ㄹ)+ㅂ데다+게/겐+양 [-ㅂ디다요네]
- 그 집엔 나그네 즈주 옵(오ㅂ)데다게양.
  (그 집에는 손님이 자주 옵디다요네.)
- 그 못은 물이 잘 뽑(뿔ㅂ)데다겐양.
  (그 못은 물이 잘 뻽디다요네.)

△ 어간(모음/ㄹ제외)+읍데다 [-습디다]
- 이웃 사름덜이 좋읍데다.
  (이웃 사람들이 좋습디다.)
- 집안이 들어오난 모ㅈ를 벗읍데다.
  (집안에 들어오니 모자를 벗습디다.)

△ 어간(모음/ㄹ제외)+읍데다+게/겐/양 [-습디다요]

· 납은 불에 잘 녹읍데다게.
  (납은 불에 잘 녹습디다요.)
· 늧이 막 붉읍데다겐.
  (낯이 막 붉습디다요.)
· 등핏불이 각짓불보단 훨씬 더 붉읍데다양.
  (등핏불이 호롱불보다 훨씬 더 밝습디다요.)

△ 어간(모음/ㄹ제외)+읍데다+게/겐+양 [-습디다요네]

· 맨발로도 잘 걸읍데다게양.
  (맨발로도 잘 걷습디다요네.)
· 두갓이 꼭 닮읍데다겐양.
  (부부가 꼭 닮습디다요네.)

(10) -입데다··-십데다 [-습디다]

　이들 존대형의 평서형종결어미는 시상을 나타내는 선어말어미 다음에 붙어서 지난 무엇을 설명하는 현대국어의 '-습디다'에 해당한다. 즉 아래 ❶❷와 같이 '-입데다'는 주로 과거시제 선어말어미 '-앗/엇/엿(았/었/였)-' 다음에 놓여서 과거완료형인 '-았/었/였습디다'의 '-습니다'가 되고, '-십데다'는 진행상을 나타내는 선어말어미 '-암/엄/염(고 있)-' 다음에 놓여서 현재진행완료형인 '-고 있습디다'의 '-습디다'가 된다. 끝에 강세첨사 '게/겐'·'양'이 붙으면 그 뜻을 덧나게 하는 '요'가, 둘이 겹친 '게/겐'+양의 형태를 취하면 '요네'가 덧붙은 효과가 있다.

❶ 어간+앗/엇/엿+입데다 [-았/었/였습디다]

△ 양성어간+앗+입데다 [-았습디다]

· 집집마다 태국기를 돌앗입데다.

(집집마다 태극기를 달았<u>습디다</u>.)
· 펜지 받앗<u>입데다</u>.
(편지 받았<u>습디다</u>.)

△ 양성어간+앗+입데다+게/겐/양 [-았<u>습디다요</u>]
· 깝 비싸게 받앗<u>입데다게</u>(겐).
(값을 비싸게 받았<u>습디다요</u>.)
· 새 문착으로 굴앗<u>입데다겐</u>.
(새 문짝으로 갈았<u>습디다요</u>.)
· 서너 츠례 돌아보앗<u>입데다양</u>.
(서너 차례 돌아보았<u>습디다요</u>.)

△ 양성어간+앗+입데다+게/겐+양 [-았<u>습디다요네</u>]
· 혼차 우두겡이 앚앗<u>입데다게양</u>.
(혼자 우두커니 앉았<u>습디다요네</u>.)
· 밧을 지피 갈앗<u>입데다겐양</u>.
(밭을 깊이 갈았<u>습디다요네</u>.)

△ 음성어간+엇+입데다 [-었<u>습디다</u>]
· 땅 지프게 판 문엇<u>입데다</u>.
(땅 깊게 파서 묻었<u>습디다</u>.)
· 윤디로 지지엇<u>입데다</u>.
(인두로 지지었<u>습디다</u>.)

△ 음성어간+엇+입데다+게/겐/양 [-었<u>습디다요</u>]
· 으라 날 굶엇<u>입데다게</u>.
(여러 날 굶었<u>습디다요</u>.)
· 일ᄒ기엔 너미 어둑엇<u>입데다겐</u>.
(일하기에는 너무 어두었<u>습니다요</u>.)
· 발을 잘못 디덧(디엇)<u>입데다양</u>.

(발을 잘못 디뎠(디었)<u>습디다요</u>.)

△ 음성어간+엇+입데다+게/겐+양 [-었습디다요네]

· 술 취흐연 질 한가운디 누엇입데다게양.

(술 취해서 길 한가운데 누었<u>습디다요네</u>.)

· 그땐 집이 아무도 엇엇입데다겐양.)

(그때는 집에 아무도 없었<u>습디다요네</u>.)

△ 흐(흐다)+엿+입데다 [-였습디다]

· 흐루 스이에 친흐엿입데다.

(하루 사이에 친하였<u>습디다</u>.)

· 지네만 잔치흐엿<u>입데다</u>.

(자기네만 자치하였<u>습디다</u>.)

△ 흐(흐다)+엿+입데다+게/겐/양 [-였습디다요]

· 전이만 성펜이 못흐엿<u>입데다게</u>.

(전에만 형편이 모하엿<u>습디다요</u>.)

· 흑생 땐 공부 잘흐엿<u>입데다겐</u>.

(학생 때는 공부 잘하였<u>습디다요</u>.)

· 간 보난 사을 전이 영장흐엿<u>입데다양</u>.

(가서 보니까 사흘 전에 영장하였<u>습디다요</u>.)

△ 흐(흐다)+엿+입데다+게/겐+양 [-였습디다요네]

· 입장이 여간 뚝흐지 아나흐엿<u>입데다게양</u>.

(입장이 여간 딱하지 아니하였<u>습디다요네</u>.)

· 안 굴아도 오젠 흐엿<u>입데다겐양</u>.

(안 말하여도 오려고 하였<u>습디다요네</u>.)

❷ 어간+암/엄/염+십데다 [-고/있습디다]

△ 양성어간+암+십데다 [-고 있습디다]

· 나룩찝으로 초신 삼암십데다.
(볏짚으로 짚신을 삼고 있습디다.)
· 밧듸서 조코고릴 톤암십데다.
(밭에서 조이삭을 자르고 있습디다.)

△ 양성어간+암+십데다+게/겐/양 [-고 있습디다요]

· 궨당덜이 소본ᄒ염십데다게.
(친족들이 벌초하고 있습디다요.)
· 혼차만 무신거엔 골암십데다겐.
(혼자만 무엇이라고 말하고 있습니다요.)
· 줴 엇이 당ᄒ염십데다양.
(죄 없이 당하고 있습디다요.)

△ 양성어간+암+십데다+게/겐+양 [-고 있습디다요네]

· 감ᄌ 메종 놓암십데다게양.
(고구마 모종 놓고 있습디다요네.)
· 다 ᄂ누단도 남암십데다겐양.
(다 나누다가도 남고 있습디다요네.)

△ 음성어간+엄+십데다 [-고 있습디다]

· 입으로 불 불엄십데다.
(입으로 불을 불고 있습디다.)
· 지만 앚안 울엄십데다.
(자기만 앉아서 울고 있습디다.)

△ 음성어간+엄+십데다+게/겐/양 [-고 있습디다요]

· 갯ᄀ이 나간 보난 물이 들엄십데다게.
(해변에 가가서 보니까 물이 들고 있습디다요.)

· 안 썬 묵험(히엄)<u>십데다</u>겐.
　(안 써서 묵히고 <u>있습</u>디다요).
· ᄀ물아부난 몰란 유울엄<u>십데다</u>양.
　(가물어버리니까 말라서 시들고 <u>있습</u>디다요.)

△ 음성어간+엄+십데다+게/겐+양 [-고 <u>있습디다요</u>네]
· 저냑 짓는 게 늦엄<u>십데다</u>게양.
　(저녁 짓는 것이 늦고 <u>있습</u>디다요네.)
· 아칙 일찌이 방엘 지엄<u>십데다</u>겐양.
　(아침 일찍이 방아를 찧고 <u>있습</u>디다요네.)

△ ᄒ(ᄒ다)+염+십데다 [-고 <u>있습디다</u>]
· 지냥으로 ᄒ염<u>십데다</u>.
　(자기대로 하고 <u>있습디다</u>.)
· 등짐으로 졍 날르젱 ᄒ난 고생ᄒ염<u>십데다</u>.
　(등짐으로 져서 나르려고 하니까 고생하고 <u>있습</u>디다.)

△ ᄒ(ᄒ다)+염+십데다+게/겐/양 [-고 <u>있습디다요</u>]
· 뒐 대로 돼렌 ᄒ염<u>십데다</u>게.
　(될 대로 되라고 하고 <u>있습</u>디다요.)
· 갓다그네 오지 못ᄒ염<u>십데다</u>겐.
　(갔다가 오지 못하고 <u>있습</u>디다요.)
· 죽기 아니민 살기로 ᄒ염<u>십데다</u>양.
　(죽기 아니면 살기로 하고 <u>있습</u>디다요.)

△ ᄒ(ᄒ다)+염+십데다+게/겐+양 [-고 <u>있습디다요</u>네]
· 점점 인심이 매박ᄒ염<u>십데다</u>게양.
　(점점 인심이 박하고 <u>있습</u>디다요네.)
· 아무 소리도 안ᄒ연 줌줌ᄒ염<u>십데다</u>겐양.
　(아무 소리도 안하고 잠잠하고 <u>있습</u>디다요네.)

(11) -ㅂ주/-ㅂ주기 [-ㅂ니다]

이들 존대형의 평서형종결어미는 말끝을 맺는 체언과 용언의 어간에 붙어서 현대국어의 '-ㅂ니다'가 된다. 그 쓰이는 조건은 아래 ❶❷와 같다.

❶ 체언+ㅂ주/ㅂ주기 [-ㅂ니다]

이 형태를 취할 때의 '-ㅂ주/-ㅂ주기'는 모음으로 끝나는 체언에 붙어서 현대국어의 '-ㅂ니다'가 되고, 자음받침으로 끝나는 체언에는 '이다'의 '이'와 결합한 '-입주/-입주기'가 붙어서 '-입니다'가 된다. 또 끝에 강세첨사 '마씀/마씸'·'게/겐' 중 어느 하만 붙으면 존대의 뜻을 나타내는 '요'가, 둘이 겹쳐서 '마씀/마씸+게/겐'의 형태를 취하면 '-요네'가 덧붙은 효과가 있다.

△ 체언(모음)+ㅂ주/ㅂ주기 [-ㅂ니다]
· 말 잘못흔 쳅(쳬ㅂ)주.
  (말을 잘못한 쳅니다.)
· 돈이 엇으난 못 사는 겁(거ㅂ)주기.
  (돈이 없으니까 못 사는 겁니다.)

△ 체언(모음)+ㅂ주/ㅂ주기+마씀/마씸 [-ㅂ니다요]
· 죽어사 홀 놈은 바로 납(나ㅂ)주마씀(씸).
  (죽어야 할 놈은 바로 납니다요.)
· 저영 생긴 배가 테웁(우ㅂ)주기마씀(씸).
  (저렇게 생긴 배가 떼뱁니다요.)

△ 체언(모음)+ㅂ주/ㅂ주기+게/겐 [-ㅂ니다요]
· 잘 돌아사 흐는 게 머립(리ㅂ)주게(겐).
  (잘 돌아야 하는 것이 머립니다요.)

· 생일날이 유월 초닷샙(쉡)(새ㅂ)주기게(겐).
(생일날이 유월 초닷샙니다요.)

△ 체언(모음)+ㅂ주/ㅂ주기+마씀/마씸+게/겐 [-ㅂ니다요네]
· 구덕 좆는 것도 손재줍(주ㅂ)주마씀(씸)게(겐).
(바구니 겯는 것도 손재줍니다요네.)
· 바당이서 질 큰 중승(싱)은 고랩(래ㅂ)주기마씀(씸)게(겐).
(바다에서 제일 큰 짐승은 고랩니다요네.)

△ 체언(자음)+이(이다)+ㅂ주/ㅂ주기 [-입니다]
· 다 지 ᄆ음입주.
(다 제 마음입니다.)
· 아돌만 싓입주기.
(아들만 셋입니다.)

△ 체언(자음)+이(이다)+ㅂ주/ㅂ주기+마씀/마씸 [-입니다요]
· 오늘은 나 귀빠진 날입(이ㅂ)주마씀(씸).
(오늘은 나 생일날입니다요.)
· 낭 보밴 올매곡, 사름 보밴 ᄌ식입(이ㅂ)주기마씀(씸).
(나무 보배는 열매고, 사람 보배는 자식입니다요.)

△ 체언(자음)+이(이다)+ㅂ주/ㅂ주기+게/겐 [-입니다요]
· 땔 알앙 우는 게 둑입주게(겐).
(때를 알아서 우는 것이 닭입니다요.)
· 시상이서 질 귀흔 게 사름입주기게(겐).
(세상에서 제일 귀한 것이 사람입니다요.)

△ 체언(자음)+이(이다)ㅂ주/ㅂ주기+마씀/마씸+게/겐 [-입니다
요네]
· 싯당도 엇곡 엇당도 싯는 게 돈입주마씀(씸)게(겐).

(있다가도 없고 없다가도 있는 것이 돈입니다요네.)
· 하늘보단 넙은 게 부모님 공덕입주기마씀(씸)게(겐).
(하늘보다 넓은 것이 부모님 공덕입니다요네.)

❷ 어간+ㅂ주/ㅂ주기 [-ㅂ니다]

이 형태를 취할 때의 '-ㅂ주/-ㅂ주기'는 모음이나 'ㄹ' 받침어간 다음에 붙어서 현대국어의 '-ㅂ니다'가 되고, 'ㄹ' 이외의 자음받침으로 끝나는 어간 다음에는 조모음 '으'가 삽입된 '-읍주/-읍주기'가 붙어서 현대국어의 '-습니다'가 된다. 끝에 강세첨사 '마씀/마씸'과 '게/겐' 중 어느 하나만 붙으면 존대의 뜻을 나타내는 '요'가, 둘이 겹쳐서 '마씀/마씸+게/겐'의 형태를 취하면 '요네'가 덧붙은 효과가 있다.

△ 어간(모음/ㄹ)+ㅂ주/ㅂ주기 [-ㅂ니다]
· 가인 혼차만도 잘 갑(가ㅂ)주.
(그 아이 혼자만도 잘 갑니다.)
· 나도 그 사름 잘 압(알ㅂ)주기.
(나도 그 사람 잘 압니다.)

△ 어간(모음/ㄹ)+ㅂ주/ㅂ주기+마씀/마씸 [-ㅂ니다요]
· 밧고지가 원체 쿱(크ㅂ)주마씀(씸).
(밭이랑이 워낙 큽니다요.)
· 그 사람은 놉 빌 때민 날 빕(주ㅂ)주기마씀(씸).
(그 사람은 놉을 빌 때면 나를 빕니다요.)

△ 어간(모음/ㄹ)+ㅂ주/ㅂ주기+게/겐 [-ㅂ니다요]
· 언제나 비앵길 탑(타ㅂ)주게(겐).
(언제나 비행기를 탑니다요.)
· 가인 더 오래 놉(놀ㅂ)주기게(겐).
(걔는 더 오래 놉니다요.)

△ 어간(모음/ㄹ)+ㅂ주/ㅂ주기+마씀/마씸+게/겐 [-ㅂ니다요네]
· 잔치 때민 궨당은 꼭 청흡(ᄒㅂ)주마씀(씸)게(겐).
  (잔치 때면 권당은 꼭 청합니다요네.)
· 안 도와줘도 지냥으로덜 잘삽(사ㅂ)주기마씀(씸)게(겐).
  (안 도와줘도 자기대로들 잘삽니다요네.)

△ 어간(모음/ㄹ제외)+읍주/읍주기 [-습니다]
· 흐를 두 참 질은 늘 걸읍주.
  (하루 십리 길은 늘 걷습니다.)
· 집이 들어오민 갓은 벗읍주기.
  (집에 들어오면 갓은 벗습니다.)

△ 어간(모음/ㄹ제외)+읍주/읍주기+마씀/마씸 [-습니다요]
· 쟈인 맛존 것만 골랑 먹읍주마씀(씸).
  (쟤는 맛좋은 것만 골라서 먹습니다요.)
· 밴 일년이 흔 척썩 짓읍주기마씀(씸).
  (배는 일년에 한 척씩 짓습니다요.)

△ 어간(모음/ㄹ제외)+읍주/읍주기+게/겐 [-습니다요]
· 고망난 솟은 잘 막읍주게(겐).
  (구멍난 솥은 잘 막습니다요.)
· 그 집인 개 뜨릴 막댕이도 엇읍주기게(겐).
  (그 집에는 개 때릴 막대기도 없습니다요.)

△ 어간(모음/ㄹ제외)+읍주/읍주기+마씀/마씸+게/겐 [-습니다
요네]
· 이제 가민 늦읍주마씀(씸)게(겐).
  (이제 가면 늦습니다요네.)
· 그 집보단사 우리 집이 족읍주기마씀(씸)게(겐).
  (그 집보다야 우리 집이 작습니다요네.)

(12) -입주/-입주기 · -십주/-십주기 [-습니다] [20]

이들 존대형의 평서형종결어미는 시상을 나타내는 선어말어미에 붙는다. 즉 아래 ❶❷와 같이 과거시제 선어말어미 '-앗/엇/엿(았/었/였)-', 진행상을 나타내는 선어말어미 '-암/엄/염(고 있)-' 다음에 놓여서 현대국어의 '-았/었/였습니다' · '-고 있습니다'의 '-습니다'가 된다. 끝에 강세첨사 '마씀/마씸' · '게/겐' 중 어느 하나가 붙으면 존대의 뜻을 나타내는 '요'가, 둘이 겹쳐서 '마씀/마씸+게/겐'의[21] 형태를 취하면 '요네'가 덧붙은 효과가 있다.

❶ 어간+앗/엇/엿+입주/입주기 [-습니다]

△ 양성어간+앗+입주/입주기 [-았습니다]

· 밧 들어간 건 보상을 받앗입주.
(밭 들어간 것은 보상을 받았습니다.)

· 농스엔 손을 놓앗입주기.
(농사에는 손을 놓았습니다.)

△ 양성어간+앗+입주/입주기+마씀/마씸 [-았습니다요]

· 나도 젊은 때사 고왓(오앗)입주마씀(씸).
(나도 젊은 때야 고왔습니다요.)

· 일제 땐 방공호도 강제로 팟(파앗)입주기마씀(씸).
(일제 때는 방공호도 강제로 팠습니다요.)

---

20) 이들 '-입주/-입주기'는 자음받침으로 끝나는 체언에 붙는 '이다'의 '이'와 결합된 형태의 '-입주/-입주기'와는 다르다. 여기서는 과거시제 선어말어미 '-앗/엇/엿(았/었/였)-'에 붙는 존대형의 종결어미 '-습니다'에 대응한다.

21) 강세첨사가 덧붙은 '마씀/마씸+게/겐'은 말하는 사람의 어투에 따라 '게/겐+마씀/마씸'으로 그 위치를 바꿔서 쓰기도 한다.

△ 양성어간+앗+입주/입주기+게/겐 [-았습니다요]

· 아이 땐 눈이 붉앗입주게(겐).
  (아이 때는 누이 밝았습니다요.)
· 그냥 주켄 흐여도 말앗입주기게(겐).
  (그냥 주겠더고 하여도 말았습니다요.)

△ 양성어간+앗+입주/입주기+마씀/마씸+게/겐 [-았습니다요네]

· 아직 어금닌 안 돋앗입주마씀(씸)게(겐).
  (아직 어금니는 안 돋았습니다요네.)
· 집에 문페사 돌앗입주기마씀(씸)게(겐).
  (집에 문패야 달았습니다요네.)

△ 음성어간+엇+입주/입주기 [-었습니다]

· 갈옷도 엇언 못 입엇입주.
  (갈옷도 없어서 못 입었습니다.)
· 일 말아보젠 즌꿰만 부렷(리엇)입주기.
  (일 말아보려고 잔꾀만 부렸(리었)습니다.)

△ 음성어간+엇+입주/입주기+마씀/마씸 [-었습니다요]

· 굴을 말도 못홀 때가 잇엇입주마씀(씸).
  (할 말도 못할 때가 있었습니다요.)
· 옛날은 멀어도 걸을 수밧게 엇엇입주기마씀(씸).
  (옛날은 멀어도 걸을 수밖에 없었습니다요.)

△ 음성어간+엇+입주/입주기+게/겐 [-었습니다요]

· 잘못흐민 벌을 주엇입주게(겐).
  (잘못하면 벌을 주었습니다요.)
· 아이 땐 곱안 답밸 피엇입주기게(겐).
  (아이 때는 숨어서 담배를 피었습니다요.)

△ 음성어간+엇+입주/입주기+마씀/마씸+게/겐 [-었습니다요네]

· 옛날사 두린 때덜 하영 죽엇입주마씀(씸)게(겐).
(옛날에야 어린 때들 많이 죽었습니다요네.)
· 질 엇으난 놈이 밧담을 텃(트엇)입주기마씀(씸)게(겐).
(길이 없으니 남의 밭담을 텄(트었)습니다요네.)

△ ᄒ(ᄒ다)+엿+입주/입주기 [-였습니다]

· 난 아무 말도 안ᄒ엿입주.
(나는 아무 말도 안하였습니다.)
· 귀 눈이 왁왁하엿입주기.
(귀 눈이 캄캄하였습니다.)

△ ᄒ(ᄒ다)+엿+입주/입주기+마씀/마씸 [-였습니다요]

· 난 장난 삼안 ᄒ엿입주마씀(씸).
(나는 장난 삼아서 하였습니다요.)
· 어룬 앞이선 쓸데기엇은 말은 못ᄒ엿입주기마씀(씸).
(어른 앞에서는 쓸데없는 말은 못하였습니다요.)

△ ᄒ(ᄒ다)+엿+입주/입주기+게/겐 [-었습니다요]

· 그 밧 흥정 잘ᄒ엿입주게(겐).
(그 밭 흥정 잘하였습니다요.)
· 가인 글 지언 장원ᄒ엿입주기게(겐).
(걔는 글을 지어서 장원하였습니다요.)

△ ᄒ(ᄒ다)+엿+입주/입주기+마씀/마씸+게/겐 [-었습니다요네]

· 흑교에 못 가카부덴 걱정ᄒ엿입주마씀(씸)게(겐).
(학교에 못 갈까보다고 걱정하였습니다요네.)
· 홧짐에 ᄒ바탕ᄒ엿입주기마씀(씸)게(겐).
(홧김에 한바탕하였습니다요네.)

❷ 어간+암/엄/염+십주/십주기 [-고 있습니다]

　△ 양성어간+암+십주/십주기 [-고 있습니다]

　・지름 좃구암십주.
　　(기름을 조리고 있습니다.)
　・주난 자꾸 받암십주기.
　　(주니까 자꾸 받고 있습니다.)

　△ 양성어간+암+십주/십주기+마씀/마씸 [-고 있습니다요]

　・궂새로 험벅을 꼿암십주마씀(씸).
　　(가위로 헝겊을 자르고 있습니다요.)
　・물이 땅이서 솟암십주기마씀(씸).
　　(물이 땅에서 솟고 있습니다요.)

　△ 양성어간+암+십주/십주기+게/겐 [-고 있습니다요]

　・솟된 불 숨암십주게(겐).
　　(솥에는 불을 때고 있습니다요.)
　・큰 것만 골련 앗암십주기게(겐).
　　(큰 것만 골라서 가지고 있습니다요.)

　△ 양성어간+암+십주/십주기+마씀/마씸+게/겐 [-고 있습니다
　　요네]

　・잘 익으난 돌암십주마씀(씸)게(겐).
　　(잘 익으니까 달아지고 있습니다요.)
　・하도 지뻔 놀개가 엇언 못 놀암십주기마씀(씸)게(겐).
　　(하도 기뻐서 날개가 없어서 못 날고 있습니다요.)

　△ 음성어간+엄+십주/십주기 [-고 있습니다]
　・재산이 자꾸 불엄십주.
　　(재산이 자꾸만 불고 있습니다.)
　・땅 지펀 기엄십주기.

(땅을 짚어서 기고 있습니다.)

△ 음성어간+엄+십주/십주기+마씀/마씸 [-고 있습니다요]
· 오래 놀아부난 실펌(프엄)십주마씀(씸).
(오래 놀아버리니까 싫어지고 있습니다요.)
· 날 보멍 웃엄십주기마씀(씸).
(나를 보면서 웃고 있습니다요.)

△ 음성어간+엄+십주/십주기+게/겐 [-고 있습니다요]
· 펜흔 날이 엇엄십주게(겐).
(편한 날이 없어지고 있습니다요.)
· 소식만은 늘 들엄십주기게(겐).
(소식만은 늘 듣고 있습니다요.)

△ 음성어간+엄+십주/십주기+마씀/마씸+게/겐 [-고 있습니다
요네]
· 앞더레 가렝 뒤이서 밀엄주마씀(씸)게(겐).
(앞으로 가라고 뒤에서 밀고 있습니다요네.)
· 옷 터지난 주엄십주기마씀(씸)게(겐).
(옷이 떨어지니까 깁고 있습니다요네.)

△ ㅎ(ㅎ다)+염+십주/십주기 [-고 있습니다]
· ᄉ정을 봐 주젠 ㅎ난 똑ㅎ염십주.
(사정을 봐 주려고 하니까 딱하고 있습니다.)
· 죽사닐 내물젠 굿ㅎ염십주기.
(잡귀를 내몰려고 굿하고 있습니다요.)

△ ㅎ(ㅎ다)+염+십주/십주기+마씀/마씸 [-고 있습니다요]
· 일사 죽도록 ㅎ염십주마씀(씸).
(일이야 죽도록 하고 있습니다요.)

· ᄒ는 게 엇으난 심심ᄒ염십주기마씀(씸).
(하는 게 없으니까 심심하고 있습니다요.)

△ ᄒ(ᄒ다)+염+십주/십주기+게/겐 [-고 있습니다요]
· 먹을 양숙사 넉넉ᄒ염십주게(겐).
(먹을 양식이야 넉넉하고 있습니다요.)
· 가민 간 듸 오민 온 듸 ᄆ슴ᄒ염십주기게(겐).
(가면 간 데 오면 온 데 마음하고 있습니다요.)

△ ᄒ(ᄒ다)+염+십주/십주기+마씀/마씸+게/겐 [-고 있습니다요
네]
· 혼저 떠날 생각만 ᄒ염십주마씀(씸)게(겐).
(빨리 떠날 생각만 하고 있습니다요네.)
· 청멩이 뒈난 풀덜이 프리롱ᄒ염십주기마씀(씸)게(겐).
(청명이 되니 풀들이 파르스름하고 있습니다요네.)

(13) -옵네다 [-옵니다]

이 존대형의 평서형종결어미는 극존대형의 선어말어미 '-옵-'에
종결어미 '-네다'가 결합된 현대국어의 '-옵니다'에 해당한다. 그 쓰이는
조건은 아래 ❶❷와 같은데, 농어민들이 쓰는 민중어로는 잘 쓰이지 않고
지식층이나 관료들이 주로 썼다.

❶ 체언+옵+네다 [-옵니다]

이 형태를 취할 때의 '-옵네다'는 모음으로 끝나는 체언에 붙어
서 현대국어의 아주높임의 예스러운 종결어미 '-옵니다'가 되고, 자음
받침으로 끝나는 체언 다음에는 '이다'의 '이'와 결합해서 '-이옵니다'가
된다.

△ 체언(모음)+옵+네다 [-옵니다]

· ㅈ식은 그거 ㅎ나<u>옵네다</u>.
  (자식은 그거 하나옵니다.)
· 낭도 중흔 게 뿔리<u>옵네다</u>.
  (나무도 중한 것이 뿌리옵니다.)

△ 체언(자음)+이(이다)+옵+네다 [-이옵니다]

· 매날 우는 게 일<u>이옵네다</u>.
  (매날 우는 것이 일이옵니다.)
· 그게 문 어루신 덕<u>이옵네다</u>.
  (그것이 다 어르신 덕이옵니다.)

❷ **어간+옵+네다 [-옵니다]**

이 형태를 취할 때의 '-옵네다'는 모음이나 'ㄹ' 받침으로 끝나는 용언의 어간에 붙어서 현대국어의 예스러운 '-옵니다'가 되고, 'ㄹ' 이외의 자음받침 어간으로 끝나는 어간에는 조모음 '으'와 결합된 '-으옵니다'가 된다.

△ 어간(모음/ㄹ)+옵+네다 [-이옵니다]

· 글쎄 그게 걱정<u>이옵네다</u>.
  (글께 그것이 걱정이옵니다.)
· 요샌 펜이 사<u>옵네다</u>.
  (요새는 편히 사옵니다.)

△ 어간(모음/ㄹ제외)+으옵+네다 [-으옵니다]

· 더픈 이불을 걷<u>으옵네다</u>.
  (덮은 이불을 걷으옵니다.)
· 저 사름은 나보단도 젊<u>으옵네다</u>.
  (저 사람은 나보다보다 젊으옵니다.)

(14) - 스옵네다 [-사옵니다] 22)

이들 존대형의 평서형종결어미는 아주높임인 극존대형의 선어말
어미 '-스옵(사옵)-'에 종결어미 '-네다'가 결합된 현대국어의 '-사옵니
다'에 해당한다. 그 쓰이는 조건은 지체가 높은 관료나 선비를 상대해서
공손히 말할 때 모음과 'ㄹ' 받침 이외의 자음받침으로 끝나는 어간이나,
과거시제 선어말어미 '-앗/엇/엿(았/었/였)-'과 진행상을 나타내는 선어
말어미 '-암/엄/염(고 있)-' 다음에 붙어서 현대국어의 '-았/었/였사옵니
다'·'-고 있사옵니다'의 '-사옵니다'가 된다. 또 이와 같이 극존대형으로
쓰이는 '-스옵나이다(사옵나이다)'도 있는데, 이에 대한 것은 '-스옵네다'
를 '-스옵나이다'로 바꾸면 되므로 그 예시는 생략키로 한다.

△ 어간(모음/ㄹ제외)+스옵+네다 [-사옵니다]

·새로 집을 짓스옵네다.

(새로 집을 짓사옵니다.)

·어느 걸 줘도 좋스옵네다.

(어니 것을 줘도 좋사옵니다.)

△ 어간+앗/엇/엿+스옵+네다 [-았/었/였사옵니다]

·양성어간: 울담이 너미 늦앗스옵네다.

(울타리의 담장이 너무 낮았사옵니다.)

·음성어간: 새 대신 어욱으로 집을 일엇스옵네다.

(띠 대신 억새로 집을 이었사옵니다.)

·ㅎ(ㅎ다): 모모ㅎ지가 안ㅎ엿스옵네다.

(만만하지가 안하였사옵니다.)

---

22) '-스옵네다'와 같은 극존대어는 농어촌의 주민들은 잘 쓰지 않는다. 식자층의 선비나
관리들이 그들 윗사람을 존대해서 말할 때 쓰일 뿐, 일상생활에서는 좀처럼 쓰이지 않
았다. 오직 현대국어의 예사높임인 '-습니다'에 해당하는 '-수다'·'-우다' 따위를 즐
겨 썼다.

△ 어간+암/엄/염+스옵+네다 [-고 있<u>사옵니다</u>]

· 양성어간: 그자 집이서 놀암<u>스옵네다.</u>
        (그저 집에서 놀고 있<u>사옵니다.</u>)
· 음성어간: 애긴 등에 업엄<u>스옵네다.</u>
        (아기는 등에 업고 있<u>사옵니다.</u>)
· ᄒ(ᄒ다): 잘 부탁ᄒ염<u>스옵네다.</u>
        (잘 부탁하고 있<u>사옵니다.</u>)

(15) -ᄌ옵네다 [-자옵니다] 23)

이 존대형의 평서형종결어미는 아주높임의 예스러운 극존대형 선어말어미 '-ᄌ옵(자옵)-'에 종결어미 '-네다'가 결합된 현대국어의 '-자옵니다'에 해당한다. 그 쓰임의 조건은 지체가 높은 관료나 선비를 상대해서 공손히 말할 때 주로 동사의 'ㄷ' 받침어간 다음에 놓인다. 또 이와 같이 극존대형으로 쓰이는 '-ᄌ옵나이다(자옵나이다)'도 있는데, 이에 대한 것은 '-ᄌ옵네다'만 '-ᄌ옵나이다'로 바꾸면 되므로 그 예시는 생략키로 한다.

△ 동사어간(ㄷ)+ᄌ옵+네다 [-자옵니다]

· 주시는 냥 받<u>ᄌ옵네다.</u>
 (주시는 대로 받<u>자옵니다.</u>)
· ᄉ또님신디 묻<u>ᄌ옵네다.</u>
 (사또님한테 묻<u>자옵니다.</u>)

(16) -순/-심 [-네]

이들 반존대형(半尊待形)의 평서형종결어미는 주로 중년 이상의 여성들이 즐겨 쓰는 전용어로서 손아랫사람이나 동년배에게 점잖게 말할 때

---

23) '-ᄌ옵네다'와 같은 극존대는 농어촌의 주민들에게는 잘 쓰이지 않았다. 또 '-ᄌ옵네다' 대신 '-ᄌ옵데다'도 쓰인다.

쓰인다. 그것도 '-심'보다는 '-순'을 선호했다. 그 쓰이는 조건은 형용사 어간에 붙어서 현대국어의 '-네'가 되고, 과거시제 선어말어미 '-앗/엇/엿 (았/었/였)-' 다음에 붙으면 현대국어의 '-았/었/였네'의 '-네'에 해당한다. 또 진행상을 나타내는 선어말어미 '-암/엄/염(고 있)-' 다음에 붙어서 현 대국어의 '-고 있네'의 '-네'에 해당한다. 끝에 강세첨사 '게/겐'을 붙이기 도 하는데, 그러면 그 정감이 더해지는 '요'가 덧붙은 효과가 있다.

    △ 형용사어간+순/심 [-네]
     · 경흐난 보기가 좋<u>순</u>
      (그러니까 보기가 좋<u>네</u>.)
     · 그런 게 아니<u>심</u>.
      (그런 것이 아니<u>네</u>.)

    △ 형용사어간+순/심+게/겐 [-네요]
     · 감주 잘도 둘<u>순게</u>(겐).
      (감주가 잘도 다<u>네요</u>.)
     · 볼수록 곱<u>심게</u>(겐).
      (볼수록 곱<u>네요</u>.)

    △ 어간+앗/엇/엿+순/심+게/겐 [-았/었/였네/네요]
     · 양성어간: 난 잘 보앗<u>순/심</u>.
           (나는 잘 보았<u>네</u>.)
           나도 그 동내 살앗<u>순게</u>(겐)/<u>심게</u>(겐).
           (나도 그 동내에 살았<u>네요</u>.)
     · 음성어간: 난 더워 웃저고리 벗엇<u>순/심</u>.
           (나는 더워서 웃저고리 벗었<u>네</u>.)
           나도 심술 좀 부렷(리엇)<u>순게</u>(겐)/<u>심게</u>(겐).
           (나도 심술 좀 부렸(리었)<u>네요</u>.)
     · 흐(흐다): 난 줘도 말덴 흐엿<u>순/심</u>.

(나는 줘도 마다고 하였네.)

지네가 너미 무심ᄒ엿순게(젠)/심게(젠).

(자기네가 너무 무심하였네요.)

△ 어간+암/엄/염+순/심+게겐 [-고 있네/네요]

· 양성어간: 난 영 살암순/심.

(나는 이렇게 살고 있네.)

오늘은 집이서 애기 돌암심게(젠)/순게(젠).

(우늘은 집에서 아기 돌보고 있네요.)

· 음성어간: 불이 떠부난 떡 설엄순.

(불이 약해버리니까 떡이 설고 있네.)

생각ᄒ닥지 설룬 생각이 들엄순게(젠)심게(젠).

(생각할수록 서러운 생각이 들고 있네요.)

· ᄒ(ᄒ다): 인칙부떠 지 말을 ᄒ염순/심.

(아까부터 자네 말을 하고 있네.)

가이가 더 멩심ᄒ염순게(젠)/심게(젠).

(그 아이가 더 명심하고 있네요.)

2) 의문형종결어미

의문형종결어미는 말 그대로 의문을 드러내는 문장이나 말끝을 맺는 종결어미인데, 현대국어와 같은 것도 있지만 유다른 것이 꽤 많다. 그 대표적인 것을 간추려보면, 아래와 같이 [비존대형]의 것과 [존대형]의 것으로 구분해볼 수 있다.

[비존대형]

(1) -가/-고 [-냐]

이들 비존대형의 의문형종결어미는 체언과 시상을 나타내는 선어

말어미 다음에 붙는 현대국어의 '-냐' · '-는가'에 해당한다. 그것도 쓰이
는 조건이 아래 ❶❷와 같이 다른데, '-고'인 경우는 주로 '누구 · 어디 ·
언제 · 무슨 · 왜…' 따위의 의문사가 붙는 것이 통례이다.

❶ 체언+가/고 [-냐/-이냐]

이 형태를 취할 때의 의문형종결어미 '-가/-고'는 모음으로 끝나
는 체언 다음에 놓였을 때는 현대국어의 '-냐'가 되고, 자음받침으로 끝나
는 체언에 붙으면 '-이냐'가 된다. 또 끝에 강세첨사 '게/겐'이 붙을 때는
의문의 정도를 더해주는 '야'가 덧붙은 효과가 있다.

△ 체언(모음)+가/고+게/겐 [-냐/-냐야]

· 그 짓흔 게 느가?
 (그 짓한 게 너냐?)
 늘 문 개가 저 개가게(겐)?
 (너를 문 개가 저 개냐야?)
· 저건 누게고?
 (저건 누구냐?)
 자꾸 미완 흐는 까닥이 무사고게(겐)?
 (자꾸 미워하는 까닭이 왜냐야?)

△ 체언(자음)+가/고+게/겐 [-이냐/-이냐야]

· 이디 놔둔 건 느 책가?
 (여기 놔둔 것은 너의 책이냐?)
 그 사발엣 건 먹는 물가게(겐)?
 (그 사발엣 것은 먹는 물이냐야?)
· 그 찰리에 싼 건 뭣고?
 (그 자루에 싼 것은 뭣이냐?)
 어떠난 밥 아닌 떡고게(겐)?

(어쩌니 밥이 아닌 떡<u>이냐야</u>?)

❷ 어간+안/언/연+가/고 [았/었/였는가]

이 형태를 취할 때의 '–가/–고'는 완료를 나타내는 과거시제 선어
말어미 '–안/언/연(았/었/였)–' 다음에 붙어서 현대국어의 '–았/었/였는가'
의 '–는가'가 된다. 또 그 끝에 강세첨사 '게/겐'이 붙으면 위 ❶과 같이
의문의 정도를 더해주는 '야'가 덧붙은 효과가 있다.

　△ 양성어간+안+가/고+게/겐 [–았는가/는가야]
　・구경 간 잘 보안<u>가</u>?
　　(구경 가서 잘 보<u>았는가</u>?)
　　용심나도 잘 춤안<u>가게</u>(<u>겐</u>)?
　　(화나도 잘 참<u>았는가야</u>?)
　・무사 그건 말안<u>고</u>?
　　(왜 그것은 말<u>았는가</u>?)
　　언제부텀 아판(파안)<u>고게</u>(<u>겐</u>)?
　　(언제부터 아팠<u>는가야</u>?)

　△ 음성어간+언+가/고+게/겐 [–었는가/는가야]
　・물건은 마탄 돈돈이 두언<u>가</u>?
　　(물거은 맡아서 단단히 두<u>었는가</u>?)
　　살 집은 빌언<u>가게</u>(<u>겐</u>)?
　　(살 집은 빌<u>었는가야</u>?)
　・어디레 가불언<u>고</u>?
　　(어디로 가버렸(리었)<u>는가</u>?)
　　그날은 무신 일이 잇언<u>고게</u>(<u>겐</u>)?
　　(그날은 무슨 일이 있<u>었는가야</u>?)

△ ㅎ(ㅎ다)+연+가/고+게/젠 [−였는가/는가야]

- 그 갠 사농 잘ㅎ연가?
  (그 개는 사냥 잘하였는가?)
  굴 안이주만 그자락 와왁ㅎ연가게(젠)?
  (굴 안(속)이지만 그렇게까지 캄캄하였는가야?)
- 무사 말을 못ㅎ연고?
  (왜 말을 못하였는가?)
  어떠난 경 용심난 ㅎ연고게(젠)?
  (어째서 그렇게 화나서 하였는가야?)

또 이들 용언의 어간에 붙는 '−안/−언/−연'은 과거의 일을 돌이켜 보는 관형사형전성어미 '−던'에 의문형종결어미 '−가/−고'와 결합돼서 현대국어의 '−던가'가 된다. 끝에 강세첨사 '게/젠'이 붙으면 '야'가 덧붙은 효과가 있다. 그 용례는 위의 예시문을 그대로 활용하기로 한다.

△ 양성어간+안+가/고+게/젠 [−던가/−던가야]

- 구경 간 잘 보안가?
  (구경 가서 잘 보던가?)
  용심나도 잘 춤안가게(젠)?
  (화나도 잘 참던가야?)
- 무사 그건 말안고?
  (왜 그것은 말던가?)
  언제부턴 아판(파안)고게(젠)?
  (언제부터 아프던가야?)

△ 음성어간+언+가/고+게/젠 [−던가/−던가야]

- 물건은 마탄 돈돈이 두언가?
  (물건은 맡아서 단단히 두던가?)
  살 집은 빌언가게(젠)?
  (살 집은 빌던가야?)

· 어디레 가불<u>언고</u>?
(어디로 가버리<u>던가</u>?)
그날은 무신 일이 잇언고<u>게(겐)</u>?
(그날은 무슨 일이 있<u>던가야</u>?)

△ ᄒ(ᄒ다)+연+가/고+게/겐 [-던가/-던가야]
· 그 갠 사농 잘ᄒ<u>연가</u>?
(그 개는 사냥 잘하<u>던가</u>?)
굴 안이주만 그자락 와왁ᄒ<u>연가</u>게(겐)?
(굴 안(속)이지만 그렇게까지 캄캄하<u>던가야</u>?)
· 무사 말을 못ᄒ<u>연고</u>?
(왜 말을 못하<u>던가</u>?)
어떠난 경 용심난 ᄒ<u>연고</u>게(겐)?
(어째서 그렇게 화나서 하<u>던가야</u>?)

(2) -ㄴ가/-ㄴ고 [-ㄴ가]

이들 비존대형의 의문형종결어미는 현재의 사실을 나타내는 현대 국어의 '-ㄴ가'와 같다. 그 쓰이는 조건은 아래 ❶❷❸과 같은데, 다만 '-ㄴ고'인 경우는 거의 '누구·어디·언제·무슨·왜…' 따위의 의문을 드러내는 말이 붙는 것이 통례이다.

❶ 체언+ㄴ가/ㄴ고 [-ㄴ가]

이 형태를 취할 때의 의문형종결어미 '-ㄴ가/-ㄴ고'는 모음으로 끝나는 체언 다음에 붙어서 '-ㄴ가'가 되고, 자음받침으로 끝나는 체언에 붙으면 '이다'의 '이'와 결합돼서 '-인가'가 된다. 또 끝에 강세첨사 '게/겐'·'이'가 붙으면 물음·의문의 정도를 덧나게 하는 '야'가, 둘이 겹쳐 '게/겐+이'의 형태를 취하면 '야게'가[24] 덧붙은 효과가 있다. 이 경우 '게/겐'

과 '이'의 자리가 서로 바뀐 '이+게/겐'의 형태를 취하기도 한다.

△ 체언(모음)+ㄴ가/ㄴ고 [–ㄴ가]
- 저건 날 불르는 소린(리ㄴ)가?
  (저것은 나를 부르는 소린가?)
- 저디 가는 게 누겐(게ㄴ)고?
  (저기 가는 것이 누군가?)

△ 체언(모음)+ㄴ가/ㄴ고+게/겐 [–ㄴ가야]
- 이건가 저건(거ㄴ)가게(겐)?
  (이건가 저건가야?)
- 갈 듸가 어딘(디ㄴ)고게(겐)?
  (갈 데가 어딘가야?)

△ 체언(모음)+ㄴ가/ㄴ고+이 [–ㄴ가야]
- 그디가 나가 앚일 자린(리ㄴ)가이?
  (거기가 내가 앉을 자린가야.)
- 그게 무신 이윤(유ㄴ)고이?
  (그것이 무슨 이유가야?)

△ 체언(모음)+ㄴ가/ㄴ고+게/겐+이 [–ㄴ가야게]
- 질 뻘리 느는 짐싱이 제비생인(이ㄴ)가게(겐)이?
  (제일 빨리 나는 짐승이 제비샌가야게?)
- 이건 무신 낭 불휘(휘ㄴ)고게(겐)이?
  (이건 무슨 나무 뿌린가야게?)

△ 체언(모음)+ㄴ가/ㄴ고+이+게/겐 [–ㄴ가야게]
- 이게 맵뎬 혼 고치쎈(씨ㄴ)가이게(겐)?

---

24) '게/겐+이'·'이+게/겐'의 표준어 대역을 '야게'로 한 것은 어색하지만 '야'로만 하는 것
보다는 심정적으로 어세를 덧나게 하기 위한 취지를 살리기 위함이다.

(이것이 맵다고 한 고추씬<u>가</u>야게?)
· 무사 낳는 날부떠 재우는 건 애긴(<u>기</u>ㄴ)고이게(<u>겐</u>)?
  (왜 낳는 날부터 재우는 것은 아<u>긴</u>가야게?)

△ 체언(자음)+이(<u>이</u>다)+ㄴ가/ㄴ고 [-인가]
· 그 사름덜도 똑 フ튼 생각<u>인가</u>?
  (그 사람들도 똑 같은 생각<u>인가</u>?)
· 건 누게가 ㅎ는 말<u>인고</u>.?
  (그것은 누가 하는 말<u>인가</u>?)

△ 체언(자음)+이(<u>이</u>다)+ㄴ가/ㄴ고+게/겐 [-인가야]
· 질로 ᄆᆞ스운 게 죽음<u>인가게</u>(<u>겐</u>)?
  (제일로 무서운 것이 죽음<u>인가야</u>?)
· 그건 무신 따문<u>인고게</u>(<u>겐</u>)?
  (그것은 무슨 때문<u>인가야</u>?)

△ 체언(자음)+이(<u>이</u>다)+ㄴ가/ㄴ고+이 [-인가야]
· 저건 당나귀ㄴ가 몰<u>인가이</u>?
  (저것은 당나귀인가 말<u>인가야</u>?)
· 백중이 메칠 날<u>인고이</u>?
  (백중이 며칠 날<u>인가야</u>?)

△ 체언(자음)+이(<u>이</u>다)+ㄴ가/ㄴ고+게/겐+이 [-인가야게]
· 민둥산이난 미오롬<u>인가게</u>(<u>겐</u>)이?
  (민둥산이니 미오롬<u>인가야게</u>?)
· 그게 무사 나 탓<u>인고게</u>(<u>겐</u>)이?
  (그것이 왜 내 탓<u>인가야게</u>?

△ 체언(자음)+이(<u>이</u>다)+ㄴ가/ㄴ고+이+게/겐 [-인가야게]
· 이게 나가 입을 옷<u>인가이게</u>(<u>겐</u>)?

(이것이 내가 입을 옷인가야게?)
- 어떠난 올 때마다 밤인고이게(겐)?
(어떠니 올 때마다 밤인가야게?)

❷ **어간+ㄴ가/ㄴ고 [-ㄴ가]**

이 형태를 취할 때의 의문형종결어미 '-ㄴ가/-ㄴ고'는 모음이나 'ㄹ' 받침으로 끝나는 형용사 어간 다음에 붙어서 현대국어의 '-ㄴ가'가 된다. 또 끝에 강세첨사 '게/겐'·'이'가 붙으면 물음·의문의 정도를 덧나게 하는 '야가, 둘이 겹쳐 '게/겐+이'의 형태를 취하면 '야게'가[25] 덧붙은 효과가 있다. 이 경우 '게/겐'과 '이'의 자리가 서로 바뀐 '이+게/겐'의 형태를 취하기도 한다.

△ 형용사어간(모음/ㄹ)+ㄴ가/ㄴ고 [-ㄴ가]
- 가네 집이 아닌(니ㄴ)가?
(걔네 집이 아닌가?)
- 이디선 얼메나 먼(멀ㄴ)고?
(여기서는 얼마나 먼가?)

△ 형용사어간(모음/ㄹ)+ㄴ가/ㄴ고+게/겐 [-ㄴ가야]
- 이것꽝 저것이 달른(르ㄴ)가게(겐)?
(이것과 저것이 다른가야?)
- 어떠난 그게 경 진(질ㄴ)고게(겐)?
(어떠니 그게 그렇게 긴가야?)

△ 형용사어간(모음/ㄹ)+ㄴ가/ㄴ고+이 [-ㄴ가야]
- 성추룩 아시도 몰멩훈(ㅎㄴ)가이?

---

25) '게/겐+이'·'이+게/겐'를 표준어로 대역을 '-야게'로 한 것은 각주 22)에서와 같이 '야로만 하는 것보다는 심정적으로 어세를 덧나게 하기 위한 취지를 살리기 위함이다.

(형처럼 동생도 미련한가야?)
· 무사 그 밧듸 눔삔 즌(줄ㄴ)고이?
(왜 그 밭의 무는 잔가야?)

△ 형용사어간(모음/ㄹ)+ㄴ가/ㄴ고+게/겐+이 [-ㄴ가야게]
· 그 말이 과연 졸바른(르ㄴ)가게(겐)이?
(그 말이 관연 올바른가야게?)
· 게우리 신 땅은 무사 건(걸ㄴ)고게(겐)이?
(지렁이 있는 땅은 왜 건가야게?)

△ 형용사어간(모음/ㄹ)+ㄴ가/ㄴ고+이+게/겐 [-ㄴ가야게]
· 그 집이 더 널른(르ㄴ)가이게(겐)?
(그 집이 더 너른가야?)
· 무사 맛이 정 쓴(쓰ㄴ)고이게(겐)?
(왜 맛이 저렇게 쓴가야?)

❸ 어간+우+ㄴ가/ㄴ고 [-운가]

이 형태를 취할 때의 의문형종결어미 '-ㄴ가/-ㄴ고'는 ㅂ-불규칙
형용사의 어간 'ㅂ'이 변한 '우'와 결합돼서 '-운가/-운고'가 된 것인데, 현
대국어의 '-운가'에 해당한다. 또 그 끝에 강세첨사 '게/겐'·'이'가 붙으면
'야'가 덧붙은 효과가 있다.

△ 형용사어간(ㅂ변칙)+우+ㄴ가/ㄴ고 [-운가]
· 그 새각시가 경도 고(곱우ㄴ)가?
(그 새색시가 그렇게도 고운가?)
· 어떠난 일ᄒ기가 경 쉬(쉽우ㄴ)고?
(어떠니 일하기가 그렇게 쉬운가?)

△ 형용사어간(ㅂ변칙)+우+ㄴ가/ㄴ고+게/겐/이 [-운가야]

· 그놈 됨됨이 경 미(밉<u>우ㄴ</u>)가게(<u>겐</u>)?
  (그놈 됨됨이 그렇게 미<u>운가야</u>?)
  무사 말ᄒᆞ지가 경 어려(렵<u>우ㄴ</u>)가이?
  (왜 말하기가 그렇게 어려<u>운가야</u>?)
· 어느 나라가 질 더(덥<u>우ㄴ</u>)고게(<u>겐</u>)?
  (어느 나라가 제일 더<u>운가야</u>?)
  어디가 어떵 ᄀᆞ른(릅<u>우ㄴ</u>)고이?
  (어디가 어떻게 가려<u>운가야</u>.)

(3) -는가/-는고 [-는가]

이들 비존대형의 의문형어미 '-는다'와 '-는고'는 동사의 어간에 붙는 현대국어의 '-는가'와 같다. 하지만 제주어에서는 동사만이 아닌 형용사의 어간에도 붙어서, 현대국어의 어법대로 어역(語譯)하면 '-가'·'-은가'가 된다. 그 붙는 조건은 아래 ❶❷와 같다.

❶ 동사어간+는가/는고 [-는가]

이 형태를 취할 때의 의문형종결어미 '-는가'와 '-는고'는 동사의 어간 다음에 붙어서 현대국어의 '-는가'가 된다. 다만 '-는고'는 의문사가 껴들어야 말의 아귀가 맞는다. 끝에 강세첨사 '게/겐'·'이'가 붙으면 의문의 정도를 덧나게 하는데, 그것도 둘 중 어느 하나가 붙으면 '야'가, 둘이 겹쳐서 붙으면 '야게'가 덧붙은 효과가 있다.

△ 동사어간+는가/는고 [-는가]

· 집인 잘 오<u>는가</u>?
  (집에는 잘 오<u>는가</u>?)
· 자이덜 중에 누게가 질 잘 우<u>는고</u>?)

(쟤들 중에 누가 제일 잘 우는가?)

△ 동사어간+는가/는고+게/겐/이 [-는가야]

·가인 아무 거나 잘 먹는가게(겐)?
(걔는 아무 것이나 잘 먹는가야?)
·거북은 얼메나 오레 사는고이?
(거북은 얼마나 오래 사는가야?)

△ 동사어간+는가/는고+게/겐+이=이+게/겐 [-는가야게]

·공분 잘ᄒ는가게(겐)이=는가이게(겐)?
(공부는 잘하는가야게?)
·사름은 무사 늙는고게(겐)이=는고이게(겐)?
(사람은 왜 늙는가야게?)

❷ **형용사어간+는가/는고 [-ㄴ가/-은가]**

이 형태를 취할 때의 의문형종결어미 '-는가'와 '-는고'는 형용사
의 어간 다음에 붙어서 현대국어의 '-ㄴ가/-은가'가 된다. 다만 '-는고'는
의문사가 껴들어야 말의 아귀가 맞는다. 끝에 강세첨사 '게/겐'·'이'가 붙
는 경우는 위 ❶과 같다.

△ 형용사어간+는가/는고 [-ㄴ가/-은가]

·제비생이가 경 뿌르는가?
(제비새가 그렇게 빠른(르ㄴ)가?)
·어떠난 멍이 그자락 쫄르는고?
(어떠니까 멍이 그토록 짧은가?)

△ 형용사어간+는가/는고+게/겐/이 [-ㄴ가야/-은가야]

·저영도 밉는가게(겐)?

(저렇게도 미운(우ㄴ)<u>가야</u>?)
- 무사 저영 박박 <u>읽는고이</u>?
  (왜 저렇게 박박 <u>읽은가야</u>?)

△ 형용사어간+는가/는고+게/겐+이=이+게/겐 [-ㄴ가야게/-은
가야게]

- 이디보단 그디가 더 <u>머는가게(겐)이</u>=<u>는가이게(겐)</u>?
  (여기보다는 거기가 더 먼(멀ㄴ)<u>가야게</u>?)
- 눈빙엔 무신 약이 <u>좋는고이게(겐)</u>=<u>는고게(겐)이</u>?
  (눈병에는 부슨 약이 <u>좋은가야게</u>?)

또 형용사 '없다/읏다(없다)'의 어간에 붙는 의문형종결어미 '-냐'의 자리
에 '-는가/-는고'가 붙는다. 끝에 강세첨사가 붙은 경우는 여느 거나 다름
이 없다.

△ 엇/읏(엇다/읏다)+는가/는고 [-냐]
- 그 빙엔 약도 송용 <u>엇/읏는가</u>?
  (그 병에는 약도 소용이 <u>없냐</u>?)
- 그 약은 무사 약방에 <u>엇/읏는고</u>?
  (그 약은 왜 약방에 <u>없냐</u>?)

△ 엇/읏(엇다/읏다)+는가/는고+게/겐/이 [-냐야]
- 그 사름은 경도 존셈이 <u>엇/읏는가게(겐)</u>?
  (그 사람은 그렇게도 잔셈이 <u>없냐야</u>?)
- 어떠난 아무런 소식이 <u>엇/읏는고이</u>?
  (어떠니 아무런 소식이 <u>없냐야</u>?)

△ 엇/읏(엇다/읏다)+는가/는고+이+게/겐=게/겐+이 [-냐야게]
- 그디엥 모기가 <u>엇/읏는가이게(겐)</u>=<u>는가게(겐)이</u>?

(거기라고 모기가 없냐야게?)
· 무사 일흔 깝이 엇/읏는고이게(겐)=는고게(겐)이?
(왜 일한 값이 없냐야게?)

(4) -ㄹ꼬 [-ㄹ꼬]

이 비존대형의 의문형종결어미는 체언이나 용언의 어간에 붙어서 미래나 현재의 사실을 추측하는 현대국어 '-ㄹ까'의 예스러운 '-ㄹ꼬'에 해당한다. 그 붙는 조건은 아래 ❶ ❷와 같다.

❶ 체언(모음)+ㄹ꼬 [-ㄹ꼬]

이 형태를 취할 때의 의문형종결어미 '-ㄹ꼬'는 모음으로 끝나는 체언에 붙고, 자음받침으로 끝나는 체언에는 '이다'의 '이'와 결합된 '-일 꼬'가 붙는다. 또 그 끝에 강세첨사 '게/겐'·'이'가 붙으면 그 정도를 더하는 '야'가 덧붙은 효과가 있다. 그 예시는 '이'가 붙는 경우에 한정한다.

△ 체언(모음)+ㄹ꼬+이 [-ㄹ꼬/-ㄹ꼬야]
· 자이 손에 젠 건 뭘(뭐ㄹ)꼬?
(저 애 손에 쥔 것은 뭘(뭐ㄹ)꼬?)
· 못 본 지가 멧 핼(해ㄹ)꼬이?
(못 본 지가 몇 핼(해ㄹ)꼬야?)

△ 체언(자음)+이(이다)+ㄹ꼬+이 [-일꼬/-일꼬야]
· 지금 익는 게 무신 책일꼬?
(지금 읽는 것이 무슨 책일꼬?)
· 올히가 단기론 멧 년일꼬이?
(올해가 단기로는 몇 년일까야?)

❷ 어간+ㄹ꼬 [-ㄹ꼬]

이 형태를 취할 때의 의문형종결어미 '-ㄹ꼬'는 모음이나 'ㄹ' 받침으로 끝나는 어간에 붙고, 'ㄹ' 이외의 자음받침 어간에는 조모음 '으'가 삽입된 '-을꼬'가 붙는다. 또 그 끝에 강세첨사 '게/겐'·'이'가 붙으면 그 정도를 더하는 '야'가 덧붙은 효과가 있다. 그 예시는 '이'에 한정한다.

△ 어간(모음/ㄹ)+ㄹ꼬 [-ㄹ꼬]

· 무사 족흔 펭을 벌를(르르)꼬?
  (왜 귀한 병을 깨뜨릴(리르)꼬?)
· 살민 멧 해나 더 <u>살꼬</u>?
  (살면 몇 해나 다 <u>살꼬</u>?)

△ 어간(모음/ㄹ)+ㄹ꼬+이 [-ㄹ꼬야]

· 어떠난 삶이 삶 아닐(니르)꼬이?
  (어떠니 삶이 삶 아닐꼬야?)
· 멀민 얼메나 더 <u>멀꼬이</u>?
  (멀면 얼마나 더 <u>멀꼬야</u>?)

△ 어간(모음/ㄹ제외)+을꼬 [-을꼬]

· 나이가 한 듸도 저영 <u>젊을꼬</u>?
  (나이가 많은 데도 저렇게 <u>젊을꼬</u>?)
· 저 중에 멧 멩이나 <u>남을꼬</u>?
  (저 중에 몇 명이나 <u>남을꼬</u>?)

△ 어간(모음/ㄹ제외)+을꼬+이 [-을꼬야]

· 어느 놈부떠 몬저 <u>심을꼬이</u>?
  (어느 놈부터 먼저 <u>잡을꼬야</u>?)
· 무사 나신딘 아시가 <u>엇을꼬이</u>?
  (왜 나한테는 동생이 <u>없을꼬야</u>?)

(5) -인가/-인고··-신가/-신고 [-인가··-는가]

이들 비존대형의 의문형종결어미는 용언의 어간에 붙어서 현대국어의 '-인다'··'-는다'에 해당한다. 그 붙는 조건은 아래 ❶❷❸과 같다.

❶ 어간+인가/인고 [-인가] 26)

이 형태를 취할 때의 '-인가/-인고'는 형용사 '아니다'의 어간 '아니' 다음에 붙어서 현대국어의 '-인가'가 되고, 동사의 어간에 붙을 경우는 '잇다(있다)'의 어간 '잇(있)' 다음에 붙어서 현대국어의 '-는가'가 된다. 그 끝에 강세첨사 '게/겐'··'이'가 붙으면 '야'가 덧붙은 효과가 있다. 또 둘이 겹친 '게/게+이'가 돼서 '야게'가 될 수 있지만, 이에 대한 예시는 생략키로 한다.

△ 형용사어간(아니다)+인가/인고 [-인가]

· 그것도 아니고 저것도 아니<u>인가</u>?
  (그것도 아니고 저것도 아닌가?)
· 요샌 무사 옛날 인심이 아니<u>인고</u>?
  (요새는 왜 옛날 인심이 아닌가?)

△ 형용사어간(아니다)+인가/인고+게/겐/이 [-인가야]

· 저디 가는 건 우리 아이가 아니<u>인가게</u>?
  (저기 가는 것은 우리 애가 아닌가야?)
· 무사 죽언 묻은 디거 고양땅이 아니<u>인고겐</u>?
  (왜 죽어서 묻은 데가 고향땅이 아닌가야?)
· 잘못 봣거나 들은 건 아니<u>인가이</u>?
  (잘못 보았거나 들은 것은 아닌가야?)

---

26) '-인가/-인고'는 자음받침으로 끝나는 체언에 붙는 '이다'의 '이'에는 '-ㄴ다/-ㄴ고'가 결합된 형태도 된다. 그 경우 역시 예사말이나 낮춤말에 쓰이는 현대국어의 의문형종결어미인 '-인가'가 되지만, 본문에서는 예시하지 않았다.

△ 동사어간(잇다)+인가/인고 [-는가]

· 오늘은 집이 부턴 잇인가?
　(오늘은 집에 붙어서 있는가?)
· 오늘은 무사 집에 부턴 잇인고?
　(오늘은 왜 집에 붙어서 있는가?)

△ 동사어간(잇다)+인가/인고+게/겐/이 [-는가야]

· 그디 ᄀ만이 앚안 잇인가게?
　(거기 가만히 앉아서 있는가야?)
· 무사 지끔꾸장 남안 잇인고겐?
　(왜 지금까지 남아서 있는가야?)
· 돈은 누게신디 매견 잇인고이?
　(돈은 누구한테 맡겨서 있는가야?)

❷ **어간+앗/엇/엿+인가/인고 [-았/었/였는가]**

　이 형태를 취할 때의 의문형종결어미 '-인가/-인고'는 과거시제 선어말어미 '-앗/엇/엿(았/었/였)-' 다음에 붙어서 현대국어의 '-았/었/였는가'의 '-는가'가 된다. 끝에 강세첨사 '게/겐'·'이'가 붙으면 '야'가 덧붙은 효과가 있다. 또 둘이 겹친 '게/게+이'가 돼서 '야게'가 될 수 있지만, 이에 대한 예시는 '게/겐/이'가 붙을 자리에 놓으면 되므로 생략키로 한다.

△ 양성어간+앗+인가/인고+게/겐/이 [-았는가/는가야]

· 쏟은 건 누게가 담앗인가?
　(쏟은 것은 누가 담았는가?)
　이젠 신 다 삼앗인가게(겐)?
　(이제는 신을 다 삼았는가야?)
　지금꾸장도 안 풀앗인가이?
　(지금까지도 안 팔았는가야?)

· 어디 갓(가앗)<u>인고?</u>
(어디 갔(가왔)<u>는가?</u>)
안 받을 걸 무사 받앗<u>인고게(겐)</u>?
(안 받을 것을 왜 받았<u>는가야?</u>)
어떠난 저영 좋앗<u>인고이</u>?
(어째서 저렇게 좋았<u>는가야?</u>)

△ 음성어간+엇+인가/인고+게/겐/이 [-었는가/는가야]

· 볼써 꽃이 피엇<u>인가?</u>
(벌써 꽃이 피었<u>는가?</u>)
말도 엇이 가불엇<u>인가게(겐)</u>?
(말도 없이 가버리었<u>는가야?</u>)
지금도 누엇<u>인가이</u>?
(지금도 누었<u>는가야?</u>)
· 이길 거 닮안게 무사 지엇<u>인고?</u>
(이길 것 닮던데 왜 지었<u>는가?</u>)
어떠난 그냥 내불엇<u>인고게(겐)</u>?
(어째서 그냥 내버렸(리었)<u>는가야?</u>)
어디 간 아무도 엇엇<u>인고이</u>?
(어디 가서 아무도 없었<u>는가야?</u>)

△ ᄒ(ᄒ다)+엿+인가/인고+게/겐/이 [-였는가/는가야]

· 안ᄒ여도 뒐 걸 ᄒ엿<u>인가?</u>
(안하여도 될 걸 하였<u>는가?</u>)
닐랑 옵센 말ᄒ엿<u>인가게(겐)</u>?
(내일랑 오십사고 말하였<u>는가야?</u>)
유언은 ᄒ엿<u>인가이</u>?
(유언은 하였<u>는가야?</u>)
· 무사 못ᄒ게 ᄒ엿<u>인고?</u>
(왜 못하게 하였<u>는가?</u>)

좋안게 무사 궂덴 ᄒ엿인고게(겐)?
(좋던데 왜 나쁘다고 하였<u>는가</u>야?)
얼메나 오래 생각ᄒ엿인고이?
(얼마나 오래 생각하였<u>는가</u>야?)

❸ 어간+암/엄/염+신가/신고 [-고 있<u>는가</u>]

이 형태를 취할 때의 의문형종결어미 '-신가/-신고'는 진행상을 나타내는 선어말어미 '-암/엄/염(고 있)-' 다음에 붙어서 현대국어의 '-고 있는가'의 '-는가'가 된다. 또 끝에 강세첨사 '게/겐'·'이'가 붙으면 '야'가 덧붙은 효과가 있다. 또 둘이 겹친 '게/게+이'가 돼서 '야게'가 될 수 있지만, 이에 대한 예시는 '게/겐/이'가 붙을 자리에 놓이면 되므로 생략키로 한다.

△ 양성어간+암+신가/신고+게/겐/이 [-고 있<u>는가/는가</u>야]
· 일ᄒ단 말암<u>신가</u>?
(일하다가 말고 있<u>는가</u>?)
올히도 짐치 하영 돔암<u>신가</u>게(겐)/<u>신가</u>이?
(올해도 김치 많이 담고 있<u>는가</u>야?)
· 동새백이 어디 감(가암)<u>신고</u>?
(이른 새벽에 어디 가고 있<u>는가</u>?)
언제부떠 완 살암<u>신고</u>게(겐)/<u>신고</u>이?
(언제부터 와서 살고 있<u>는가</u>야?)

△ 음성성어간+엄+신가/신고+게/겐/이 [-고 있<u>는가/는가</u>야]
· 배불리 잘 멕염(기엄)<u>신가</u>?
(배불리 잘 먹이고 있<u>는가</u>?)
어디 안 간 집에 부팀(트엄)<u>신가</u>게(겐)/<u>신가</u>이?
(어디 안 가서 집에 붙고 있<u>는가</u>야?)
· 무사 흔지네 날 불럼(르엄)<u>신고</u>?
(왜 자주 나를 부르고 있<u>는가</u>?)

누게 옷을 맞춈(추엄)신고게(젠)/신고이?
(누구 옷을 맞추고 있는가야?)

△ ᄒ(ᄒ다)+염+신가/신고+게/겐/이 [-고 있는가/는가야]

· 개가 새끼 낳젠 ᄒ염신가?
(개가 새끼 나려 하고 있는가?)
오늘도 물질ᄒ젠 ᄒ염신가게(젠)/신가이?
(오늘도 물질하려고 하고 있는가야?)
· 지만 앚안 뭣ᄒ염신고?
(자기만 앉아서 뭣을 하고 있는가?)
무사 나홀 말 사돈이 몬저 ᄒ염신고게(젠)/신고이?
(왜 내가 할 말을 사돈이 먼저 하고 있는가야?)

(6) -나 [-냐]

이 비존대형의 의문형종결어미는 용언의 어간에 두루 쓰인다. 그 쓰이는 조건은 아래 ❶❷❸과 같다.

❶ 어간+나 [-냐]

이 형태를 취할 때의 의문형종결어미 '-나'는 '아니다'를 제외한 용언의 어간에 붙어서 의문·물음을 나타내는 현대국어의 '-냐'가 된다. 끝에 강세첨사 '게/겐'이 붙으면 '야'가 덧붙은 효과가 있다.

△ 어간+나 [-냐]

· 그게 경 좋나?
(그게 그렇게 좋냐?)
· 그 밧 얼메나 넙나?
(그밭 얼마나 넓냐?)

△ 어간+나+게/겐 [-냐야]

· 무사 경 허릴 굽나게?

(왜 그렇게 허리를 굽냐야?)

· 이 고친 크기만 ᄒ고 무사 안 맵나겐?

(이 고추는 크기만 하고 왜 안 맵냐야?)

❷ **어간+앗/엇/엿+나 [-았/었/였냐]**

이 형태를 취할 때의 의문형종결어미 '-나'는 과거시제 선어말어미 '-앗/엇/엿(았/었/였)-' 다음에 붙어서 현대국어의 '-았/었/였냐'의 '-냐'가 된다. 끝에 강세첨사 '게/겐'이 붙으면 '야'가 덧붙은 효과가 있다.

△ 양성어간+앗+나+게/겐 [-았냐/냐야]

· 밧문세 잘 놓앗나?

(밭문서 잘 놓았냐?)

· 너 그거 누게신디서 받앗나게(겐)?

(너 그거 누구한테서 받았냐야.)

△ 음성어간+엇+나+게/겐 [-었냐/냐야]

· 무사 그디 잇엇나?

(왜 거기 있었냐?)

· 볼써 돗 넘엇나게(겐)?

(벌써 돌 넘었냐야?)

△ ᄒ(ᄒ다)+엿+나+게/겐 [-였냐/냐야]

· 공일날 흑교 간 뭘 ᄒ엿나?

(공일날 학교에 가서 뭣을 하였냐?)

· 너만 곱안 뭘 ᄒ엿나게(겐)?

(너만 숨어서 무엇을 하였냐야?)

❸ 어간+암/엄/염+나 [−고 있냐]

이 형태를 취할 때의 의문형종결어미 '−나'는 진행상을 나타내는 선어말어미 '−암/엄/염(고 있)−' 다음에 놓여서 현대국어의 '−고 있냐'의 '−냐'가 된다. 끝에 강세첨사 '게/겐'이 붙으면 '야'가 덧붙은 효과가 있다.

　　△ 양성어간+암+나+게/겐 [−고 있냐/냐야]

　　・나 일름도 둘암나?

　　（내 이름도 달고 있냐?）

　　・ᄀ자 놀암나게(겐)?

　　（여태 놀고 있냐야?）

　　△ 음성어간+엄+나+게/겐 [−고 있냐/냐야]

　　・약 잘 먹엄나?

　　（약 잘 먹고 있냐?）

　　・무사 경 ᄌᆞᆺᄌᆞᆺ이 들엄나게(겐)?

　　（왜 그렇게 꼼꼼이 듣고 있냐야?）

　　△ ᄒ(ᄒᆞ다)+염+나+게/겐 [−고 있냐/냐야]

　　・무사 재기 가불젱 ᄒᆞ염나?

　　（왜 빨리 가버리려고 하고 있냐?）

　　・어떠난 가이신딘 죽은 첵ᄒᆞ염나게(겐)?

　　（어째서 개한테는 죽은 척하고 있냐야?）

(7) −니 [−냐]

이 비존대형의 의문형종결어미는 체언이나 형용사 어간에 붙는 현대국어의 '−냐'에 대당한다. 그 쓰이는 조건은 아래 ❶❷❸과 같다.

❶ 체언+니 [-냐]

이 형태를 취할 때의 의문형종결어미 '-니'는 모음으로 끝나는 체언에 붙어서 현대국어의 '-냐'가 되고. 자음받침으로 끝나는 체언에는 '이다'의 '이'와 결합되어 '-이냐'가 된다. 끝에는 강세첨사 '게/겐'이 붙으면 그 정도의 뜻을 더해주는 '야'가 덧붙은 효과가 있다.

△ 체언(모음)+니+게/겐 [-냐/-냐야]
· 느네 동내 일름은 뭐니?
(너희 동내 이름은 뭐냐?)
· 는 어디 사는 누게니게(겐)?
(너는 어디에 사는 누구냐야?)

△ 체언(자음)+이(이다)+니+게/겐 [-이냐/-이냐야]
· 꽂난 게 누구네 집이니?
(불난 것이 누구네 집이냐?)
· 이건 어디서 난 돈이니게(겐)?
(이것은 어디서 난 돈이냐야?)

❷ 형용사어간+니 [-냐]

이 형태를 취할 때의 의문형종결어미 '-니'는 형용사의 어간에 붙어서 현대국어의 '-냐'가 된다. 끝에는 강세첨사 '게/겐'이 붙으면 그 정도의 뜻을 더해주는 '야'가 덧붙은 효과가 있다.

△ 형용사어간+니 [-냐]
· 그건 무사 아니니?
(그것은 왜 아니냐?)
· 어디가 경 달르니?

(어디가 그렇게 다르<u>냐</u>?)

△ 형용사어간+니+게/겐 [-냐야]

· 누게가 더 좋<u>니게(겐)</u>?

(누구가 더 좋<u>냐야</u>?)

· 집이서 흑교끄장은 얼메나 머<u>니게(겐)</u>?

(집에서 학교까지는 얼마나 머<u>냐야</u>?)

❸ 어간+아/어/여+니 [-더냐]

이 형태를 취할 때의 의문형종결어미 '-니'는 용언의 어간에 붙는 종결어미 '-아/-어/-여' 다음에 붙어서 지난 일을 회상하여 묻는 현대국어의 '-더냐'가 된다. 끝에는 강세첨사 '게/겐'이 붙으면 그 정도의 뜻을 더해주는 '야'가 덧붙은 효과가 있다.

△ 양성어간+아+니+게/겐 [-더냐/-더냐야]

· 성은 무신거엔 굴<u>아니</u>?

(형은 무어라고 말하<u>더냐</u>?)

· 나 지갑 언제 올아 보<u>아니게(겐)</u>?

(내 지갑 언제 열어 보<u>더냐야</u>?)

△ 음성어간+어+니+게/겐 [-더냐/-더냐야]

· 어느 시엄문제가 질 어려<u>워니</u>?

(어느 시험문제가 제일 어렵<u>더냐</u>?)

· 꽃은 언제쭘 피<u>어니게(겐)</u>?

(꽃은 언제쯤 피<u>더냐야</u>?)

△ 흐(흐다)+여+니+게/겐 [-더냐/-더냐야]

· 밤새낭 무신 일을 경 오래 흐<u>여니</u>?

(밤새도록 무슨 일을 그렇게 오래 하더냐?)

· 무사 가지 못ᄒ게 ᄒ여니게(겐)?

(왜 가지 못하게 하더냐야?)

(8) -느니‥-으니‥-우니 [-느냐‥-으냐‥-우냐]

이들 비존대형 의문형종결어미 '-느니'는 용언의 어간에 붙어서 현
대국어의 '-느냐'가 된다. 또 '-으니'는 이유나 선택 따위의 의향을 묻는
말일 경우에 'ㄹ' 이외의 자음받침으로 끝나는 형용사의 어간 다음에 붙어
서 현대국어의 '-으냐'가 된다. 끝에는 강세첨사 '게/겐'이 붙으면 그 정도
를 더해주는 '야'가 덧붙은 효과가 있다. 단 형용사 '엇다/웃다(없다)'의[27]
어간에 붙을 경우는 '-느냐'가 되고, ㅂ-불규칙용언의 어간에 붙는 '-우
니'가 붙어서 현대국어의 '-우냐'가 된다.

△ 어간+느니 [-느냐]

· 느네 싓 중 누게가 씨름 잘ᄒ느니?

(너네 셋 중 누가 씨름 잘하느냐?)

· 누게 홀목이 더 ᄀ느느니?

(누구 손목이 더 가느냐?)

△ 어간+느니+게/겐 [-느냐야]

· 애긴 낭 멧 돌차(채)부떠 걷느니게(겐)?

(아기는 나서 몇 달째부터 걷느냐야?)

· 애긴 누게가 잘 업느니게(겐)?

(아기는 누가 잘 업느냐야?)

---

27) '엇다/웃다(없다)'인 경우는 의문형종결어미 '-으니(으냐)'가 붙을 때 표준어로 대역하
면 '-으냐'가 아닌, '-느냐'가 된다.

△ 형용사어간(모음/ㄹ제외)+으니 [-으냐]

· 둘 중에 어느 것이 더 낫으니?
 (둘 중 어느 것이 더 나으냐?)
· 어느 꽃 색이 더 붉으니?
 (어느 꽃 색이 더 붉으냐?)

△ 형용사어간(모음/ㄹ제외)+으니+게/겐 [-으냐야]

· 는 어느 펜이 좋으니게(겐)?
 (너는 어느 편이 좋으냐야?)
· 어떠난 이자라 족으니게(겐)?
 (어떠니 이토록 적으냐야?)

△ 형용사어간(엇다/웃다)+으니+게/겐 [-느냐/-느냐야]

· 그 집인 무사 아무도 엇/웃으니?
 (그 집에는 왜 아무도 없느냐?)
· 다덜 어디 간 엇으니게(겐)?
 (다들 어디 가서 없느냐야?)

△ 형용사어간(ㅂ변칙)+우니+게/겐 [-우냐/-우냐야]

· 그디 신 것 중에 어느 것이 질 개베우니?
 (거기 있는 것 중에 어느 것이 제일 가벼우냐?)
· 오늘은 어떠난 영도 더우니게(겐)?
 (오늘은 어떠니 이렇게도 더우냐야?)

(9) -시니/-시냐‥-이니/-이냐 [-느냐]

이들 비존대의 의문형종결어미는 시제를 나타내는 선어말어미에 붙어서 현대국어의 '-느냐'가 된다. 그 붙은 조건은 아래 ❶❷와 같다.

❶ 어간+암/엄/염+시니/시냐 [-고 있느냐/느냐야]

이 형태를 취할 때의 '-시니/-시냐'는 진행상을 나타내는 선어말
어미 '-암/엄/염(고 있)-' 다음에 붙어서 현대국어의 '-고 있느냐'의 '-느
냐가 된다. 끝에 강세첨사 '게/겐'이 붙으면 그 정도를 더해주는 '야가 덧
붙은 효과가 있다.

△ 양성어간+암+시니/시냐+게/겐 [-고 <u>있느냐/느냐야</u>]
· 무사 그 물에서 몸곰암<u>시니</u>?
  (왜 그 물에서 목욕하고 <u>있느냐</u>?)
  그디 누게가 살암<u>시니게(겐)</u>?
  (거기 누구가 살고 <u>있느냐야</u>?)
· 입맛이 돌암<u>시냐</u>?
  (입맛이 달고 <u>있느냐</u>?)
  가이 몰 잘 탐(타암)<u>시냐게(겐)</u>?
  (걔 말 잘 타고 <u>있느냐야</u>?)

△ 음성어간+엄+시니/시냐+게/겐 [-고 <u>있느냐/느냐야</u>]
· 촐 어디서 누게영 비엄<u>시니</u>?
  (꼴은 어디서 누구와 베고 <u>있느냐</u>?)
  무사 볼써 가불엄<u>시니게(겐)</u>?
  (왜 벌써 가버리고 <u>있느냐야</u>?)
· 늘 경 미엄<u>시냐</u>?
  (너를 그렇게 미워하고 <u>있느냐</u>?)
  가이신디도 주엄<u>시냐게(겐)</u>?
  (그 아이한테도 주고 <u>있느냐야</u>?)

△ 흥(흐다)+염+시니/시냐+게/겐 [-고 <u>있느냐/느냐야</u>]
· 그디 앚안 무신거 흐염<u>시니/시냐</u>?

(거기 앉아서 무엇을 하고 있<u>느냐</u>?)
· 무사 나안티만 ᄒ렌 ᄒ염시니게(<u>겐</u>)?
(왜 나한테만 하라고 하고 있<u>느냐야</u>?)
· 두갓이 갈령 살젠 ᄒ염시냐게(<u>겐</u>)?
(부부가 갈려서 살려고 하고 있<u>느냐야</u>?)

❷ **어간+앗/엇/엿+이니/이냐 [–았/었/였느냐]**

이 형태를 취할 때의 '–이니/–이냐'는 과거시제 선어말어미 '–앗/엇/엿(았/었/였)–' 다음에 붙어서 현대국어의 '–았/었/였느냐'의 '–느냐'가 된다. 끝에 강세첨사 '게/겐' 붙으면 그 정도를 더해주는 '야'가 덧붙은 효과가 있다.

△ 양성어간+앗+이니/이냐+게/겐 [–<u>았느냐/느냐야</u>]
· 언제부터 아팟(프앗)<u>이니/이냐</u>?
(언제부터 아팠(프았)<u>느냐</u>?)
· 어느새 영 요앗<u>이니게(겐)/이냐게(겐)</u>?
(어느새 이렇게 자랐(라았)<u>느냐야</u>?)

△ 음성어간+엇+이니/이냐+게/겐 [–<u>었느냐/느냐야</u>]
· 는 무사 누엇<u>이니/이냐</u>?
(너는 왜 누었<u>느냐</u>?)
· 어떵 ᄒ난 눈은 경 붓엇<u>이니게(겐)/이냐게(겐)</u>?
(어떻게 하니까 눈은 그렇게 부었<u>느냐야</u>?)

△ ᄒ(ᄒ다)+엿+이니/이냐+게/겐 [–<u>였느냐/느냐야</u>]
· 누게가 경 ᄒ렌 ᄒ엿<u>이니/이냐</u>?
(누구가 그렇게 하라고 하였<u>느냐</u>?)
· ᄒ지 말렌 ᄒ난 무사 ᄒ엿<u>이니게(겐)/이냐게(겐)</u>?

(하지 말라고 하니까 왜 하였느냐야?)

(10) -댜 [-느냐]

이 비존대형의 의문형종결어미는 주어가 2인칭일 때 붙는 15세기 중세국어의 의문형어말어미 '-ㄴ댜'와 같은 맥락의 것으로서, 현대국어 '-느냐'에 해당한다. 그 쓰이는 조건은 동사의 ㄹ-불규칙어간 다음에 붙어서 현대국어의 '-려느냐'가 되고, 과거시제 선어말어미 '-안/언/연(았/었/였)-'과 진행상을 나타내는 선어말어미 '-암/엄/염(고 있)-' 다음에 놓여서 현대국어의 '-았/었/였느냐'·'-고 있느냐'의 '-느냐'가 된다. 끝에 강세첨사 '게/겐'이 붙으면 그 정도를 더해주는 '야'가 덧붙은 효과가 있다.

△ 동사어간(ㄹ변칙)+댜+게/겐 [-려느냐/-려느냐야]
· 는 이디서 살댜?
(너는 여기서 살려느냐?)
· 경 하영 덜댜게(겐)?
(그렇게 많이 덜려느냐야?)

△ 양성어간+안+댜+게/겐 [-았느냐/느냐야]
· 잘 보안댜?
(잘 보았느냐?)
· ᄀ자 앚안댜게(겐)?
(여태 앉았느냐야?)

△ 음성어간+언+댜+게/겐 [-었느냐/느냐야]
· 도장 찍언댜?
(도장 찍었느냐?)
· 그 말을 믿언댜게(겐)?

(그 말을 믿었느냐야?)

△ ᄒ(ᄒ다)+연+댜+게/겐 [-였느냐/느냐야]
· 정말 경 ᄒ연댜)?
(정말 그렇게 하였느냐?)
· 게난 그 일을 ᄒ연댜게(겐)?
(그러니까 그 일을 하였느냐야?)

△ 양성어간+암+댜+게/겐 [-고 있느냐/느냐야]
· 불 숨암댜?
(불을 때고 있느냐?)
· 굴리멍 앗암댜게(겐)?
(고르면서 가지고 있느냐야?)

△ 음성어간+암+댜+게/겐 [-고 있느냐/느냐야]
· 서답 잘 널엄댜?
(빨래 잘 널고 있느냐?)
· 시킨 말은 잘 들엄댜게(겐)?
(시킨 말은 잘 듣고 있느냐야?)

△ ᄒ(ᄒ다)+염+댜+게/겐 [-고 있느냐/느냐야]
· 웃어룬신디 인술 잘ᄒ염댜?
(웃어른한테 안사를 잘하고 있느냐?)
· 이젠 화이ᄒ연 말ᄒ염댜게(겐)?
(이제는 화의하여서 말하고 있느냐야?)

(11) -ㄹ댜/-을댜 [-려느냐]

이들 비존대형의 의문형종결어미는 용언의 어간에 붙는다. 그 조건
은 모음이나 'ㄹ' 받침으로 끝나는 어간 다음에는 '-ㄹ댜'가, 'ㄹ' 이외의

자음받침으로 끝나는 어간에는 '-을댜'가 붙어서 현대국어의 '-려느냐'가 된다. 그 외도 사동·피동형접미사 '-이/-기/-리/-히/-우/-구/-추'와 결합되서 '-이려느냐/-기려느냐/-리려느냐/-히려느냐/-우려느냐/-구려느냐/-추려느냐'의 '-려느냐'가 된다. 강세첨사 '게/겐'이 붙으면 그 정도를 더해주는 '야'가 덧붙은 효과가 있다.

    △ 어간(모음)+ㄹ댜+게/겐 [-려느냐/-려느냐야]
      · 나영 ㄱ찌 가멍 질 ㄱ리칠(치르)댜?
        (나와 같이 가면서 길 가리키려느냐?)
      · 느만 슬째기 갈(가르)댜게(겐)?
        (너만 살그머니 가려느냐야?)

    △ 어간(자음)+을댜+게/겐 [-려느냐/-려느냐야]
      · 는 집이 엇을댜?
        (너는 집에 없려느냐?)
      · 느도 머리 곰을댜게(겐)?
        (너도 머리 감려느냐야?)

    △ 어간+이(사접)+ㄹ댜+게/겐 [-이려느냐/려느냐야]
      · 그 옷 족게 줄일(이르)댜?
        (그 옷 작게 줄이려느냐?)
      · 물 좀 더 멕일(이르)댜게(겐)?
        (물 좀 더 먹이려느냐야)

    △ 어간+기(사접)+ㄹ댜+게/겐 [-기려느냐/려느냐야]
      · 낭 거죽 벳길(기르)댜?
        (나무 껍질 벗기려느냐?)
      · 그것만 냉길(기르)댜게(겐)?
        (그것만 남기려느냐야?)

△ 어간+리(사접)+ㄹ댜+게/겐 [-리려느냐/려느냐야]

· 는 연 눌릴(리르)댜?

(너는 연을 날리려느냐?)

· 나안틴 안 돌릴(리르)댜게(겐)?

(나한데는 안 돌리려느냐야?)

△ 어간+히(사접)+ㄹ댜+게/겐 [-히려느냐/려느냐야]

· 안트레 더 줍힐(히르)댜?

(안으로 더 줍히려느냐?)

· 숨김엇이 잘 붉힐(히르)댜게(겐)?

(숨김없이 잘 밝히려느냐야?)

△ 어간+우(사접)+ㄹ댜+게/겐 [-우려느냐/려느냐야]

· 입맛이나 돋울(우르)댜?

(입맛이나 돋우려느냐?)

· 츠마가라 그 집을 비울(우르)댜게(겐)?

(차마 그 집을 비우려느냐야?)

△ 어간+구(사접)+ㄹ댜+게/겐 [-구려느냐/려느냐야]

· 노프게 더 우트레 솟굴(구르)댜?

(높게 더 위로 솟구려느냐?)

· 느도 안경 도술 더 돋굴(구르)댜게(겐)?

(너도 안경 도수를 더 돋구려느냐야?)

△ 어간+추(사접)+ㄹ댜+게/겐 [-추겠느냐/겠느냐야]

· 시간이랑 뒤로 늦출(추르)댜?

(시간은 뒤로 늦추겠느냐?)

· 새 옷을 다시 맞출(추르)댜게(겐)?

(새 옷을 다시 맞추겠느냐야?)

△ 어간(피접)+ㄹ댜+게/겐 [-이려느냐/려느냐야]

· 느 사진도 저디 ㄱ치 놓일(이르)댜?
   (네 사진도 저기 같이 놓이려느냐?)
· 손에 벌침 안 쏘일(이르)댜게(겐)?
   (손에 벌침 안 쏘이려느냐야?)

△ 어간+기(피접)+ㄹ댜+게/겐 [-기려느냐/려느냐야]

· 맨날 곱앙만 댕기멍 쮓길(기르)댜?
   (만날 숨어서만 다니면서 쫓기려느냐?)
· 오도가도 못하는 듸서 줌길(기르)댜게(겐)?
   (오도가도 못하는 데서 잠기려느냐야?)

△ 어간+리(피접)+ㄹ댜+게/겐 [-리려느냐/려느냐야]

· 그 집이 갓당 개안티 물릴(리르)댜?
   (그 집에 갔다가 개한테 물리려느냐?)
· 멍석에 감경 돌돌 몰릴(리르)댜게(겐)?
   (멍석에 감겨서 돌돌 말리려느냐야?)

△ 어간+히(피접)+ㄹ댜+게/겐 [-히겠느냐/겠느냐야]

· 웨뜬 놈신듸 돈 멕힐(히르)댜?
   (외딴 놈한테 돈 먹히겠느냐?)
· 죽으민 그냥 그디 묻힐(히르)댜게(겐)?
   (죽으면 그냥 거기 묻히겠느냐야?)

또 사동형접미사 '-기/-히'와 같은 기능을 가진 '-지'에 붙어서 현대국
어의 '-기려느냐'·'-히려느냐'의 '-려느냐'가 된다. 강세첨사 '게/겐'이 붙
으면 '야'가 덧붙은 효과가 있다.

△ 어간+지(사접)+ㄹ댜+게/겐 [-기려느냐/려느냐야]

· 나도 몰르게 곱질(지르)댜?
  (나도 모르게 숨기려느냐?)
· 경 ᄒᆞ영 놈 웃질(지르)댜게(겐)?
  (그렇게 하여서 남 웃기려느냐야?)

△ 어간+지(사접)+ㄹ댜+게/겐 [-히려느냐/려느냐야]

· 나도 손님이영 ᄀᆞ치 앚질(지르)댜?
  (나도 손님이랑 같이 앉히려느냐?)
· 애길 경 지저운 듸 눅질(지르)댜게(겐)?
  (아기를 그렇게 뜨거운 데 눕히려느냐야?)

(12) -ㄴ디 · -디 [-냐 · -느냐]

이들 비존대형의 의문형종결어미가 붙는 조건은 '-ㄴ디'인 경우, 모음으로 끝나는 체언에 붙어서 현대국어의 '-냐'가 되고, '-디'는 과거시제 선어말어미 '-안/언/연(았/었/였)-'과 진행상을 나태는 선어말어미 '-암/엄/염(고 있)-' 다음에 붙어서, 현대국어의 '-았/었/였느냐 · '-고 있느냐의 '-느냐가 된다. 끝에 강세첨사 '게/겐'이 붙으면 그 정도를 더해주는 '야가 덧붙은 효과가 있다.

△ 체언+ㄴ디+게/겐 [-냐/-냐야]

· 는 뭣ᄒᆞ레 온 아인(이ㄴ)디?
  (너는 뭐하러 온 아이냐?)
· 그디 신 건 누겐(게ㄴ)디게(겐)?
  (거기 있는 것은 누구냐야?)

△ 양성어간+안+디+게/겐 [-았느냐/느냐야]

· 언치냑은 어디서 좀잔(자안)디?

(어젯밤은 어디서 잠잤(자았)느냐?)

· 줘도 무사 말안디게(겐)?

(줘도 왜 말았느냐야?)

△ 음성어간+언+디+게/겐 [-었느냐/느냐야]

· 그 동안은 어디 묵언디?

(그 동안은 어디 묵었느냐?)

· 무사 나신더레 주언디게(겐)?

(왜 나한테로 주었느냐야?)

△ 흐(흐다)+연+디+게/겐 [-였느냐/느냐야]

· 어떠난 그추룩 미워흐연디?

(어째서 그처럼 미워하였느냐?)

· 짇을것(컷) 어디 간 흐연디게(겐)?

(땔감 어디 가서 하였느냐야?)

△ 양성어간+암+디+게/겐 [-고 있느냐/느냐야]

· 무사 나만 비롱이 보암디?

(왜 나만 빤히 보고 있느냐?)

· 창 무사 안 볼암디게(겐)?

(창은 왜 안 바르고 있느냐야?)

△ 음성어간+엄+디+게/겐 [-고 있느냐/느냐야]

· 무사 재기 가불엄디?

(왜 빨리 가버리고 있느냐?)

· 무사 재기 가불엄디게(겐)?

(왜 빨리 가버리고 있느냐야?)

△ 흐(흐다)+염+디+게/겐 [-고 있느냐/느냐야]

· 나사 흐주만 는 어떵 흐염디?

(나야 하지만 너는 어떻게 하고 있느냐?)
· 언제 떠나젱 ᄒ염디게(겐)?
(언제 떠나려고 하고 있느냐야?)

(13) -카/-코 [-ㄹ까]

이들 비존대형의 의문형종결어미는 체언과 용언의 어간에 붙는다. 그 붙는 조건은 아래 ❶❷와 같다. 여기서 유념할 것은 이들 '-카/-코'가 공통으로 쓰일 때도 간혹 있으나, 아래 예시처럼 구분해서 써야 한다. 즉 '-카'는 '무사(왜) …' 따위의 의문사를 껴 넣었을 때 그 말이 아귀가 잘 맞지 않는 경우가 있지만, '-코'는 그들 의문사가 껴드는 말이라야 아귀가 잘 맞는다.

❶ 체언+카/코 [-ㄹ까/-ㄹ꼬] 28)

이 형태를 취할 때의 의문형종결어미 '-카/-코'는 모음으로 끝나는 체언 다음이면 '-카/-코'가 붙어서 현대국어의 '-ㄹ까/-ㄹ꼬'가 되고, 자음받침으로 끝나는 체언 다음이면 '이다'의 '이'와 결합된 '-이카/-이코'가 돼서 '-일까'가 된다. 또 끝에 강세첨사 '게/겐'·'이'가 붙으면 '야'가 덧붙은 효과가 있다.

△ 체언(모음)+카+게/겐/이 [-ㄹ까/-ㄹ까야]
· 그 말 굴은 게 나카?
(그 말을 한 것이 날(나르)까?)
· 질 먹고정 흔 게 궤기카게(겐)?
(제일 먹고자 한 것이 고길(기르)까야?)
· 젲일 좋아ᄒ는 게 고냉이카이?

---

28) '-ㄹ코/-ㄹ카'는 표준어 예스러운 말인 '-ㄹ꼬/-ㄹ까'에 해당한다.

(쥐를 좋아하는 것이 고양일(이르)까야?)

△ 체언(모음)+코+게/겐/이 [−르꼬/−르꼬야]

· 가는 듸가 어디코?
  (가는 데가 어딜(디르)꼬?)
· 질 잘 아는 사름이 누게코게(겐)?
  (길을 잘 아는 사람이 누굴(구르)꼬야?)
· 어느 게 안 매운 고치코이?
  (어느 것이 안 매운 고출(추르)꼬야?)

△ 체언(자음)+이(이다)+카+게/겐/이 [−일까/−일까야]

· 그 사름 원ᄒᆞ는 게 재산이카?
  (그 사람이 원하는 게 재산일까?)
· 목숨보단 귀ᄒᆞᆫ 게 돈이카게(겐)?
  (목숨보다 귀한 것이 돈일까야?)
· 정말로 아는 게 심이카이?
  (정말로 아는 게 힘일까야?)

△ 체언(자음)+이(이다)+코+게/겐/이 [−일꼬/−일꼬야]

· 잔친 어느 날이코?
  (잔치는 어느 날일꼬?)
· 무사 하필 그 집이코게(겐)?
  (왜 하필 그 집일꼬야?)
· 배 아픈디 먹는 건 무신 약이코이?
  (배 아픈데 먹는 것은 무슨 약일꼬야?)

❷ **어간+카/코 [−ㄹ까/−ㄹ꼬]**

이 형태를 취할 때의 의문형종결어미 '−카/−코'는 모음이나 'ㄹ' 받침으로 끝나는 어간 다음에 붙어서 현대국어의 '−ㄹ까/−ㄹ꼬'가 되고, 'ㄹ'

이외의 자음받침으로 끝나는 어간에는 '-으카/-으코'가 붙어서 '-을까/-
을꼬'가 된다. 또 끝에 강세첨사 '게/겐'·'이'가 붙으면 '야'가 덧붙은 효과
가 있다.

△ 어간(모음/ㄹ)+카+게/겐/이 [-ㄹ까/-ㄹ까야]
· 그게 아니카?
  (그게 아닐(니르)까?)
· 마핀 걸랑 햇빗에 내닐(닐르)카게(겐)?
  (곰핀 것은 햇볕에 내널까야?)
· 그 일을 ᄒ카 말(말르)카이?
  (그 일을 할까 말까야?)

△ 어간(모음/ㄹ)+코+게/겐/이 [-ㄹ꼬/-ㄹ꼬야]
· 난 어떵 ᄒ코?
  (나는 어떻게 할(하르)꼬?)
· 무사 경 나쁘코게(겐)?
  (왜 그렇게 나쁠(쁘르)꼬야?)
· 얼메나 오래 살코이?
  (얼마나 오래 살꼬야?)

△ 어간(모음/ㄹ제외)+으카+게/겐/이 [-을까/-을까야]
· 밥 먹당 남으카?
  (밥 먹다가 남을까?)
· 말로 ᄀᆞᆯ앙 들으카게(겐)?
  (말로 해서 들을까야?)
· 저영도 술색이 검으카이?
  (저렇게도 살색이 검을까야?)

△ 어간(모음/ㄹ제외)+으코+게/겐/이 [-을꼬/-을꼬야]
· 난 어느 걸 먹으코?

(나는 어느 것을 먹을<u>꼬</u>?)
- 어디부떠 몬저 가민 좋<u>으코게</u>(<u>겐</u>)?
 (어디부터 먼저 가면 좋<u>을꼬야</u>?)
- 아픈 거 언제민 낫<u>으코이</u>?
 (아픈 거 언제면 나<u>을꼬야</u>?)

(14) -우카/-우코 [-울까/-울꼬]

이들 비존대형의 의문형종결어미는 ㅂ-불규칙용언의 어간 'ㅂ'이 변한 '우'에 의문형어미 '-카/-코'가 결합된 현대국어의 '-울까/-울꼬"에 해당한다. 하지만 그 실제 쓰임은 구분 없이 공통일 때도 있지만, '-우코'는 의문을 나타내는 '누구·어디·언제·왜·어떻게·얼마 …' 따위의 말이 아래 예시와 같이 껴드는 경우가 대부분이다. 끝에 강세첨사 '게/겐'·'이'가 붙으면 '야'가 덧붙은 효과가 있다.

 △ 어간(ㅂ변칙)+우+카+게/겐/이 [-울까/-울까야]
 - 날랑 느 일 도<u>우카</u>?
  (나는 너의 일을 도<u>울까</u>?)
 - 나도 분 볼르민 고<u>우카게</u>(<u>겐</u>)?
  (나도 분을 바르면 고<u>울까야</u>?)
 - 곤 옷 입은 게 저영도 부러<u>우카이</u>?
  (고운 옷을 입은 것이 저렇게도 부러<u>울까야</u>?)

 △ 어간(ㅂ변칙)+우+코+게/겐/이 [-울꼬/-울꼬야]
 - 터진 옷은 누게가 주<u>우코</u>?
  (터진 옷은 누가 기<u>울꼬</u>?)
 - 무사 경도 미<u>우코게</u>(<u>겐</u>)?
  (왜 그렇게도 미<u>울꼬야</u>?)
 - 어디서 궤길 구<u>우코이</u>?
  (어디서 고기를 구<u>울꼬야</u>?)

(15) -이카/-이코 [-을까/-을꼬]

이들 비존대형의 의문형종결어미는 현대국어의 '-일까/-일꼬'에 해당한다. 그 쓰이는 조건은 과거시제 선어말어미 '-앗/엇/엿(았/었/였)-' 다음에 붙어서 현대국어 '-았/었/였을까'·'-았/었/였을꼬'의 '-을까/-을꼬'가 된다. 여기서 눈여겨봐야 할 것은 '-이카/-이코'가 공통으로 쓰일 때도 간혹 있으나, 아래 예시처럼 구분해서 써야 한다. 즉 '-이카'는 '무사(왜) …' 따위의 의문사를 껴 넣었을 때 그 말이 아귀가 잘 맞지 않을 수 있지만, '-이코'는 의문사가 들어가는 말이라야 아귀가 잘맞는다. 끝에 강세첨사 '게/겐'·'이'가 붙으면 그 의문의 정도를 덧나게 하는 '야'가 덧붙은 효과가 있다.

△ 양성어간+앗+이카+게/겐/이 [-았을까/을까야]
- 깝이나 잘 받안 풀앗<u>이카</u>?
  (값이나 잘 받고 팔았<u>을까</u>?)
- 순이 도로 돈앗<u>이카게(겐)</u>?
  (순이 다시 돈았<u>을까야</u>?)
- 집이덜 다 갓(가앗)<u>이카이</u>?
  (집에들 다 갔(가았)<u>을까야</u>?)

△ 양성어간+앗+이코+게/겐/이 [-았을꼬/을꼬야]
- 무사 안 왓(오앗)<u>이코</u>?
  (왜 안 왔(오았)<u>을꼬</u>?)
- 옛날은 무사 문패 안 둘앗<u>이코게(겐)</u>?
  (옛날은 왜 문패를 안 달았<u>을꼬야</u>?)
- 어떠난 ᄒ렌 ᄒᆞᆫ 베슬도 말앗<u>이코이</u>?
  (어떠니까 하라고 한 벼슬도 말았<u>을꼬야</u>?)

△ 음성어간+엇+이카+게/겐/이 [-었을까/을까야]

- 지금도 안 익언 설엇<u>이카</u>?
  (지금도 안 익고 설었<u>을까</u>?)
- 그간에 일솜씨 얼메나 늘엇<u>이카</u>게(겐)?
  (그간에 일솜씨 얼마나 늘었<u>을까야</u>?)
- 그냥 내불어 뒷(두엇)<u>이카이</u>?
  (그냥 내버려 두었<u>을까야</u>?)

△ 음성어간+엇+이코+게/겐/이 [-었을꼬/을꼬야]

- 숭년 들민 무신 걸 먹엇<u>이코</u>?
  (흉년이 들면 무슨 것을 먹었<u>을꼬</u>?)
- 어떠난 사름 수정이 줄엇<u>이코</u>게(겐)?
  (어떠니까 사람 수효가 줄었<u>을꼬야</u>?)
- 무사 늣빗이 저영 희엇<u>이코이</u>?
  (왜 낯빛이 저렇게 희었<u>을꼬야</u>?)

△ ᄒ(ᄒ다)+엿+이카+게/겐/이 [-였을까/을까야]

- 진 집안 거념 잘ᄒ엿<u>이카</u>?
  (자기는 집안 관리 잘하였<u>을까</u>?)
- 그 사름 재산이 경 넉넉ᄒ엿<u>이카</u>게(겐)?
  (그 사람 재산이 그렇게 넉넉하였<u>을까야</u>?)
- 오직이나 몰멩ᄒ엿<u>이카이</u>?
  (오죽이나 미련하였<u>을까야</u>?)

△ ᄒ(ᄒ다)+엿+이코+게/겐/이 [-였을꼬/을꼬야]

- 나가 갓이민 어떵 ᄒ엿<u>이코</u>?
  (내가 갔으면 어떻게 하였<u>을꼬</u>?)
- 그런 놈광 무사 벗ᄒ엇<u>이코</u>게(겐)?
  (그런 놈과 왜 벗하였<u>을꼬야</u>?)
- 어떤난 안 다천 경 멀쩡ᄒ엿<u>이코이</u>?

(어떠니까 안 다쳐서 그렇게 말짱하였을꼬야?)

(16) -시카/-시코 [-을까]

이들 비존대형의 의문형종결어미는 진행상을 나타내는 선어말어미 '-암/엄/염(고 있)-' 다음에 붙어서 현대국어의 '-고 있을까'·'-고 있을 꼬'의 '-을까/-을꼬'가 된다. 그 쓰이는 조건은 '-이카/-이코'와 같이, '무 사(왜)·누게(누구)…' 따위의 의문사가 붙어서 말이 아귀가 어색해서 맞아 들지 않을 경우는 주로 '-시카'가 붙고, 말이 아귀가 잘 맞을 때는 '-시코' 가 붙는다. 끝에 강세첨사 '게/겐'·'이'가 붙으면 그 의문의 정도를 덧나게 하는 '야'가 덧붙은 효과가 있다.

> △ 양성어간+암+시카+게/겐/이 [-고 있을까/을까야]
> ・이제도 잠(자암)시카?
> (이제도 자고 있을까?)
> ・지싯물이라도 받암시카게(겐)?
> (낙숫물이라도 받고 있을까야?)
> ・허물 난 거 소곱으론 곪암시카이?
> (종기 난 것 속으로는 곪고 있을까야?)

> △ 양성어간+암+시코+게/겐/이 [-고 있을꼬/을꼬야]
> ・무사 깝을 안 받암시코?
> (왜 값을 안 받고 있을꼬?)
> ・난 뭣 흐멍 놀암시코게(겐)?
> (난 뭣 하면서 놀고 있을꼬야?)
> ・가인 어떵 살암시코이?
> (걔는 어떻게 살고 있을꼬야?)

△ 음성어간+엄+시카+게/겐/이 [-고 있을까/을까야]

· 발등에 눈 때나 밀엄시카?
  (발등에 눈은 때나 밀고 있을까?)
· 지금쯤은 조코고리 피엄시카게(겐)?
  (지금쯤은 조이삭이 패고 있을까야?)
· 그까지 거 먹엉 배가 불엄시카이?
  (그까지 것 먹어서 배가 불고 있을까야?)

△ 음성어간+엄+시코+게/겐/이 [-고 있을꼬/을꼬야]

· 안 빌어도 될 걸 무사 저추룩 빌엄시코?
  (안 빌어도 될 것을 왜 저처럼 빌고 있을꼬?)
· 잇어도 못 쓸 걸 무사 잇엄시코게(겐)?
  (이어도 못 쓸 것을 왜 잇고 있을꼬야?)
· 어떤난 낭닙(입)이 유울엄시코이?
  (어떠니 나뭇잎이 시들고 있을꼬야?)

△ ᄒ(ᄒ다)+염+시카+게/겐/이 [-고 있을까/을까야]

· 나 혼차주만 몬저 일ᄒ염시카?
  (나 혼자지만 먼저 일하고 있을까?)
· 지금도 오몽 못ᄒ염시카게(겐)?
  (지금도 움직이지 못하고 있을까야?)
· 츠마 그추룩이사 ᄒ염시카이?
  (차마 그처럼이야 하고 있을까야?)

△ ᄒ(ᄒ다)+염+시코+게/겐/이 [-고 있을꼬/을꼬야]

· 물도 못 들으싼 어떵 ᄒ염시코?
  (물도 못 들이켜서 어떻게 하고 있을꼬?)
· 무신 것이 잘못됏덴 ᄒ염시코게(겐)?
  (무슨 것이 잘못됐다고 하고 있을꼬야?)
· 숫도 엇은디 뭘로 밥ᄒ염시코이?

(솥도 없는데 뭣으로 밥하고 있을꼬야?)

(17) -라/-이라 [-냐/-이냐]

이들 비존대형의 의문형종결어미는 주로 체언이나 용언의 명사형
에 붙어서 현대국어의 '-냐/-이냐'의 구실을 한다. 그 쓰이는 조건은 모음
으로 끝나는 체언 다음에는 '-라'가 붙어서 '-냐'가 되고, 자음받침으로 끝
나는 체언 다음에는 '이다'의 '이'와 의문형어미 '-라'가 결합된 형태를 취
해서 현대국어의 '-이냐'가 된다. 또 용언의 어간에 붙는 명사형전성어미
'-ㅁ/-음' 다음에는 '-이라'가 붙어서 '-느냐'가 되고, '-기' 다음에 붙으
면 '-냐'가 된다. 끝에 강세첨사 '게/겐'이 붙을 경우는 의문의 정도를 덧나
게 하는 '야'가 덧붙은 효과가 있다.

△ 체언(모음)+라+게/겐 [-냐/-냐야]
· 그 사진이 두린 때 느라?~ 29) (높고 길게)
 (그 사진이 어린 때 너냐?)
· 저건 또 누게라게(겐)?
 (저것은 또 누구냐야?)

△ 체언(자음)+이(이다)+라 [-이냐/-이냐야]
· 그 구덕 소곱에 신 게 뭣이라?
 (그 바구니 속에 있는 것이 무엇이냐?)
· 앞밧듸 간 건 보리라 밀이라게(겐)?
 (앞밭에 간 것은 보리냐 밀이냐야?)

△ 어간+ㅁ/음+이라+게/겐 [-느냐/-느냐야]
· 요새 어떵 지냄(내ㅁ)이라?

---

29) '-느라(너냐)'의 '-라(냐)'와 30) '걷기라(걷기냐)'는 그 발음을 낮고 짧게 해버리면·평
 서형종결어미 '-라(다)'가 돼버리므로 좀 높고 길게 발음해야 의문형이 된다.

(요새 어떻게 지내느냐?)

무끈 걸 무사 또시 풂(풀ㅁ)이라게(겐)?)

(묶은 것을 왜 다시 풂이냐야?)

· 무사 경 돌음이라?

(왜 그렇게 닫느냐?)

어떵호난 그 터엔 집 안 짓음이라게(겐)?

(어떠니 그 터에는 집을 안 짓느냐야?)

△ 어간+기+라+게/겐 [-냐/-냐야]

· 무작정 영 걷기라?~ 30) (높고 길게)

(무작정 이렇게 걷기냐?)

· 아니 맨날 이추룩 놀기라게(겐)?

(아니 만날 이처럼 놀기냐야?)

(18) -아/-어/-여 [-아/-어/-여 · -느냐]

이들 종결어미는 원래 평서형종결어미로 쓰이는 것이 상례이지만, 비존대형의 의문형종결어미로도 쓰인다. 그 쓰이는 조건은 '-아'는 양성모음 어간에 붙어서 현대국어의 '-아/-느냐'가 되고, '-어'는 음성모음 어간에 붙어서 '-어/-느냐'가 된다. 또 '-여'는 '호다(하다)'와 '-호다'가 붙어서 된 어간 '호(하)'에 붙어서 '-여/-느냐'가 된다. 이 경우의 '-아/-어/-여'는 말할 때 높고 길게 발음해야 한다. 짧고 낮게 발음하면 평서형종결어미가 돼버린다.

△ 양성어간+아 [-아/-느냐]

· 가인 어멍 엇이도 잘살아?~ (높고 길게)

(그 아이는 어머니 없이도 잘 살아?)

· 그건 이 그릇에 담아?~ (높고 길게)

(그것은 이 그릇에 담느냐?)

△ 양성어간+어 [-어/-느냐]

· 그 집인 사름 잇<u>어</u>?~ (높고 길게)
(그 집에는 사람 잇<u>어</u>?)
· 빙들민 다 죽<u>어</u>?~ (높고 길게)
(병들면 다 죽<u>느냐</u>?)

△ ᄒ(ᄒ다)+여 [-여/-느냐]

· 무사 일 못ᄒ<u>여</u>?~ (높고 길게)
(왜 일을 못하<u>여</u>?)
· 가인 그것말만 잘ᄒ<u>여</u>?~ (높고 길게)
(그 아이는 거짓말만 잘하<u>느냐</u>?)

(19) -안/-언/-연 [-았어/-었어/-였어 · -았느냐/-었느냐/-였느냐]

이들 완료를 나타내는 과거시제 선어말어미가 비존대형의 의문형종결어미로도 쓰인다. 이 경우의 '-안'은 양성모음 어간에 붙어서 현대국어의 '-았어/-았느냐'가 되고, '-언'은 음성모음 어간에 붙어서 '-었어/-었느냐'가 된다. 또 '-연'은 'ᄒ다(하다)'와 '-ᄒ다'가 붙어서 된 어간 'ᄒ(하)'에 붙어서 '-였어/-였느냐'가 된다. 이때 '-안/-언/-연'은 말할 때 높고 길게 발음해야 한다. 짧고 낮게 발음하면 평서형종결어미가 돼버린다.

△ 양성어간+안 [-았어/-았느냐]

· 어금닌 어느제 돈<u>안</u>?~ (높고 길게)
(어금니는 언제 돈<u>았어</u>?)
· 는 누게영 놀<u>안</u>?~ (높고 길게)
(너는 누구하고 놀<u>았느냐</u>?)

△ 음성어간+언 [−었어/−었느냐]

· 그 냥 무사 쏠어지언?～ (높고 길게)

(그 냥 왜 쏠어지었어?)

· 무사 각씨 또 언언?～ (높고 길게)

(왜 아내 또 얻었느냐?)

△ ㅎ(ㅎ다)+연 [−였어/−였느냐]

· 욕 들어지카부덴 걱정ㅎ연?～ (높고 길게)

(욕 들을까봐서 걱정하였어?)

· 어젠 집이서 뭣 ㅎ연?～ (높고 길게)

(어제는 집에서 뭣 하였느냐?)

(20) −안가/−안고 · −언가/−언고 · −연가/−연고 [−던가/−던고]

이들 비존대형의 의문형종결어미는 용언의 어간 다음에 놓여서 지난 사실을 떠올리는 어미 '−던'인 '−안/−언/−연'에 의문을 나타내는 어미 '−가/−고'가 결합된 것으로서, 현대국어의 '−던가/−던고'에 해당한다. 그 쓰이는 조건은 아래 ❶❷❸과 같다.

❶ 양성어간+안가/안고 [−던가/−던고]

이 형태를 취할 때의 의문형종결어미 '−안가/−안고'는 양성모음 어간 다음에 붙어서는 현대국어의 '−던가/−던고'가 된다. 끝에 강세첨사 '이'가 붙으면 의문의 정도를 더해주는 '야'가 덧붙은 효과가 있다.

△ 양성어간+안가/안고 [−던가/−던고]

· 그 무슬 사름덜도 몬 알안가?

(그 마을 사람들도 모두 알던가?)

· 어떠난 가이만 경 고완(오안)고?

(어떠니 그 아이만 그렇게 곱던고?)

△ 양성어간+안가/안고+이 [-던가야/-던고야]

· 손으로 잘 ᄆ직아 보안가이?
(손으로 잘 만져 보던가야?)
· 무사 집은 풀안고이?
(왜 집은 팔던고야?)

❷ 음성어간+언가/언고 [-던가/-던고]

이 형태를 취할 때의 의문형종결어미 '-언가/-언고'는 '아니다'를 제외한 음성모음 어간에 붙어서 현대국어의 '-던가/-던고'가 된다. 끝에 강세첨사 '이'가 붙으면 의문의 정도를 더해주는 '야'가 덧붙은 효과가 있다.

△ 음성어간+언가/언고 [-던가/-던고]

· 아무 유언도 엇이 죽언가?
(아무 유언도 없이 죽던가?)
· 그거 어디 션(시언)고?
(그거 어디 있던고?)

△ 음성어간+언가/언고+이 [-던가야/-던고야]

· 무사 왓이닝 들언가이?
(왜 왔는냐고 듣던가야?)
· 작년 저슬은 무사 경도 얼언고이?
(작년 겨울은 왜 그렇게도 춥던고야?)

❸ ᄒ(ᄒ다)+연가/연고 [-던가/-던고]

이 형태를 취할 때의 의문형종결어미 '-연가/-연고'는 'ᄒ다(하다)' 와 '-ᄒ다'가 붙어서 된 어간 'ᄒ(하)' 다음에 놓여서 현대국어의 '-던가/-던고'가 된다. 끝에 강세첨사 '이'가 붙으면 의문의 정도를 더해주는 '야'가 덧붙은 효과가 있다.

△ ᄒ(ᄒ다)+연가/연고 [-던가/-던고]
　· 춫아가난 어떵 ᄒ<u>연가</u>?
　　(찾아가니 어떻게 하<u>던가</u>?)
　· 가이신딘 무신거엔 ᄒ<u>연고</u>?
　　(걔한테는 뭐라고 하<u>던고</u>?)

△ ᄒ(ᄒ다)+연가/연고+이 [-던가야/-던고야]
　· 일은 시키는 냥 잘ᄒ<u>연가이</u>?
　　(일은 시키는 대로 잘하<u>던가야</u>?)
　· 그땐 무사 놈광 ᄃ투젱만 ᄒ<u>연고이</u>?
　　(그때는 왜 다른 사람과 다투려고만 하<u>던고야</u>?)

(21) -아냐/-어냐/-여냐 [-더냐]

이 비존대형의 의문형종결어미는 용언의 어간에 붙는 종결어미 '-아/-어/-여' 다음에 지난 일을 회상하는 선어말어미 '-더'와 의문형어미 '-냐'가 결합된 현대국어의 '-더냐'에 해당한다. 그 쓰이는 조건은 아래 예시와 같이 '-아냐'는 양성모음 어간에 붙고, '-어냐'는 음성모음 어간에 붙고, '-여냐'는 'ᄒ다(하다)'와 '-ᄒ다'가 붙어서 된 어간 'ᄒ(다)'에 붙는다. 또 그들 끝에 강세첨사 '게/겐'이 붙으면 어세가 강해져서 '야'가 덧붙은 효과가 있다. 다만 어간 끝음절이 모음 'ᅡ'로 끝날 경우는 '-아냐'의 '-아'는 탈락된다.

△ 양성어간+아냐+게/겐 [-더냐/-더냐야]
　· 지냥으로 잘 걸어가(가<u>아</u>)냐?
　　(자기대로 잘 걸어가<u>더냐</u>?)
　· 누게곤 들어나 보아냐게(겐)?
　　(누구냐고 들어나 보<u>더냐야</u>?)

△ 음성어간+어냐+게/겐 [-더냐/-더냐야]

· 옷 얄룬 거 입으난 얼어냐?
 (옷 얇은 거 입으니 춥더냐?)
· 댕유지낭에 고장은 잘 피어냐게(겐)?
 (당유자나무에 꽃은 잘 피더냐야?)

△ ᄒ(ᄒ다)+여냐+게/겐 [-더냐/-더냐야]

· 어떵 뒈엄신고 궁굼ᄒ여냐?
 (어떻게 되고 있는지 궁금하더냐?)
· 애긴 젯 도렌 울지나 안ᄒ여냐게(겐)?
 (아기는 젖 달라고 울지나 안하더냐야?)

(22) -서니 · -서냐 [-더냐]

이들 비존대형의 의문형종결어미는 진행상을 나타내는 선어말어미 '-암/엄/염(고 있)-' 다음에 붙어서 지난 일을 회상해서 묻는 현대국어의 '-고 있더냐'의 '-더냐'에 해당한다. 다만 그 쓰임이 '-서니'는 '무신(무슨) · 무사(왜) · 어떠난(어떠니) …' 따위의 의문사가 껴들어야 앞뒤 말의 아귀가 잘 맞지만, '-서냐'는 제약을 받지 않는다. 끝에 강세첨사 '게/겐'이 붙으면 어세가 강해져서 '야'가 덧붙은 효과가 있다.

△ 양성어간+암+서니+게/겐 [-고 있더냐/더냐야]

· 가이 어디 간 놀암서니?
 (그 아이 어디 가서 놀고 있더냐?)
· 무신 걸 받아 앚안 풀암서니게(겐)?
 (무엇을 받아 앉아서 팔고 있더냐야?)

△ 양성어간+암+서냐+게/겐 [-고 있더냐/더냐야]

· 커가난 아방 닮암서냐?

(커가니 아버지 닮고 있더냐?)
· 목장이 논 쉐 ᄀ자 못 촞암서냐게(겐)?
(목장에 놓은 소를 여태 못 찾고 있더냐야?)

△ 음성어간+엄+서니+게/겐 [-고 있더냐/더냐야]

· 어떵 ᄒ난 군룬말이 엇엄서니?
(어떻게 하니 군말이 없어지고 있더냐?
· 누게영 ᄀ치 짐을 실럼(르엄)서니게(겐)?
(누구와 같이 짐을 싣고 있더냐야?)

△ 음성어간+엄+서냐+게/겐 [-고 있더냐/더냐야]

· 안직도 예관이 묵엄서냐?
(아직도 여관에 묵고 있더냐?)
· ᄒ는 일이 잘뒈엄서냐게(겐)?
(하는 일이 잘되고 있더냐야?)

△ ᄒ(ᄒ다)+염+서니+게/겐 [-고 있더냐/더냐야]

· 무사 양지가 벌겅ᄒ염서니?
(왜 얼굴이 붉어지고 있더냐?
· 지만 곱아둠서 무슨 일을 ᄒ염서니게(겐)?
(자기만 숨어가지고 무슨 일을 하고 있더냐야?)

△ ᄒ(ᄒ다)염+서냐+게/겐 [-고 있더냐/더냐야]

· 가인 지만 무신 걸 ᄒ염서냐?
(그 아이는 자기만 무엇을 하고 있더냐?)
· 날ᄀ라 막 욕ᄒ염서냐게(겐)?
(나더러 막 욕하고 있더냐야?)

[존대형]

(1) -마씀/-마씸 [-ㅂ니까/-입니다]

원래 '마씀/마씸'은 강세의 뜻을 돋보이게 하는 강세첨사로 쓰이는 것이 대부분이다. 하지만 존대형의 의문형종결어미로도 쓰여서 현대국어의 '-ㅂ니까'·'-입니까'가 된다. 그 쓰이는 조건은 아래 ❶❷와 같다.

❶ 체언+마씀/마씸 [-ㅂ니까/-입니까]

이 형태를 취하는 의문형종결어미인 '-마씀/-마씸'은 모음으로 끝나는 체언에 붙어서 현대국어의 '-ㅂ니까'가 되고, 자음으로 끝나는 체언에 붙으면 '-입니까'가 된다. 이 경우 그 앞쪽 어디에 의문사가 놓여야 그 의문이나 물음의 의도가 분명해진다. 또 의문사 '무사(왜)…'따위 다음에 붙어서 현대국어의 '-ㅂ니까'가 된다. 끝에 강세첨사 '게/겐'이 붙을 때는 그 어세를 더 강하게 하는 '요'기 덧붙은 효과가 있다.

　△ 체언(모음)+마씀/마씸 [-ㅂ니까]
　・어떵ᄒ난 나마씀?
　　(어떠니 접(저ㅂ)니까?)
　・무사 이것ᄁ장 자이 거마씸?
　　(왜 이것까지 저 아이 접(거ㅂ)니까?)

　△ 체언(모음)+마씀/마씸+게/겐 [-ㅂ니까요]
　・어느 거마씀게.
　　(어느 접(거ㅂ)니까요?)
　・어느 것이 폴 쉐마씸겐?
　　(어느 것이 팔 숍(소ㅂ)니까요?)

△ 체언(자음)+마씀/마씸 [-입니까]

· 무사 하필이민 그 책<u>마씀</u>?
 (왜 하필이면 그 책<u>입니까</u>?)
· 나신디 매낀 건 누게 돈<u>마씀</u>?
 (나한테 맡긴 것은 누구의 돈<u>입니까</u>?)

△ 체언(자음)+마씀/마씸+게/겐 [-입니까요]

· 어떠난 저건 못 먹는 떡<u>마씸게</u>?
 (어떠니 저것은 못 먹는 떡<u>입니까요</u>?)
· 요건 누게가 지던 물허벅<u>마씸겐</u>?
 (요것은 누가 졌던 물허벅<u>입니까요</u>?)

△ 의문사(무사)+마씀/마씸 [-ㅂ니까]

· 늘랑 오지 말라. 무사<u>마씀</u>?
 (너랑 오지 마라. 웹(왜ㅂ)<u>니까</u>?)
· 가커건 느만 가라. 무사<u>마씸</u>?
 (가겠으면 너만 가라. 웹(왜ㅂ)<u>니까요</u>?)

△ 의문사(무사)+마씀/마씸+게/겐 [-ㅂ니까요]

· 건 안 된다. 무사<u>마씀게</u>?
 (그것은 안 된다. 웹(왜ㅂ)<u>니까요</u>?)
· 싀해만 더 살앙 오라. 무사<u>마씸겐</u>?
 (삼년만 더 살아서 와라. 웹(왜ㅂ)<u>니까요</u>?

❷ 어간+마씀/마씸 [-ㅂ니까]

이 형태를 취하는 의문형종결어미 '-마씀/-마씸'은 동사 '뒈다(되다)'의 어간 '뒈(되)'와 형용사 '아니다'의 어간 '아니'에 붙어서 현대국어의 존대형의 의문형종결어미 'ㅂ니까'가 된다. 이 경우 그 앞쪽 어디에 의문사가 놓여야 그 의문이나 물음의 기능이 분명해진다. 또 끝에 강세첨사 '게/겐'

이 붙을 때는 그 어세를 더 강하게 하는 '요'가 덧붙은 효과가 있다.

    △ 동사어간(뒈다)+마씀/마씸 [-ㅂ니까]
       · 어떵 ㅎ민 잘뒈<u>마씀</u>?
       (어떻게 하면 잘됩(되ㅂ)니까?)
       · 어느제민 먹게 뒈<u>마씸</u>?
       (언제면 먹게 됩(뒈ㅂ)니까?)

    △ 동사어간(뒈다)+마씀/마씸+게/겐 [-ㅂ니까요]
       · 무사 안 뒈<u>마씸</u>게?
       (왜 안 됩(되ㅂ)니까요?)
       · 어떵 ㅎ민 경 뒈<u>마씸</u>게(<u>겐</u>)?
       (어떻게 하면 그렇게 됩(되ㅂ)니까요?)

    △ 형용사어간(아니다)+마씀/마씸 [-ㅂ니까]
       · 무사 아니<u>마씀</u>?
       (왜 아닙(니ㅂ)니까?)
       · 어떠난 아니<u>마씸</u>?
       (어떠니 아닙(니ㅂ)니까?)

    △ 형용사어간(아니다)+마씀/마씸+게/겐 [-ㅂ니까요]
       · 무사 자도 자는 게 아니<u>마씀</u>게?
       (왜 자도 자는 것이 아닙(니ㅂ)니까요?)
       · 어떠난 그런 게 아니<u>마씸</u>겐?
       (어떠니 그런 것이 아닙(니ㅂ)니까요?)

(2) -카마씀/-카마씸 · -코마씀/-코마씸 [-ㄹ까요]

    이들 형태의 존대형 의문형종결어미는 추측·의도 따위를 나타내는 비존대의 의문형종결어미 '-카/-코'가 강세첨사 '마씀/마씸'이[31] 결합

해서 된 것이다. 그 쓰이는 조건은 아래 **❶❷❸**과 같다. 여기서 '마씀/마
씸'은 첨사일 수 있지만, 비존대형의 의문형어미 '-카/-코'·'-우카/-우
코'와 결합해서 존대형의 의문형으로 만듦으로 의문형종결어미로 다뤘다.

❶ 체언+카/코+마씀/마씸 [-ㄹ까요] [32]

이 형태를 취할 때의 '-카마씀(씸)/-코마씀(씸)'은 모음으로 끝나는
체언에 붙어서 현대국어의 '-ㄹ까요'가 되고, 자음받침으로 끝나는 체언에
는 '이다'의 '이'와 결합돼서 '-일까요/-일꼬요'가 된다. 끝에 강세첨사 '게/
겐'·'양'이 붙으면 어세가 더 강해져서 '요네'가 덧붙은 효과가 있다.

    △ 체언(모음)+카/코+마씀/마씸 [-ㄹ까요]

    · 저영 불러도 소리<u>카마씀</u>(씸)?
      (저렇게 불러도 노랠(래르)까요?)
    · 촛앙 가는 듸가 어디<u>코마씀</u>(씸)?
      (찾아서 가는 데가 어딜(디르)까요?)

    △ 체언(모음)+카/코+마씀/마씸+게/겐 [-ㄹ까요네]

    · 질 돋돋훈 게 쒜<u>카마씀</u>(씸)게(겐)?
      (제일 단단한 게 쇨(쇠르)까요네?)
    · 무사 하필 나<u>코마씀</u>(씸)게(겐)?
      (왜 하필 절(저르)까요네?)

---

31) '마씀/마씸'에 관해서는 <강세첨사>의 **❶-❻**에서 이미 언급된 것들은 중복을 피하기
   위해 예시에서 제외됐다.
32) 모음으로 끝나는 체언에 붙는 '-코+마씀/마씸'은 '-카+마씀/마씸'의 대역어와 같은 표
   준어 '-ㄹ까요'로 했다. '-코'의 어원을 그대로 살리면 '-꼬'라야 하지만, 그럴 경우
   대역도 '-ㄹ꼬요'로 해야 하므로 통용어로 부적절해진다. 해서 '-ㄹ카+마씀(씸)'과 같
   이 '-ㄹ까요'로 대역했고, 그 이외는 그 어형을 살려서 '-ㄹ꼬요'로 했다.

△ 체언(모음)+카/코+마씀/마씸+양 [-ㄹ까요네]

· 검은색 나는 게 흐린조카마씀(씸)양?
  (검은색 나는 것이 차졸(조르)까요네?)
· 저 소린 무신 소리코마씀(씸)양?
  (저 소리는 무슨 소릴(리르)까요네?)

△ 체언(자음)+이카/이코+마씀/마씸 [-일까요/-일꼬요]

· 질 나쁜 짓이 싸움이카마씀(씸)?
  (제일 나쁜 짓이 싸움일까요?)
· 무사 귀중흔 게 조식이코마씀(씸)?
  (왜 귀중한 것이 자식일꼬요?)

△ 체언(자음)+이카/이코+마씀/마씸+게/겐 [-일까요네/-일꼬요네]

· 가는 날이 장날이카마씀(씸)게(겐)?
  (가는 날이 장날일까요네?)
· 어떠난 목고냥이 포도청이코마씀(씸)게(겐)?
  (어째서 목구멍이 포도청일꼬요네?)

△ 체언(자음)+이카/이코+마씀/마씸+양 [-일까요네/-일꼬요네]

· 아무나 못 쓰는 게 축문이카마씀(씸)양?
  (아무나 못 쓰는 것이 축문일까요네?)
· 궨당은 무사 옷 우잇ㅂ름이코마씀(씸)양?
  (권당은 왜 옷 위에 바람일꼬요네?)

❷ 어간+카/코+마씀/마씸 [-ㄹ까요/-ㄹ꼬요]

이 형태를 취할 때의 '-카마씀(씸)/-코마씀(씸)'은 모음이나 'ㄹ'받침으로 끝나는 어간에 붙어서 현대국어의 '-ㄹ까요/-ㄹ꼬요'가 된다. 또 'ㄹ' 이외의 자음받침으로 끝나는 어간에는 조모음 '으'가 삽입된 '으카마씀

(씸)/으코마씀(씸)'이 붙어서 현대국어의 '-을까요/-을꼬요'가 된다. 끝에 강세첨사 '게/겐'·'양'이 붙으면 어세가 더 강해져서 '요네'가 덧붙은 효과가 있다.

 △ 어간(모음/ㄹ)+카/코+마씀/마씸 [-ㄹ까요/-ㄹ꼬요]

  · 나도 흔디 가카마씀(씸)?
    (너조 같이 갈(가르)까요?)
  · 난 어디 강 살코마씀(씸)?
    (저는 어디 가서 살까요?)

 △ 어간(모음/ㄹ)+카/코+마씀/마씸+게/겐 [-ㄹ까요네/-ㄹ꼬요네]

  · 바꿧젱 벨로 달르카마씀(씸)게(겐)?
    (바꿨다고 별로 다를(르르)까요네?)
  · 비앵긴 얼메나 노피 눌코마씀(씸)게(겐)?
    (비행기는 얼마나 높이 날까요네?)

 △ 어간(모음/ㄹ)+카/코+마씀/마씸+양 [-ㄹ까요네/-ㄹ꼬요네]

  · 나도 ᄀ치 강 일ᄒ카마씀(씸)양?
    (나도 같이 가서 일할(하르)까요네?)
  · 난 어디 강 무싱 걸 ᄒ코마씀(씸)양?
    (나는 어디 가서 무슨 것을 할(하르)꼬요네?)

 △ 어간(모음/ㄹ제외)+으카/으코+마씀/마씸 [-을까요/-을꼬요]

  · 이번 온 ᄉ또가 더 낫으카마씀(씸)?
    (이번 온 사또가 더 나을까요?)
  · 어느 거부떠 모녀 먹으코마씀(씸)?
    (어느 것부터 먼저 먹을꼬요?)

△ 어간(모음/ㄹ제외)+으카/으코+마씀/마씸+게/겐 [-을까요네/-
을꼬요네]

· 비 개난 천막 친 걸 걷으카마씀(씸)게(겐)?
(비가 개었으니 천막 친 것을 걷을까요네?)
· 어느제민 재산이 천만 냥을 넘으코마씀(씸)게(겐)?
(언제면 재산이 천만 냥을 넘을꼬요네?)

△ 어간(모음/ㄹ제외)+으카/으코+마씀/마씸+양 [-을까요네/-을
꼬요네]

· 우리 집은 너미 좁으카마씀(씸)양?
(우리 집은 너무 좁을까요네?)
· 감즌 어느 솟듸 낭 숢으코마씀(씸)양?
(고구마는 어느 솥에 놔서 삶을꼬요네?)

❸ 어간(ㅂ변칙)+우+카/코+마씀/마씸 [-울까요/-울꼬요]

이 형태를 취할 때의 '-카마씀(씸)/-코마씀(씸)'은 ㅂ-불규칙용언
의 어간 'ㅂ'이 변한 '우'와 결합된 '-우카마씀(씸)/-우코마씀(씸)'이 돼서
현대국어의 '-울까요/-울꼬요'가 된다. 끝에 강세첨사 '게/겐'·'양'이 붙
으면 어세가 더 강해져서 '요네'가 덧붙은 효과가 있다.

△ 어간(ㅂ변칙)+우카/우코+마씀/마씸 [-울까요/-울꼬요]

· 닐이 더 더우카마씀(씸)?
(내일이 더 더울까요?)
· 난 무싱 걸 도우코마씀(씸)?
(나는 무엇을 도울꼬요?)

△ 어간(ㅂ변칙)+우카/우코+마씀/마씸+게/겐 [-울까요네/-울꼬
요네]

· 저영도 고우카마씀(씸)게(겐)?

(저렇게도 고울까요네?)

· 누게 보선부터 몬저 주우코마씀(씸)게(겐)?
(누구 버선부터 먼저 기울꼬요네?)

△ 어간(ㅂ변칙)+우카/우코+마씀/마씸+양 [-울까요네/-울꼬요네]

· 구신이 경 무ᄉᆞ(습우)카마씀(씸)양?
(귀신이 그렇게 무서울까요네?)

· 사름 만나민 무사 부치러(럽우)코마씀(씸)양?
(사람 만나면 왜 부끄러울꼬요네?)

(3) -ㅂ데가/-ㅂ데강 [-ㅂ디까]

이들 존대형의 의문형종결어미는 체언과 용언의 어간에 붙는다. 그 붙는 조건은 아래 ❶❷와 같다.

❶ 체언+ㅂ데가/ㅂ데강 [-ㅂ디까]

이 형태를 취할 때의 의문형종결어미 '-ㅂ데가/-ㅂ데강'은 모음으로 끝나는 체언에 붙어서 현대국어의 '-ㅂ디까'가 된다. 또 그 끝에 강세첨사 '게/겐'이 붙으면 '요'가 덧붙은 효과가 있다. 여기서 유념해야 할 것은 원래 정상의 의문형은 평음인 예삿소리로 된 '-ㅂ데**가**/-ㅂ데**강**'인데, 말할 때의 분위기에 따라 어조가 강해질 때는 경음인 된소리를 낼 수밖에 없으므로, '-ㅂ데**까**/-ㅂ데**깡**'이 된다. 그 어세를 부등호로 나타내면 '-가<-까/-강<-깡'으로 표시할 수 있는데, 그 예시는 생략한다.

△ 체언(모음)+ㅂ데가/ㅂ데강 [-ㅂ디까]

· 어욱밧디 신 게 노립(리ㅂ)데가?
(억새밭에 있는 것이 노룹디까?)

· 저 궤기가 고등엡(에브)데강?
(저 고기가 고등업디까?)

△ 체언(모음)+ㅂ데가/ㅂ데강+게/겐 [-ㅂ디까요]
· 못에서 우는 게 맹마구립(리브)데가게(겐)?
(못에서 우는 게 맹꽁입디까요?)
· 가는 듸가 어딥(디브)데강게(겐)?
(가는 데가 어딥디까요?)

❷ **어간+ㅂ데가/ㅂ데강 [-ㅂ디까]**

이 형태를 취할 때의 '-ㅂ데가/-ㅂ데강'은 모음으로 끝나거나 'ㄹ' 받침으로 끝나는 어간에 붙어서 현대국어의 '-ㅂ디까'가 된다. 또 그 끝에 강세첨사 '게/겐'이 붙으면 '요'가 덧붙은 효과가 있다. 여기서 유념해야 할 것은 원래 정상의 의문형은 평음인 예삿소리로 된 '-ㅂ데**가**/-ㅂ데**강**'인데, 말할 때의 분위기에 따라 어조가 강해질 때는 경음인 된소리를 낼 수밖에 없어서 위 ❶의 체언에 붙을 때와 마찬가지로 '-ㅂ데**까**/-ㅂ데**깡**'이 된다. 그 예시는 생략한다.

△ 어간(모음/ㄹ)+ㅂ데가/ㅂ데강 [-ㅂ디까]
· 성님은 어디 갑(가브)데가?
(형님은 어디 갑디까?)
· 그 동안 어디 간 삽(사브)데강?
(그 동안 어디 가서 삽디까?)

△ 어간(모음/ㄹ)+ㅂ데가/ㅂ데강+게/겐 [-ㅂ디까요]
· 서양 사름과 동양사름은 어디가 달룹(르브)데가게(겐)?
(서양 사람과 동양 사람은 어디가 다룹디까요?)
· 대문간에 문패나 듭(둘브)데강게(겐)?
(대문간에 문패나 답디까요?)

(4) -입데가/-입데강 [-입디까]

이들 존대형의 의문형종결어미는 자음받침으로 끝나는 체언에 붙는 '이다'의 '이'와 '-ㅂ데가'·'-ㅂ데강'이 결합해서 된 현대국어의 '-입디까'에 해당한다. 또 과거시제 선어말어미 '-앗/엇/엿(았/었/였)-' 다음에 붙어서 완료형태인 '-았/었/였습디까'의 '-습디까'가 된다. 끝에 다시 강세첨사 '게/겐'이 붙으면 '요'가 덧붙은 효과가 있다. 앞의 '-ㅂ데가(강)'에서도 말했듯이, 정상의 의문형은 평자음인 예삿소리로 된 '-입데**가**/-입데**강**'인데, 말할 때의 분위기에 따라 '-입데**까**/-입데**깡**'이 된다. 그 강도를 부등호로 나타내면 '-가<-까/-강<-깡'으로 표시할 수 있는데, 그 예시는 생략한다.

△ 체언(자음)+입데가/입데강 [-입디까]
· 저디 펄럭거리는 건 험벅입데<u>가</u>?
  (저기 펄럭거리는 것은 헝겊입디<u>까</u>?)
· 곡숙밧듸 든 건 누구네 물입데<u>강</u>?
  (곡식밭에 든 건 누구네 말입디<u>까</u>?)

△ 체언(자음)+입데가/입데강+게/겐 [-입디까요]
· 그 사름 사는 된 어떤 집입데<u>가</u>게(겐)?
  (그 사름 사는 데는 어떤 집입디<u>까요</u>?)
· 그 욮이 쓴 건 누게네 산<u>입데강</u>게(겐)?
  (그 옆에 쓴 건 누구네 묘<u>입디까요</u>?)

△ 양성어간+앗+입데가/입데강 [-았습디까]
· 대문 돌처귀 삭앗<u>입데가</u>?
  (대문 돌쩌귀 삭았<u>습디까</u>?)
· 보낸 핀진 잘 받앗<u>입데강</u>?
  (보낸 펴지는 잘 받았<u>습디까</u>?)

△ 양성어간+앗+입데가/입데강+게/겐 [-았습디까요]
  · 무사 경 싸게 풀앗입데가게(겐)?
    (왜 그렇게 싸게 팔았습디까요?)
  · 얼메나 오래 놀앗입데강게(겐)?
    (얼마나 오래 놀았습디까요?)

△ 음성어간+엇+입데가/입데강 [-었습디까]
  · 밧듸 무신 검질 짓엇입데가?
    (밭에 무슨 풀이 우거졌(지었)습디까?)
  · 다 먹어불엇입데가/입데강?
    (다 먹어버렸(리었)습디까?)

△ 음성어간+엇+입데가/입데강+게/겐 [-었습디까요]
  · 주렌 흔 거 주엇입데가게(겐)?
    (주라고 한 거 주어었습니까요?)
  · 씨끄장 잘 익엇입데강게(겐)?
    (씨까지 잘 익었습디까요?)

△ ㅎ(ㅎ다)+엿+입데가/입데강 [-였습디까]
  · 산뒌 익어근 누리롱ㅎ엿입데가?
    (산도/밭벼는 익어서 누르스름하였습디까?)
  · 어떵ㅎ단 집안이 망ㅎ엿입데강?
    (어떡하다가 집안이 망하였습디까?)

△ ㅎ(ㅎ다)+엿+입데가/입데강+게/겐 [-였습디까요]
  · 지금도 다 ᄆ치지 못ㅎ엿입데가게(겐)?
    (지금도 다 마치지 못하였습디까요?)
  · 언느제 가켄 말ㅎ엿입데강게(겐)?
    (언제 가겠다고 말하였습디까요?)

(5) -읍데가/-읍데강 [-습디까]

이들 존대형의 의문형종결어미는 모음이나 'ㄹ' 이외의 자음받침 어간에 붙는 현대국어의 '-습디까'에 해당한다. 끝에 강세첨사 '게/겐'이 붙으면 의문의 정도를 더해주는 '요'가 덧붙은 효과가 있다.

　　△ 어간(모음/ㄹ제외)+읍데가/읍데강 [-습디까]
　　・어떠난 그게 더 낫읍데가?
　　　(어떠니까 그것이 더 낫<u>습디까</u>?)
　　・머리만 긁읍데강?
　　　(머리만 긁<u>습디까</u>?)

　　△ 어간+(모음/ㄹ제외)+읍디가/읍디강+게/겐 [-습디까요]
　　・집 나간 살아보난 좋읍데가게(겐)?
　　　(집 나가서 살아보니까 좋<u>습디까요</u>?)
　　・게난 먹단 남읍데강게(겐)?
　　　(그러니 먹다가 남<u>습디까요</u>?)

(6) -십데가/-십데강 [-습디까]

이들 존대형의 의문형종결어미는 진행상을 나타내는 선어말어미 '-암/엄/염(고 있)-' 다음에 놓이는 것이 원칙이다. 이때 뜻은 현대국어의 '-고 있습디까'의 '-습디까'가 된다. 또 끝음절 '가/강'은 그 말할 때의 어조에 따라 '까/깡'으로 쓰이기도 하는데, 위에서 다뤄졌으므로 예시는 생략한다. 끝에 강세첨사 '게/겐'이 붙으면 의문의 정도를 더해주는 '요'가 덧붙은 효과가 있다.

　　△ 양성어간+암+십데가/십데강 [-고 있<u>습디까</u>]
　　・애기낸 터진 방에 간 술암십데가?

　(아기태반은 트인 방위에 가서 태우고 있습<u>디까</u>?)
・무신 찰 물암<u>십데강</u>?
　(무슨 차를 몰고 있습<u>디까</u>?)

△ 양성어간+암+십데가/십데강+게/겐 [-고 있습<u>디까요</u>]
・우리 아인 누게영 놀암<u>십데가게(겐)</u>?
　(우리 아이는 누구와 놀고 있습<u>디까요</u>?)
・맹탱이 줄암<u>십데강게(겐)</u>?
　(망태기 겯고 있습<u>디까요</u>?)

△ 음성어간+엄+십데가/십데강 [-고 있습<u>디까</u>]
・도깨로 보리 두드리엄<u>십데가</u>?
　(도리깨로 보리를 타작하고 있습<u>디까</u>?)
・마당이 곡속 헌 거 줏엄<u>십데강</u>?
　(마당에 곡식 흘린 거 줍고 있습<u>디까</u>?)

△ 음성어간+엄+십데가/십데강+게/겐 [-고 있습<u>디까요</u>]
・호미 끗댕이가 안 휘어지엄<u>십데가게(겐)</u>?
　(낫 끝이 안 휘어지고 있습<u>디까요</u>?)
・독흔 갠 심언 매엄<u>십데강게(겐)</u>?
　(독한 개는 붙들어서 매고 있습<u>디까요</u>?)

△ ᄒ(ᄒ다)+염+십데가/십데강 [-고 있습<u>디까</u>]
・용수ᄒ여 도렌 스정ᄒ염<u>십데가</u>?
　(용서하여 달라고 사정하고 있습<u>디까</u>?)
・가젠 생각도 안 ᄒ염<u>십데강</u>?
　(가려고 생각도 안하고 있습<u>디까</u>?)

△ ᄒ(ᄒ다)+염+십데가/십데강+게/겐 [-고 있습<u>디까요</u>]
・영장 때 상젠 곡ᄒ염<u>십데가게(겐)</u>?

(영장 때 상제는 곡하고 있습디까요?)

· 돗 추럼ㅎ염십데강게(겐)?

(돼지 추럼하고 있습디까요?)

(7) -ㅂ네까/-ㅂ네깡 [-ㅂ니까]

이들 존대형의 의문형종결어미는 모음이나 'ㄹ' 받침으로 끝나는 용언의 어간에 붙어서 현대국어의 '-ㅂ니까'가 된다. 또 ㅂ-불규칙어간 다음에 놓일 때는 그 어간의 'ㅂ'이 변한 '우'와 결합된 '-웁네까/-웁네깡'의 형태를 취해서 현대국어의 '-웁니까'가 된다. 끝에 강세첨사 '게/겐'과 '마씀/마씸' 중 어느 하나만 붙으면 '요'가, 둘이 겹으로 붙으면 '요네'가 덧붙은 효과가 있다.

△ 어간(모음/ㄹ)+ㅂ네까/ㅂ네깡 [-ㅂ니까]

· 집 밧긘 나강 놀아도 뒙(뒈ㅂ)네까?

(집 밖에는 나가서 놀아도 됩니까?)

· 태풍은 어느 철에 잘 붑(부ㅂ)네깡?

(태풍은 어느철에 잘 붑니까?)

△ 어간(모음/ㄹ)+ㅂ네까/ㅂ네깡+마씀/마씸 [-ㅂ니까요]

· 그 집은 우리 집보단 쿱(크ㅂ)네까마씀(씸)?

(그 집은 우리 집보다는 큽니까요?)

· 걸엉은 너미 멉(머ㅂ)네깡마씀(씸)?

(걸어서는 너무 멉니까요?)

△ 어간(모음/ㄹ)+ㅂ네까/ㅂ네깡+게/겐 [-ㅂ니까요]

· 저 ᄆᆞ을엔 어떤 사름덜이 삽(사ㅂ)네(니)까게(겐)?

(저 마을에는 어떤 사람들이 삽니까요?)

· 깞은 얼메나 나갑(가ㅂ)네깡게(겐)?

(값은 얼마나 나갑니까요?)

△ 어간(모음/ㄹ)+ㅂ네까/ㅂ네깡+마씀/마씸+게/겐 [-ㅂ니까요네]

· 마당은 널릅(르ㅂ)네까마씀(씸)게(겐)?
(마당은 너릅니까요네?)

· 더 쎄게 밉(밀ㅂ)네깡마씀(씸)게(겐)?
(더 세게 <u>밉니까요네</u>?)

△ 어간(ㅂ변칙)+웁네까/웁네깡 [-웁니까]

· 우리도 ᄀ치 도웁네까?
(우리도 같이 도웁니까?)

· 베슬ᄒ기가 경 쉬웁네깡?
(벼슬하기가 그렇게 쉬웁니<u>까</u>?)

△ 어간(ㅂ변칙)+웁네까/웁네깡+마씀/마씸 [-웁니까요]

· 숫불엔 적을 구(굽우)ㅂ네까마씀(씸)?
(숯불에는 적을 구<u>웁니까요</u>?)

· 무사 가인 경 미(밉우)ㅂ네깡마씀(씸)?
(왜 걔는 그렇게 미<u>웁니까요</u>?)

△ 어간(ㅂ변칙)+웁네까/웁네깡+게/겐 [-웁니까요]

· 바농씰도 엇은디 어떵 옷을 주(줍우)ㅂ네까게(겐)?
(바느실도 없는데 어떻게 옷을 기<u>웁니까요</u>?)

· 분 불랏젠 고(곱우)ㅂ네깡게(겐)?
(분 발랐다고 고<u>웁니까요</u>?)

△ 어간(ㅂ변칙)+웁네까/웁네깡+마씀/마씸+게/겐 [-웁니까요네]

· 경 옷을 하영 줏어 입엇인디도 추웁(우ㅂ)네까마씀(씸)게(겐)?
(그렇게 옷을 많이 주어 입었는데도 추<u>웁니까요네</u>?)

· 놈 보는 게 그추룩 부치러웁(우ㅂ)네깡마씀(씸)게(겐)?
(남 보는 것이 그처럼 부끄러웁니까요네?)

(8) -읍네까/-읍네깡 [-습니까]

이들 존대형의 의문형종결어미는 모음이나 'ㄹ' 이외의 자음받침으로 끝나는 어간 다음에 놓여서 현대국어의 '-습니까'에 해당한다. 끝에 강세첨사 '마씀/마씸' · '게/겐' 중 어느 하나가 붙으면 의문의 뜻을 더해주는 '요'가, 둘이 겹쳐서 덧붙으면 그 어세가 더 강해져서 '요네'가 된다.

△ 어간(모음/ㄹ제외)+읍네까/읍네깡 [-습니까]
· 그딘 못 가게 막읍네까?
(거기는 못 가게 막습니까?)
· 죽으민 다 땅 팡 묻읍네깡?
(죽으면 다 땅 파서 묻습니까?)

△ 어간(모음/ㄹ제외)+읍네까/읍네깡+마씀/마씸 [-습니까요]
· 쫄른 건 질게 잇읍네까마씀(씸)?
(짧은 것은 길게 잇습니까요?)
· 늙으민 허리가 지냥으로 굽읍네깡마씀(씸)?
(늙으면 허리가 제대로 굽습니까요?)

△ 어간(모음/ㄹ제외)+읍네까/읍네깡+게/겐 [-습니까요]
· 츠마 아이신디사 맬 맞읍네까게(겐)?
(차마 아이한테야 매를 맞습니까요?)
· 혼차 사는 게 좋읍네깡게(겐)?
(혼자 사는 것이 좋습니까요?)

△ 어간(모음/ㄹ제외)+읍네까/읍네깡+마씀/마씸+게/겐 [-습니까
요네]

· 손지덜 오민 줄 감줄 숢<u>읍네까</u>마씀(씸)게(겐)?
(손자들 오면 줄 고구마를 삶<u>습니까요네</u>?)
· 늙신네가 경 눈이 붉<u>읍네깡</u>마씀(씸)게(겐)?
(늙신네가 그렇게 눈이 밝<u>습니까요네</u>?)

(9) -수가/-수강 · -수과/-수광 [-습니까]

이들 존대형의 의문형종결어미는 모음이나 'ㄹ' 이외의 자음받침으
로 끝나는 형용사의 어간 다음에 놓여서 현대국어의 '-습니까'가 된다. 동
사의 어간에 붙는 경우는 '잇다(있다) · 싯다(있다)'의 어간 '잇/싯' 다음에
놓여서 '-습니까'가 된다. 끝에 강세첨사 '게/겐' 이 붙으면 의문의 뜻을
더해주는 '요'가 덧붙은 효과가 있다. 또한 '-수까/-수깡' · '-수꽈/-수꽝'
도 말할 때의 분위기에 따라 어세를 강하게 하는 어투로 곧잘 쓰인다. 그것은
'-수가/-수강' · '-수과/-수광'을 모태로 하는 강세형인데, 그 예시는 생
략키로 한다.

△ 형용사어간(모음/ㄹ제외)+수가/수강 [-습니까]
· 문툭이 너미 늦<u>수가</u>?
(문턱이 너무 낮<u>습니까</u>?)
· 멀리 사는 친족보단 이웃사름이 낫<u>수강</u>?
(멀리 사는 친족보다 이웃사람이 낫<u>습니까</u>?)

△ 형용사어간(모음/ㄹ제외)+수가/수강+게/겐 [-습니까요]
· 어느 일이 더 쉽<u>수가</u>게(겐)?
(어느 일이 더 쉽<u>습니까요</u>?)
· 어디가 날 닮<u>수강</u>게(겐)?

(어디가 나를 닮<u>습니까요</u>?)

△ 형용사어간(모음/ㄹ제외)+수과/수광 [−습니까]

· 고양에 오난 좋<u>수과</u>?

(고향에 오니까 좋<u>습니까</u>?)

· 무사 이 방은 영 어둑<u>수광</u>?

(왜 이 방을 이렇게 어둡<u>습니까</u>?)

△ 형용사어간(모음/ㄹ제외)+수과/수광+게/겐 [−습니까요]

· 집안에 아무 일도 엇<u>수과</u>게(겐)?

(집안에 아무 일도 없<u>습니까요</u>?)

· 놈이 눈치 보는 게 오죽 궤롭<u>수광</u>게(겐)?

(남의 눈치 보는 것이 오죽 괴롭<u>습니까요</u>?)

△ 동사어간(잇다/싯다)+수가/수강 [−습니까]

· 어디 안 간 집이 잇<u>수가</u>?

(어디 안 가서 집에 있<u>습니까</u>?)

· 집안에 누게 싯<u>수강</u>?

(집안에 누가 있<u>습니까</u>?)

△ 동사어간(잇다/싯다)+수가/수강+게/겐 [−습니까요]

· 사람덜은 모다젼 잇<u>수가</u>게(겐)?

(사람들은 모여져서 있<u>습니까요</u>?)

· 술 먹어불민 약 먹는 게 소용 싯<u>수강</u>게(겐)?

(술 먹어버리면 약을 먹는 것이 소용이 있<u>습니까요</u>?)

△ 동사어간(잇다/싯다)+수과/수광 [−습니까]

· 나 먹을 것도 잇<u>수과</u>?

(나 먹을 것도 있<u>습니까</u>?)

· 일본 간 아둘 소식이나 싯<u>수광</u>?

(일본 간 아들 소식이나 있습니까?)

△ 동사어간(잇다/싯다)+수과/수광+게/겐 [-습니까요]
· 편지봉투지 멧 장이나 잇<u>수과</u>게(겐)?
(편지봉투지 몇 장이나 있<u>습니까요</u>?)
· 지금도 살안 싯<u>수광</u>게(겐)?
(지금도 살아서 있<u>습니까요</u>?)

또 과거시제 선어말어미 '-앗/엇/엿(았/었/였)-'과 진행상을 나타내는 선
어말어미 '-암/엄/염(고 있)-' 다음에 붙어서 현대국어의 '-았/었/였습니
까'·'-고 있습니까'의 '-습니까'가 된다. 끝에 강세첨사 '게/겐'이 붙으면
의문의 뜻을 더해주는 '요'가 덧붙은 효과가 있다.

△ 양성어간+앗+수가/수강+게/겐 [-았습니까/습니까요]
· ᄀ자 살앗<u>수가/수강</u>?
(여태 살았<u>습니까</u>?)
· 궤기 사온 건 배캇(카앗)<u>수가</u>게(겐)/<u>수강</u>게(겐)?
(고기 사온 것은 배땄(따왔)<u>습니까요</u>?)

△ 양성어간+앗+수과/수광+게/겐 [-았습니까/습니까요]
· 누게가 날 촛앗<u>수과/수광</u>?
(누가 나를 찾았<u>습니까</u>?)
· 잘 갓단 왓(오앗)<u>수과</u>게(겐)/<u>수광</u>게(겐)?
(잘 갔다가 왔(오았)<u>습니까요</u>?)

△ 음성어간+엇+수가/수강+게/겐 [-었습니까/습니까요]
· 무사 집에 엇엇<u>수가/수강</u>?
(왜 집에 없었<u>습니까</u>?)
· 멕힌 물콜 텃(트엇)<u>수가</u>게(겐)/<u>수강</u>게(겐)?

(막힌 물꼬를 텄(트었)<u>습니까요</u>?)

△ 음성어간+엇+수과/수광+게/겐 [-었<u>습니까</u>/<u>습니까요</u>]

· 무사 영 늦엇<u>수과/수광</u>?

(왜 이렇게 늦었<u>습니까</u>?)

· 어떠난 눈이 퉁퉁 붓엇<u>수과게(겐)/수광게(겐)</u>?

(어째서 눈이 퉁퉁 부었<u>습니까요</u>?)

△ ㅎ(ㅎ다)+엿+수가/수강+게/겐 [-였<u>습니까</u>/<u>습니까요</u>]

· 경 ㅎ지 안ㅎ엿<u>수가/수강</u>?

(그렇게 하지 안하였<u>습니까</u>?)

· 볼써 빈ㅎ엿<u>수가게(겐)/수강게(겐)</u>?

(벌써 변하였<u>습니까요</u>?)

△ ㅎ(ㅎ다)+엿+수과/수광+게/겐 [-였<u>습니까</u>/<u>습니까요</u>]

· 무사 그때 날 멀리ㅎ엿<u>수과/수광</u>?

(왜 그때 나를 멀리하였<u>습니까</u>?)

· 나쁜 중 알멍 무사 친ㅎ엿<u>수과게(겐)/수광게(겐)</u>?

(나쁜 줄 알면서 왜 친하였<u>습니까요</u>)

△ 양성어간+암+수가/수강+게겐 [-고 있<u>습니까</u>/<u>습니까요</u>]

· 물에 밥 좀암<u>수가/수강</u>?

(물에 밥을 말고 있<u>습니까</u>?)

· ㅎ는 걸 잘 보암<u>수가게(겐)/수강게(겐)</u>?

(하는 것을 잘 보고 있<u>습니까요</u>?)

△ 양성어간+암+수과/수광+게/겐 [-고 있<u>습니까</u>/<u>습니까요</u>]

· 애긴 누게가 돌암<u>수과/수광</u>?

(아기는 누가 돌보고 있<u>습니까</u>?)

· 무사 자꾸 문을 올암<u>수과게(겐)/수광게(겐)</u>?

(왜 자꾸 문을 열고 있<u>습니까요</u>?)

△ 음성어간+엄+수가/수강+게/겐 [-고 있<u>습니까</u>/<u>습니까요</u>]

· 무사 우리 짐친 뿔리 시엄<u>수가/수강</u>?

(왜 우리 김치는 빨리 시고 있<u>습니까</u>?)

· 그만 흔 일에 설롼 울엄<u>수가게(겐)/수강게(겐)</u>?

(그만 한 일에 서러워서 울고 있<u>습니까요</u>?)

△ 음성어간+엄+수과/수광+게/겐 [-고 있<u>습니까</u>/<u>습니까요</u>]

· 어디 가젠 머리 빗엄<u>수과/수광</u>?

(어디 가려고 머리를 빗고 있<u>습니까</u>?)

· 무사 족흔 거 내불엄<u>수과게(겐)/수광게(겐)</u>?

(왜 귀한 거 내버리고 있<u>습니까요</u>?)

△ ᄒ(ᄒ다)+염+수가/수강+게/겐 [-고 있<u>습니까</u>/<u>습니까요</u>]

· 안 줘렌 숭ᄒ염<u>수가/수강</u>?

(안 주려라고 흉하고 있<u>습니까</u>?)

· 무사 솔ᄆ슴ᄒ염<u>수가게(겐)/수강게(겐)</u>?

(왜 마음조이고 있<u>습니까요</u>?)

△ ᄒ(ᄒ다)+염+수과/수광+게/겐 [-고 있<u>습니까</u>/<u>습니까요</u>]

· 어느 날 이ᄉᄒ염<u>수과/수광</u>?

(어느 날 이사하고 있<u>습니까</u>?)

· 무사 속솜ᄒ염<u>수과게(겐)/수광게(겐)</u>?

(왜 잠잠하고 있<u>습니까요</u>?)

(10) -우까/-우깡 · -우꽈/-우꽝 [-ㅂ니까]

이들 존대형의 의문형종결어미는 끝음절 '까/깡'·'꽈/꽝'만 다를 뿐 꼭 같은 의미기능을 가진 현대국어의 '-ㅂ니까'에 해당한다. 그 쓰이는 조건은 모음으로 끝나는 체언 다음에 붙고, 자음으로 끝나는 체언에는 '이다'의 '이'와 결합된 '-이우까/-이우깡'·'-이우꽈/-이우꽝'의 형태를 취해서 '-입니까'가 된다. 끝에 강세첨사 '게/겐'이 붙으면 의문의 뜻을 더해주는 '요'가 덧붙은 효과가 있다.

△ 체언(모음)+우까/우깡=우꽈/우꽝 [-ㅂ니까]
· 이건 궤우까/우깡?
(이것은 궵니까?)
· 그건 놋쒜우꽈/우꽝?
(그것은 놋쉽니까?)

△ 체언(모음)+(우까/우깡=우꽈/우꽝)+게/겐 [-ㅂ니까요]
· 요건 누게네 암캐우까게(겐)/우깡게(겐)?
(요것은 누구네 암캡니까요?)
· 이번 츠렌 나우꽈게(겐)/우꽝게(겐)?
(이번 차례는 접니까요?)

△ 체언(자음)+이(이다)+우까/우깡=우꽈/우꽝 [-입니까]
· 그건 먹는 물이우까/이우깡?
(그것은 먹는 물입니까?)
· 저건 누게 나시 밥이우꽈/이우꽝?
(저건 누구 몫의 밥입니까?)

△ 체언+이(이다)+(우까/우깡=우꽈/우꽝)+게/겐 [-입니까요]
· 질 노픈 듸가 산이우까게(겐)/이우깡게(겐)?
(제일 높은 데가 산입니까요?)
· 질 지픈 물이 바당이우꽈깡게(겐)/이우꽝게(겐)?
(제일 깊은 물이 바다입니까요?)

또한 '-이우까/-이우깡'・'-이우꽈/-이우꽝'은 모음이나 'ㄹ' 받침으로 끝나는 용언의 어간에 붙는 명사형전성어미 '-ㅁ/-음/-기' 다음에도 붙는다. 즉 모음과 'ㄹ'로 끝나는 어간에 붙는 명사형어미 '-ㅁ' 다음에 붙어서 현대국어의 '-입니까'가 되고, 자음받침으로 끝나는 어간에 붙는 명사형어미 '-음' 다음에 붙어서 '-입니까'가 된다. 또 모든 어간에 두루 붙는 명사형어미 '-기' 다음에 붙어서 현대국어의 '-ㅂ니까'가 된다. 끝에 강세첨사 '게/겐'・'마씀/마씸'이 붙으면 의문의 뜻을 더해주는 '요'가 덧붙은 효과가 있다.

△ 어간(모음/ㄹ)+ㅁ+<u>이우까/이우깡</u>=<u>이우꽈/이우꽝</u> [-입니까]
- 지금사 밧 갈레 감(가ㅁ)<u>이우까/이우깡</u>?
  (지금야 밭 갈러 감<u>입니까</u>?)
- 것도 놂(놀ㅁ)<u>이우꽈/이우꽝</u>?
  (그것도 놂<u>입니까</u>?)

△ 어간(모음/ㄹ)+ㅁ+(이우까/이우깡=이우꽈/이우꽝)+게/겐 [-입니까요]
- 이제사 옴(오ㅁ)<u>이우까게(겐)/이우깡게(겐)</u>?
  (이제야 옴<u>입니까요</u>?)
- 그것도 삶(살ㅁ)<u>이우꽈게(겐)/이우꽝게(겐)</u>?
  (그것도 삶<u>입니까요</u>?)

△ 어간(모음/ㄹ)+ㅁ+(이우까/이우깡=이우꽈/이우꽝)+마씀/마씸 [-입니까요]
- 그런 베록줌사 줌잠(자ㅁ)<u>이우까마씀(씸)/이우깡마씀(씸)</u>?
  (그런 벼룩잠이야 잠잠<u>입니까요</u>?)
- 서답ᄒ연 넒(널ㅁ)<u>이우꽈마씀(씸)/이우꽝마씀(씸)</u>?
  (빨래해서 넒<u>입니까요</u>?)

△ 어간(자음)+음+<u>이우까/이우깡</u>=<u>이우꽈/이우꽝</u> [-입니까]
- 그게 얼메나 억울흔 개죽음<u>이우까/이우깡</u>?
  (그것이 얼마나 억울한 개죽음<u>입니까</u>?)
- 웃유는 것도 놀음<u>이우꽈/이우꽝</u>?
  (윷놀이하는 것도 놀음<u>입니까</u>?)

△ 어간(자음)+음+(우까/우깡=우꽈/우꽝)+게/겐 [-입니까요]
- 저건 걷는 거주 어디 둘음<u>이우까게(겐)/이우깡게(겐)</u>?
  (저것은 걷는 것이지 어디 달음<u>입니까요</u>?)
- 그 말 나 알아들으렌 굴음<u>이우꽈게(겐)/이우꽝게(겐)</u>?
  (그 말 내가 알아들으라고 말함<u>입니까요</u>?)

△ 어간(자음)+음+(이우까/이우깡=이우꽈/이우꽝)+마씀/마씸 [-
입니까요]
- 그걸 몰랑 물음<u>이우까마씀(씸)/이우깡마씀(씸)</u>?
  (그것을 몰라서 물음<u>입니까요</u>?)
- 저영 젓는 것도 노 젓음<u>이우꽈마씀(씸)/이우꽝마씀(씸)</u>?
  (저렇게 젓는 것도 노를 저음<u>입니까요</u>?)

△ 어간+기+<u>우까/우깡</u>=<u>우꽈/우꽝</u> [-ㅂ니까]
- 혼차만 가기<u>우까/우깡</u>?
  (혼자만 가깁(기ㅂ)니까?)
- 당신만 먹기<u>우꽈/우꽝</u>?
  (당신만 먹깁(기ㅂ)니까?)

△ 어간+기+(우까/우깡=우꽈/우꽝)+게/겐 [-ㅂ니까요]
- 꽁껄로 그냥 줘불기<u>우까게(겐)/우깡게(겐)</u>?
  (공짜로 그냥 줘버리깁(기ㅂ)니까요?)
- 주는 거엥 그냥 받기<u>우꽈게(겐)/우꽝게(겐)</u>?
  (주는 것이라고 그냥 받깁(기ㅂ)니까요?)

△ 어간+기+(우까/우깡=우꽈/우꽝)+마씀/마씸 [-ㅂ니까요]
· 정말로 경 흐기우까마씀(씸)/우깡마씀(씸)?
  (정말로 그렇게 하깁(기브)니까요?)
· 그추룩 질그랭이 트다앚기우꽈마씀(씸)/우꽝마씀(씸)?
  (그처럼 지겹게 지켜 앉깁(기브)니까요?)

그 밖에 사동형접미사 '-이/-기/-리/-히/-구/-우/-추' 다음에 놓이는
명사형전성어미 '-기' 다음에 놓여서 현대국어의 '-ㅂ니까'가 된다.

△ 어간+이(사접)+기+우까/우깡=우꽈/우꽝 [-ㅂ니까]
· 경 버릇 들이기우까/우깡?
  (그렇게 버릇 들이깁(기브)니까?)
· 말뎅 흐는디도 메이기우꽈/우꽝?
  (마다고 하는데도 먹이깁(기브)니까?)

△ 어간+기(사접)+기+우까/우깡=우꽈/우꽝 [-ㅂ니까]
· 옷꼬장 벳기기우까/우깡)?
  (옷까지 벗기깁(기브)니까?)
· 먹은 걸 색이기우꽈/우꽝?
  (먹은 것을 삭이깁(기브)니까?)

△ 어간+리(사접)+기+우까/우깡=우꽈/우꽝 [-ㅂ니까]
· ᄌ작벳디 세와 낭 물리기우까/우깡?
  (땡볕에 세워 놓고 말리깁(기브)니까?)
· 신 재산 다 늘리기우꽈/우꽝?
  (있는 재산 다 날리깁(기브)니까?)

△ 어간+히(사접)+기+우까/우깡=우꽈/우꽝 [-ㅂ니까]
· 손에 흑 묻히기우까/우깡?

(손에 흙을 묻히깁(기ㅂ)니까?)
· 너미 넙으난 좁히기우꽈/우꽝?
(너무 넓으니까 좁히깁(기ㅂ)니까?)

△ 어간+구(사접)+기+<u>우까/우깡</u>=<u>우꽈/우꽝</u> [−ㅂ니까]
· 풍안 돗술 더 노프게 돋구기<u>우까/우깡</u>?
(안경 도수를 더 높게 돋구깁(기ㅂ)니까?)
· 밧담을 돋구기<u>우꽈/우꽝</u>?
(밭담을 돋구깁(기ㅂ)니까?)

△ 어간+우(사접)+기+<u>우까/우깡</u>=<u>우꽈/우꽝</u> [−ㅂ니까]
· ᄉ방이 알리기<u>우까/우깡</u>?
(사방에 알리깁(기ㅂ)니까?)
· 입맛을 돋우기<u>우꽈/우꽝</u>?
(입맛을 돋우깁(기ㅂ)니까?)

△ 어간+추(사접)+기+<u>우까/우깡</u>=<u>우꽈/우꽝</u> [−ㅂ니까]
· 깝 더 안 늦추기<u>우까/우깡</u>?
(값 더 안 낮추깁(기ㅂ)니까?)
· 누게가 크니 족으니 맞추우기<u>우꽈/우꽝</u>?
(누구가 크냐 작으냐 맞추깁(기ㅂ)니까?)

또 '−우께/−우껭' · '−우꿰/−우꽹'이 있는데, 이는 위의 '−우까/−우깡' · '−우꽈/−우꽝'의 강세형이자 그 변이형이다. 그 용례는 '−우까/−우깡' · '−우꽈/−우꽝'의 자리에 그대로 놓으면 되므로 예시는 생략키로 한다.

(11) −쿠가/−쿠강 · −쿠과/−쿠광 [−겠습니까]
이들 존대형의 의문형종결어미는 추측 · 의도 · 가능 따위를 나타

내는 선어말어미 '-겠습-'에 대응하는 '-쿠-'에 의문형어미 '-가/-강'·
'-과/-광'이 결합된 현대국어의 '-겠습니까'에 해당한다. 이들은 끝음절
'-가/-강'·'-과/-광'만 다를 뿐 의미기능은 꼭 같다. 그 붙는 조건은 아
래 ❶❷❸❹와 같다.

❶ 어간+쿠가/쿠강=쿠과/쿠광 [-겠습니까]

　　이 형태를 취할 때의 '-쿠가/-쿠강'·'-쿠과/-쿠광'은 '잇다(있다)'
와 '엇다/읏다(없다)'를 제외한 용언의 어간 다음에 붙어서 현대국어의 '-겠
습니까'가 된다. 그 끝에는 강세첨사 '게/겐'과 '마씀/마씸' 중 어느 하나가
붙기도 하고, 두 개가 겹으로 붙어서 '요'와 '네'가 덧붙은 '-요네'가 된다.
특히 말을 급히 하거나 억양을 높일 때는 '-쿠가/-쿠강'이 '-쿠까/-쿠깡'으
로, '-쿠과/-쿠광'이 '-쿠꽈/-쿠꽝'으로도 쓰이는데, 그 예시는 생략한다.

　　△ 어간+쿠가/쿠강=쿠과/쿠광 [-겠습니까]
　　・그추룩 ᄒᆞ영 무시거 ᄒᆞ쿠가/쿠강?
　　　(그처럼 하여서 무엇을 하겠습니까?)
　　・그때ᄁᆞ장 이디서 지드리쿠과/쿠광?
　　　(그때까지 여기서 기다리겠습니까?)

　　△ 어간+(쿠가/쿠강=쿠과/쿠광)+게/겐 [-겠습니까요]
　　・무신 걸 먹쿠가게(겐)/쿠강게(겐)?
　　　(무슨 것을 먹겠습니까요?)
　　・닐 장이 가쿠과게(겐)/쿠광게(겐)?
　　　(내일 장에 가겠습니까요?)

　　△ 어간+(쿠가/쿠강=쿠과/쿠광)+마씀/마씸 [-겠습니까요]
　　・꼭 가사 ᄒᆞ쿠가마씀(씸)/쿠강마씀(씸)?

(꼭 하여야 하겠습니까요?)
· 나 엇으민 좋<u>쿠과마씀(씸)/쿠꽝마씀(씸)</u>?
(나 없으면 좋겠습니까요?)

△ 어간+(쿠가/쿠강=쿠과/쿠꽝)+마씀/마씸+게/겐 [-겠습니까요
네]
· 날 몰르<u>쿠가마씀(씸)게(겐)/쿠강마씀(씸)게(겐)</u>?
(나를 모르겠습니까요네?)
· 이디 사둠서 보<u>쿠과마씀(씸)게(겐)/쿠꽝마씀(씸)게(겐)</u>?
(여기 서서 보겠습니까요네?)

❷ 어간+앗/엇/엿+<u>이쿠가/이쿠강=이쿠과/이쿠꽝</u> [-았/었/였
겠습니까]

이 형태를 취할 때의 '-이쿠가/-이쿠강'·'-이쿠과/-이쿠꽝'은 과
거시제 선어말어미 '-앗/엇/엿(았/었/였)-' 다음에 놓일 때 조모음의 구실
을 하는 '이'가 삽입된 것인데, 현대국어의 '-았/었/였겠습니까'의 '-겠습
니까'가 된다. 끝에 강세첨사 '마씀/마씸'·'게/겐'이 붙는 경우의 예시는
위 ❶과 같으므로 생략한다.

△ 양성어간+앗+<u>이쿠가/이쿠강=이쿠과/이쿠꽝</u> [-았겠습니까]
· 이제쯤은 곳불 다 낫앗<u>이쿠가/이쿠강</u>?
(이제쯤은 감기 다 나았겠습니까?)
· 얼메나 고앗<u>이쿠과/이쿠꽝</u>?
(얼마나 고았겠습니까?)

△ 음성어간+엇+<u>이쿠가/이쿠강=이쿠과/이쿠꽝</u> [-었겠습니까]
· 그놈이 ᄀ만이 잇엇<u>이쿠가/이쿠강</u>?
(그놈이 가만히 있었겠습니까?)

· 그거 이레 ᄒᆞᆯ 주엇<u>이쿠과/이쿠광</u>?
(그거 이리 조금 주었<u>겠습니까</u>?)

△ ᄒᆞ(ᄒᆞ다)+엿+<u>이쿠가/이쿠강</u>=<u>이쿠과/이쿠광</u> [−엿<u>겠습니까</u>]

· 오죽 칭원ᄒᆞ엿<u>이쿠가/이쿠강</u>?
(오죽 억울하였<u>겠습니까</u>?)
· 성님만이라도 몬저 ᄒᆞ엿<u>이쿠가/이쿠강</u>?
(형님만이라도 먼저 하였<u>겠습니까</u>?)

❸ **어간+암/엄/염+<u>시쿠가/시쿠강</u>=<u>시쿠과/시쿠광</u> [−고 있겠습니까]**

이 형태를 취할 때의 '−시쿠가/−시쿠강'·'−시쿠과/−시쿠광'은 진행상을 나타내는 선어말어미 '−암/−엄/−염(고 있)−' 다음에 붙어서 현대국어의 '−고 있겠습니까'의 '−겠습니까'가 된다. 끝에 강세첨사 '마씀/마씸'·'게/겐'이 붙을 때의 예시는 위 ❷와 같이 생략한다.

△ 양성어간+암+<u>시쿠가/시쿠강</u>=<u>시쿠과/시쿠광</u> [−고 있겠습니까]

· 지성귀랑 뽈암<u>시쿠가/시쿠강</u>?
(기저귀는 빨고 있<u>겠습니까</u>?)
· 밧 갈암<u>시쿠과/시쿠광</u>?
(밧 갈고 있<u>겠습니까</u>?)

△ 음성어간+엄+<u>시쿠가/시쿠강</u>=<u>시쿠과/시쿠광</u> [−고 있겠습니까]

· 고사리 거껌(끄엄)<u>시쿠가/시쿠강</u>?
(고사리 꺾고 있<u>겠습니까</u>?)
· 궤기부떠 구엄<u>시쿠과/엄시쿠광</u>?
(고기부터 굽고 있<u>겠습니까</u>?)

△ 흥(흥다)+염+시쿠가/시쿠강=시쿠과/시쿠광 [-고 있겠습니까]

- 앚앙 뭉키기만 흥염시쿠가/시쿠강?
  (앉아서 꾸물거리기만 하고 있겠습니까?)
- 아이덜 잘 거념흥염시쿠과/시쿠광?
  (아이들 잘 돌보고 있겠습니까?)

❹ 사/피동형접미사+쿠가/쿠강=쿠과/쿠광 [-이/-기/-리/-히/-구/-우/-추겠습니까]

이 형태를 취할 때의 '-쿠가/-쿠강'·'-쿠과/-쿠광'은 사동형접미사 '-이/-기/-리/-히/-우/-구/-추'와 피동형접미사 '-이/-기/-리/-히' 다음에 붙어서, '-이/-기/-리/-히/-우/-구/-추겠습니까'의 '-겠습니까'가 된다. 끝에 강세첨사 '마씀/마씸'·'게/겐'이 붙을 경우의 예시는 위 ❷❸과 같이 생략한다.

△ 어간+이(사접)+쿠가/쿠강=쿠과/쿠광 [-이겠습니까]

- 누게신디 곱게 보이쿠가/쿠강?
  (누구한테 곱게 보이겠습니까?)
- 배칠 소곰에 절이쿠과/쿠광?
  (배추를 소금에 절이겠습니까?)

△ 어간+기(사접)+쿠가/쿠강=쿠과/쿠광 [-기겠습니까]

- 무사 옷을 벳기쿠가/쿠강?
  (왜 옷을 벗기겠습니까?)
- 멩질제 언제 넹기쿠과/쿠광?
  (명절제 언제 넘기겠습니까?)

△ 어간+리(사접)+쿠가/쿠강=쿠과/쿠광 [-리겠습니까]

- 아무신디도 안 알리쿠가/쿠강?

(아무한테도 안 알리<u>습니까</u>?)
- 벳듸 널엉 몰리<u>쿠과/쿠광</u>?
  (볕에 널어서 말리<u>겠니까</u>?)

△ 어간+히(사접)+쿠가/쿠강=쿠과/쿠광 [-히겠습니까]
- 집이만 놓 묵히<u>쿠가/쿠강</u>?
  (집에만 놔서 묵히<u>겠습니까</u>?.)
- 체암 먹은 ᄆᆞ음 그대로 굳히<u>쿠과/쿠광</u>?
  (처음에 먹은 마음을 그대로 굳히<u>겠습니까</u>?)

△ 어간+우(사접)+쿠가/쿠강=쿠과/쿠광 [-우겠습니까]
- 쓰러진 비석 일려 세우<u>쿠가/쿠강</u>?
  (쓰러진 비석 일으켜 세우<u>겠습니까</u>?)
- 애기 그듸 눅졍 재우<u>쿠과/쿠광</u>?
  (아기 거기 눕혀서 재우<u>겠습니까</u>?)

△ 어간+구(사접)+쿠가/쿠강=쿠과/쿠광 [-구겠습니까]
- 술 도수를 더 돋구<u>쿠가/쿠강</u>?
  (술의 도수를 더 돋구<u>겠습니까</u>?)
- 지피 박은 말툭을 우트레 솟구<u>쿠과/쿠광</u>?
  (깊이 박은 말뚝을 위로 솟구<u>겠습니까</u>?)

△ 어간+추(사접)+쿠가/쿠강=쿠과/쿠광 [-추겠습니까]
- 더 아니 눛추<u>쿠가/쿠강</u>?
  (더 아니 낮추<u>겠습니까</u>?)
- 친을 더 늦추<u>쿠과/쿠광</u>?
  (끈을 더 늦추<u>겠습니까</u>?)

△ 어간+이(피접)+쿠가/쿠강=쿠과/쿠광 [-이겠습니까]
- 저듸 신 건 잘 보이<u>쿠가/쿠강</u>?

　　　(저기 있는 것은 잘 보이겠습니까?)
　　・경 어려운 지경에 놓이<u>쿠과/쿠광</u>?
　　　(그렇게 어려운 지경에 놓이<u>겠습니까</u>?)

△ 어간＋기(피접)＋<u>쿠가/쿠강</u>＝<u>쿠과/쿠광</u> [－기<u>겠습니까</u>]

　　・물이 싸신디도 허리꼬장 줌기<u>쿠가/쿠강</u>?
　　　(물이 썼는데도 허리까지 잠기<u>겠습니까</u>?)
　　・이젠 아픈 게 누기<u>쿠과/쿠광</u>?
　　　(이제는 아픈 거이 누기<u>겠습니까</u>?)

△ 어간＋리(피접)＋<u>쿠가/쿠강</u>＝<u>쿠과/쿠광</u> [－리<u>겠습니까</u>]

　　・돈줄이 ᄒ쏠 풀리<u>쿠가/쿠강</u>?
　　　(돈줄이 조금 풀리<u>겠습니까</u>?)
　　・쉐 ᄒ를만 빌리<u>쿠과/쿠광</u>?
　　　(소 하루만 빌리<u>겠습니까</u>?)

△ 어간＋히(피접)＋<u>쿠가/쿠강</u>＝<u>쿠과/쿠광</u> [－히<u>겠습니까</u>]

　　・비구름이 걷히<u>쿠가/쿠강</u>?
　　　(비구름이 걷히<u>겠습니까</u>?)
　　・숨이 맥히<u>쿠광/쿠광</u>?
　　　(숨이 막히<u>겠습니까</u>?)

　　또한 사동형접미사 '－기/－히' 대신 '－지'가 쓰이기도 하는데, 그 뜻과 기능은 현대국어의 '－기/－히' 그대로이다. 이를테면 '곱다(숨다)'·'웃다'·'앗다(앉다)'·'업다'·'좁다 …'와 같은 용언의 어간에 '－지'가 붙어서 '곱지(숨기)'·'웃지(웃기)'·'눅지(눕히)'·'앗지(앉히)'·'업지(업히)'·'좁지(좁히)'와 같이 사동어간을 형성시킴이 그것이다. 그들 다음에 존대형의 의문형종결어미 '－쿠가/－쿠강'·'－쿠과/－쿠광'이 결합되면, 현대국어의 '숨기겠습니까'·'웃기겠습니까'·'눕히겠습니까'·'앉히겠습니까'·'업히겠습니까'

·'좁히겠습니까'와 같이 '-겠습니까'가 된다.

    △ 어간+지(사접)+<u>쿠가/쿠강</u>=<u>쿠과/쿠광</u> [-기겠습니까]

     ·그 사름 놈 웃지<u>쿠가/쿠강</u>?
      (그 사람은 남 웃<u>기겠습니까</u>?)
     ·그건 어디레 곱지<u>쿠과/쿠광</u>?
      (그건 어디로 숨<u>기겠습니까</u>?)

    △ 어간+지(사접)+<u>쿠가/쿠강</u>=<u>쿠과/쿠광</u> [-히겠습니까]

     ·젖은 듸 눅지<u>쿠가/쿠강</u>?
      (젖은 데 눕<u>히겠습니까</u>?)
     ·그 걸상에 앚지<u>쿠가/쿠강</u>?
      (그 걸상에 앉<u>히겠습니까</u>?)
     ·자이 나 등에 업지<u>쿠가/쿠강</u>?
      (쟤 내 등에 업<u>히겠습니까</u>?)
     ·ᄒ쏠썩만 안터레 좁지<u>쿠과/쿠광</u>?
      (조금씩만 안으로 좁<u>히겠습니까</u>?)

(12) -으쿠가/-으쿠강·-으쿠과/-으쿠광 [-겠습니까]

    이들 존대형의 의문형종결어미는 끝음절 '-가/-강'·'-과/-광'만 다를 뿐, 그 의미기능은 꼭 같다. 그 쓰이는 조건은 모음으로 끝나거나 'ㄹ' 이외의 자음받침 어간에 붙어서 현대국어의 '-겠습니까'가 된다. 끝에 강세 첨사 '게/겐'·'마씀/마씸'이 붙으면 그 의문의 뜻을 더해주는 '요'가 덧붙은 효과가 있다. 말하는 분위기나 어투에 따라 '-으쿠**까**/-으쿠**깡**'·'-으쿠**꽈**/-으크**꽝**'으로도 쓰이는데, 이들에 대한 예시는 생략한다.

△ 어간(모음/ㄹ제외)+으쿠가/으쿠강=으쿠과/으쿠광 [-겠습니까]

· 혼자 남앙 잇으쿠가/으쿠강?
  (혼자 남아서 있겠습니까?)
· 못 오게시리 막으쿠과/으쿠광?
  (못 오게끔 막겠습니까?)

△ 어간(모음/ㄹ제외)+(으쿠가/으쿠강=으쿠과/으쿠광)+게/겐 [-
  겠습니까요]

· 홀 수가 엇으쿠가게(겐)/으쿠강게(겐)?
  (할 수가 없겠습니까요?)
· 나 엇어도 좋으쿠과게(겐)/으쿠광게(겐)?
  (내가 없어도 좋겠습니까요?)

△ 어간(모음/ㄹ제외)+(으쿠가/으쿠강=으쿠과/으쿠광)+마씀/마
  씸 [-겠습니까요]

· 속아나도 다시 믿으쿠가마씀(씸)/으쿠강마씀(씸)?
  (속아나도 다시 믿겠습니까요?)
· 맨날 그 옷만 입으쿠과마씀(씸)/으쿠광마씀(씸)?
  (만날 그 옷만 입겠습니까요?)

(13) -옵네까/-옵네깡 [-옵니까]

이들 존대형의 의문형종결어미는 극존대형의 선어말어미 '-옵-'에
의문형어미 '-네까/-네깡'이 결합된 현대국어의 '-옵니까'에 해당한다. 그
쓰이는 조건은 아래 ❶❷와 같은데, 끝음절의 '까'와 '깡'은 어감의 차만
있을 뿐 그 의미기능은 꼭 같다. 하지만 실제로 말하기 때 농어민들이 쓰는
민중어로는 잘 쓰이지 않고 지식층이나 관료들이 주로 썼다.

❶ 체언+옵+네까/네깡 [-옵니까]

이 형태를 취할 때의 '-옵네까/-옵네깡'은 모음으로 끝나는 체언에 붙어서 현대국어의 예스러운 아주높임말인 '-옵니까'가 되고, 자음받침으로 끝나는 체언 다음에는 '이다'의 '이'와 결합된 '-이옵네까/-이옵네깡'의 형태를 취해서 '-이옵니까'가 된다.

> △ 체언(모음)+옵+네까/네깡 [-옵니까]
> · 자이가 그 아이옵네까?
>   (저 아이가 그 아이옵니까?)
> · 질로 아픈 듸가 머리옵네깡?
>   (제일로 아픈 데가 머리옵니까?)

> △ 체언(자음)+이+(이다)+옵+네까/네깡 [-이옵니까]
> · 그 손에 심은 건 뭣이옵네까?
>   (그 손에 잡은 것은 무엇이옵니까?)
> · 저 펭에 신 건 청이옵네깡.
>   (저 병에 있는 것은 꿀이옵니까?)

❷ 어간+옵+네까/네깡 [-옵니까]

이 형태를 취할 때의 '-옵네다'는 모음이나 'ㄹ'받침으로 끝나는 용언의 어간에 붙어서 현대국어의 '-옵니까'가 되고, 'ㄹ'이외의 자음받침 어간으로 끝나는 어간에는 조모음 '으'와 결합된 '-으옵니까'가 된다.

> △ 어간(모음/ㄹ)+옵+네까/네깡 [-옵니까]
> · 나도 뜨랑 가옵네까?
>   (저도 따라서 가옵니까?)
> · 그이도 이디서 사옵네깡?
>   (그이도 여기서 사옵니까?)

△ 어간(모음/ㄹ제외)+으+옵+네까/네깡 [-으옵니까]

· 망건도 벗으옵네까?

(망건도 벗으옵니까?)

· 그 풍안은 쓰난 눈이 붉으옵네깡?

(그 안경은 쓰니 눈이 밝으옵니까?)

(14) -스옵네까/-습네까 · -스옵네깡/-습네깡 [-사옵니까]

이들 극존대형의 의문형종결어미 '-스옵네까/-습네까'와 '-스옵
네깡/-습네깡'은 꼭 같은 의미기능을 가진 현대국어의 예스러운 '-사옵니
까/-삽니까'에 해당한다. 다만 '-습(삽)-'은 '-스옵(사옵)-'의 준말이고,
끝음절의 '까'·'깡'도 어감의 차만 있을 뿐 의문형어미 '-까'와 같다. 그
붙는 조건은 모음이나 'ㄹ' 이외의 자음받침으로 끝나는 용언의 어간에 붙
거나 과거시제 선어말어미 '-앗/엇/엿(았/었/였)-'과 진행상을 나타내는
선어말어미 '-암/엄/염(고 있)-' 다음에 붙는다.

△ 어간(모음/ㄹ제외)+스옵/습+네까/네깡 [-사옵니까/-삽니까]

· 무엇을 묻스옵네까/습네까?

(무엇을 묻사옵니까/삽니까?)

· 어디가 그추룩 닮스옵네깡/습네깡?

(어디가 그처럼 닮사옵니까/삽니까?)

△ 어간+앗/엇/엿+스옵/습+네까/네깡 [-았/었/였사옵니까/삽니까]

· 양성어간: 게난 바로 앞이서 보앗스옵네까/습네까?

(그러니 바로 앞에서 보았사옵니가/삽니까?)

맛이 둘앗스옵네깡/습네깡?

(맛이 달았사옵니까/삽니까?)

· 음성어간: 단 흔 멩도 엇엇스옵네까/습네까?

　　　　(단 한 명도 없었<u>사옵니까/삽니까</u>?)

　　　　무끈 건 풀엇<u>스옵네까/습네깡</u>?

　　　　(묶은 것은 풀었<u>사옵니까/삽니까</u>?)

　・ᄒ(ᄒ다): 그건 어떵 ᄒ엿<u>스옵네까/습네까</u>?

　　　　(그것은 어떻게 하였<u>사옵니까/삽니까</u>?)

　　　　그 꼴이 민망ᄒ엿<u>스옵네깡/습네깡</u>?

　　　　(그 꼴이 민망하였<u>사옵니까/삽니까</u>?)

△ 어간+암/엄/염+수옵/습+네까/네깡 [-고 있<u>사옵니까/삽니까</u>]

　・양서어간: 얼메나 받안 풀암<u>스옵네까/습네까</u>?

　　　　(얼마나 받아서 팔고 있<u>사옵니까/삽니까</u>?)

　　　　물건 깝덜이 올람(르암)<u>스옵네깡/습네깡</u>?

　　　　(물건 값들이 오르고 있<u>사옵니까/삽니까</u>?)

　・음성어간: 집을 일엄<u>스옵네까/습네까</u>?

　　　　(집을 이고 있<u>사옵니까/삽니까</u>?)

　　　　일솜씨가 늘엄<u>스옵네깡/습네깡</u>?

　　　　(일솜씨가 늘고 있<u>사옵니까/삽니까</u>?)

　・ᄒ(ᄒ다): 아무것도 아니ᄒ염<u>스옵네까/습네까</u>?

　　　　(아무것도 아니하고 있<u>사옵니까/삽니까</u>?)

　　　　생각대로 못ᄒ염<u>스옵네깡/습네깡</u>?

　　　　(생각대로 못하고 있<u>사옵니까/삽니까</u>?)

(15) -ᄌ옵네까/-줍네까‧-ᄌ옵네깡/-줍네깡 [-자옵니까/-잡니까]

　　이들 극존대형의 의문형종결어미 '-ᄌ옵네까/-줍네까'와 '-ᄌ옵네깡/-줍네깡'은 꼭 같은 의미기능을 가진 현대국어의 예스러운 '-자옵니까/-잡니까'에 해당한다. 다만 '-줍(잡)-'은 '-ᄌ옵(자옵)-'의 준말이고, 끝음절의 '까'‧'깡'은 어감의 차만 있을 뿐 의문형어미 '-까'와 같다. 그 붙는 조건은 지체가 높은 관료나 식자층들 간에 공손히 말을 나눌 때 주로 '받다'·'듣다'·'묻다'와 같은 동사어간 '받/듣/묻 …' 다음에 붙는 것이 통례이다. 또 이따금 식자층에서는 현대국어의 예스러운 극존대형인 '–자옵나이까/–잡나이까'에 해당하는 '–ᄌ옵나이까/–줍나이까'를 쓰기도 한다.

△ 어간(받다/묻다)+ᄌ옵/줍+네까/네깡 [–ᄌ옵니까/–잡니까]
· 음식은 잘 받ᄌ옵네까/줍네까?
(음식은 잘 받자옵니까/잡니까?)
· 가서 뭐렝 묻ᄌ옵네깡/줍네깡?
(가서 뭐라고 묻자옵니까/잡니까?)

△ 어간(듣다/받다)+ᄌ옵/줍+나이까 [–자옵나이까]
· 뭔 말씀을 듣ᄌ옵나이까/줍나이까?
(뭔 말씀을 듣자옵나이까/잡나이까?)
· 요샌 어떤 음식을 받ᄌ옵니까/줍니까?
(요새는 어떤 음식을 받자옵니까/잡니까?)

(16) –심/–순 [–ㄴ가]

이들 의문형종결어미는 주로 여성들이 손아랫사람이나 동년배에게 점잖게 의문을 뜻을 드러낼 때 쓰이는 반존대어말어미(半尊待語末語尾)이다. 그 쓰이는 조건은 아래 ❶❷❸❹와 같다.

❶ 체언+심/순 [–ㄴ가/–인가]

이 형태를 취할 때의 '–심/–순'은 모음으로 끝나는 체언에 붙어서, 현대국어의 '–ㄴ가'가 되고, 자음받침으로 끝나는 체언 다음에는 '이다'의 '이'와 결합된 '–이심/–이순'의 형태를 취해서 현대국어의 '–인가'가 된다. 또 그 끝에 말하는 사람의 어투에 따라 강세첨사 '게/겐'을 붙이기도 하는

데, 그럴 경우는 그 어감을 돋우는 '요'가 덧붙는 효과가 있다.

△ 체언(모음)+심/순 [-ㄴ가]

· 그 손에 든 게 뭐<u>심</u>?

(그 손에 든 것이 뭔(뭐ㄴ)<u>가</u>?)

· 지 사는 듸가 어디<u>순</u>?

(자네 사는 데가 어딘(디ㄴ)<u>가</u>?)

△ 체언(모음)+심/순+게/겐 [-ㄴ가요]

· 그 우는 아인 누게<u>심게(겐)</u>?

(그 우는 아이는 누군(구ㄴ)<u>가요</u>?)

· 저 중 어느 게 질 친흔 친구<u>순게(겐)</u>?

(저 중에 어느 것이 제일 친한 친군(구ㄴ)<u>가요</u>?)

△ 체언(자음)+이(이다)+심/순 [-인가]

· 그것도 말<u>이심</u>?

(그것도 말<u>인가</u>?)

· 누게안티 들은 말<u>이순</u>?

(누구한테 들은 말<u>인가</u>?)

△ 체언(자음)+이(이다)+심/순+게/겐 [-인가요]

· 게난 지금 나이가 멧<u>이심게(겐)</u>?

(그러니 지금 나이가 몇<u>인가요</u>?)

· 그게 무신 때문<u>이순게(겐)</u>?

(그게 무슨 때문<u>인가요</u>?)

❷ **어간+심/순 [-는가/-은가]**

이 형태를 취할 때의 '-심/-순'은 동사인 경우는 어간의 자음받침 유무에 관계없이 두루 붙어서 현대국어의 '-는가'가 된다. 다만 형용사인 경우는 모음이나 'ㄹ' 받침으로 끝나는 어간 다음에 붙어서 현대국어의 '-ㄴ가'가 되고, 'ㄹ' 이외의 자음받침으로 끝나는 어간에 붙으면 '-은가'가 된다. 또 그 끝에 말하는 사람의 어투에 따라 강세첨사 '게/겐'을 붙이기도 하는데, 그럴 경우는 그 어감을 돋우는 '요'가 덧붙는 효과가 있다.

△ 동사어간+심/순 [-는가]
  · 어디레 가심?
   (어디에 가는가?)
  · 진 무사 나만 보민 곱순?
   (자기는 왜 나만 보면 숨는가?)

△ 동사어간+심/순+게/겐 [-는가요]
  · 무사 ᄆᆞ음 놔그네 못 놀심게(겐)?
   (왜 마음 놔서 못 노는가요?)
  · 어떵 걸으민 경 재기 걷순게(겐)?
   (어떻게 걸으면 그렇게 빨리 걷는가요?)

△ 형용사어간(모음/ㄹ)+심+순 [-ㄴ가]
  · 무사 그게 아니심?
   (왜 그것이 아닌(니ㄴ)가?)
  · 어떠난 경 멀순?
   (어떠니 그렇게 먼(먼ㄴ)가?)

△ 형용사어간(모음/ㄹ)+심+순+게/겐 [-ㄴ가]
  · 무신 일이 경 ᄯᅩ혹심게(겐)?
   (무슨 일이 그렇게 딱한(하ㄴ)가?)
  · 얼메나 맛이 둘순게(겐)?
   (얼마나 맛이 단(달ㄴ)가요?)

△ 형용사어간(모음/ㄹ제외)+심/순 [-은가]

· 무사 가인 궂<u>심</u>?

(왜 그 아이는 싫<u>은가</u>?)

· 집이 경도 좋<u>순</u>?

(집이 그렇게도 좋<u>은가</u>?)

△ 형용사어간(모음/ㄹ제외)+심/순+게/겐 [-은가요]

· 어떠난 그자락 지레가 족<u>심게(겐)</u>?

(어떠니 키가 그토록 작<u>은가요</u>?)

· 볼 무사 경 얽<u>순게(겐)</u>?

(볼이 왜 그렇게 얽<u>은가요</u>?)

그 밖에도 ㅂ-불규칙형용사의 어간에 붙으면 어형의 형태는 변하지 않지만, 현대국어로 대역하면 '-운다'가 된다.

△ 형용사어간(ㅂ변칙)+심/순 [-운가]

· 몸이 어떵 궤롭<u>심</u>?

(몸이 어떻게 괴로<u>운가</u>?)

· 어떠난 가이만 저영 곱<u>순</u>?

(어떠니 걔만 저렇게 고<u>운가</u>?)

△ 형용사어간(ㅂ변칙)+심/순+게/겐 [-운가요]

· 무사 가이만 밉<u>심게(겐)</u>?

(왜 그 아이만 미<u>운가요</u>?)

· 아멩흔덜 말 흔ᄆ디가 경도 여렵<u>순게(겐)</u>?

(아무런들 말 한마디가 그렇게도 어려<u>운가요</u>?)

❸ **어간+앗/엇/엿+심/순 [-았/엇/였는가]**

이 형태를 취할 때의 '-심/-순'은 과거시제 선어말어미 '-앗/엇/엿

(았/었/엿)-' 다음에 붙어서, 현대국어의 '-았/었/였는가'의 '-는가'가 된다. 이때는 '-심'보다 '-순'이 더 활용도가 높다. 또 그 끝에 말하는 사람의 어투에 따라 강세첨사 '게/겐'을 붙이기도 하는데, 그럴 경우는 그 어감을 돋우는 '요'가 덧붙는 효과가 있다.

△ 양성어간+앗+순+게/겐 [-았는가/는가요]
· 언제부떠 줌잣(자앗)순?
(언제부터 잠잤(자았)는가?)
· 어떠난 옷 버물지 안하연 고왓(오앗)순게(겐)?
(어째서 옷이 더러워지지 안해서 고왔(오았)는가요?)

△ 음성어간+엇+순+게/겐 [-었는가/는가요]
· 이 둘 들언 메칠이나 쉬엇순?
(이 달 들어서 며칠이나 쉬었는가?)
· 어느 틈에 굴묵 짇엇순게(겐)?
(어는 틈에 방을 때었는가요?)

△ ㅎ(ㅎ다)+엿+순+게/겐 [-였는가/는가요]
· 소린 누게가 ㅎ엿순?
(소리/노래는 누가 하였는가?)
· 무사 경 못 준디게 ㅎ엿순게(겐)?
(왜 그렇게 못 견디게 하였는가요?)

❹ 어간+암/엄/염+심/순 [-고 있는가]
이 형태를 취할 때의 '-심/-순'은 진행상을 나타내는 선어말어미 '-암/엄/염(고 있)-' 다음에 붙어서 현대국어의 '-고 있는가'의 '-는가'가 된다. 이때도 위 ❸과 같이 '-심'보다 '-순'의 활용도가 높다. 또 그 끝에 말하는 사람의 어투에 따라 강세첨사 '게/겐'을 붙이기도 하는데, 그럴 경

우는 그 어감을 돋우는 '요'가 덧붙는 효과가 있다.

△ 양성어간+암+순+게/겐 [-고 있는가/는가요]

· 어디 살암순?

(어디 살고 있는가?)

· 무사 땅 지프게 팜(파암)순게(겐)?

(왜 땅을 깊게 파고 있는가요?)

△ 음성어간+엄+순+게/겐 [-고 있는가/는가요]

· ㅂ름은 얼메나 쎄게 불엄순?

(바람은 얼마나 세게 불고 있는가?)

· 용시 안ᄒ연 무사 밧 내불엄순게(겐)?

(농사 안해서 왜 밭을 내버리고 있는가요?)

△ ᄒ(ᄒ다)+염+순+게/겐 [-고 있는가/는가요]

· 게난 나 때문에 밥ᄒ염순?

(그러니 나 때문에 밥하고 있는가?)

· 안ᄒ여도 뒐 절을 무사 ᄒ염순게(겐)?

(안하여도 될 절을 왜 하고 있는가요?)

3) 명령형종결어미

명령형종결어미는 동사의 어간에 붙어서 제삼자에게 무엇을 하도록 명령해서 시키는 꼴의 어말어미이다. 그것도 긍정과 부정의 두 가지로 구분할 수 있다. 긍정적인 측면은 무엇을 하도록 명령하는 비존대형인 'ᄒ라체'와 존대형인 'ᄒᆸ서체'이고, 부정적인 측면은 무엇을 하지 못하도록 금지의 명령을 하는 비존대형인 '말라체'와 존대형인 '맙서체'가 그것이다. 특히 여성전용어로 쓰이는 반존대형(半尊待形)의 어말어미 '-심/-순'은 윗사람이 그 동년배나 나이가 아랫사람에게 말할 때 예사높임의 뜻이 담겨져 있으므로 '흡서체'와 '맙서체'로 구분해서 다뤘다.

[ᄒ라체]

이 'ᄒ라체'는 말을 끝맺는 동사의 어간에 명령형종결어미가 붙어서 무엇을 어떻게 하라는 비존대(非尊待)의 명령형을 포괄한 것이다. 여기에 많이 쓰이는 종결어미는 '-라/-으라・-아라/-어라/-여라・-거라/-너라'를 비롯해서, 사동형접미사에 명령형종결어미 '-라'가 결합된, '-이라/-기라/-리라/-히라/-구라/-우라/-추라'와 피동형접미사와 결합된 '-이라/-기라/-리라/-히라'가 주류를 이루고 있다. 그밖에 과거시제 선어말어미 '-앗/엇/엿(았/었/였)-' 다음에 붙는 '-이라'와 진행상을 나타내는 선어말어미 '-암/엄/염(고 있)-' 다음에 붙는 '-시라'가 있다. 끝에 강세첨사 '이'와 '게/겐'이 붙어서 그 뜻을 덧나게 하는 '야'가 덧붙은 효과를 나타내는데, 그것도 말하는 사람의 어투에 따라 '이+게/겐'・'게/겐+이' 중 어느 것을 택해도 된다.

(1) -라 [-라]

이들 비존대형의 'ᄒ라체' 명령형종결어미는 주로 동사의 어간에 붙는다. 그 붙는 조건은 아래 예시 ❶❷와 같다.

❶ 어간+라 [-라]

이 형태를 취할 때의 '-라'는 모음이나 'ㄹ' 받침으로 끝나는 동사 어간에 붙어서 현대국어의 '-아라'의 준말인 '-라'가 된다. 그 쓰이는 조건은 양성모음 어간이면 현대국어의 '-아라'가 되고, 음성모음 어간이면 '-어라'가 된다. 또 끝에 강세첨사 '이'와 '게/겐'의 결합된 <이+게/겐>・<게/겐+이>의 형태를 취할 경우는 '야게'가 덧붙은 효과가 있다.

△ 동사어간(모음/ㄹ)+라 [-라]
- 아무 걱정 말앙 떠나라.
  (아무 걱정 말고서 떠나라.)
- 벗덜광 ᄀ찌 놀라.
  (벗들과 같이 놀라.)

△ 동사어간(모음/ㄹ)+라+이/게/겐 [-라야]
- 그만 쉬엉 일ᄒ라이.
  (그만 쉬어서 일하라야.)
- 벗은 옷이랑 공장에 걸라게(겐).
  (벗은 옷이랑 벽걸이에 걸라야.)

△ 동사어간(모음/ㄹ)+라+이+게/겐 [-라야게]
- 내 넘을 땐 야픈 듸로 건느라이게(겐).
  (개울 넘을 때는 얕은 데로 건너라야게.)
- 젖은 옷이랑 서답줄에 널라이게(겐).
  (젖은 옷이랑 빨랫줄에 널라야게.)

△ 동사어간(모음/ㄹ)+라+게/겐+이 [-라야게]
- 그디 그냥 두라게(겐)이.
  (거기 그냥 두라야게.)
- 놀아도 존 벗광 놀라게(겐)이.
  (놀아도 좋은 벗과 놀아라야게.)

❷ **어간+사/피동형접미사+라 [-이/기/리/히/수/그/우/추라]**

이 형태를 취할 때의 '-라'는 사동·피동형접미사 '-이/-기/-리/-히/-구/-우/-추'와 결합돼서, 현대국어의 '-이라/-기라/-리라/-히라/-우라/-구라/-추라'의 '-라'가 된다. 끝에 강세첨사 '이'·'게/겐'이 붙으면 그 어세가 강해져서 '야가 더 붙은 효과가 있다.

△ 어간+이(사접)+라+이/게/겐 [-이라/라야]

· 그놈 애 좀 멕이<u>라</u>.

　(그놈 애 좀 먹이<u>라</u>.)

· 소릴 더 족게 줄이라<u>이</u>.

　(소리를 더 작게 줄이<u>라야</u>.)

· 얼음이나 녹이라게<u>(겐)</u>.

　(얼음이나 녹이<u>라야</u>.)

△ 어간+기(사접)+라+이/게/겐 [-기라/라야]

· 손부떠 싯기<u>라</u>.

　(손부터 씻기<u>라</u>.)

· 거죽 좀 벳기라<u>이</u>.

　(거죽 좀 벗기<u>라야</u>.)

· 먹당 냉기라게<u>(겐)</u>.

　(먹다가 남기<u>라야</u>.)

△ 어간+리(사접)+라+이/게/겐 [-리라/라야]

· 불에 와싹 몰리<u>라</u>.

　(불에 바싹 말리<u>라</u>.)

· 굴렁드레 둥구리라<u>이</u>.

　(구렁으로 뒹굴리<u>라야</u>.)

· 죽지 말게 꼭 살리라게<u>(겐)</u>.

　(죽지 말게 꼭 살리<u>라야</u>.)

△ 어간+히(사접)+라+이/게/겐 [-히라/라야]

· 똑똑이 붉히<u>라</u>.

　(똑똑히 밝히<u>라</u>.)

· 느 자리나 돈돈이 굳히라<u>이</u>.

　(네 자리나 단단히 굳히<u>라야</u>.)

· 손에 흑을 묻히라게<u>(겐)</u>.

(손에 흙을 잘 묻히<u>라야</u>.)

△ 어간+구(사접)+라+이/게/겐 [-구<u>라</u>/라야]

· 더 우트레 솟구<u>라</u>.

(어 위로 솟우<u>라</u>.)

· 둑질 웃트레 솟구<u>라이</u>.

(어깨를 위로 솟구<u>라야</u>.)

· 쒠 짓뻘겅케 달구<u>라게</u>(겐).

(쇠는 짓벌겋게 달구<u>라야</u>.)

△ 어간+우(사접)+라+이/게/겐 [-우<u>라</u>/라야]

· 짐을 드끈 지우<u>라</u>.

(짐을 잔뜩 지우<u>라</u>.)

· 자리 거리게 밸 떠우<u>라이</u>.

(자리돔 뜨게 배를 떠우<u>라야</u>.)

· ᄆᆞ음을 비우<u>라게</u>(겐).

(마음을 비우<u>라야</u>.)

△ 어간+추(사접)+라+이/게/겐 [-추<u>라</u>/라야]

· 시간 더 늦추<u>라</u>.

(시간을 더 늦추<u>라</u>.)

· 목소릴 늦추<u>라이</u>.

(목소리를 낮추<u>라야</u>.)

· 일홀 연장덜 다 ᄀᆞ추<u>라게</u>(겐).

(일할 연장들 다 갖추<u>라야</u>.)

△ 어간+이(피접)+라+이/게/겐 [-이<u>라</u>/라야]

· 애껴 줄 사름 잇일 때나 궤이<u>라</u>.

(아껴 줄 사람 있을 때나 괴이<u>라</u>.)

· 목을 베켕 ᄒᆞ건 베이<u>라이</u>.

(목을 베겠다고 하거든 베이라야.)
· 기왕이민 안터레 놓이라게(겐).
(기왕이면 안으로 놓이라야.)

△ 어간+기(피접)+라+이/게/겐 [-기라/라야]
· 줌길 때꺼장 줌기라.
(잠길 때까지 잠기라.)
· 머리 곰져 주켕 ᄒ건 곰기라이.
(머리 감겨 주겠다고 하거든 감기라야.)
· 안으켕 ᄒ건 안기라게(겐).
(안겠다고 하거든 안기라야.)

△ 어간+리(피접)+라+이/게/겐 [-리라/라야]
· 집 물리지 말앙 밧 물리라.
(집 물리지 말고 밭을 물리라.)
· 억지로 끌건 끌리라겐.
(억지로 끌거든 끌리라야.)
· 머리 쫄르켕 ᄒ건 쫄리라게(겐).
(머리 자르겠다고 하거든 잘리라야.)

△ 어간+히(피접)+라+이/게/겐 [-히라/라야]
· 뽑히컬랑 일등으로 뽑히라.
(뽑히겠거든 일등으로 뽑히라.)
· 죽걸랑 땅소곱에 묻히라이.
(죽거든 땅속에 묻히라야.)
· 돈 놈신디 멕힐 바인 궨당신디 멕히라게(겐).
(돈 남한테 먹힐 바에는 친족한테 먹히라야.)

이 밖에도 사동형접미사 '-기/-히'에 해당하는 '-지'와 결합한 '-지라'의
형태를 취해서 현대국어의 '-기라/-히라'가 된다. 이를테면 '곰지다(감기

다)/곱<u>지</u>다(숨기다)/웃<u>지</u>다(웃기다)'·'눅<u>지</u>다(눕히다)/좁<u>지</u>다(좁히다)/앚<u>지</u>다(앉히다)/업<u>지</u>다(업히다)' 따위의 사동형접미사 '–지'가 결합된 '–지라'가 그것이다. 끝에 강세첨사 '게/겐'·'이'가 붙으면 그 요구의 뜻이 강해지는 '야'가 덧붙은 효과가 있다.

> △ 어간+지라+게/겐/이 [–기라/라야]
>
> ・ᄌᆞ미나게 웃지<u>라</u>.
>   (재미있게 웃기<u>라</u>.)
> ・눔/놈 못 보게 곱지<u>라</u>게(겐).
>   (남 못 보게 숨기<u>라야</u>.)
> ・애기 머리 잘 ᄀᆞᆷ지<u>라</u>이.
>   (아기의 머리를 잘 감기<u>라야</u>.)

> △ 어간+지라+게/겐/이 [–히라/라야]
>
> ・그디 꿀러앚지<u>라</u>.
>   (거기 꿇어앉히<u>라</u>.)
> ・ᄒᆞ쏠만 더 좁지<u>라</u>게(겐).
>   (조금만 더 좁히<u>라야</u>.)
> ・구둘에 강 눅지<u>라</u>이.
>   (방에 가서 눕히<u>라야</u>.)

또 이들 '–지라'에는 사동형접미사 '우'가 껴 든 '–지우라'가 돼서, 현대국어의 '–기거라/–히거라'로 쓰이기도 한다. 또 끝에 강세첨사 '게/겐'·'이'가 붙으면 그 요구의 뜻이 강해지는 '야'가 덧붙은 효과가 있다.

> △ 어간+지우라+게/겐/이 [–기거라/거라야]
>
> ・더 크게 웃지<u>우라</u>.
>   (더 크게 웃기<u>거라</u>.)
> ・그디라도 앚지<u>우라</u>게(겐).

　(거기라도 앉기<u>거라야</u>.)
· 못 찾게 잘 곱지<u>우라이</u>.
　(못 찾게 잘 숨기<u>거라야</u>.)

　△ 어간+지우라+게/겐/이 [-히<u>거라/거라야</u>]
· 더 바싹 좁지<u>우라</u>.
　(더 바싹 좁히<u>거라</u>.)
· 느 독무릎에 눅지<u>우라게(겐)</u>.
　(너의 무릎에 눕히<u>거라야</u>.)
· 가이 나 등더레 업지<u>우라이</u>.
　(그 아이 내 등에 업히<u>거라야</u>.)

(2) -라게 · -라야 [-려무나]

　이들 '흐라체'의 명령형종결어미는 비존대형의 '-라'에 무엇을 하도록 시키는 반말투의 종결어미 '-야' · '-게'가 결합된 현대국어의 '-려무나'에 해당한다. 그 붙는 조건은 모음이나 'ㄹ' 받침으로 끝나는 동사의 어간에 주로 붙는다.

　△ 어간(모음/ㄹ)+라게 [-려무나]
· 나 말대로 흐<u>라게</u>.
　(내 말대로 하<u>려무나</u>.)
· 들은 말 들은 듸 버령 소도리랑 말<u>라게</u>.
　(들은 말 들은 데 버려서 말전주랑 마<u>려무나</u>.)

　△ 어간(모음/ㄹ)+라야 [-려무나]
· 짐이랑 조고마니 지<u>라야</u>.
　(짐이랑 자그마니 지<u>려무나</u>.)
· 더 큰 소리로 불르<u>라야</u>.
　(더 큰 소리로 부르<u>려무나</u>.)

(3) -으라·-여라 [-아라/-어라·-여라] 33)

이들 비존대형의 '후라체' 명령형종결어미 '-으라'는 동사의 어간에 붙어서, 무엇을 어떻게 하라고 명령하는 현대국어의 명령형어미 '-아'·'-어'와 '-라'가 결합된, 현대국어의 '-아라'·'-어라'에 해당한다. 그 쓰이는 조건은 'ㄹ' 이외의 자음받침 어간에 붙고, '-여라'는 '후다(하다)'와 '-후다'가 붙어서 된 어간 '후(하)'에 붙는다. 끝에 강세첨사 '게/겐'·'이'가 붙으면 요구의 뜻이 강해지는 '야'가 덧붙은 효과가 있다.

    △ 양성어간(모음/ㄹ제외)+으라+게/겐/이 [-아라/라야]
- 주건 양손으로 받으라.
  (주거든 양손으로 받아라.)
- 는 그 자리에 앚으라게(겐).
  (너는 그 자리에 앉아라야.)
- 돈이랑 주멩기에 담으라이.
  (돈이랑 주머니에 담아라야.)

    △ 음성어간(모음/ㄹ제외)+으라+게/겐/이 [-어라/라야]
- 늘랑 옷 ᄀᆞ라 입으라.
  (너는 옷을 갈아 입어라.)
- 촌에 살멍 용시나 지(짓으)라게(겐).
  (촌에 살면서 농사나 지(짓어)라야.)
- 더우난 웃옷이랑 벗으라이.
  (더우니까 윗옷이랑 벗어라야.)

    △ 후(후다)+여라+게/겐/이 [-여라/라야]
- 그 말랑 똑 후여라.

---

33) '-으라'는 표준어 '-아라'·'-어라'에 대응한다. 국어문법에서는 양성모음 어간에는 '-아라'가, 음성모음 어간에는 '-어라'가 붙지만, 제주어는 모음이나 'ㄹ'로 끝나는 어간에 '-아라'·'-어라'가 붙는다. 그 이외는 모음조화와 관계없이 '-으라'가 붙는다.

(그 말은 꼭 하여라.)
· 놈 생각도 좀 ᄒ여라게(겐).
(남 생각도 좀 하여라야.)
· 잘 안 뒈엄시민 말ᄒ여라이.
(잘 안 되고 있으면 말하여라야.)

(4) -아/-어/-여 [-아/-어/-여]

이들 비존대형의 'ᄒ라체' 명령형종결어미는 무엇을 시키는 작위동
사(作爲動詞)의 어간에 붙는다. 즉 '-아'는 양성모음 어간에, '-어'는 음성
모음어간에, '-여'는 여-불규칙동사인 'ᄒ다(하다)'와 '-ᄒ다'가 붙어서 된
어간 'ᄒ(하)'에 붙는 현대국어의 'ᄒ라체' 명령형종결어미 '-아/-어/-여'
의 뜻 그대로이다. 다만 모음 'ㅏ'로 끝나는 어간에는 '-아'가, 'ㅓ'로 끝나
는 어간에는 '어'가 탈락된다. 끝에 강세첨사 '게/겐'·'이'가 붙으면 반말투
의 '야'가 덧붙은 효과가 있다.

△ 양성어간+아+게/겐/이 [-아/-아야]
· 널랑 집이 가.
(너랑 집에 가.)
· 일러분 거 꼭 촞아게(겐).
(잃어버린 것 꼭 찾아야.)
· 그놈이랑 못 오게 막아이.
(그놈이랑 못 오게 막아야.)

△ 음성어간+어+게/겐/이 [-어/-어야]
· 그놈은 믿지 말곡 나만 믿어.
(그놈은 믿지 말고 나만 믿어.)
· 다리랑 걸엉 건너(느어)게(겐).
(다리는 걸어서 건너(어)야.)

· 그런 것도 못홀 바인 츠라리 죽어이.

(그런 것도 못할 바에는 차라리 죽어야.)

△ 흥(흥다)+여+게/겐/이 [-여/-여야]

· 쎄게 말앙 술술 흥여.

(세게 말고 살살하여.)

· 솓아지지 말게 멩심 흥여게(겐).

(쏟아지지 말게 명심하여야.)

· 와리지 말앙 촌촌이 흥여이.

(서둘지 말고서 천천히 하여야.)

여기서 주의할 것은 어간 끝음절 ㅣ모음 다음에 명령형종결어미 '-어'가 붙을 경우, '-여'로 표기해서는 안 된다는 점이다. 왜냐하면 ㅣ모음 다음의 '-어'가 ㅣ모음동화로 인해서 소리 나는 '-여'로 표기하기 쉽기 때문이다. 비록 발음은 '-여'가 되더라도 표기만은 동화되기 전의 형태를 취해야 된다. 다만 상호동화에 의한 간음화/축약화가 됐을 때는 'ㅕ'로 표기해도 상관이 없지만, ㅣ모음을 그냥 살리고 'ㅓ'의 자리에 동화된 꼴인 'ㅕ'를 쓰는 것은 표기법에 어긋난다. 이를테면 아래 예시와 같이 사동형접미사 '-이/-기/-리/-히' 다음에 명령형종결어미 '-어'·'-어라'가 붙을 경우, 아래 예시와 같이 표기해야 한다. 이런 경우는 명령형종결어미만이 아닌, 다른 경우도 마찬가지이다.

△ 어간+이/기/리/히+어/어라 [-이/기/리/히어/어라] 34)

· 소릴 족게 줄이어.

(소리를 작게 줄이어.)

약 그만 멕이어라.

---

34) '-이어라/-기어라/-리어라/-히어라'는 'ㅣ' 모음 상호동화에 의한 그 준말인 '-여라/-겨라/-려라/-혀라'로 해도 된다.

(약을 그만 먹이<u>어라</u>.)
· 가죽부떠 벳기<u>어</u>.
(가죽부터 벗기<u>어</u>.)
남은 건 나신디 다 넹기<u>어라</u>.
(남은 것은 나한테 다 넘기<u>어라</u>.)
· 느랑 앞밧디 강 연이나 눌리<u>어</u>.
(너는 앞밭에 가서 연이나 날리<u>어</u>.)
집안이서만 살리<u>어라</u>.
(집안에서만 살리<u>어라</u>.)
· 이제 곧/ヌ 구름 걷히<u>어</u>.
(이제 곧 구름이 걷히<u>어</u>.)
허리 굽히렝 ᄒ건 굽히<u>어라</u>.
(허리 굽히라고 하면 굽히<u>어라</u>.)

(5) -우라 [-거라]

이 비존대형의 'ᄒ라체' 명령형종결어미는 현대국어의 '-거라'에 해당한다. 그 쓰이는 조건은 사동형접미사 '-이/-기/-리/-히/-우/-구/-추'에 붙어서, '-이우라/-기우리/-리우라/-히우라/-구우라/-추우라'의 형태를 취하면, 현대국어의 '-이거라/-기거라/-리거라/-히거라/-우거라/-구거라/-추거라'의 '-거라'가 된다. 다만 사동형접미사 '-우' 다음에 '-우라'가 붙으면 '-우우라'가 되므로 '-우라'의 '우'는 탈락된다. 끝에 강세첨사 '게/겐'·'이'가 붙으면 의도를 강하게 하는 '야'가 덧붙은 효과가 있다. 이들에 대한 것은 위 (1)의 '-라'가 사동형접미사에 붙는 ❷의 예시를 '-우라'의 형태로 바꿔서 제시키로 한다.

△ 어간+이(사접)+우라 +게/겐/이 [-이거라/거라야]
· 그놈 애 좀 멕이<u>우라</u>.

(그놈 애 좀 먹이<u>거라</u>.)
· 소릴 더 족게 줄이<u>우라게</u>(젠).
(소리를 더 작게 줄이<u>거라야</u>.)
· 얼음이나 녹이<u>우라이</u>.
(얼음이나 녹이<u>거라야</u>.)

△ 어간+기(사접)+우라 +게/젠/이 [−기<u>거라/거라야</u>]
· 흐르만 굵기(지)<u>우라</u>.
(하루만 굵기<u>거라</u>.)
· 거죽 좀 벳기<u>우라게</u>(젠).
(거죽 좀 벗기<u>거라야</u>.)
· 먹당 냉기<u>우라이</u>.
(먹다가 남기<u>거라야</u>.)

△ 어간+리(사접)+우라 +게/젠/이 [−리<u>거라/거라야</u>]
· 불에 와싹 몰리<u>우라</u>.
(불에 바싹 말리<u>거라</u>.)
· 굴렁드레 둥구리<u>우라게</u>(젠).
(구렁으로 뒹굴리<u>거라야</u>.)
· 죽지 말게 꼭 살리<u>우라이</u>.
(죽지 말게 꼭 살리<u>거라야</u>.)

△ 어간+히(사접)+우라 +게/젠/이 [−히<u>거라/거라야</u>]
· 도독놈은 옥에 간히<u>우라</u>.
(도둑놈은 감옥에 간히<u>거라</u>.)
· 늦으난 노프게 받히<u>우라게</u>(젠).
(낮으니까 높게 받히<u>거라야</u>.)
· 손에 혹을 묻히<u>거라이</u>.
(손에 흙을 잘 묻히<u>라야</u>.)

△ 어간+우(사접)+(우)라 +게/겐/이 [-우거라/거라야]
  · 짐을 드끈 지우라.
    (짐을 잔뜩 지우거라.)
  · 자리 거리게 밸 띠우라게(겐).
    (자리돔 뜨게 배를 띄우거라야.)
  · ᄆ음을 비우라이.
    (마음을 비우거라야.)

△ 어간+구(사접)+우라 +게/겐/이 [-구거라/거라야]
  · 우트레 더 솟구우라.
    (위로 더 솟구거라.)
  · 둑질 웃트레 솟구우라게(겐).
    (어깨를 위로 솟구거라야.)
  · 쒠 짓뺄겅케 달구우라이.
    (쇠는 짓벌겋게 달구거라야.)

△ 어간+추(사접)+우라 +게/겐/이 [-추거라/거라야]
  · 시간 더 늦추우라.
    (시간을 더 늦추거라.)
  · 목소릴 늦추우라게(겐).
    (목소리를 낮추거라야.)
  · 일훌 연장덜 다 곷추우라이.
    (일할 연장들 다 갖추거라야.)

  또 ㅂ-불규칙용언의 어간에 붙을 경우는 아래 예시와 같이 현대국어의
비존대형의 명령형종결어미 '-우라'가 된다. 끝에 강세첨사 '게/겐'·'이'가
붙으면 의도를 강하게 하는 '야'가 덧붙은 효과가 있다.

△ 어간(ㅂ변칙)+우라+게/겐/이 [-우라/라야]
· 이웃듸 일도 잘 도<u>우라</u>.
  (이웃의 일도 잘 도우라.)
· 느도 저 아이추룩 몸씨 고<u>우라게</u>(<u>겐</u>)?
  (너도 저 애처럼 맘씨 고우라야.)
· 옷 브려진 듸랑 다 주<u>우라이</u>.
  (옷 찢어진 데는 다 기우라야.)

(6) -거라··-너라 [-거라··-너라]

이들 비존대형의 'ᄒ라체' 명령형종결어미 '-거라'·'-너라'는 거라/너라-불규칙동사의 어간에 붙는 현대국어의 '-거라'·'-너라' 그대로이다. 그 쓰이는 조건은 아래 ❶❷와 같다.

❶ 어간+거라/너라 [-거라/-너라]

이 형태를 취할 때의 '-거라'는 동사의 어간에 붙어서 무엇을 하도록 시키는 명령형종결어미 '-아라/-어라'의 변이형이다. '-너라'는 동사의 어간에 붙어서 무엇을 하도록 시키는 명령형종결어미 '-아라'·'-어라'가 '-너라'로 바뀌는 활용형태로서, 주로 '오다'의 어간 '오'에 붙는 것이 통례이다. 끝에 강세첨사 '게/겐'·'이'가 붙으면 그 의도를 더 강하게 하는 '야'가 덧붙은 효과가 있다.

△ 동사어간+거라+게/겐/이 [-거라/거라야]
· 느 혼차만 가<u>거라</u>.
  (너 혼자만 가거라.)
· 쌉지랑 말앙 놀<u>거라게</u>(<u>겐</u>).
  (싸우지는 말고 놀거라야.)
· 빗은 물어뒹 살<u>거라이</u>.

(빚은 갚아두고 살거라야.)

△ 동사어간+너라+게/겐/이 [-너라/라야]

· 잘 갓당 오너라.
(잘 갔다가 오너라.)
· 냉기지 말앙 다 앗앙 오너라게(겐).
(남기지 말고 다 가져서 오너라야.)
· 솟디 신 걸랑 다 내엉 오너라이.
(솥에 있는 것이랑 다 내어서 오너라야)

❷ **어간+사동형접미사+거라 [-이/기/리/히/구/우/추거라]**

이 형태를 취할 때는 사동형접미사 다음에 붙어서 '-이거라/-기거라/-리거라/-히거라/-우거라/-구거라/-추거라'의 '-거라'가 된다. 끝에 강세첨사 '게/겐'·'이'가 붙으면 그 의도를 더 강하게 하는 '야'가 덧붙은 효과가 있다. 이들에 대한 예시는 위 (5)에 제시된 '-우라'를 '-거라'로만 바꾸면 되므로 생략한다.

(7) -이라/-시라 [-거라]

이들 비존대의 '흐라체' 명령형종결어미 '-이라'는 주로 과거시제 선어말어미 '-앗/엇/엿(았/었/였)-' 다음에 붙어서 현대국어의 '-았/었/였거라'의 '-거라'가 되고, '-시라'는 진행상을 나타내는 선어말어미 '-암/엄/염(고 있)-' 다음에 붙어서 '-고 있거라'의 '-거라'가 된다. 끝에 강세첨사 '게/겐' 붙으면 그 의도를 강하게 하는 '야'가 덧붙은 효과가 있다.

△ 양성어간+앗+이라+게/겐 [-았거라/거라야]
· 느 몬저 갓(가앗)이라.
(너 먼저 갔(가았)거라.)

· 목 박나 낭깨기 빼앗<u>이라게</u>(<u>겐</u>).
(목 박는다 나뭇가지 빼앗<u>거라야</u>.)

△ 음성어간+엇+이라+게/겐 [−<u>었거라/거라야</u>]

· 옴쪽 못ᄒ게 눌럿<u>이라</u>.
(옴쭉 못하게 눌(누르었)<u>거라</u>.)

· ᄀ만이 누엇<u>이라게</u>(<u>겐</u>).
(가만히 누었<u>거라야</u>.)

△ ᄒ(ᄒ다)+엿+이라+게/겐 [−<u>였거라/거라야</u>]

· 집직 잘ᄒ엿<u>이라</u>.
(집 지키기 잘하였<u>거라</u>.)

· 느만이라도 ᄒ엿<u>이라게</u>(<u>겐</u>).
(너만이라도 하였<u>거라야</u>)

△ 양성어간+암+시라+게/겐 [−<u>고 있거라/거라야</u>]

· 보말 잡아온 거 숨암<u>시라</u>.
(고둥 잡아온 거 삶고 있<u>거라</u>.)

· 줏인 걸랑 ᄉ꾸암<u>시라게</u>(<u>겐</u>).
(자진 것은 숨고 있<u>거라야</u>.)

△ 음성어간+엄+시라+게/겐 [−<u>고 있거라/거라야</u>]

· 느만 걸엄<u>시라</u>.
(너만 걷고 있<u>거라</u>.)

· 감ᄌ랑 치엄<u>시라게</u>(<u>겐</u>).
(고구마는 찌고 있<u>거라야</u>.)

△ ᄒ(ᄒ다)+염+시라+게/겐 [−<u>고 있거라/거라야</u>]

· 둘이만 마당질ᄒ염<u>시라</u>.
(둘이만 마당질하고 있<u>거라</u>.)

· 옷곰이라도 장만ᄒ 염시라게(겐).
(옷감이라도 장만하고 있거라야.)

[홉서체]

이 '홉서체'는 존대형의 명령형종결어미로 끝맺는 말하기 형태를 문장화한 것이다. 여기에 관련된 것은 현대국어의 '-십시오'에 해당하는데, 'ㅡㅂ서'·'ㅡ읍서'·'ㅡ십서'·'ㅡ옵서'·'스옵서'·'ㅡᅐ옵서'를 비롯해서 반 존대형인 '-순/-심'이 주류를 이루고 있다.

(1) ㅡㅂ서 · ㅡ읍서 [ㅡ십시오 · ㅡ으십시오]

이들 존대형의 '홉서체' 명령형종결어미는 동사의 어간에 붙어서 제일 잘 쓰는 어말어미이다. 그 쓰이는 조건은 아래 ❶❷❸과 같다.

❶ 어간+ㅂ서 [ㅡ십시오]

이 형태를 취할 때의 'ㅡㅂ서'는 모음이나 'ㄹ' 받침으로 끝나는 동 사의 어간 다음에 붙어서 현대국어의 'ㅡ십시오'가 된다. 끝에 강세첨사 '게 /겐'·'양' 중 어느 하나가 붙으면 호소력이 담긴 '네'가 붙은 효과가 있고, 둘이 겹쳐서 '게/겐+양'의 형태를 취하면 어세와 뜻이 더 강해져서 무엇을 바라는 '게'가 덧붙은 것과 같은 '네게'가 된다.

△ 동사어간(모음/ㄹ)+ㅂ서 [ㅡ십시오]
· 할멤신디도 들럿당 갑(가ㅂ)서.
(할머님한테도 들렀다가 가십시오.)
· 돈이랑 쓸 만이만 법(벌ㅂ)서.
(돈이랑 쓸 만큼만 버십시오.)

△ 동사어간(모음/ㄹ)+ㅂ서+게/겐/양 [-십시오네]

·무싱 걸 ㅎ염수광 혼저 옵(오ㅂ)서게(겐).
(무슨 걸 하고 있습니까 빨리 오십시오네.)
·오래오래 삽(살ㅂ)서양.
(오래오래 사십시오네.)

△ 어간(모음/ㄹ)+ㅂ서+게/겐+양 [-십시오네게]

·거칠게 말앙 술술 다룹(루ㅂ)서게양.
(거칠게 말아서 살살 다루십시오네게.)
·너미 하걸랑 덥(덜ㅂ)서겐양.
(너무 많거든 더십시오네게.)

❷ **동사어간+읍서 [-으십시오]**

이 형태를 취할 때의 '-읍서'는 주로 'ㄹ' 이외의 자음받침으로 끝나는 동사의 어간 다음에 붙어서 현대국어의 '-으십시오'가 된다. 끝에 강세첨사 '게/겐'·'양'이 붙을 경우는 앞의 ❶과 같다.

△ 동사어간(모음/ㄹ제외)+읍서 [-으십시오]

·주는 걸랑 받읍서.
(주는 것은 받으십시오.)
·장 하영 둠읍서.
(장 많이 담으십시오.)

△ 동사어간(모음/ㄹ제외)+읍서+게/겐/양 [-으십시오네]

·풀어지지 안ㅎ게딜 잘 읽읍서게(겐).
(풀아지지 안하게들 잘 읽으십시오네.)
·젖은 옷이랑 벗읍서양.
(젖은 옷이랑 벗으십시오네.)

△ 동사어간(모음/ㄹ제외)+읍서+게/겐+양 [-으십시오네게]

· 재기 걷지 말앙 촌촌이 걸읍서계양.

　(재기 걷니 말고 천천히 걸<u>으십시오네게</u>.)

· 이걸랑 그레 잘 놓읍서겐양.

　(이걸랑 거기 잘 놓<u>으십시오네게</u>.)

❸ **어간+사/피동형접미사+ㅂ서 [-이/기/리/히/구/우/추십시오]**

　이 형태를 취할 때의 '-ㅂ서'는 용언의 어간에 붙는 사동형접미사 '-이/-기/-리/-히/-우/-구/-추'와 피동형접미사 '-이/-기/-리/-히' 다음에 놓여서, 현대국어의 '-이십시오/-기십시오/-리십시오/-히십시오 /-우십시오/-구십시오/-추십시오'의 '-십시오'가 된다. 피동형접미사에 붙는 경우는 생략한다. 또 그 끝에 강세첨사 '게/겐'·'양'이 붙을 경우는 앞의 ❶❷와 같다.

△ 어간+이(사접)+ㅂ서 [-이십시오]

· 언 손 좀 녹입(이브)서.

　(언 손을 좀 녹이<u>십시오</u>.)

· 그럴듯하게 속입(이브)서.

　(그럴듯하게 속이<u>십시오</u>.)

△ 어간+이(사접)+ㅂ서+게/겐/양 [-이십시오네]

· 손에 줸 것덜랑 보입(이브)서계(겐).

　(손에 쥔 것들은 저한테 보이<u>십시오네</u>.)

· 애기 젲 더 멕입(이브)서양.

　(아기 젖 더 먹이<u>십시오네</u>.)

△ 어간+이(사접)+ㅂ서+게/겐+양 [-이십시오네게]

· 그 소리 좀 죽입(이브)서계양.

(그 소리 좀 죽이<u>십시오</u>네게.)
· 그 친 더 쫄르게 줄이<u>십서</u>겐양.
(그 끈 더 짧게 줄이<u>십시오</u>네게.)

△ 어간+기(사접)+ㅂ서 [-기<u>십시오</u>]
· 다 못 먹걸랑 냉깁(기ㅂ)<u>서</u>.
(다 못 먹거든 남기<u>십시오</u>.)
· 항에 물 넘걸랑 그냥 냉깁(기ㅂ)<u>서</u>양.
(항아리에 물 넘거든 그냥 넘기<u>십시오</u>.

△ 어간+기+ㅂ서+게/겐/양 [-기<u>십시오</u>네]
· 하걸랑 먹당 냉깁(기ㅂ)<u>서</u>게(겐).
(많거든 먹다가 남기<u>십시오</u>네.)
· 거죽을 벳깁(기ㅂ)<u>서</u>양.
(껍질을 벗기<u>십시오</u>네.)

△ 어간+기(사접)+ㅂ서+게/겐+양 [-기<u>십시오</u>네게]
· 도독놈 누멩이나 벳깁(기ㅂ)<u>서</u>게양.
(도둑놈 누명이나 벗기<u>십시오</u>네게.)
· 두터운 거죽부떠 몬저 벳깁(ㅂ)<u>서</u>겐양.
(두꺼운 껍질부터 먼저 벗기<u>십시오</u>네게.)

△ 어간+리(사접)+ㅂ서 [-리<u>십시오</u>]
· 놈/눔도 보게 돌립(리ㅂ)<u>서</u>.
(남도 보게 돌리<u>십시오</u>.)
· 쫄르거랑 질게 늘립(리ㅂ)<u>십서</u>.
(짧거든 길게 늘리<u>십시오</u>.)

△ 어간+리(사접)+ㅂ서+게/겐/양 [-리<u>십시오</u>네]
· 아구리에 자갈 물립(리ㅂ)<u>서</u>게(겐).

(아가리에 자갈을 물리십시오네.)
· 그 집이 흔디 살립(리브)서양.
(그 집에 같이 살리십시오네.)

△ 어간+리(사접)+ㅂ서+게/겐+양 [-리십시오네게]
· 동산 알러레 훌터 굴립(리브)서게양.
(동산 알로 마구 굴리십시오네게.)
· 물을 탕 더 둘립(리브)서겐양.
(말을 타고 더 달리십시오네게.)

△ 어간+히(사접)+ㅂ서 [-히십시오]
· 훤ᄒ게 불을 붉힙(히브)서.
(환하게 불을 밝히십시오.)
· 묵은 것추룩 흑을 묻힙(히브)서.
(묵은 것처럼 흙을 묻히십시오.)

△ 어간+히(사접)+ㅂ서+게/겐/양 [-히십시오네]
· 고갤 더 굽힙(히브)서게(겐).
(고개를 더 굽히십시오네.)
· 고팡에 낭 오래 묵힙(히브)서양.
(고방/광에 놔서 오래 묵히십시오네.)

△ 어간+히(사접)+ㅂ서+게/겐+양 [-히십시오네게]
· 더 크게 넙힙(히브)서게양.
(더 크게 넓히십시오네게.)
· 더도 말앙 꼭 흔 자만 좁힙(히브)서겐양.
(더도 말고 꼭 한 자만 좁히십시오네게.)

△ 어간+구(사접)+ㅂ서 [-구십시오] 35)
· 풍안 도수를 돋굽(구브)서.

(안경 도수를 돋구<u>십시오</u>.)
· 늦은 딜 노프게 솟굽(구ㅂ)<u>서</u>.
(낮은 데를 높게 솟구<u>십시오</u>.)

△ 어간+구(사접)+ㅂ서+게/겐/양 [-구십시오네]
· 굽 돌랑 우트레 솟굽(<u>구ㅂ</u>)서게(겐).
(밑돌랑 위로 솟구<u>십시오</u>네.)
· 밧담을 흔 도리만 돋굽(구ㅂ)서<u>양</u>.
(밭담을 한 도리만 돋구<u>십시오</u>네.)

△ 어간+구(사접)+ㅂ서+게/겐+양 [-구십시오네게]
· 늦걸랑 굽을 받청 솟굽(구ㅂ)서게<u>양</u>.
(낮거든 굽을 받쳐서 솟구<u>십시오</u>네게.)
· 낭간 부출을 더 돋굽(구ㅂ)서겐<u>양</u>.
(낭간 부출을 더 돋구<u>십시오</u>네게.)

△ 어간+우(사접)+ㅂ서 [-우<u>십시오</u>]
· 그 한란이랑 꽃을 잘 피웁(우ㅂ)<u>서</u>.
(그 한란이랑 꽃을 잘 피우<u>십시오</u>.)
· 각지불에 심질 돋웁(우ㅂ)<u>서</u>.
(호롱불에 심지를 돋우<u>십시오</u>.)

△ 어간+우(사접)+ㅂ서+게/겐/양 [-우십시오네]
· 술잔 뿔리 비웁(우ㅂ)서게(겐).
(술잔 빨리 비우<u>십시오</u>네.)
· 입맛이나 돋웁(우ㅂ)서<u>양</u>.
(입맛이나 돋우<u>십시오</u>네.)

---

35) 제주어에서 사동형접미사 '-구/-우'는 구분 없이 쓰인다. 이를테면 '입맛·용기·목청·심지…' 등의 '돋우다'를, 안경의 도수를 높이거나 위로 솟게 하는 '돋구다'·'솟구다'와 같이 '-우'를 '-구'로 구분 없이 쓰는 것이 통례이다.

△ 어간+우(사접)+ㅂ서+게/겐+양 [-우십시오네게]
· 기죽지 말게 용길 돋웁(우ㅂ)서게양.
  (기죽지 말게 용기를 돋우십시오네게.)
· 그 앞이 받은 잔이랑 비웁(우ㅂ)서겐양.
  (그 앞에 받은 잔이랑 비우십시오네게.)

△ 어간+추(사접)+ㅂ서 [-추십시오]
· 관청이 낼 문셀 곷춥(추ㅂ)서.
  (관청에 낼 문서를 갖추십시오.)
· 국물 엇게 ㅂ짝 좇춥(추ㅂ)서).
  (국물 없게 바짝 잦추십시오.)

△ 어간+추(사접)+ㅂ서+게/겐/양 [-추십시오네]
· 더 질게 늦춥(추ㅂ)서게(겐).
  (더 길게 늦추십시오네.)
· 옷은 못에 맞게 맞춥(추ㅂ)서양.
  (옷은 몸에 맞게 맞추십시오네.)

△ 어간+추(사접)+ㅂ서/십서+게/겐+양 [-추십시오네게]
· 말씀 늦춥(추ㅂ)서게양.
  (마씀 낮추십시오네게.)
· 곷출 건 다 곷춥(ㅂ)서겐양.
  (갖출 것은 다 갖추십시오네게.)

이 밖에 '-ㅂ서'는 아래 예시와 같이, 사동형접미사 '-기/-히'에 대응하는 '-지' 다음에 붙어서, 현대국어의 '-기십시오/-히십시오'가 된다. 끝에 강세 첨사 '게/겐'·'양' 중 어느 하나가 붙으면 당부의 뜻이 담긴 '네'가, 둘이 겹쳐서 붙으면 어미 '게'가 결합된 '네게'가 돼서 어세와 뜻이 더 강해진다.

△ 어간+지(사접)+ㅂ서 [-기십시오]
- 아이 늣 싯집(지ㅂ)서.
  (아이 낯 씻기십시오.)
- 먹을 거 주지 말앙 굶집(지ㅂ)서.
  (먹을 거 주지 말고 굶기십시오.)

△ 어간+지(사접)+ㅂ서+게/겐/양 [-기십시오네]
- 가이 머리 빗집(지ㅂ)서게(겐).
  (그 아이 머리 빗기십시오네.)
- 더 주미지게 웃집(지ㅂ)서양.
  (더 재미있게 웃기십시오네.)

△ 어간+지(사접)+ㅂ서+게/겐+양 [-기십시오네게]
- 메칠만 더 굶집(지ㅂ)서게양.
  (며칠만 더 굶기십시오네게.)
- 조고마니 웃집(지ㅂ)서겐양.
  (자그마니 웃기십시오네게.)

△ 어간+지(사접)+ㅂ서 [-히십시오]
- 앚지지 말앙 눅집(지ㅂ)서.
  (앉히지 말고 눕히십시오.)
- 아이 나 등더레 업집(지ㅂ)서.
  (아이 제 등에 업히십시오.)

△ 어간+지(사접)+ㅂ서+게/겐/양 [-히십시오네]
- 옷이랑 비에 촉촉이 적집(지ㅂ)서게(겐).
  (옷이랑 비에 촉촉이 젖히십시오네.)
- 흐쑬만 더 좁집(지ㅂ)서양.
  (조금만 더 좁히십시오네.)

△ 어간+지(사접)+ㅂ서+게/겐+양 [-히십시오네게]

· 애기랑 독무릅에 앞집(지ㅂ)서게양.
  (애기랑 무릎에 앉히십시오네게.)
· 속옷부떠 입지십서겐양.
  (속옷부터 입히십시오네게.)

(2) -십서 [-십시오]

이 존대형의 '흡서체' 명령형종결어미 '-십서'는 동사의 어간에 붙어서 현대국어의 '-십시오'가 된다. 그 쓰이는 조건은 아래 ❶❷와 같다.

❶ 어간+십서 [-십시오]

이 형태를 취할 때의 '-십서'는 모음이나 'ㄹ' 받침으로 끝나는 동사의 어간에 붙어서 현대국어의 '-십시오'가 된다. 끝에 강세첨사 '게/겐'·'양' 중 어느 하나가 붙으면 당부의 뜻이 담긴 '네'가, 두 개가 겹쳐서 붙으면 '게'가 덧붙은 '네게'가 돼서 명령의 의도와 어세가 더 강하게 부각된다.

△ 동사어간(모음/ㄹ)+십서 [-십시오]

· 아무 때라도 오십서.
  (아무 따라도 오십시오.)
· 입으로 불을 부십서.
  (입으로 불을 부십시오.)

△ 동사어간(모음/ㄹ)+십서+게/겐/양 [-십시오네]

· 모즈을 머리에 쓰십서게(겐).
  (모자을 머리에 쓰십시오네.)
· 바끄지 말앙 입에 꽉 무십서양.
  (뱉지 말고 입에 꽉 무십시오네.)

△ 동사어간(모음/ㄹ)+십서+게/겐+양 [-십시오네게]

· 무신 일 싯건 날 불르<u>십서</u>게양.
  (무슨 일 있거든 나를 부르<u>십시오</u>네게.)
· 저을눈이랑 속이지 말앙 ㅍ<u>십서</u>겐양.
  (저울눈이랑 속이지 말아서 파<u>십시오</u>네게.)

❷ **어간+암/엄/염+십서 [-고 있으<u>십시오</u>]**

이 형태를 취할 때의 '-십서'는 진행상을 나타내는 선어말어미 '-암/엄/염(고 있)-' 다음에 붙어서, 현대국어의 '-고 있으십시오'의 '-으십시오'가 된다. 그 끝에 강세첨사 '게/겐'·'양'이 붙을 경우는 위 ❶과 같다.

△ 양성어간+암+십서 [-고 있으<u>십시오</u>]

· ㅎ나썩 ㄴ눔(노암)<u>십서</u>.
  (하나씩 나누고 있<u>으십시오</u>.)
· 서답이나 뿔암<u>십서</u>.
  (빨래나 빨고 있<u>으십시오</u>.)

△ 양성어간+암+십서+게/겐/양 [-고 있으<u>십시오</u>네]

· 집 잘 보암<u>십서</u>게(겐).
  (집 잘 보고 있<u>으십시오</u>네.)
· 잘살암<u>십서</u>양.
  (잘살고 있<u>으십시오</u>네.)

△ 양성어간+암+십서+게/겐+양 [-고 있으<u>십시오</u>네게]

· 밥솟디 불 솜암<u>십서</u>게양.
  (밥솥에 불 때고 있<u>으십시오</u>네게.)
· 문드린 단추나 촞암십겐양.
  (떨어뜨린 단추나 찾고 있<u>으십시오</u>네게.)

△ 음성어간+엄+십서 [-고 있으십시오]

· 맨 앞이 나상 걸엄십서.
  (맨 앞에 나서서 걷고 있으십시오.)
· 나 올 때꼬장 장귀 두엄십서.
  (제가 올 때까지 장기 두고 있으십시오.)

△ 음성어간+엄+십서+게/겐/양 [-고 있으십시오네]

· 곡숙 밧듸 생이덜 눌렴(리엄)십서게(겐).
  (고식 밭에 새들 날리고 있으십시오네.)
· 떡ㄱ를이나 고영 치엄십서양.
  (떡가루나 곱게 치고 있으십시오네.)

△ 음성어간+엄+십서+게/겐+양 [-고 있으십시오네게]

· 이숫짐 무끈 거 풀엄십서게양.
  (이삿짐 묶은 거 풀고 있으십시오네게.)
· 두루막에 구둠아나 털엄십서겐양.
  (두루마기에 먼지나 떨고 있으십시오네게.)

△ ᄒ(ᄒ다)+염+십서 [-고 있으십시오]

· 일덜 ᄒ염십서.
  (일들 하고 있으십시오.)
· 똔 생각 말앙 ᄒ는 일덜이나 멩심ᄒ염십서.
  (딴 생각 말고 일들이나 하고 있으십시오네.)

△ ᄒ(ᄒ다)+염+십서+게/겐/양 [-고 있으십시오네]

· 저냑 일쯕 ᄒ염십서게(겐).
  (저녁 일찍 하(짓)고 있으십시오네.)
· 어느 게 좋은지 잘 생각덜 ᄒ염십서양.
  (어느 것이 좋은지 잘 생각하고 있으십시오네.)

△ ᄒᆞ(ᄒᆞ다)+염+십서+게/겐+양 [-고 있으십시오네게]

· 궤에 칠이나 칠ᄒᆞ염십서게양.
(궤에 칠이나 하고 있으십시오네게.)

· ᄯᆞᆯ 폴 준비나 ᄒᆞ염십서겐양.
(딸 혼사시킬 준비나 하고 있으십시오네게.)

또 '-십서'는 사동형접미사 '-이/-기/-리/-히/-우/-구/-추'와 피동형
접미사 '-이/-기/-리/-히' 다음에 붙는 경우는 위 'ᄒᆞᆸ서체' (1)의 ❸ '-ㅂ
서'와 같으므로 그 예시는 생략한다.

(3) -소서 · -옵서 [-소서 · -옵소서]

이들 존대형의 'ᄒᆞᆸ서체' 명령형어미 '-소서'와 '-옵서'는 용언의 어
간에 붙어서 상대를 아주 높여서 공대할 때 쓰이는 예스러운 말인데, 농어촌
에서 두루 쓰이는 민중어로는 잘 쓰이지 않았다. 하지만 일부 식자층과 관료
들 간에 윗사람을 대할 때 쓰였다. 그 붙는 조건은 '-소서'인 경우는 주로
동사의 어간에 붙고, '-옵서'인 경우는 주로 모음이나 'ㄹ'받침으로 끝나는
동사와 일부 형용사의 어간에 붙어서 현대국어의 '-옵소서'가, 'ㄹ' 이외의
자음받침으로 끝나는 어간에는 조모음 '으'가 삽입된 '-으옵서'가 된다.

△ 어간+소서 [-소서]

· 만수무강ᄒᆞ소서.
(만수무강하소서.)

· 잘 술펴 보소서.
(잘 살펴 보소서.)

△ 어간(모음/ㄹ)+옵서 [-옵소서]

· 굽히지 말앙 꿋꿋ᄒᆞ옵서.
(굽히지 말고 꿋꿋하옵소서.)

· 벗님네도 드려당 노<u>옵</u>서.
(벗님네도 데려다가 노<u>옵소서</u>.)

△ 어간(모음/ㄹ제외)+으옵서 [-으옵소서]

· 세말서를 받<u>으옵</u>서.
(시말서를 받<u>으옵소서</u>.)
· 슬퍼도 것으론 웃<u>으옵</u>서.
(슬퍼도 겉으로는 웃<u>으옵소서</u>.)

특히 '-옵서'인 경우, '-옵소서'·'-시옵서'·'-시옵소서'를 쓰기도 한다.

△ 어간(모음/ㄹ)+옵소서 [-옵소서]

· 몸이나 튼튼ㅎ<u>옵소서</u>.
(몸이나 튼튼하<u>옵소서</u>.)
· 오래오래 사<u>옵소서</u>.
(오래오래 사<u>옵소서</u>.)

△ 어간(모음/ㄹ)+시옵서 [-시옵소서]

· 무신거엥 굴아도 좀좀ㅎ<u>시옵</u>서.
(무엇이라고 말하여도 잠잠하<u>시옵소서</u>.)
· 하늘에 비<u>시옵</u>서.
(하늘에 비<u>시옵소서</u>.)

△ 어간(모음/ㄹ)+시옵소서 [-시옵소서]

· 매양 조심ㅎ<u>시옵소서</u>.
(매양 조심하<u>시옵소서</u>.)
· 그놈이랑 못 존디게 구<u>시옵소서</u>.
(그놈은 못견디게 구<u>시옵소서</u>.)

(4) -ᄌ옵서 [-자옵소서]

이들 존대형의 '홉서체' 명령형종결어미는 극존대형의 선어말어미 '-ᄌ오(자오)-'에 어말어미 '-ㅂ서(ㅂ십시오)'가 결합된 현대국어의 예스러운 '-자옵소서'에 해당한다. 그 쓰임의 조건은 지체가 높거나 윗분한테 어떻게 할 것을 공손하게 말할 때 주로 동사의 'ㄷ' 받침 어간 다음에 놓인다. 하지만 그 사용이 극히 한정적이어서 '받다'의 어간 '받'에 유효하다. 그 끝에 강세첨사가 '게/겐'·'양'이 붙으면 요구의 뜻을 더하는 '네'가 덧붙은 효과가 있다.

　　　　△ 동사어간(받다)+ᄌ옵서 [-자옵소서]
　　　　　· 그건 존 약이메 몸눙 받ᄌ옵서.
　　　　　　(그것은 좋은 약이니까 마음놓고 받자옵소서.)
　　　　　· 그 음식이랑 받ᄌ옵서.
　　　　　　(그 음식이랑 받자옵소서.)

　　　　△ 동사어간(받다)+ᄌ옵서+게/겐/양 [-자옵소서네]
　　　　　· 이 선사랑 받ᄌ옵서게(겐).
　　　　　　(이 선물이랑 받자옵소서네.)
　　　　　· 어렵게 구흔 거난 반밥게 받ᄌ옵서양.
　　　　　　(어렵세 구한 것이니 반갑게 받자옵소서네.)

또 위 '-ᄌ옵서'의 변형인 '-줍서'도 있는데, 이것 역시 동사 '받다'의 어간 '받' 다음에 놓여서 윗분한테 공손히 말할 때 쓰이는 현대국어의 예스러운 '-자옵소서'가 된다. 끝에는 강세첨사 '게/겐'·'양'이 붙으면 요구의 뜻을 더하는 '네'가 덧붙은 효과가 있다.

　　　　△ 동사어간(받다)+줍서 [-자옵소서]
　　　　　· 이것만이라도 받줍서.

(이것만이라도 받자옵소서.)
· 그 술잔 받줍서.
(그 술잔 받자옵소서.)

△ 동사어간(받다)+줍서+게/겐/양 [-자옵소서네]
· 나가 안네는 것도 받줍서게(겐).
(제가 드리는 것도 받자옵소서네.)
· 주걸랑 고맙뎅 ᄒ멍 받줍서양.)
(주거든 고맙다고 하면서 받자옵소서네.)

(5) -심/-순 [-게]

이 반존대의 명령형종결어미는 평서형·의문형에서도 보았듯이, 윗사람한테는 안 쓰고 동년배나 아랫사람에게 점잖게 예우해서 대할 때 쓰이는 현대국어의 종결어미 '-게'에 해당한다. 그 쓰이는 조건은 아래 ❶ ❷와 같다.

❶ 어간+심/순 [-게]

이 형태를 취할 때의 '-심/-순'은 모음으로 끝나거나 ㄹ받침 용언의 어간에 붙고, 'ㄹ' 이외의 자음받침 어간에는 조모음 '으'가 삽입된 '-으심/-으순'이 놓여서 현대국어의 '-으시게'가 되기도 하지만, 실제 말할 때는 조모음 '으'가 거의 생략돼서 현대국어의 '-게'에 해당하는 구실을 한다. 끝에 강세첨사 '게/겐'·'이'가 붙으면 친절의 뜻을 더해주는 명령형종결어미 '-게나'가 덧붙은 효과가 있다.

△ 어간(모음/ㄹ)+심/순 [-게]
· 멩심ᄒ영 가심.
(명심해서 가게.)

· 나 엇어도 ᄌ미나게 놀<u>순</u>.
(내가 없어도 재미있게 놀<u>게</u>.)

△ 어간(모음/ㄹ)+심/순+게/겐/이 [-게나]
· 그 사름광은 잘 사귀심게(겐)/순게(겐).
(그 사람과는 잘 사귀<u>게나</u>.)
· 일 가그네 품삭이라도 벌심<u>이</u>/순<u>이</u>.
(일 가서 품삯이라도 벌<u>게나</u>.)

△ 어간(모음/ㄹ제외)+으심/으순 [-게]
· 다린 ᄆ 놩 뻗<u>으심</u>=뻗<u>심</u>.
(다리는 맘 놓고 뻗<u>게</u>.)
· 아무거나 물<u>으순</u>=문<u>순</u>.
(아무거나 물<u>게</u>.)

△ 어간(모음/ㄹ제외)+으심/으순+게/겐/이 [-게나]
· 체멘 말앙 먹<u>으심</u>(순)게(겐)=먹<u>심</u>(순)게(겐).
(체면 말고 먹<u>게나</u>.)
· 족주만 받<u>으심</u>(순)<u>이</u>=받<u>심</u>(순)<u>이</u>.
(적지만 받<u>게나</u>.)

❷ **어간+사동형접미사+심/순 [-이/-기/-리/-히/-구/-우/-추게]**

이 형태를 취할 때의 '-심/-순'은 사동형접미사 '-이/-기/-리/-히/-구/-우/-추' 다음에 붙어서 '-이시게/-기시게/-리시게/-히시게/-구시게/-우시게/-추시게'의 '-게'가 된다. 또 그 끝에 강세첨사 '게/겐'·'양'이 놓일 경우는 위 ❶과 같다.

△ 어간+이(사접)+심/순 [-이게]

· 언 손 좀 녹이심.

  (언 손을 좀 녹이게.)

· 소릴 족게 줄이순.

  (소리를 작게 줄이게.)

△ 어간+이(사접)+심/순+게/겐/이 [-이게나]

· 그런 건 나안티 보이심(순)게(겐).

  (그런 것은 나한테 보이게나.)

· 어떵 흐는고 속 썩이순(심)이.

  (어떻게 하는가 속 썩이게나.)

△ 어간+기(사접)+심/순 [-기게]

· 밥 먹당 냉기심.

  (밥 먹다가 남기게.)

· 돈이랑 잘 곱지순.

  (돈이랑 잘 숨기게.)

△ 어간+기(사접)+심/순+게/겐/이 [-기게나]

· 피 부튼 옷부떠 벗기심(순)게(겐).

  (피 붙은 옷부터 벗기게나.)

· 머리 우로라도 냉기순(심)이.

  (머리 위로라도 넘기게나.)

△ 어간+리(사접)+심/순 [-리게]

· 놈/늠도 보게 이레 돌리심.

  (남도 보게 이리 돌리게.)

· 쫄르거랑 질게 늘리순.

  (짧거든 길게 늘리게.)

△ 어간+리(사접)+심/순+게/겐/이 [-리게나]
· 우는 애기 젯을 물리<u>심</u>(순)<u>게</u>(겐).
　(우는 아기 젖을 물리<u>게나</u>.)
· 가이랑 일시키지 말앙 놀리<u>순</u>(심)<u>이</u>.
　(그 아이랑 일시키지 말아서 노리<u>게나</u>.)

△ 어간+히(사접)+심/순 [-히게]
· 어두운 된 불을 쌍 붉히<u>심</u>.
　(어두운 데는 불을 켜고 밝히<u>게</u>.)
· 묵은 것추룩 흑을 묻히<u>순</u>.
　(묵은 것처럼 흙을 묻히<u>게</u>.)

△ 어간+히(사접)+심/순+게/겐/이 [-히게나]
· 뒤로랑 더 넙히<u>심</u>(순)<u>게</u>(겐).
　(뒤로는 더 넓히<u>게나</u>.)
· 불 더 붉게 붉히<u>순</u>(심)<u>이</u>.
　(불 더 밝게 밝히<u>게나</u>.)

△ 어간+구(사접)+심/순 [-구게]
· 술 도수를 더 돋구<u>심</u>.
　(술 도수를 더 돋구<u>게</u>.)
· 지피 박은 걸 우로 좀 솟구<u>순</u>.
　(깊이 박은 것을 위로 좀 솟구<u>게</u>.)

△ 어간+구(사접)+심/순+게/겐/이 [-구게나]
· ᄒᆞ쑬만 더 우트레 솟구<u>심</u>(순)<u>게</u>(겐).
　(조금만 더 위로 솟구<u>게나</u>.)
· 밋을 받청 돋<u>구순</u>(심)<u>이</u>.
　(밑을 받쳐서 돋구<u>게나</u>.)

△ 어간+우(사접)+심/순 [-우게]
- 이젠 ᄆᆞ음을 비우심.
  (이젠 마음을 비우게.)
- 베갤 훗쏠만 돋우순.
  (베개를 조금만 돋우게.)

△ 어간+우(사접)+심/순+게/겐/이 [-우게나]
- 화리엔 불을 피우심(순)게(겐).
  (화로에 불을 피우게나.)
- 그놈안티랑 짐을 잔뜩 지우순(심)이.
  (그놈한태랑 짐을 잔뜩 지우게나.)

△ 어간+추(사접)+심/순 [-추게]
- 관청이 낼 문셀 곷추심.
  (관청에 낼 문서를 갖추게.)
- 국물 엇게 ᄇᆞ짝 줏추순.
  (국물 없게 바짝 잦추게.)

△ 어간+추(사접)+심/순+게/겐/이 [-추게나]
- 잔치택일 ᄒᆞᆫ 둘만 늦추심(순)게(겐).
  (잔치택일 한 달만 늦추게나.)
- 장으로 ᄀᆞᆫ을 맞추순(심)이.
  (장으로 간을 맞추게나.)

또 사동형접미사 '-기/-히'에 해당하는 '-지' 다음에 붙어서 현대국어의
'-기게/-히게'가 된다. -이/-기/-리/-히'가 붙어서 된 피동사의 어간 다
음에 붙는 용례는 생략한다.

△ 어간(사접)+지+심/순 [-기게]
- 더 크게 웃지심.

(더 크게 웃기게.)
· 주맹기 소곱더레 잘 곱지순.
(주머니 속에다 잘 숨기게.)

△ 어간(사접)+지+심/순+게/겐/이 [-기게나]
· 애기 머리 잘 곱지심(순)게(겐).
(아기 머리 잘 감기게나.)
· 머리도 곱게 빗지순(심)이.
(머리도 곱게 빗기게나.)

△ 어간(사접)+지+심/순 [-히게]
· 그디 꿀려 앚지심.
(거기 꿀려 앉히게.)
· 홋쏠만 더 좁지심.
(조금만 더 좁히게.)

△ 어간(사접)+지+심/순+게/겐/이 [-히게나]
· 그 아이랑 누게신디 업지순(심)게(겐).
(그 아이랑 누구한테 업히게나.)
· 이디 여(예)점 눅지순(심)이.
(여기 임시 눕히게나.)

[말라체]

　이 '말라체'는 'ᄒ라체'와 상대적인 것으로서, 말을 끝맺을 때 상대를 낮춰서 무엇을 못하도록 명령하는 말하기의 형태이다. 즉 무엇을 하지 말도록 금하거나 부정하려고 할 때, 아랫사람에게 하는 현대국어의 '말라(마라)/말거라'와 같은 비존대형의 구술형태가 그것이다.

(1) -라 [-라]

이 비존대형의 '말라체' 명령형종결어미는 금지·부정의 뜻을 나타낼 때 쓰인다. 그 쓰이는 조건은 연결어미 '-지/-지랑/-지도…' 따위 다음에 놓이는 보조동사 '말다'의 어간 '말'에 붙어서 현대국어의 '-지 마라/-지는 마라/-지도 마라'의 '-라'가 그것이다. 끝에는 강세첨사 '게/겐'·'이'가 붙으면 금지의 뜻을 더해주는 '야'가 덧붙은 효과가 있다.

　△ 동사어간+지/지랑/지도+말(말다)+라 [마라]
　・늘랑 거기서 살지 말라.
　（너랑 거기서 살지 마라.）
　・실엇이 웃지랑 말라.
　（실없이 웃지는 마라.）
　・그 말랑 긷지도 말라.）
　（그 말랑 하지도 마라.）

　△ 동사어간+지/지랑/지도+말(말다)+라+게/겐/이 [마라야]
　・무서와도 돌아나지 말라게(겐).
　（무서워도 도망가지 마라야.）
　쥐도 마트지 말라이.
　（줘도 맡으지 마라야.）
　・그놈광은 ㄱ찌 놀지랑 말라게(겐).
　（그놈과는 같이 놀지는 마라야.）
　ㅇ경 놀아도 일러불지랑 말라이.
　（가져서 놀아도 잃어버리지는 마라야.）
　・그 ㅈ깃디 가지도 말라게(겐).
　（그 곁에 가지도 마라야.）
　놈이 건 ㅁ직지도 말라이.
　（남의 것은 만지지도 마라야.）

(2) -라/-라 [-아라/-어라]

이들 '말라체' 비존대형의 명령형종결어미는 아래 예시한 ❶❷와 같이 그 쓰이는 조건이 주로 '말다'의 어간 '말'에 붙거나 사동형접미사 다음에 붙어서 '-아라'·'-어라'가 된다.

❶ 어간+지/지도+말(말다)+라 [말아라]

이 형태를 취할 때의 '-라'는 동사의 양성모음 어간 다음에 놓이는 명령형어미이다. 그 쓰이는 조건은 금지·부정의 뜻을 나타낼 때 쓰이는 연결어미 '-지/-지도…' 따위 다음에 놓이는 보조동사 '말다'의 어간 '말'에 붙어서 현대국어의 '-지 말아라/-지도 말아라'의 '-아라'가 된다. 그 끝에 강세첨사 '게/겐'·'이'가 붙으면 금지의 뜻을 더해주는 '야'가 덧붙은 효과가 있다.

△ 동사어간+지/지도+말(말다)+라 [말아라]
· 물퀘기 슒는 듸랑 가지 말라.
  (말고기 삶는 데랑 가지 말아라.)
· 질이 아니 건 건지도 말라.)
  (길이 아니 거든 건지도 말아라.)

△ 동사어간+지/지도+말(말다)+라+게/겐/이 [말아라야]
· 놈이위뒌 땐 문지방에 앚지 말라게(겐).
  (임신된 때는 문지방에 앉지 말아라야.)
  젊은 게와시 막보지 말라이.
  (젊은 거지 막보지 말아라야.)
· 올르지도 못홀 낭 쳐다보지도 말라게(겐).
  (오르지도 못할 나무 쳐다보지도 말아라야.)
  배염 뜨려난 막댕인 거찌지도 말라이.
  (뱀 때렸던 막대기는 건드리지도 말아라야.)

❷ 부정동사어간+게+말리(말리다)+라 [말리어라]

이 형태를 취할 때의 '–라'는 동사의 음성모음 어간에 붙는 명령형종결어미이다. 그 쓰이는 조건은 부정을 나타내는 보조동사 '못ᄒ다/안ᄒ다'에 붙는 연결어미 '–지/–지도…' 다음에 놓이는 '말리다'의 어간 '말리'에 붙어서 현대국어의 '–게 말리어라'의 '–어라'가 된다.

　△ 못ᄒ/안ᄒ(못ᄒ다/안ᄒ다)+게+말리(말리다)+라 [말리어라]
　　・아무 것도 먹지 못ᄒ게 말리어라.
　　　(아무 것도 먹지 못하게 말리어라)
　　・농약 먹지 안ᄒ게 말리어라.
　　　(농약 먹지 안하게 말리어라.)

　△ 못ᄒ/안ᄒ(못ᄒ다/안ᄒ다)+게+말리(말리다)+라+게/겐/이 [말리어라야]
　　・제발 가지 못ᄒ게 말리어라게(겐).
　　　(제발 가지 못하게 말리어라야.)
　　　홍정이랑 부쳐도 쌈움이랑 못ᄒ게 말리어라이.
　　　(홍정이랑 붙여도 싸움이랑 못하게 말리어라야.)
　　・ᄒ켄만 ᄒ염시메 안ᄒ게 말리어라게(겐).
　　　(하겠다고만 하고 있으니 안하게 말리어라야.)
　　　놈 미운짓덜 안ᄒ게 말리어라이.)
　　　(남 미운짓들 안하게 말리어라야.)

(3) –으라 [–아라]

이 비존대형의 '말라체' 명령형종결어미는 현대국어의 '–아라'에 해당하는 어말어미이다. 그 쓰이는 조건은 금지나 부정을 나타내는 보조동

사 '못ᄒ다'·'안ᄒ다'의 어간 '못ᄒ'·'안ᄒ'에 붙은 연결어미 '-게' 다음에
오는 '막다'의 어간 '막'에 붙어서 현대국어의 '못하게 막아라'·'안하게 막
아라'의 '-아라'가 된다. 끝에 강세첨사 '게/겐'·'이'가 붙으면 금지의 뜻을
더해주는 '야'가 덧붙은 효과가 있다.

　　△ 못ᄒ(<u>못ᄒ다</u>)+게+막(<u>막다</u>)+으라+게/겐/이 [막<u>아라</u>/아라<u>야</u>]
　　　· 그 말 대답ᄒ지 못ᄒ게 막<u>으라</u>.
　　　　(그 말 대답하지 못하게 막<u>아라</u>.)
　　　· 저놈 둘아나지 못ᄒ게 막<u>으라게(겐)</u>.
　　　　(저놈 달아나지 못하게 막<u>아라야</u>.)
　　　· 종이 춫지 못ᄒ게 막<u>으라이</u>.
　　　　(종이 찢지 못하게 막<u>아라야</u>.)

　　△ 안ᄒ(<u>안ᄒ다</u>)+게+막(<u>막다</u>)+으라+게/겐/이 [막<u>아라</u>/아라<u>야</u>]
　　　· 쥉이 드나들지 안ᄒ게 막<u>으라</u>.
　　　　(쥐가 드나들지 안하게 막<u>아라</u>.)
　　　· 쓸데기엇은 말 안ᄒ게 막<u>으라게(겐)</u>.
　　　　(쓸데없는 말 안하게 막<u>아라야</u>.)
　　　· 아무 듸도 가지 안ᄒ게 막<u>으라이</u>.
　　　　(아무 데도 가지 안하게 막<u>아라야</u>.)

(4) -거라 [-거라]

　　이 비존대형의 '말자체' 명령형종결어미는 어미 '-아라/-어라'가
변형된 것이다. 그 쓰이는 조건은 아래 ❶❷와 같다.

❶ 어간+지/지도+말(<u>말다</u>)+거라 [<u>말거라</u>]

　　이 형태를 취할 때의 '-거라'는 동사의 어간에 붙는 금지·부정을
나타내는 연결어미 '-지/-지도…' 다음의 보조동사 '말다'의 어간 '말'에

붙어서 현대국어의 '-지/-지도 말거라'의 '-거라'와 같다. 끝에 강세첨사 '게/겐'·'이'가 붙으면 그 뜻을 덧나게 하는 '야'가 덧붙은 효과가 있다.

　△ 동사어간+지/지도+말(말다)+거라 [말거라]
　・뒤랑 돌아보지 말거라.
　　(뒤는 돌아보지 말거라.)
　・그런 생각은 ᄒᆞ지도 말거라.
　　(그런 생각은 하지도 말거라.)

　△ 어간+지/지도+말(말다)+거라+게/겐/이 [말거라야]
　・못 오게시리 막지 말거라게(겐).
　　(못 오게끔 막지 말거라야.)
　　가이 말랑 믿지 말거라이.
　　(그 아이 말랑 믿지 말거라야.)
　・인정머리 엇은 놈 도와주지도 말거라게(겐).
　　(인정 없는 놈 도와주지도 말거라야.)
　　주지도 받지도 말거라이.
　　(주지도 받지도 말거라야.)

❷ **부정동사어간+동사+게+막(막다)+거라 [막거라]**

　　이 형태를 취할 때의 '-거라'는 동사의 어간에 붙는 금지·부정의 뜻을 나타내는 보조동사에 붙는다. 즉, '안ᄒᆞ다'·'못ᄒᆞ다'의 어간 '못ᄒᆞ'·'안ᄒᆞ'에 붙는 연결어미 '-게' 다음에 놓인 '막다'의 어간 '막'에 붙어서 현대국어의 '못하게 막거라'·'안하게 막거라'의 '-거라'가 된다. 끝에 강세첨사 '게/겐'·'이'가 붙으면 금지의 뜻을 더해주는 '야'가 덧붙은 효과가 있다.

　△ 못ᄒᆞ(못ᄒᆞ다)+게+막(막다)+거라+게/겐/이 [막거라/거라야]
　・체암부떠 못ᄒᆞ게 막거라.

(처음부터 못하게 막거라.)
· 집에 물 새지 못ᄒ게 막<u>거라게(겐)</u>.
(집에 물 새지 못하게 막거라야.)
· 손검은짓 못ᄒ게 막<u>거라이</u>.)
(도둑질 못하게 막거라야.)

△ 안ᄒ(안ᄒ다)+게+막(막다)+거라+게/겐/이 [<u>막거라/거라야</u>]
· 너미 뽐내지 안ᄒ게 막<u>거라</u>.
(너무 멋내지 안하게 막거라.)
· 실엇이 웃지 안ᄒ게 막<u>거라게(겐)</u>.
(실없이 웃지 안하게 막거라야.)
· 나강 늡다 댕기지 안ᄒ게 막<u>거라이</u>.
(나가서 날뛰어 다니지 안하게 막아라야.)

[맙서체]

이 '맙서체'는 '흡서체'와 상대적인 것으로, 무엇을 못하도록 상대방을 높여서 하는 명령형의 말하기 형태이다. 즉 말을 끝맺을 때 무엇을 하지 말도록 금하거나 부정하려고 할 때 반말이 아닌, 존대형으로 하는 명령형이다. 또 여기에는 주로 여성들이 그들 동년배나 아랫사람에게 점잖게 예우해서 대할 때 쓰는 반존대의 '-심/-순'도 쓰인다.

(1) -ㅂ서 [-십시오]

이 존대형의 '맙서체' 명령형종결어미는 금지·부정의 뜻을 드러내는 연결어미 '-지/-지도…'와 '-도록'에 해당하는 '-게/-게시리(게/게끔)' 다음에 연결되는 보조동사 '말다'의 어간 '말' 다음에 놓여서 현대국어의 '-지/-지도 마십시오'·'-게/-게끔 마십시오'의 '-십시오'에 해당한다. 끝에는 강세첨사 '게/겐'·'양' 중 어느 하나가 붙으면 요구의 뜻이 담긴

'네'가, 둘이 겹친 '게/겐+양'의 형태를 취하면 어세가 더 강해져서 '네게'가 덧붙은 효과가 있다.

    △ 동사어간+지/지도+말(말다)+ㅂ서 [마십시오]
- 너미 일만 부리지 맙(마ㅂ)서.
  (너무 일만 부리지 마십시오.)
- 받지도 말곡 주지도 맙(마ㅂ)서.
  (받지도 말고 주지도 마십시오.)

    △ 동사어간+지/지도+말(말다)+ㅂ서+게/겐 [마십시오네]
- 너미 욕심 부리지 맙(마ㅂ)서게(겐).
  (너무 욕심 부리지 마십시오네.)
- 날랑 거찌지도 맙(마ㅂ)서게(겐).
  (날랑 건드리지도 마십시오네.)

    △ 동사어간+지/지도+말(말다)+ㅂ서+양 [마십시오네]
- 그런 말은 듣지 맙(마ㅂ)서양.
  (그런 말은 듣지도 마십시오네.)
- 그 앞으로 걸어가지도 맙(마ㅂ)서양.
  (그 앞으로 걸어가지도 마십시오네.)

    △ 동사어간+지/지도+말(말다)+ㅂ서+게/겐+양 [마십시오네게]
- 아무도 불르지 맙(마ㅂ)서게(겐)양.
  (아무도 부르지 마십시오네게.)
- 나영이랑 말ᄒ지도 맙(마ㅂ)서게(겐)양.
  (나하고는 말하지도 마십시오네게.)

    △ 어간+게/게시리+말(말다)+ㅂ서 [마십시오]
- 기겡이에 손대게 맙(마ㅂ)서.
  (기계에 손대게 마십시오.)

· 눈치 달르게시리 맙(마ㅂ)서.)
  (눈치 다르게끔 마십시오.)

△ 어간+게/게시리+말(말다)+ㅂ서+게/겐 [마십시오네]
· 옷소매 너미 질게 맙(마ㅂ)서게(겐).
  (옷소매 너무 길게 마십시오네.)
· 먹단 거 냉기게시리 맙(마ㅂ)서게(겐).
  (먹던 거 남기게끔 마십시오네.)

△ 어간+게/게시리+말(말다)+ㅂ서+양 [마십시오네]
· 자네 집이랑 강 자게 맙(마ㅂ)서양.
  (쟤네 집이 가서 자게 마십시오네.)
· 야이신딘 돈 흔 푼도 주게시리 맙(마ㅂ)서양.
  (얘한테는 돈 한 푼도 주게끔 마십시오네.)

△ 어간+게/게시리+말(말다)+ㅂ서+게/겐+양 [마십시오네게]
· 애기 하영 나게 맙(마ㅂ)서게(겐)양.
  (아기 많이 나게 마십시오네게.)
· 구둘 지접게시리 맙(마ㅂ)서게(겐)양.
  (방 뜨겁게끔 마십시오네게.)

(2) -십서 [-십시오]

이 존대형의 '맙서체' 명령형종결어미는 무엇을 하지 못하도록 하는 '말다'의 어간 '말'에 붙어서 현대국어의 '마십시오'의 '-십시오'에 해당한다. 그 쓰이는 조건은 아래 ❶❷❸과 같다.

❶ 어간+지/지도+말(말다)+십서 [-마십시오]

이 형태를 취할 때의 '-십서'는 금지·부정의 뜻을 드러내는 연결어미 '-지/-지도…' 다음에 연결되는 보조동사 '말다'의 어간 '말' 다음에 놓여서 현대국어의 '-지/-지도 마십시오'의 '-십시오'가 된다. 또 끝에 강세첨사 '게/겐'·'양'이 붙으면 요구의 뜻이 담긴 '네'가 덧붙은 효과가 있다.

　△ 동사어간+지/지도+말(말다)+십서 [마십시오]
　　· 노름 돈은 뒤대지 말<u>십서</u>.
　　　(노름 돈은 뒤대지 마<u>십시오</u>.)
　　· 헌 배랑 타지도 말<u>십서</u>.
　　　(헌 배는 타지도 마<u>십시오</u>.)

　△ 동사어간+지/지도+말(말다)+십서+게/겐 [마십시오네]
　　· 나 걱정이랑 ᄒ지 말<u>십서게</u>(겐).
　　　(나 걱정이랑 하지 마<u>십시오네</u>.)
　　· 벌러지기 쉬우난 건디리지도 말<u>십서게</u>(겐).
　　　(깨지기 쉬우니까 건드리지도 마<u>십시오네</u>.)

　△ 동사어간+지/지도+말(말다)+십서+양 [마십시오네]
　　· 너미 쎄게 둥기지 말<u>십서양</u>.
　　　(너무 세게 당기지 마<u>십시오네</u>.)
　　· 아이영은 말하지도 말<u>십서양</u>.
　　　(애하고는 말하지도 마<u>십시오네</u>.)

❷ 어간+지/지도+말(말다)+암+십서 [말고 있<u>으십시오</u>]

이 형태를 취할 때의 '-십서'는 위 ❶과 같은 조건인 금지·부정을 나타내는 '말다'의 어간 '말' 다음에 진행상을 나타내는 선어말어미 '-암(고 있)-' 다음에 붙어서 현대국어의 '말고 있으십시오'의 '-으십시오'가 된다. 또 끝에 강세첨사 '게/겐'·'양'이 붙으면 요구의 뜻이 담긴 '네'가 덧붙은 효과가 있다.

△ 동사어간+지/지도+말(말다)+암+십서 [말고 있으십시오]

· 그 말랑 도시리지 말암십서.
(그 말랑 말하지 말고 있으십시오.)
· 어중간흔 일랑 ᄒ지도 말암십서.
(어중간한 일랑 하지도 말고 있으십시오.)

△ 동사어간+지/지도+말(말다)+암+십서+게/겐 [말고 있으십시오네]

· 너미 추끼지 말암십서게(겐).
(너무 부추기지 말고 있으십시오네.)
· 영수징은 벨일이 셔도 엇이어불지 말암십서게(겐).
(영수증은 별일이 있어도 없애어버리지 말고 있으십시오네.)

△ 동사어간+지/지도+말(말다)+암+십서+양 [말고 있으십시오네]

· 못 쓴뎅 데껴불진 말암십서양.
(못 쓴다고 던져버리지는 말고 있으십시오네.)
· 숭날 건 받지도 쓰지도 말암십서양.
(흉잡힐 것은 받지도 쓰지도 말고 있으십시오네.)

또 과거시제 선어말어미 '-앗(았)-' 다음인 경우는 위의 '-암(고 있)-'과 같은 조건으로, 금지·부정을 나타내는 '말다'의 어간 '말' 다음에 '-입서'가 붙어서 현대국어의 '말아서 있으십시오'의 '-으십시오'가 된다.

△ 동사어간+지/지도+말(말다)+앗+입서 [말아서 있으십시오]

· 나가 보기 전인 짐 풀어보지 말앗입서.
(저가 보가 전에는 풀어보지 말아서 있으십시오.)
· 무신 트집을 잡을디 몰르난 손대지도 말앗입서.
(무슨 트집을 잡을지 모르니 손대지도 말아서 있으십시오.)

△ 동사어간+지/지도+말(말다)+앗+입서+게/겐 [고 있으십시오네]

· 동네에 반 느누지 말앗입서게(겐).
(동네에 반기 나누지 말고 계십시오네.)
· 더랑 사지도 풀지도 말앗입서게(겐).
(더는 사지도 팔지도 말아서 있으십시오네.)

△ 동사어간+지/지도+말(말다)+앗+입서+양 [말아서 있으십시오네]

· 너미 속 태우지 말앗입서양.
(너무 속 태우지랑 말고 있으십시오네.)
· 눅졍 안지지도 세우지도 말앗입서양.)
(눕혀서 앉히지도 세우지도 말고있으십시오네.)

(3) −읍서 [−으십시오]

이 존대형의 '맙서체' 명령형종결어미는 현대국어의 '−으십시오'에 해당하는 어말어미이다. 그 쓰이는 조건은 금지나 부정을 나타내는 보조동사 '못ᄒ다'·'안ᄒ다'의 어간 '못ᄒ'·'안ᄒ'에 붙은 연결어미 '−게' 다음에 오는 '막다'의 어간 '막'에 붙어서 현대국어의 '못하게 막으십시오'·'안하게 막으십시오'의 '−으십시오'가 그것이다. 끝에 강세첨사 '게/겐'·'양'이 붙으면 금지의 뜻을 더해주는 '네'가 덧붙은 효과가 있다.

△ 못ᄒ(못ᄒ다)+게+막(막다)+읍서 [막으십시오]

· 가문 덜럽히지 못ᄒ게 막읍서
(가문 더럽히지 못하게 막으십시오.)
· 눈빙 돌지 못ᄒ게 막읍서.
(눈병 돌지 못하게 막으십시오.)

△ 못ᄒ(못ᄒ다)+게+막(막다)+읍서+게/겐/양 [막으십시오네]
· 돈 허피 쓰지 못ᄒ게 막읍서게(겐).
(돈 헤프게 쓰지 못하게 막으십시오네.)
· ᄆ쉬 곡숙밧듸 들지 못ᄒ게 막읍서양.
(우마 곡식밭에 들지 못하게 막으십시오네.)

△ 안ᄒ(안ᄒ다)+게+막(막다)+읍서 [막으십시오]
· 또신 발투족 안ᄒ게 막읍서.
(다시는 발들여놓지 안하게 막으십시오.)
· 어룬신디 대들지 안ᄒ게 막읍서.
(어른한테 대들지 안하게 막으십시오네.)

△ 안ᄒ(안ᄒ다)+게+막(막다)+읍서+게/겐/양 [막으십시오네]
· 귀에 물 들지 안ᄒ게 막읍서게(겐).
(귀에 물이 들지 안하게 막으십시오네.)
· 각씨영 갈라사지 안ᄒ게 막읍서양.
(아내하고 갈라서지 안하게 막으십시오네.)

(4) -소서 · -옵서 [-소서 · -옵소서]

이들 존대형의 '맙서체' 명령형종결어미 '-소서'와 '-옵서'는 동사의 어간에 붙어서 상대를 아주 높여 말할 때 쓰이는 예스러운 말로서, 식자층이나 관료들 간에 주로 쓰였다. 그 쓰이는 조건은 '말다'의 어간 '말' 앞의 어간에 붙는 연결어미 '-지/-지도' · '-게/-게시(게끔)' 다음에 놓여서 '-지/지도 마소서/옵서' · '-게/게시리 마소서/옵서'의 '-소서' · '-옵서(옵소서)'가 된다.

△ 어간+지/지도/게/게시리+말(말다)+소서 [-마소서]
· 멀리랑 나가지/가지도 말소서.

(멀리는 나가지/가지도 마<u>소서</u>.)
· 가이신딘 듣게/듣게시리 말<u>소서</u>.
(개한테는 듣게/듣게끔 마<u>소서</u>.)

△ 어간+지/지도/게/게시리+말(말다)+옵서 [-마<u>옵소서</u>]
· 빙이 낫을 때끼장 오지/오지도 마<u>옵서</u>.
(병이 나을 때까지 오지/오지도 마<u>옵소서</u>.)
· 헛개 나는 집이난 살게/살게시리 마<u>옵서</u>.
(헛것 나는 집이니 살게/살게끔 마<u>옵소서</u>.)

또 '-옵서'인 경우, '-옵소서'·'-시옵서'·'-시옵소서'를 위와 같은 조
건으로 쓰기도 한다.

△ 어간+지/지도/게/게/시리+말(말다)+옵소서 [-마<u>옵소서</u>]
· 소문내지/소문내지도 마<u>옵소서</u>.
(소문내지/소문내지도 마<u>옵소서</u>.)
· 너미 화나게/화게시리 마<u>옵소서</u>.
(너무 화나게/화나게끔 마<u>옵소서</u>.)

△ 어간+지/지도/게/게시리+말(말다)+시옵서 [-마<u>시옵소서</u>]
· 나 일름은 죽지/죽지도 말<u>시옵서</u>.
(제 이름은 적지/적지도 마<u>시옵소서</u>.)
· 그 말랑 믿게/믿게시리 말<u>시옵서</u>.
(그 말은 믿게/믿게끔 마<u>시옵소서</u>.)

△ 어간+지/지도/게/게시리+말(말다)+시옵소서 [-마<u>시옵소서</u>]
· 제발 오지/오지도 말<u>시옵소서</u>.
(제발 오지/오지도 마<u>시옵소서</u>.)
· 책은 칮게/칮게시리 말<u>시옵소서</u>.
(책은 찢게/찢게끔 마<u>시옵소서</u>.)

(5) -심/-순 [-게]

이들 반존대형(半尊待形)의 '맙서체' 명령형종결어미는 윗사람이 그 동년배나 아랫사람에게 점잖게 예우해서 말할 때 쓰는 어말어미이다. 그 쓰이는 조건은 아래 ❶❷와 같다.

❶ 어간+지/지도+말(말다)+심/순 [말게나]

이 형태를 취할 때의 '-심/-순'은 금지·부정을 나타내는 연결어미 '-지/-지도…'에 연결되는 보조동사 '말다'의 어간 '말' 다음에 놓여서 현대국어의 '-지/-지도 말게나'의 '-게나'가 된다. 또 끝에 강세첨사 '게/겐'·'이'이 붙으면 친절을 나타내는 '게'가 덧붙은 '-게나게'가 된다.

△ 동사어간+지/지도+말(말다)+심/순 [말게나]
·지 생각대로만 ᄒ지 말심.
 (제 생각대로만 하지 말게나.)
·그런 말은 듣지도 말순.
 (그런 말은 듣지도 말게나.)

△ 동사어간+지/지도+말(말다)+심/순+게/겐 [말게나게]
·늣이랑 붉히지 말심게(겐).
 (거기는 앉히지 말게나게.)
·나 윱이 앚지지도 말순게(겐).
 (나 옆에 앉히지도 말게나게.)

△ 동사어간+지/지도+말(말다)+심/순+이 [말게나게]
·질에 털어진 건 봉그지도 말심이.
 (길에 떨어진 것은 줍지도 말게나게.)
·잘난 첵ᄒ지도 말순이.
 (잘난 채하지나 말게나게.)

❷ **부정동사어간+게+막(막다)+심/순 [막게나]**

이 형태를 취할 때의 '–심/–순'은 금지나 부정을 나타내는 보조동
사 '못ᄒ다(못하다)'·'안ᄒ다(안하다)'의 어간 '못ᄒ'·'안ᄒ'에 붙은 연결어
미 '–게' 다음에 오는 '막다'의 어간 '막'에 붙어서 현대국어의 '못하게 막게
나'·'안하게 막게나'의 '–게나'가 된다. 또 끝에 강세첨사 '게/겐'·'이'이
붙으면 친절을 나타내는 '게'가 덧붙은 '–게나게'가 된다.

 △ 못ᄒ/안ᄒ(못ᄒ다/안ᄒ다)+게+막(막다)+심/순 [막게나]
 ・그 집이 살지 못ᄒ게/안ᄒ게 막심.
 (그 집에 살지 못하게/안하게 막게나.)
 ・영장 나가는 거 보지 못ᄒ게/안ᄒ게 막순.
 (영장 나가는 것 보지 못하게/안하게 막게나.)

 △ 못ᄒ/안ᄒ(못ᄒ다/안ᄒ다)+게+막(막다)+심/순+게/겐 [막게
 나게]
 ・들러가지 못ᄒ게/안ᄒ게 막심게(겐).
 (훔쳐가지 못하게/안하게 막게나게.)
 ・고약 부친 거 떼지 못ᄒ게/안ᄒ게 막순게(겐).
 (고약 붙인 것 떼지 못하게/안하게 막게나게.)

 △ 못ᄒ/안ᄒ(못ᄒ다/안ᄒ다)+게+막(막다)+심/순+이 [막게나게]
 ・가이 불장난 못ᄒ게/안ᄒ게 막심이.
 (걔 불장난 못하게/안하게 막게나게.)
 ・오늘만 나가지 못ᄒ게/안ᄒ게 막순이.
 (오늘만 나가지 못하게/안하게 막게나게.)

4) 청유형종결어미

청유형종결어미라고 함은 동사의 어간에 붙어 상대방에게 뭣을 하자

고 권해서 청하는 어말어미이다. 그 형태는 명령형종결어미에서와 같이, 긍정과 부정의 두 측면으로 구분된다. 긍정적인 측면은 무엇을 하도록 권유하는 비존대형의 '후주체'와 존대형의 '흡주체'이고, 부정적인 측면은 무엇을 하지 못하도록 권유하는 비존대형의 '말주체'와 존대형의 '맙주체'가 그것이다. 또 여성전용어로 주로 쓰이는 반존대형(半尊待形)의 종결어미 '-심/-순'은 동년배나 나이가 아랫사람을 점잖게 대하여 예우하는 뜻이 담겨져 있으므로, '흡주체'와 '맙주체'로 다뤘다.

[후주체]

이 비존대형의 '후주체' 청유형은 말을 끝맺을 때 상대방에게 무엇을 어떻게 하자고 권해서 청하는 언술형태로 된 것을 총칭한다. 그 형태는 끝맺음이 현대국어 '-자/-지꾸나'에 해당하는 '-자'・'-게'・'-주'・'-주기'가 주축을 이루는데, 주로 동사의 어간과 사동・피동형접미사 다음에 놓인다.

(1) -자 [-자]

이 비존대형의 '후주체' 청유형종결어미는 상대방에게 무엇을 어떻게 하자고 권하는 현대국어의 '-자'와 같다. 그 쓰이는 기본조건은 아래 ❶❷와 같다.

❶ 어간+자 [-자]

이 형태를 취할 때의 '-자'는 주로 동사의 어간과 사동・피동형접미사 '-이/-기/-리/-히/-구/-우/-추/-지' 다음에 놓인다. 또 끝에 강세첨사 '게/겐'・'이'가 붙으면 그 뜻을 덧나게 하는 '야'가 덧붙은 효과가 있다.

△ 동사어간+자+게/겐/이 [−자/자야]

· 우리도 강 듣자.
  (우리도 가서 듣자.)
· 우리랑 더 싯당 밥 먹자게(겐).
  (우리랑 더 있다가 밥 먹자야.)
· 우린 닐부떠 일호자이.
  (우리는 내일부터 일하자야.)

△ 어간+이(사접)+자+게/겐/이 [−이자/자야]

· 우선 쒜부떠 녹이자.
  (우선 소부터 녹이자.)
· 흐쏠만 더 싯당 멕이자게(겐).
  (조금만 더 있다가 먹이자야.)
· 놈덜신디도 보이자이.
  (남들한테도 보이자야.)

△ 어간+기(사접)+자+게/겐/이 [−기자/자야]

· 웃옷부떠 벳기자.
  (윗옷부터 벗기자.)
· 우선 빗이나 벳기자게(겐).
  (우선 빚이나 벗기자야.)
· 다 먹지 말앙 냉기자이.
  (다 먹지 말고 남기자야.)

△ 어간+리(사접)+자+게/겐/이 [−리자/자야]

· 이디서 ᄀ찌 놀리자.
  (여기서 같이 놀리자.)
· 벳디 바싹 몰리자게(겐).
  (볕에 바싹 말리자야.)
· 밧갓디 강 연이나 눌리자이.

(바깥에 가서 연이나 날리<u>자야</u>.)

△ 어간+히(사접)+자+게/겐/이 [-히<u>자/자야</u>]
· 더 크게 넙히<u>자</u>.
(더 크게 넓히<u>자</u>.)
· 저놈 못살게 궤롭히<u>자게</u>(<u>겐</u>).
(저놈 못살게 괴롭히<u>자야</u>.)
· ᄒ솟만 더 좁히<u>자이</u>.
(조금만 더 좁히<u>자야</u>.)

△ 어간+구(사접)+자+게/겐/이 [-구<u>자/자야</u>]
· 우리 돋베기 도수나 더 돋구<u>자</u>.
(우리 돋보기안경의 도수나 더 돋구<u>자</u>.)
· 술 도수를 더 돋구<u>자게</u>(<u>겐</u>).
(술 도수를 더 돋구<u>자야</u>.)
· ᄒ 치만 더 우트레 솟구<u>자이</u>.
(한 치만 더 위로 솟구<u>자야</u>.)

△ 어간+우(사접)+자+게/겐/이 [-우<u>자/자야</u>]
· 화리에 숫불이나 피우<u>자</u>.
(화로에 숯불이나 피우<u>자</u>.)
· 저 사름이랑 차에 태우<u>자게</u>(<u>겐</u>).
(저 사람은 차에 태우<u>자야</u>.)
· 이제랑 ᄆ음을 비우<u>자이</u>.
(이제랑 마음을 비우<u>자야</u>.)

△ 어간+추(사동)+자+게/겐/이 [-추<u>자/자야</u>]
· 셔사 홀 건 다 ᄀ추<u>자</u>.
(있어야 할 것은 다 갖추<u>자</u>.)
· 풍첼 알러레 늦추<u>자게</u>(<u>겐</u>).

(차양을 아래로 낮추자야.)
· 새 옷으로 맞추자이.
(새 옷으로 맞추자야.)

△ 어간+이(피접)+자+게/겐/이 [-이자/자야]
· 그 뜻 고맙게 받아들이자.
(그 뜻 고맙게 받아들이자.)
· 벌침에 쏘이자게(겐).
(벌침에 쏘이자야.)
· 우리랑 가난ᄒ게 보이자이.
(우리랑 가난하게 보이자야.)

△ 어간+기(피접)+자+게/겐/이 [-기자/자야]
· 어멍 품안에 안기자.
(어머니의 품안에 안기자.)
· 더 지픈 물소곱에 줌기자게(겐).
(더 깊은 물속에 잠기자야.)
· 내쪼치건 쮀기자이.
(내쫓거든 쫓기자야.)

△ 어간+리(피접)+자+게/겐/이 [-리자/자야]
· 양 풀에 다 매둘리자.
(양 팔에 다 매달리자.)
· 둗당 걸려도 걸리자게(겐).
(뛰다가 걸려도 걸리자야.)
· 밀어부치거든 밀리자이.
(밀어붙이거는 밀리자야.)

△ 어간+히(피접)+자+게/겐+이 [-히자/자야]
· 죽엉이라도 고양땅에 묻히자.

(죽어서라도 고향땅에 묻히자.)
· 그럴 바인 호랭이안티 잡아멕히자게(젠).
(그럴 바에는 호랑이한테 잡아먹히자야.)
· 역불 피나게 긁히자이.
(일부러 피나게 긁히자야.)

이 밖에 사동형접미사 '-기/-히'와 같은 기능을 가진 '-지' 다음에도 붙
는다. 또 그 끝에 강세첨사 '게/겐'·'이'가 붙어서 그 뜻을 덧나게 하는 '야'
가 덧붙은 효과를 나타낸다.

△ 어간+지(사접)+자+게/겐/이 [-기자/자야]
· 주미진 말ᄒ영 웃지자.
(재미있는 말하여서 웃기자.)
· 아무도 못 촛을 듸 강 곱지자게(젠).
(아무도 못 찾는 데 가서 숨기자야.)
· 가인 ᄒ루만 굶지자이.
(걔는 하루만 굶기자야.)

△ 어간+지(사접)+자+게/겐/이 [-히자/자야]
· 그 어루신을 웃자리에 앚지자.
(그 어르신을 윗자리에 앉히자.)
· 새 옷으로 ᄀᆯ아 입지자게(젠).
(새 옷으로 갈아 입히자야.)
· 밧문세 저당 심지자이.
(밭문서 저장 잡히자야.)

❷ 어간+앗/엇/엿+자 [-았/었/였자]
이 형태를 취할 때의 '-자'는 과거시제 선어말어미 '-앗/엇/엿(았/
었/였)-' 다음에 놓여서 현대국어의 '-아서/어서/여서 있자'의 의미가 담긴

'-았/었/였자'의 '-자'가 된다. 또 끝에 강세첨사 '게/겐'·'이'가 붙으면 그 뜻을 덧나게 하는 '야'가 덧붙은 효과가 있다.

△ 양성어간+앗+자+게/겐/이 [-았자/자야]

· 우리랑 이디 앚앗<u>자</u>.
  (우리는 여기 앉았<u>자</u>.)
· 이디라도 잠시 놓앗<u>자게(겐)</u>.
  (이디라도 잠시 놓았<u>자야</u>.)
· 우린 집이 남앗<u>자이</u>.
  (우리는 집에 남았<u>자야</u>.)

△ 음성어간+엇+자+게/겐/이 [-었자/자야]

· 아이부텀 몬저 주엇<u>자</u>.
  (아이부터 먼저 주었<u>자</u>.)
· 우선 깞이나 추렷(리엇)<u>자게(겐)</u>.
  (우선 값이나 치렀(르었)<u>자야</u>.)
· 이디 그냥 누엇<u>자이</u>.
  (이디 그냥 누었<u>자야</u>.)

△ ㅎ(ㅎ다)+엿+자+게/겐/이 [-였자/자야]

· 뒈는 대로 ㅎ엿<u>자</u>.
  (되는 대로 하였<u>자</u>.)
· 미리 말이랑 ㅎ엿<u>자게(겐)</u>.
  (미리 말이랑 하였<u>자야</u>.)
· 잘뒐 걸로 생각ㅎ엿<u>자이</u>.
  (잘될 것으로 생각하였<u>자야</u>.)

❸ **어간+암/엄/염+자 [-고 있자]**

이 형태를 취할 때의 '-자'는 진행상을 나타내는 선어말어미 '-암/

엄/염(고 있)-' 다음에 놓여서 현대국어의 '-고 있자'의 '-자'가 된다. 또 끝에 강세첨사 '게/겐'·'이'가 붙으면 그 뜻을 덧나게 하는 '야'가 덧붙은 효과가 있다.

　　　△ 양성어간+암+자+게/겐/이 [-고 있자/자야]
　　　· 우린 미리 곱암자.
　　　　(우리는 미리 숨고 있자.)
　　　· 돈부떠 받암자게(겐).
　　　　(돈부터 받고 있자야.)
　　　· 웨상으로라도 풀암자이.
　　　　(외상으로라도 팔고 있자야.)

　　　△ 음성어간+엄+자+게/겐/이 [-고 있자/자야]
　　　· 털어진 거나 줏엄자.
　　　　(떨어진 것이나 줍고 있자.)
　　　· 좌우간 밥은 먹엄자게(겐).
　　　　(좌우간 밥은 먹고 있자야.)
　　　· 닐 일홀 놈이나 빌엄자이.
　　　　(내일 일할 놈이나 빌고 있자야.)

　　　△ ㅎ(ㅎ다)+염+자+게/겐/이 [-고 있자/자야]
　　　· 이 자리랑 피ㅎ염자.
　　　　(이 자리는 피하고 있자.)
　　　· 알아도 몰른 첵ㅎ염자게(겐).
　　　　(알아도 모른 척하고 있자야.)
　　　· 우리 둘만이라도 일ㅎ염자이.
　　　　(우리 둘만이라도 일하고 있자야)

(2) -게 [-자]

이 비존대형의 'ᄒ주체' 청유형종결어미는 동사의 어간에 붙어서 바로 위 (1)의 '-자'와 같은 기능을 한다. 그 쓰이는 조건은 아래 ❶ ❷ ❸ ❹와 같다.

❶ 동사어간+게 [-자]

이 형태를 취할 때의 '-게'는 주로 동사의 어간에 붙어서 무엇을 하기를 바라고 권하는 현대국어의 '-자'에 해당한다. 그 끝에 강세첨사 '게/겐' · '이'가 붙어서 '-게게/-게겐' · '-게이/-겐이'가 되면, '야'가 붙은 현대국어의 '자야'가 된다. 또 그것에 강세첨사 '이'가 덧붙은 '-게게이/-게겐이'의 형태를 취하기도 하는데, 그렇게 되면 그 어세가 더 강해져서 '-자야게'가 된다.

△ 동사어간+게 [-자]
· 더 놀당 가게.
  (더 놀다가 가자.)
· 그만 놀앙 이젠 일ᄒ게.
  (그만 놀고 이제는 일하자.)

△ 동사어간+게+게/겐/이 [-자야]
· 우린 이디 싯게게.
  (우리는 여기 있자야.)
· 다덜 ᄀ찌 앚앙 먹게겐.
  (다들 같이 앉아서 먹자야.)
· 자이신디도 주게이.
  (저 애한테도 주자야.)

△ 동사어간+게+게/겐+이 [-자야게]

· 가이도 오랭 곧<u>게게이</u>.
  (개도 오라고 말하<u>자야게</u>.)
· 우리만이라도 가<u>게겐이</u>.
  (우리만이라도 가<u>자야게</u>.)

❷ **어간+사/피동형접미사+게+게/겐/이 [-이/기/리/히/구/ 우/추<u>자/자야</u>]**

이 형태를 취할 때의 청유형종결어미 '-게'는 사동·피동형접미사 '-이/-기/-리/-히/-구/-우/-추' 다음에 놓여서, 현대국어의 '-이자'· '-기자'·'-리자'·'-히자'·'-우자'·'-구자'·'-추자'의 '-자'가 된다. 끝에 강세첨사 '게/겐'·'이'가 붙으면 '-자야'가 된다.

△ 어간+이(사접)+게 [-이<u>자</u>]

· 우선 쒜부떠 녹<u>이게</u>.
  (우선 소부터 녹<u>이자</u>.)
· 물건을 안으로 들<u>이게</u>.
  (물건을 안으로 들<u>이자</u>.)

△ 어간+이(사접)+게+게/겐/이 [-이<u>자야</u>]

· ㅎ쓸만 더 싯당 멕<u>이게게</u>(<u>겐</u>).
  (조금만 더 있다가 먹<u>이자야</u>.)
· 놈덜신디도 보<u>이게이</u>.
  (남들한테도 보<u>이자야</u>.)

△ 어간+기(사접)+게 [-기<u>자</u>]

· 웃옷부떠 벳<u>기게</u>.
  (윗옷부터 벗<u>기자</u>.)

· 우선 누멩이나 벳기게.

　(우선 누명이나 벗기자.)

△ 어간+기(사접)+게/겐/이 [-기자야]

· 식개랑 성네 집더레 넹기게게(겐).

　(제사랑 형네 집으로 넘기자야.)

· 우리도 멩질제 넹기게이.

　(우리도 명절제 넘기자야.)

△ 어간+리(사접)+게 [-리자]

· 이디서 ㄱ찌 놀리게.

　(여기서 같이 놀리자.)

· 죽어가는 거부떠 살리게.

　(죽어기는 것부터 살리자.)

△ 어간+리(사접)+게+게/겐/이 [-리자야]

· 벳디 바싹 몰리게게(겐).

　(볕에 바싹 말리자야.)

· 밧갓디 강 연이나 눌리게이.

　(바깥에 가서 연이나 날리자야.)

△ 어간+히(사접)+게 [-히자]

· 더 크게 넙히게.

　(더 크게 넓히자.)

· 저놈 못살게 궤롭히게.

　(저놈 못살게 괴롭히자.)

△ 어간+히(사접)+게+게/겐/이 [-히자야]

· 흐삿만 더 좁히게게(겐).

　(조금만 더 좁히자야.)

· 그 내막 곳곳이 붉히게이.

(그 내막 낱낱이 밝히<u>자야</u>.)

△ 어간+구(사접)+게 [-구<u>자</u>]
・나 풍안 도수나 돋구<u>게</u>.
 (내 안경 도수나 돋구<u>자</u>.)
・온도를 더 돋구<u>게</u>.
 (온도를 더 돋구<u>자</u>.)

△ 어간+구(사접)+게+게/겐/이 [-구<u>자야</u>]
・더 우트레 솟구<u>게게</u>(겐).
 (더 위로 솟구<u>자야</u>.)
・굽을 더 솟구<u>게이</u>.
 (급을 더 솟구<u>자야</u>.)

△ 어간+우(사접)+게 [-우<u>자</u>]
・화리에 숫불이나 피우<u>게</u>.
 (화로에 숯불이나 피우<u>자</u>.)
・저 사름이랑 차에 태우<u>게</u>.
 (저 사람은 차에 태우<u>자</u>.)

△ 어간+우(사접)+게+게/겐/이 [-우<u>자야</u>]
・빈 듸부텀 채우<u>게게</u>(겐).
 (빈 데부터 채우<u>자야</u>.)
・애기랑 좀재우<u>게이</u>.
 (아기랑 잠재우<u>자야</u>.)

△ 어간+추(사접)+게 [-추<u>자</u>]
・셔사 홀 건 다 곷추<u>게</u>.
 (있어야 할 것은 다 갖추<u>자</u>.)
・풍첼 알러레 늧추<u>게</u>.
 (차양을 아래로 낮추<u>자</u>.)

△ 어간+추(사접)+게+게/겐/이 [-추자야]
· 새 옷 맞추게게(겐).
  (새 옷 맞추자야.)
· 시간을 뒤로 늦추게이.
  (시간을 뒤로 늦추자야.)

△ 어간+이(피접)+게 [-이자]
· 그 뜻 고맙게 받아들이게.
  (그 뜻 고맙게 받아들이자.)
· 벌침에 쏘이게.
  (벌침에 쏘이자.)

△ 어간+이(피접)+게+게/겐/이 [-이자야]
· 머릴 가끄젱 흐건 가끼게게(겐).
  (머리를 깎으려고 하거든 깎이라.)
· 주걸랑 그냥 받아들이게이.
  (주거든 그냥 받아들이자야.)

△ 어간+기(피접)+게 [-기자]
· 어멍 품안에 안기게.
  (어머니 품안에 안기자.)
· 중그건 중기게.
  (잠그거든 잠기자.)

△ 어간+기(피접)+게+게/겐/이 [-기자야]
· 내쪼치건 쭹기게게(겐).
  (내쫓거든 쫓기자야.)
· 빼앗건 빼앗기게이.
  (뺏거든 뺏기자야.)

△ 어간+리(피접)+게 [-리자]
· 양 폴에 다들 매둘리게.
  (양 팔에 다들 매달리자.)
· 도둑놈인 첵ㅎ영 걸리게.
  (도둑놈인 척하고 걸리자.)

△ 어간+리(피접)+게+게/겐/이 [-리자야]
· 밀어부치거든 밀리게게(겐).
  (밀어붙이거는 밀리자꾸나야.)
· 재산이랑 하영 물리게이.
  (재산이랑 많이 물리자야.)

△ 어간+히(피접)+게 [-히자]
· 죽엉이라도 고양땅에 묻히게.
  (죽어서라도 고향땅에 묻히자.)
· 쪼라운 감 먹엉 목이나 멕히게.
  (떠러운 감을 먹어서 목이나 막히자.)

△ 어간+히(피접)+게+게/겐/이 [-히자야]
· 둘아나당 잡혀도 잡히게게(겐).
  (달아나다가 잡혀도 잡히자야.)
· 멩부에 일름이랑 죽히게이.
  (명부에 이름이랑 적히자야.)

또 아래와 같이 현대국어의 사동형접미사 '-기/-히' 대신 쓰이는 '-지' 다음에도 붙는다.

△ 어간+지(사접)+게+게/겐/이 [-기자/자야]
· 즈미진 말ㅎ영 웃지게.
  (재미있는 말하여서 웃기자.)

· 아무도 못 촟을 듸 강 곱지게게(겐).
  (아무도 못 찾는 데 가서 숨기자야.)
· 저놈 사을만 굶지게이.
  (저놈 사흘만 굶기자야.)

△ 어간+지(사접)+게+게/겐/+이 [-히자/자야]
· 나 독무릅에 눅지게.
  (내 무릎에 눕히자.)
· 그 어루신을 웃자리에 앚지게게(겐).
  (그 어르신을 윗자리에 앉히자야.)
· 새 옷으로 골아 입지게이.
  (새 옷으로 갈아 입히자야.)

❸ 어간+앗/엇/엿+게 [-았/었/였자]

이 형태를 취할 때의 '-게'는 과거시제 선어말어미 '-앗/엇/엿(았/었/였)-' 다음에 놓여서 현대국어의 '-아서/어서/여서 있자'의 뜻이 담긴 '-았/었/였자'의 '-자'가 된다. 또 그 끝에 강세첨사 '게/겐' · '이'가 붙으면 '-았/었/였자야'의 '-자야'가 된다.

△ 양성어간+앗+게 [-았자]
· 가지 말앙 남앗게.
  (가지 말아서 남았자.)
· 우리만이라도 보앗게.
  (우리만이라도 보았자.)

△ 양성어간+앗+게+게/겐/이 [-았자야]
· 주는 대로 받앗게게(겐).
  (주는 대로 받았자야.)

· 아무 듸나 놓앗게이.
(아무 데나 놓았자야.)

△ 음성어간+엇+게 [-었자]
· 이디 그냥 누엇게.
(여기 그냥 누웠(우었)자.)
· 짐부떠 몬저 지엇게.
(짐부터 먼저 지었자.)

△ 음성어간+엇+게+게/겐/이 [-었자야]
· 잠시 다리나 뻗엇게게(겐).
(잠시 다리나 뻗었자야.)
· 맨밥이라도 먹엇게이.
(맨밥이라도 먹었자야.)

△ ᄒ(ᄒ다)+엿+게 [-였자]
· 둘이서만이라도게 ᄒ엿게.
(둘이서만이라도야 하였자.)
· 우리도 일ᄒ엿게.
(우리도 일하였자.)

△ ᄒ(ᄒ다)+엿+게+게/겐/이 [-였자야]
· 아무 것도 몰른 첵ᄒ엿게게(겐).
(아무 것도 모른 척하였자야.)
· 시키는 부름씨랑 ᄒ엿게이.
(시키는 심부름이랑 하였자야.)

❹ **어간+암/엄/염+게 [-고 있자]**

이 형태를 취할 때의 '-게'는 진행상을 나타내는 선어말어미 '-암/엄/염(고 있)-' 다음에 놓여서 현대국어의 '-고 있자'의 '-자'가 된다. 또

그 끝에 강세첨사 '게/겐'·'이'가 붙으면 그 어세가 더 강해져서 '-고 있자
야'의 '-자야'가 된다.

    △ 양성어간+암+게 [-고 있자]
    · 우린 천막집이라도 살암<u>게</u>.
      (우리는 천막집에서라도 살고 있<u>자</u>.)
    · 신 아이덜만 드령 감(가암)<u>게</u>.
      (있는 애들만 데리서 가고 있<u>자야</u>.)

    △ 양성어간+암+게+게/겐/이 [-고 있<u>자야</u>]
    · 터진 창고망이나 볼람(르암)<u>게게(겐)</u>.
      (터진 창구멍이나 바르고 있<u>자야</u>.)
    · 지드리는 동안 책이나 보암<u>게이</u>.
      (기다리는 동안 책이나 보고 있<u>자야</u>.)

    △ 음성어간+엄+게 [-고 있<u>자</u>]
    · 굴른 물을 푸엄<u>게</u>.
      (고인 물을 푸고 있<u>자</u>.)
    · 걸름이랑 땅을 팡 묻엄<u>게</u>.
      (거름이랑 땅을 파고 묻고 있<u>자</u>.)

    △ 음성어간+엄+게+게/겐/이 [-고 있<u>자야</u>]
    · 저 말 잘 들엄<u>게게(겐)</u>.
      (저 말을 잘 듣고 있<u>자야</u>.)
    · 우리랑 춤이나 추엄<u>게이</u>.
      (우리랑 춤이나 추고 있<u>자야</u>.)

    △ ᄒ(<u>ᄒ다</u>)+염+게+이 [-고 있<u>자</u>]
    · 우린 떡ᄀ슴만 장만ᄒ염<u>게</u>.
      (우리는 떡감만 장만하고 있<u>자</u>.)

· 우리랑 검질매기 시작ᄒ엾<u>게</u>.
(우리랑 김매기 시작하고 있<u>자</u>.)

△ ᄒ(ᄒ다)+염+게+게/겐/이 [-고 있<u>자야</u>]
· 놈 나무리지 안ᄒ게 잘ᄒ엾<u>게게(겐</u>).
(남 나무라지 안하게 잘하고 있<u>자야</u>.)
· 메칠만 더 고생ᄒ엾<u>게이</u>.
(며칠만 더 고생하고 있<u>자야</u>.)

(3) -주/-주기 [-자]

이들 비존대형의 'ᄒ주체' 청유형종결어미는 (1)(2)에서 다룬 '-자'·'-게'와 같이 무엇을 하기를 권하는 현대국어의 '-자'에 해당한다.[36] 그 쓰이는 조건은 아래 예시 ❶❷와 같다.

❶ 어간+주/주기 [-자]

이 형태를 취할 때의 '-주/-주기'는 동사의 어간에 붙어서 상대방에게 권해서 바라는 종결어미 '-자'에 해당한다. 또 그 끝에 강세첨사 '게/겐'이 붙으면 그 어세와 뜻을 강하제 하는 '야'가 덧붙은 효과가 있다.

△ 동사어간+주/주기 [-자]
· 이보게 오늘이라그넹 이만 일 끗ᄆ치<u>주</u>.
(이보게 오늘랑 이만 일 끝마치<u>자</u>.)
· 미치지 못ᄒ게 더 재기 돋<u>주기</u>.
(따라잡지 못하게 더 빨리 뛰<u>자</u>.)

---

36) '-주/-주기'는 평서형종결어미로도 쓰인다. 즉 "그건 나도 홀 수 잇<u>주/주기</u>.(그것은 나도 할 수 있<u>지/네</u>.)"가 그것이다. 이때의 '-잇<u>주/주기</u>'의 '-주/-주기'는 현대국어의 '있<u>지</u>/있<u>네</u>'의 '-지/-네'에 해당하는 평서형종결어미이다.

△ 동사어간+주/주기+게/겐 [−자야]

· 우리랑 마당이 강 도로기 둥굴이주게(겐).
  (우리랑 마당에 나가서 팽이 굴리자야.)
· 우리랑 어둑도록 일ᄒᆞ당 가주기게(겐).
  (우리랑 어둡도록 일하다가 가자야.)

❷ 어간+사/피접미사+주/주기 [−이/기/리/히/구/우/추자]

이 형태를 취할 때의 '−주/−주기'는 사동·피동형접미사 '−이/−기/−리/−히/−구/−우/−추' 다음에도 붙어서, 현대국어의 '−이자/−기자/−리자/−히자/−우자/−구자/−추자'의 '−자'가 된다. 또 그 끝에 강세첨사 '게/겐'이 붙을 경우는 위 ❶❷와 같이 어세를 강하게 하는 '−자야'가 된다.

△ 어간+이(사접)+주/주기+게/겐 [−이자/자야]

· 우리랑 언 손부떠게 녹이주/주기.
  (우리랑 언 손부터야 녹이자.)
· ᄒᆞ쏠만 더 싯당 멕이주게(겐)/주기게(겐).
  (조금만 더 있다가 먹이자야.)

△ 어간+기(사접)+주/주기+게/겐 [−기자/자야]

· 웃옷부떠 벳기주/주기.
  (윗옷부터 벗기자.)
· 우선 빗이나 벳기주게(겐)/주기게(겐).
  (우선 빚이나 벗기자야.)

△ 어간+리(사접)+주/주기+게/겐 [−리자/자야]

· 이디서 ᄀᆞ찌 놀리주/주기.
  (여기서 같이 놀리자.)

· 벳디 낭 바싹 몰리<u>주게</u>(<u>겐</u>)/<u>주기게</u>(<u>겐</u>).
(볕에 놔서 바싹 말리<u>자야</u>.)

△ 어간+히(사접)+주/주기+게/겐 [-히<u>자</u>/<u>자야</u>]

· 더 족게 좁히<u>주</u>/<u>주기</u>.
(더 작게 좁히<u>자</u>.)
· 저놈 못살게 궤롭히<u>주게</u>(<u>겐</u>)/<u>주기게</u>(<u>겐</u>).
(저놈 못살게 괴롭히<u>자야</u>.)

△ 어간+구(사접)+주/주기+게/겐 [-구<u>자</u>/<u>자야</u>]

· 나 풍안 돗술 더 돋구<u>주</u>/<u>주기</u>.
(내 안경 도수를 더 돋<u>구자</u>.)
· 술 도수를 더 돋구<u>주게</u>(<u>겐</u>)/<u>주기게</u>(<u>겐</u>).
(술 도수를 더 돋구<u>자야</u>.)

△ 어간+우(사접)+주/주기+게/겐 [-우<u>자</u>/<u>자야</u>]

· 화리에 숫불이나 피우<u>주</u>/<u>주기</u>.
(화로에 숯불이나 피우<u>자</u>.)
· 저 사름이랑 차에 태우<u>주게</u>(<u>겐</u>)/<u>주기게</u>(<u>겐</u>).
(저 사람은 차에 태우<u>자야</u>.)

△ 어간+추(사접)+주/주기+게/겐 [-추<u>자</u>/<u>자야</u>]

· 셔사 홀 건 다 ᄀᆞᆺ추<u>주</u>/<u>주기</u>.
(있어야 할 것은 다 갖추<u>자</u>.)
· 풍챌 알러레 늦추<u>주게</u>(<u>겐</u>)/<u>주기게</u>(<u>겐</u>).
(차양을 아래로 낮추<u>자야</u>.)

△ 어간+이(피접)+주/주기+게/겐 [-이<u>자</u>/<u>자야</u>]

· 그 뜻 고맙게 받아들이<u>주</u>/<u>주기</u>.
(그 뜻 고맙게 받아들이<u>자</u>.)

· 벌침에 쏘이<u>주게(겐)/주기게(겐)</u>.
(벌침에 쏘이<u>자야</u>.)

△ 어간+기(피접)+주/주기+게/겐 [-기<u>자/자야</u>]

· 어멍 품안에 안기<u>주/주기</u>.
(어머니 품안에 안기<u>자</u>.)
· 더 지픈 물소곱에 줌기<u>주게(겐)/주기게(겐)</u>.
(더 깊은 물속에 잠기<u>자야</u>.)

△ 어간+리(피접)+주/주기+게/겐 [-리<u>자/자야</u>]

· 양 풀에 다 매둘리<u>주/주기</u>.
(양 팔에 다 매달리<u>자</u>.)
· 그 직장에서 목이 쫄리건 쫄리<u>주게(겐)/주기게(겐)</u>
(그 직장에서 목이 잘리거든 잘리<u>자야</u>.)

△ 어간+히(피접)+주/주기+게/겐 [-히<u>자/자야</u>]

· 죽엉이라도 고양땅에 묻히<u>주/주기</u>.
(죽어서라도 고향땅에 묻히<u>자</u>.)
· 일등으로 뽑히<u>주게(겐)/주기게(겐)</u>.
(일등으로 뽑히<u>자야</u>.)

이 밖에 사동형접미사 '-기/-히' 대신 쓰이는 '-지' 다음에도 붙는다. 끝
에 강세첨사 '게/겐'이 붙는 것은 여느 거나 다름없다.

△ 어간+지(사접)+주/주기+게/겐 [-기<u>자/자야</u>]

· ᄌ미진 말ᄒ영 사름덜 웃지<u>주/주기</u>.
(재미있는 말하여서 사람들 웃기<u>자</u>.)
· 우린 아무도 못 촛을 듸 강 곱지<u>주게(겐)/주기게(겐)</u>.
(우린 아무도 못 찾는 데 가서 숨기<u>자야</u>.)

△ 어간+지(사접)+주/주기+게/겐 [-히자/자야]

· 그 사름만 상방에 앚지주/주기.

(그 사람만 마루에 앉히자.)

· 자이랑 새 옷으로 굴아 입지주게(겐)/주기게(겐).

(저 애랑 새 옷으로 갈아 입히자야.)

[흡주체]

이 존대형의 '흡주체'는 비존대의 '맙주체'와 상대적인 것으로서, 상대방을 높여서 무엇을 하거나 되도록 권유해서 유도하는 말하기를 문장화한 것을 총칭한다. 여기에 관련된 것은 '-ㅂ주/-ㅂ주기'·'-십주/-십주기'·'-읍주/-읍주기'·'-옵주/-옵주기'와 반존대형인 '-심/-순'이 주류를 이루고 있다.

(1) -ㅂ주/-ㅂ주기 [-ㅂ시다]

이들 존대형의 '흡주체' 청유형종결어미는 동사의 어간에 놓여서 현대국어의 '-ㅂ시다'가 된다. 그 붙는 조건은 아래 예시한 ❶❷ 외에도 다양하다.

❶ 어간+ㅂ주/ㅂ주기 [-ㅂ시다]

이 형태를 취할 때의 '-ㅂ주/-ㅂ주기'는 모음이나 'ㄹ' 받침으로 끝나는 동사의 어간에 붙어서 현대국어의 '-ㅂ시다'가 된다. 끝에는 강세첨사 '게/겐'·'마씀/마씸'·'양'이 말하는 사람의 어투에 따라 서로 엇바뀌어 붙기도 하는데, 어느 하나만 붙으면 '요'가, 둘 이상이 겹쳐서 <-ㅂ주/-ㅂ주기+게/겐+마씀/마씸+양>의 형태를 취할 경우는 구어체의 어세가 더 강해지게 살아나서 현대국어의 '-ㅂ시다요네'의 '-요네'가 덧붙은 효과를 나타낸다.

△ 동사어간(모음/ㄹ)+ㅂ주/ㅂ주기 [-ㅂ시다]

· 우리랑 일흅(ㅎㅂ)주.
 (우리랑 일합시다.)
· 우린 그 집이 그냥 삽(사ㅂ)주기.
 (우리는 그 집에 그냥 삽시다.)

△ 동사어간(모음/ㄹ)+ㅂ주/ㅂ주기+게/겐 [-ㅂ시다요]

· 우리랑 걸엉 갑(가ㅂ)주게(겐).
 (우리랑 걸어서 가십시다요.)
· 우리랑 이디서 놉(놀ㅂ)주기게(겐).
 (우리랑 여기서 놉시다요.)

△ 동사어간(모음/ㄹ)+ㅂ주/ㅂ주기+마씀/마씸 [-ㅂ시다요]

· 이 밧담이랑 틉(트ㅂ)주마씀(씸).
 (이 밭담이랑 틉시다요.)
· 서답이랑 담우이 넙(널ㅂ)주기마씀(씸).
 (빨래랑 담위에 넙시다요.)

△ 동사어간(모음/ㄹ)+ㅂ주/ㅂ주기+양 [-ㅂ시다요]

· 우리랑 물부떠 품(푸ㅂ)주양.
 (우리랑 물부터 품시다요.)
· 비에 젖은 옷덜 넙(널ㅂ)주기양).
 (비에 젖은 옷을 넙시다요.)

△ 동사어간(모음/ㄹ)+ㅂ주/ㅂ주기+게/겐+마씀/마씸+양 [-ㅂ시다요네]

· 이디서 갈립(리ㅂ)주게(겐)마씀(씸)양.
 (어기서 갈립시다요네.)
· 간판을 둡(돌ㅂ)주기게(겐)마씀(씸)양.
 (간판이라도 답시다요네.)

❷ 어간+사/피동형접미사+ㅂ주/ㅂ주기 [-이/기/리/히/구/우/추+ㅂ시다]

이 형태를 취할 때의 '-ㅂ주/-ㅂ주기'는 사동·피동형접미사 '-이/-기/-리/-히/-구/-우/-추'에 붙어서 현대국어의 '-입시다/-깁시다/-립시다/-힙시다/-굽시다/-웁시다/-춥시다'의 '-ㅂ시다'가 된다. 특히 말하는 사람의 어투에 따라 강세첨사 '게/게+마씀/마씸+양'의 덧붙은 <어간+사/피동형접미사+ㅂ주/ㅂ주기+게/겐+마씀/마씸+양>과 같은 5개의 형태소가 결합되기도 한다. 그렇게 되면 어세와 뜻이 더 강한 '요/요네'가 된다.

    △ 동사어간+이/기/리/히(사접)+ㅂ주/ㅂ주기 [-이/기/리/히+ㅂ시다]

- 더 하영 멕입(이ㅂ)<u>주/주기</u>.
  (더 많이 먹입시다.)
- 더러랑 냉깁(기ㅂ)<u>주/주기</u>.
  (더러는 남깁시다.)
- 흔집이서 살립(리ㅂ)<u>주/주기</u>.
  (한집에서 살립시다.)
- 더 크게 넙힙(히ㅂ)<u>주/주기</u>.
  (더 크게 넓힙시다.)

    △ 동사어간+구/우/추(사접)+ㅂ주/ㅂ주기 [-구/우/추+ㅂ시다]

- 받침돌을 더 돋굽(구ㅂ)<u>주/주기</u>.
  (받침돌을 더 돋굽시다.)
- 못쓰는 걸랑 불에 태웁(우ㅂ)<u>주/주기</u>.
  (못 쓰는 것은 불에 태웁시다.)
- 곶춰사 훌 건 다 곷춥(추ㅂ)<u>주/주기</u>.
  (있어야 할 것은 다 갖춥시다.)

△ 동사어간+이/기(사접)+ㅂ주/ㅂ주기+게(겐) [−이/기+ㅂ시다요]
· 오늘랑 저놈 좀 속입(이ㅂ)주게(겐)/주기게(겐).
(오늘은 저놈 좀 속입시다요.)
· 도둑놈 누멩이랑 벳깁(기ㅂ)주게(겐)/주기게(겐).
(도둑놈 누명은 벗깁시다요.)

△ 동사어간+이/기(사접)+ㅂ주/ㅂ주기+마씀/마씸 [−이/기+ㅂ시다요]
· 잡은 솔충이랑 땅에 묻엉 죽입(이ㅂ)주마씀(씸)/주기마씀(씸).
(잡은 송충이는 땅에 묻어서 죽입시다요.)
· 쓰당 반만 냉깁(기ㅂ)주마씀(씸)/주기마씀(씸).
(쓰다가 반만 남깁시다요.)

△ 동사어간+이/기(사접)+ㅂ주/ㅂ주기+양 [−이/기+ㅂ시다요]
· 억지로라도 약이랑 멕입(이ㅂ)주양/주기양
(억지로라도 약이랑 먹입시다요.)
· 묵은 거죽만 벳깁(기ㅂ)주양/주기양.
(묵은 껍질만 벗깁시다요.)

△ 동사어간+이/기(사접)+ㅂ주/ㅂ주기+게(겐)+마씀(씸)+양 [−이/기+ㅂ시다요네]
· 다 털어붱 보입(이ㅂ)주게(겐)마씀(씸)양/주기게(겐)마씀(씸)양.
(다 털어놓고 보입시다요네.)
· 그 사름 나시도 냉깁(기ㅂ)주게(겐)마씀(씸)양/주기게(겐)마씀(씸)양.
(그 사람 몫도 남깁시다요네.)

△ 동사어간+리/히(사접)+ㅂ주/ㅂ주기+게(겐) [-리/히+ㅂ시
다요]
· 더 쎄게 돌립(리ㅂ)주게(겐)/주기게(겐).
(더 세게 도립시다요.)
· 횃불을 들렁 붉힙(히ㅂ)주게(겐)/주기게(겐).
(횃불을 들러서 밝힙시다요.)

△ 동사어간+리/히(사접)+ㅂ주/ㅂ주기+마씀/마씸 [-리/히+ㅂ시
다요]
· 똔 사름덜안티도 알립(리ㅂ)주마씀(씸)/주기마씀(씸).
(딴 사람한테도 알립시다요.)
· 더 좁게 좁힙(히ㅂ)주마씀(씸)/주기마씀(씸).
(더 좁게 좁힙시다요.)

△ 동사어간+리/히(사접)+ㅂ주/ㅂ주기+양 [-리/히+ㅂ시다요]
· 어떤 일이 셔도 멩분만은 살립(리ㅂ)주양/주기양.
(어떤 일이 있어도 명분만은 살립시다요.)
· 자이만은 글을 익힙(히ㅂ)주양/주기양.
(저 아이만은 글을 읽힙시다요.)

△ 동사어간+리/히(사접)+ㅂ주/ㅂ주기+게/겐+마씀/마씸+야 [-리/
히+ㅂ시다요네]
· 오늘 흐르만 놀립(리ㅂ)주게(겐)마씀(씸)양/주기게(겐)마씀(씸)양.
(오늘 하루만 놀립시다요네.)
· 앞더레 더 넙힙(히ㅂ)주게(겐)마씀(씸)양/주기게(겐)마씀(씸)양.
(앞으로 더 넓힙시다요네.)

△ 동사어간+구/우/추(사접)+ㅂ주/ㅂ주기+게/겐 [-구/우/추+ㅂ
시다요]
· 흔 치만 더 노피 솟굽(구ㅂ)주게(겐/주기게(겐).

(한 치만 더 높이 솟굽시다요.)
· 바당이 볼앗이난 밸 띠웁(우ㅂ)주게(겐)/주기게(겐).
(바다가 잔잔하였으니 배를 띄웁시다요.)
· 시간을 더 뒤로 늦춥(추ㅂ)주게(겐)/주기게(겐).
(시간을 더 뒤로 늦춥시다요.)

△ 동사어간+구/우/추(사접)+ㅂ주/ㅂ주기+마씀/마씸 [−구/우/추
+ㅂ시다요]
· 풍안 도수를 더 돋굽(구ㅂ)주마씀(씸)/주기마씀(씸).
(안경 도수를 더 돋굽시다요.)
· 짐을 잔뜩 지웁(우ㅂ)주마씀(씸)/주기마씀(씸).
(짐을 잔뜩 지웁시다요.)
· 궂출 걸랑 다 ᄀᆞ춥(추ㅂ)주마씀(씸)/주기마씀(씸).
(갖출 것은 다 갖춥시다요.)

△ 동사어간+구/우/추(사접)+ㅂ주/ㅂ주기+양 [−구/우/추+ㅂ시
다요]
· ᄂᆞ려앚인 잇돌 우트레 솟굽(구ㅂ)주양/주기양.
(내려앉은 디딤돌 위로 솟굽시다요.)
· 이젠 나이도 하시난 ᄆᆞ음을 비웁(우ㅂ)주양/주기양.
(이제는 나이도 많으니 마음을 비웁시다요.)
· 지럭시에 딱 맞게시리 맞춥(추ㅂ)주양/주기양.
(길이에 딱 맞게끔 맞춥시다요.)

△ 동사어간+구/우/추(사접)+ㅂ주/ㅂ주기+게/겐+마씀/마씸+양
[−구/우/추+ㅂ시다요네]
· 술 도수를 더 돋굽(구ㅂ)주게(겐)마씀(씸)양/주기게(겐)마씀(씸)양.
(술 도수를 더 돋굽시다요네.)
· 상돌에 상을 피웁(우ㅂ)주게(겐)마씀(씸)양/주기게(겐)마씀(씸)양.
(향로에 향을 피웁시다요네.)

· 지방 특을 늦춥(추ㅂ)주게(겐)마씀(씸)양/주기게(겐)마씀(씸)양.
(지방 턱을 낮춥시다요네.)

이 밖에도 현대국어의 사동형접미사 '-기/-히'와 같은 의미기능을 가진
'-지' 다음에도 붙는다. 또한 사동형접미사 '-추' 다음에 다시 사동형접미
사 '-우'가 덧붙은 '-추우' 다음에도 붙어서, 현대국어의 '-춥시다'가 된다.
또 그 끝에 강세첨사 '게/겐'·'마씀/마씸'·'양' 중 어느 하나만 붙으면 '요'
가 덧붙은 효과가 있고, <-지+게/겐+마씀/마씸+양>의 형태를 취할 경우
는 권유의 의도가 더 강해져서 '요네'가 덧붙은 구술효과가 있다.

△ 동사어간+지+ㅂ주/ㅂ주기 [-깁(기ㅂ)시다]
· 울리지 말앙 웃집(지ㅂ)주.
(울리지 말고 웃깁시다.)
· 머리랑 굼집(지ㅂ)주기.
(머리랑 감깁시다.)

△ 동사어간+지+ㅂ주/ㅂ주기+게/겐+마씀/마씸+양 [-깁(기ㅂ)시
다요/요네]
· 밥이랑 굶집(지ㅂ)주게(겐)/주기게(겐).
(밥이랑 굶깁시다요.)
· 발을 싯집(지ㅂ)주마씀(씸)/주기마씀(씸).
(발을 씻깁시다요.)
· 터럭을 벳깁(기ㅂ)주양/주기양
(털을 벳깁시다요.)
· 머릴 고영 빗집(지ㅂ)주게(겐)마씀(씸)양/주기게(겐)마씀(씸)양.
(머리를 곱게 빗깁시다요네.)

△ 동사어간+지+ㅂ주/ㅂ주기 [-힙(히ㅂ)시다]
· 새 옷으로 굴아 입집(지ㅂ)주.

(새 옷으로 갈아 입힙시다.)
- 돌 우이 앚집(지ㅂ)주기.
(돌 위에 앉힙시다.)

△ 동사어간+지+ㅂ주/ㅂ주기+게/겐+마씀/마씸+양 [-깁(기ㅂ)시다요/요네]
- 늙신네랑 뚯인 듸 눅집(지ㅂ)주게(겐)/주기게(겐).
(늙으신네는 따뜻한 데 눕힙시다요.)
- 손님이랑 소개방석에 앚집(지ㅂ)주마씀(씸)/주기마씀(씸).
(손님이랑 솜방석에 앉힙시다요.)
- 양욜으로 좁집(지ㅂ)주양/(지ㅂ)주기양.
(양옆으로 좁힙시다요.)
- 애기랑 등더레 업집(지ㅂ)주게(겐)마씀(씸)양/주기게(겐)마씀(씸)양.
(아기랑 등에 업힙시다요네.)

△ 동사어간+추우+ㅂ주/ㅂ주기 [-춥(추ㅂ)시다]
- 쭐른 건 질게 늦추웁(우ㅂ)주.
(짧은 것은 길게 늦춥시다.)
- 알러레 더 늦추웁(우ㅂ)주기.
(아래로 더 낮춥시다.)

△ 동사어간+추우+ㅂ주/ㅂ주기+게/겐+마씀/마씸+양 [-춥(추ㅂ)시다요/요네]
- 헌문을 새 것으로 맞추웁(우ㅂ)주게(겐)/주기게(겐).
(헌문을 새 것으로 맞춥시다요.)
- 깞을 늦추웁(우ㅂ)주마씀(씸)/주기마씀(씸).
(값을 낮춥시다요.)
- 세간이랑 다 곳추웁(우ㅂ)주양/주기양.
(세간이랑 다 갖춥시다요.)

· 일뤠만 늦추웁(우ㅂ)주게(겐)마씀(씸)양/주기게(겐)마씀(씸)양.
　(이레만 늦춥시다요네.)

　아래 제시한 것은 피동형접미사 '-이/-기/-리/-히' 다음에 붙는 '-ㅂ
주/-ㅂ주기'의 용례다. 끝에 붙는 강세첨사 '게/겐'·'마씀/마씸'·'양'은
위 사동형접미사 다음에 붙었을 경우와 같이 말하는 사람이 어투에 따른
선택사항이므로 용례는 생략키로 한다.

　　△ 동사어간+이/기/리/히+ㅂ주/ㅂ주기 [-이/기/리/히+ㅂ시다]
　　· 벳 잘 쏘입(이ㅂ)주/주기.
　　　(볕 잘 쏘입시다.)
　　· 실컷 물어튿깁(기ㅂ)주/주기.
　　　(실컷 물어뜯깁시다.)
　　· 털려사 홀 거민 털립(리ㅂ)주/주기.
　　　(털려야 할 것이면 털립시다.)
　　· 아무 듸나 묻힙(히ㅂ)주/주기.
　　　(아무 데나 묻힙시다.)

(2) -십주/-십주기 [-십시다]

　이들 존대형의 '홉주체' 청유형종결어미는 동사의 어간에 붙는다.
그 붙는 조건은 아래 ❶❷ 와 같다.

❶ 어간+십주/십주기 [-십시다]

　이 형태를 취할 때의 '-십주/-십주기'는 모음이나 'ㄹ' 받침으로 끝
나는 동사의 어간에 붙어서 현대국어의 '-십시다'가 된다. 또 그 끝에는
강세첨사 '게/겐'·'마씀/마씸'·'양'이 말하는 사람의 어투에 따라 서로 엇
바뀌어 붙기도 하는데, 어느 하나만 붙으면 '요'가, 둘 이상이 겹쳐서 <-십

주/십주기+게/겐+마씀/마씸+양>의 형태를 취할 경우는 어세가 더 강해져
서 현대국어의 '-십시다요네'의 '요네'가 덧붙은 효과가 있다.

△ 동사어간(모음/ㄹ)+십주/십주기 [-십시다]
· 지 가고픈 듸로 가렝 ㅎ<u>십주</u>.
　(자기 가고픈 데로 가라고 하<u>십시다</u>.)
· 일홀 놉이랑 열 멩만 비<u>십주기</u>.
　(일할 놉이랑 열 명만 비<u>십시다</u>.)

△ 동사어간(모음/ㄹ)+십주/십주기+게/겐 [-십시다요]
· 올리랑 과세 댕기<u>십주게</u>(<u>겐</u>).
　(올해는 세배 다니<u>십시다요</u>.)
· 우리 식구덜찌리만 모영 노<u>십주기게</u>(<u>겐</u>).
　(우리 식구들끼리만 모여서 노<u>십시다요</u>.)

△ 동사어간(모음/ㄹ)+십주/십주기+마씀/마씸 [-십시다요]
· 입에 자갈을 물리<u>십주마씀</u>(<u>씸</u>).
　(입에 재갈을 물리<u>십시다요</u>.)
· 탑 둘렐 빙빙 돌<u>십주기마씀</u>(<u>씸</u>).
　(탑 둘레를 빙빙 도<u>십시다요</u>.)

△ 동사어간(모음/ㄹ)+십주/십주기+양 [-십시다요]
· 아이덜랑 하영 나<u>십주양</u>.
　(아이랑 많이 나<u>십시다요</u>.)
· 손에 들른 걸랑 이 낭가지에 거<u>십주기양</u>.
　(손에 든 것은 이 나뭇가지에 거<u>십시다요</u>.)

△ 동사어간(모음/ㄹ)+십주/십주기+게/겐+마씀/마씸+양 [-십시
　다요네]
· 우선 젓은 옷부떠 벗기<u>십주게</u>(<u>겐</u>)<u>마씀</u>(<u>씸</u>)<u>양</u>.

(우선 젖은 옷부터 벗기십시다요네.)
· 너미 한 걸랑 덜십주기게(겐)마씀(씸)양.
(너무 많은 것은 더십시다요네.)

❷ 어간+암/엄/염+십주/십주기 [-고 있습시다] 37)

이 형태를 취할 때의 '-십주/-십주기'는 진행상을 나타내는 선어
말어미 '-암/염/염(고 있)-' 다음에 붙어서 현대국어의 '-고 있습시다'의
'-습시다'가 된다. 또 그 끝에는 강세첨사 '게/겐'·'마씀/마씸'·'양'이 말
하는 사람의 어투에 따라 서로 엇바뀌어 붙기도 하는데, 어느 하나만 붙으
면 '요'가, 둘 이상이 겹쳐서 <-십주/십주기+게/겐+마씀/마씸+양>의 형
태를 취할 경우는 어세가 더 강해져서 현대국어의 '-십시다요네'의 '-요
네'가 덧붙은 효과를 나타낸다.

△ 양성어간+암+십주/십주기 [-고 있습시다]
· 우리랑 그디 강 놀암십주.
(우리랑 거기 가서 놀고 있습시다.)
· 우리랑 옷곰이나 몰암십주기.)
(우리랑 옷감이나 마르고 있습시다.)

△ 양성어간+암+십주/십주기+게/겐 [-고 있습시다요]
· 우리랑 뿔리 감(가암)십주게(겐).
(우리랑 빨리 가고 있습시다요.)
· 우리랑 잘 몰르는 것부떠 알암십주기게(겐).
(우리랑 잘 모르는 것부터 알고 있습시다요.)

37) 청유형종결어미 '-십주/-십주기'가 진행상을 나타내는 선어말어미 '-암/엄/염(고
있)-' 다음에 놓일 경우는 평서형종결어미로 쓰이는 경우와 혼동되기 쉽다. 평서형어미
로 쓰일 때는 '-습니다'가 되지만, 청유형종결어미로 쓰일 때는 '-습시다'가 된다.

△ 양성어간+암+십주/십주기+마씀/마씸 [-고 있습시다요]

· 우리만이라도 앞이 감(가암)십주마씀(씸).

  (우리만이도 앞에 가고 있습시다요.)

· 우리랑 일 도왐(오암)십주기마씀(씸).

  (우리랑 일 돕고 있습시다요.)

△ 양성어간+암+십주/십주기+양 [-고 있습시다요]

· 우리랑 앚앙 보암십주양.

  (우리랑 앉아서 보고 있습시다요.)

· 우리랑 ᄀ레 ᄀᆯ암십주기양.

  (우리랑 맷돌을 갈고 있습시다요.)

△ 양성어간+암+십주/십주기+게(젠)+마씀(씸)+양 [-고 있습시
  다요네]

· 우리랑 실 감암십주게(젠)마씀(씸)양.

  (우리랑 실을 감고 있습시다요네.)

· 우리랑 짐 날암십주기게(젠)마씀(씸)양.

  (우리랑 짐을 나르고 있습시다요네.)

△ 음성어간+엄+십주/십주기 [-고 있습시다]

· 우리랑 앞이 상 걸엄십주.

  (우리랑 앞에 서서 걷고 있습시다.)

· 우리랑 저 동산이 앚앙 쉬엄십주기.

  (우리랑 저 동산에 앉아서 쉬고 있습시다.)

△ 음성어간+엄+십주/십주기+게/젠 [-고 있습시다요]

· 우리랑 집부뎌 몬저 빌엄십주게(젠).

  (우리랑 집부터 먼저 빌고 있습시다요.)

· 우리랑 먹을 물이나 질엄십주기게(젠).

  (우리랑 먹을 물이나 깃고 있습시다요.)

△ 음성어간+엄+십주/십주기+마씀/마씸 [-고 있습시다요]

· 우리랑 몬저 강 촐 비엄십주기마씀(씸).
(우리랑 먼저 가서 꼴 베고 있습시다요.)

· 우리랑 책이나 익엄십주기마씀(씸).
(우리랑 책이니 읽고 있습시다요.)

△ 음성어간+엄+십주/십주기+양 [-고 있습시다요]

· 우리랑 집이나 일엄십주양.
(우리랑 집이나 이고 있습시다요.)

· 우리랑 장귀나 두엄십주기양.
(우리란 장기나 두고 있습시다요.)

△ 음성어간+엄+십주/십주기+게/겐+마씀/마씸+양 [-고 있습시
다요네]

· 우리랑 검질이나 매엄십주게(겐)마씀(씸)양
(우리랑 김이나 매고 있습시다요네.)

· 우리랑 항에 물이나 ᄀ득엄(이엄)십주기게(겐)마씀(씸)양.
(우리랑 항아리에 물이나 가득이고 있습시다요네.)

△ ᄒ(ᄒ다)+염+십주/십주기 [-고 있습시다]

· 우리랑 일ᄒ염십주.
(우리랑 일하고 있습시다.)

· 우리랑 오는 일만 생각ᄒ염십주기.
(우리랑 오는 일만 생각하고 있습시다.)

△ ᄒ(ᄒ다)+염+십주/십주기+게/겐 [-고 있습시다요]

· 우리랑 일 시작ᄒ염십주게(겐).
(우리랑 일 시작하고 있습시다요.)

· 우리랑 만낭 말ᄒ염십주기게(겐).
(우리랑 만나서 말하고 있습시다야요.)

△ ᄒ(ᄒ다)+염+십주/십주기+마씀/마씸) [-고 있습시다요]

· 우리랑 몬저 가그네 조문ᄒ염십주마씀(씸).
(우리랑 먼저 가서 조문하고 있습시다요.)

· 우리랑 더 펜ᄒ게 ᄒ염십주기마씀(씸).
(우리랑 더 편하게 하고 있습시다요.)

△ ᄒ(ᄒ다)+염+십주/십주기+양 [-고 있습시다요]

· 놉 빌지 말앙 우리냥으로 ᄒ염십주양.
(놉 빌지 말아서 우리대로 하고 있습시다요.)

· 우라랑 알아듣게꾸리 말ᄒ염십주기양.
(우리랑 알아듣게끔 말하고 있습시다요.)

△ ᄒ(ᄒ다)+염+십주/십주기+게/겐+마씀/마씸+양 [-고 있습시다요네]

· 배나 안 골르게 ᄒ염십주게(겐)마씀(씸)양.
(배나 안 곯게 하고 있습시다요네.)

· 우리랑 잘사는 거추룩 ᄒ염십주기게(겐)마씀(씸)양.
(우리랑 잘사는 것처럼 하고 있습시다요네.)

(3) -읍주/-읍주기 [-읍시다]

이들 존대형의 '흡주체' 청유형종결어미는 모음이나 'ㄹ' 받침 이외의 자음받침으로 끝나는 동사의 어간에 놓여서 현대국어의 '-읍시다'에 해당한다. 끝에는 강세첨사 '게/겐'·'마씀/마씸'·'양' 중 어느 하나만 붙으면 '-요'가, 셋이 겹쳐서 <어간+읍주/읍주기+게/겐+마씀/마씸+양>의 형태를 취하면 요구의 뜻이 더 강하게 담긴 '요'와 '네'가 덧붙은 '-읍시다요네'가 된다.

△ 동사어간(모음/ㄹ제외)+읍주/읍주기 [-읍시다]

• 일 그만 ᄒ영 징심이나 먹<u>읍주</u>.
  (일 그만 하고 점김이나 먹읍시다.)
• 똔 말은 못 믿어도 그 말랑 믿<u>읍주기</u>.
  (딴 말은 못 믿어도 그 말랑 믿읍시다.)

△ 동사어간+읍주/읍주기+게/겐 [-읍시다요]

• 우린 이디 남<u>읍주게</u>(겐).
  (우리는 여기 남읍시다요.)
• 혹/흑 묻은 손덜 씻<u>읍주기게</u>(겐).
  (흙 묻은 손들 씻읍시다요.)

△ 동사어간+읍주/읍주기+마씀/미씸 [-읍시다요]

• 지난일랑 다 잊<u>읍주마씀</u>(씸).
  (지난일은 다 잊읍시다요.)
• 솔입이랑 글갱이로 긁<u>읍주기마씀</u>(씸).
  (솔잎은 갈퀴로 긁읍시다요.)

△ 동사어간+읍주/읍주기+양 [-읍시다요]

• 나도 ᄒ나 언<u>읍주양</u>.
  (나도 하나 얻읍시다요.)
• 아둘 ᄒ나만 더 낳<u>읍주기양</u>.
  (아들 하나만 더 낳읍시다요.)

△ 동사어간+읍주/읍주기+게/겐+마씀/미씸+양 [-읍시다요네]

• 애기랑 걸리지 말앙 업<u>읍주게</u>(겐)마씀(씸)양.
  (아기랑 걸리지 말고 업읍시다요네.)
• 오늘랑 집이 ᄀ만이 잇<u>읍주기게</u>(게)마씀(씸)양.
  (오늘랑 집에 가만히 있읍시다요네.)

(4) -옵주/-옵주기 [-옵시다]

이들 존대형의 '홉주체' 청유청종결어미는 동사의 어간에 붙어서 어떻게 하기를 바라서 권유하는 현대국어의 예스러운 '-옵시다'에 해당한다. 그 쓰이는 조건은 모음과 'ㄹ' 받침으로 끝나는 동사의 어간에 붙고, 'ㄹ' 이외의 자음받침으로 끝나는 어간에는 조모음 '으'가 삽입된 '-으옵주/-으옵주기'가 붙어서 '-으옵시다'가 된다. 한데 이들은 주로 식자층이나 관료계층 간에 공손히 대할 때 쓰이고, 항간의 농어민들은 잘 쓰지 않았다.

△ 동사어간(모음/ㄹ)+옵+주/주기 [-옵시다]
· 우리도 강 보옵주.
  (우리도 가서 보옵시다.)
· 이디서 메칠만 사옵주기.
  (여기서 며칠만 사옵시다.)

△ 동사어간(모음/ㄹ제외)+옵+주/주기 [-으옵시다]
· 이왕에 ㄱ져온 거난 받으옵주.
  (기왕에 가져온 거이니 받으옵시다.)
· 우리도 가지 말앙 남으옵주기.
  (우리도 가지 말고 남으옵시다.)

또 이들보다 더 높임말인 주체존대 선어말어미 '-시-'가 붙은 '-시옵주/-시옵주기'의 형태를 취하기도 해서 현대국어의 '-사옵시다'가 된다.

△ 동사어간(모음/ㄹ)+시옵+주/주시 [-시옵시다]
· 그만덜 놀앙 가시옵주.
  (그만들 놀아서 가시옵시다.)
· 왓이메서라 더 오래 노시옵주기.
  (왓으니까 더 오래 노시옵시다.)

△ 동사어간(모음/ㄹ제외)+옵+주/주시 [-으시옵시다]

· 더우난 웃옷덜랑 벗으시옵주.

(더우니 윗옷들은 벗으시옵시다.)

· 엇은 건 놈신디 얻으시옵주기.

(없는 것은 남한테 얻으시옵시다.)

[말주체]

이 비존대형의 '말주체'는 존대형인 '홉주체'와 상대적인 것으로서, 상대방에게 무엇을 하지 말거나 못하도록 낮춰서 권유하는 말하기의 형태를 총괄한 것이다. 여기에는 주로 금지나 부정을 나타내는 '말다'·'막다'의 어간에 현대국어의 청유형종결어미 '-자'·'-자꾸나'에 해당하는 '-자'·'-게'·'-주/-주기'가 붙는다.

(1) -자 [-자]

이 비존대형의 '말주체' 청유형종결어미는 무엇을 어떻게 하자고 권하는 현대국어의 '-자' 그대로이다. 그 붙는 조건은 아래 ❶❷와 같다.

❶ 어간+지/지도+말(말다)+자 [-말자]

이 형태를 취할 때의 '-자'는 금지나 부정을 나타내는 연결어미 '-지/-지도…'와 '-게/-게끔'에 해당하는 '-게/-게시리' 다음에 놓이는 보조동사 '말다'의 어간 '말'에 붙는다. 그 끝에 강세첨사 '게/겐'·'이' 중 어느 하나만 붙으면 '야가, 두 개가 겹쳐서 '게/겐+이'가 되면 요구의 뜻이 담긴 '야게'가 돼서 어세가 더 강해진다.

△ 동사어간+지/지도+말(말다)+자 [말자]

· 너미 욕심 출리지 말자.

(너무 욕심 차리지 말자.)
· 놈 나무리기만 좋아ᄒ지도 말자.
(남 나무라기만 좋아하지도 말자.)

△ 동사어간+지/지도+말(말다)+자+게/겐/이 [말자야]
· 안 오켕 ᄒ건 드려오지 말자게(겐).
(안 오겠다고 하거든 데려오지 말자야.)
우리랑 또로 갈라지지 말자이.
(우리랑 따로 갈라지지 말자야.)
· 성이엥 불르지도 말자게(겐).
(형이라고 불지도 말자야.)
그 집이랑 가지도 말자이.
(그 집에는 가지도 말자야.)

△ 동사어간+지/지도+말(말다)+자+게/겐+이 [말자야게]
· 독ᄒ 갠 제발 질루지 말자게(겐)이.
(독한 개는 제발 기르지 말자야게.)
· 욕ᄒ지도 말곡 뜨리지도 말자게(겐)이.
(욕하지도 말고 때리지도 말자야게.)

△ 동사어간+게/게시리+말(말다)+자 [말자]
· 놈 칭원ᄒ게 말자.
(남 억울하게 말자.)
· 그런 말 고정듣게시리 말자.
(그런 말 곧이듣게끔 말자.)

△ 동사어간+게/게시리+말(말다)+자+게/겐/이 [말자야]
· 저런 놈이랑 또시 오게 말자게(겐).
(저런 놈이랑 다시 오게 말자야.)
다시랑 말곧게 말자이.
(다시랑 말하게 말자야.)

· 시간 오래 걸리게시리 말자게(겐).

(시간 오래 걸리게끔 말자야.)

놈신디 구체스럽게시리 말자이.

(남한테 창피스럽게끔 말자야.)

△ 동사어간+게/게시리+말(말다)+자+게/겐+이 [말자야게]

· 지 ᄆᆞ음냥 ᄒᆞ게 말자게(겐)이.

(제 마음대로 하게 말자야게.)

· 놈 나무리게시리 말자게(겐)이.

(남 나무라게끔 말자야게.)

❷ 못/안+어간+게+막(막다)+자 [-게 막자] 38)

이 형태를 취할 때의 '-자'는 부정사 '못/안'이 붙은 '못ᄒᆞ다(못하다)' · '안ᄒᆞ다(안하다)'의 어간 '못ᄒᆞ' · '안ᄒᆞ'에 붙는 연결어미 '-게/-게시리 (게/게끔)' 다음에 놓이는 '막다'의 어간 '막'에 붙는다. 또 그 끝에 강세첨사 '게/겐' · '이' 중 어느 하나만 붙으면 '야'가, 두 개가 겹쳐서 '게/겐+이'가 붙으면 요구의 뜻이 담긴 '게'가 결합된 '야게'가 돼서 어세가 더 강해진다.

△ 못ᄒᆞ(못ᄒᆞ다)+게/게시리+막(막다)+자 [막자]

· 담배 먹지 못ᄒᆞ게 막자.

(담배 피지 못하게 막자.)

· 샛치기 못ᄒᆞ게시리 막자.

(껴들지 못하게끔 막자.)

△ 못ᄒᆞ(못ᄒᆞ다)+게/게시리+막(막다)+자+게/겐/이 [막자야]

· 도새기 퀴어나지 못ᄒᆞ게 막자게(겐).

(돼지 뛰어나지 못하게 막자야.)

---

38) '못ᄒᆞ다' · '안ᄒᆞ다'만이 아닌, '엇다/읏다(없다)'와 부정사 '못' · '안'의 뒤에 놓이는 동사 는 다 해당된다. 여기서는 그 들을 다 예시하지 않고 '못ᄒᆞ다' · '안ᄒᆞ다'에 한정했다.

　　물에 터느려가지 못ᄒ게 막자이.
　　(물에 떠내려가지 못하게 막자야.)
・동내에 오지 못ᄒ게시리 막자게(겐).
　　(동내에 오지 못하게끔 막자야.)
　　곡숙밧듸 영장 묻지 못ᄒ게시리 막자이.
　　(곡식밭에 영장 묻지 못하게끔 막자야.)

△ 못ᄒ(못하다)+게/게시리+막(막다)+자+게/겐+이 [막자야게]
・둘아나지 못ᄒ게 막자게(겐)이.
　　(달아나지 못하게 막자야게.)
・헛소리 못ᄒ게시리 막자게(겐)이.
　　(헛소리 못하게끔 막자야게.)

△ 안ᄒ(안하다)+게/게시리+막(막다)+자 [막자]
・노롬ᄒ지 안ᄒ게 막자.
　　(노름 안하게 막자.)
・방화 안나게시리 막자.
　　(방화 안나게끔 막자.)

△ 안ᄒ(안하다)+게/게시리+막(막다)+자+게/겐/이 [막자야]
・울담 넘지 안ᄒ게 막자게(겐).
　　(울담 넘지 안하게 막자야.)
　　미리 오지 안ᄒ게시리 막자이.
　　(미리 오지 안게끔 막자야.)
・욕심내지 안ᄒ게시리 막게(겐).
　　(욕심내지 안하게끔 막자야.)
　　ᄇ름에 넘어나지 안ᄒ게시리 막자이.
　　(바람에 넘어지지 안하게끔 막자야.)

△ 안ᄒ(안하다)+게/게시리+막(막다)+자+게/겐+이 [막자야게]
・발에 볼리지 안ᄒ게 막자게(겐)이.

(발에 밟히지 안하게 막자야게.)
· 웨재기지 안ᄒ게시리 막<u>자게(겐)</u>이.
(왜자기지 안하게끔 막<u>자야게</u>.)

(2) -게 [-자]

이들 비존대형의 '말주체' 청유형종결어미는 위 'ᄒ주체' (2)의 '-게'와 같이, 현대국어의 '-자'에 해당한다. 하지만 'ᄒ주체'에서는 긍정적인 말하기에 쓰였지만, 여기서는 부정적인 말하기인 무엇을 하지 못하도록 하는 '말다'·'막다'에 붙는 점이 다르다. 그 쓰이는 조건은 아래 ❶❷와 같다.

❶ 어간+연결어미+말(말다)+게 [말자]

이 형태를 취할 때의 '-게'는 동사의 어간에 붙어서 금지나 부정을 나타내는 연결어미 '-지/-지랑/-지도…'와 현대국어의 '-게/-게끔'에 해당하는 '-게/-게시리' 다음에 연결되는 보조동사 '말다'의 어간 '말' 다음에 놓인다. 그 끝에 강세첨사 '게/겐'·'이'가 붙으면 그 어세가 더 강해진다. 즉 <-게+게/겐>의 형태를 취하면 '야가, <-게+게/겐+이>의 형태를 취하면 요구의 뜻이 더 강하게 담긴 '게'가 덧붙은 '야게'가 된다.

△ 동사어간+지/지랑/지도+말(말다)+게 [말자]
· 못ᄒ엿젱 내무리지 말<u>게</u>.
(못하였다고 나무라지 말<u>자</u>.)
· 믄직긴 ᄒ뒈 칮지랑 말<u>게</u>.
(만지기는 하되 찢지는 말<u>자</u>.)
· 자이영은 상대ᄒ지도 말<u>게</u>.
(저 애하고는 상대하지도 말<u>자</u>.)

△ 동사어간+지/지랑/지도+말(말다)+게+게/겐/이 [말자야]

· 너미 멀리 걷지 말게게(겐).

(너무 멀리 걷지 말자야.)

· 거짓말쟁이광 놀지 말게이.

(거짓말쟁이와 놀지 말자야.)

· 거것신디 심지지랑 말게게(겐).

(저것한테 잡히지랑 말자야.)

· 저울눈 속이지랑 말게이.

(저울눈 속이지랑 말자야.)

· 가인 불르지도 말게게(겐).

(걔는 부르지도 말자야.)

· 자이영 상대ㅎ지도 말게이.

(쟤하고 상대하지도 말자야.)

△ 동사어간+지/지랑/지도+말(말다)+게+게/겐+이 [말자야게]

· 곡숙 너미 일쯕 비지 말게게(겐)이.

(곡식 너무 일쯕 비지 말자야게.)

· 벤 짐 아이신디 지우지랑 말게게(겐)이.

(무거운 짐 애한테 지우지는 말자야게.)

· 우린 이디서 떠나지도 말게게(겐)이.

(우리는 여기서 떠나지도 말자야게.)

△ 동사어간+게/게시리+말(말다)+게 [말자]

· 성제찌리 드투게 말게.

(형제끼리 다투게 말자.)

· 그 일로 걱정ㅎ게시리 말게.

(그 일로 걱정하게끔 말자.)

△ 어간+게/게시리+말(말다)+게+게/겐/이 [말자야]

· 궨이 애둘게 말게게(겐).

　　(괜히 애달게 말자야.)
　・너미 궤롭게시리 말게이.
　　(너무 괴롭게끔 말자야.)

　△ 어간+게/게시리+말(말다)+게+게/겐+이 [말자야게]
　・집 노피 짓게 말게게(겐)이.
　　(집 높이 짓게 말자야게.)
　・놈신디 나무램 받게시리 말게게(겐)이.
　　(남한테 나무람 받게끔 말자야게.)

❷ 부정동사어간+게/게시리+막(막다)+게 [막자]

　　이 형태를 취할 때의 '-게'는 부정사 '못/안'이 붙은 '못ᄒ다(못하다)'·'안ᄒ다(안하다)'의 어간 '못ᄒ'·'안ᄒ'에 붙는 연결어미 '-게/-게시리(게/게끔)' 다음에 놓이는 '막다'의 어간 '막'에 붙는다. 그 기본골격의 구조는 <못ᄒ/안ᄒ(못ᄒ다/안ᄒ다)+게/게시리+막(막다)+게>가 된다. 또 그 끝에 강세첨사 '게/겐'·'이'중 어느 하나가 붙으면 '야'가, 두 개가 붙으면 '야게'가 되어 그 권유의 의도가 더 강하게 부각된다.

　△ 못ᄒ(못ᄒ다)+게/게시리+막(막다)+게 [막자]
　・아무런 일도 못ᄒ게 막게.
　　(아무런 일도 못하게 막자.)
　・흑교에 가지 못ᄒ게시리 막게.
　　(학교 가지 못하게끔 막자.)

　△ 못ᄒ(못ᄒ다)+게/게시리+막(막다)+게+게/겐/이 [막자야]
　・가인 오지 못ᄒ게 막게게(겐).
　　(걔는 오지 못하게 막자야.)
　・가인 밥 먹지 못ᄒ게시리 막게이.

(걔는 밥 먹지 못하게끔 막자야.)

△ 못ᄒ(못ᄒ다)+게/게시리+막(막다)+게+게/겐+이 [막자야게]
· 가인 들어오지 못ᄒ게 막게게(겐)이.
　(걔는 들어지 못하게 막자야게.)
· 가인 말ᄒ지 못ᄒ게시리 막게게(겐)이.
　(걔는 말하지 못하게끔 막자야게.)

△ 안ᄒ(안ᄒ다)+게/게시리+막(막다)+게 [막자]
· 자인 나가지 안ᄒ게 막게.
　(쟤는 나가지 안하게 막자.)
· 자인 눅지 안ᄒ게시리 막게.
　(쟤는 눕지 안하게끔 막자.)

△ 안ᄒ(못ᄒ다)+게/게시리+막(막다)+게+게/겐+이 [막자야]
· 자인 절ᄒ지 안ᄒ게 막게(겐).
　(쟤는 절하지 안하게 막자야.)
· 자인 웃지 안ᄒ게시리 막게이.
　(쟤는 웃지 안하게끔 막자야.)

△ 안ᄒ(안ᄒ다)+게/게시리+막(막다)+게+게/겐+이 [막자야게]
· 가인 다시 안ᄒ게 막게게(겐)이.
　(걔는 다시 안하게 막자야게.)
· 가인 먹지 안ᄒ게시리 막게게(겐)이.
　(걔는 먹지 안하게끔 막자야게.)

(3) -주/-주기 [-자] [39]

이들 비존대형의 '말주체' 청유형종결어미는 동사의 어간에 붙는다.

---

39) '-주/-주기'는 권유의 뜻이 강한 '-자꾸나'로 대역해도 된다.

그 붙는 조건은 아래 ❶❷와 같다.

❶ 어간+연결어미+말(말다)+주/주기 [말자]

이 형태를 취할 때의 '-주/-주기'는 금지나 부정을 나타내는 연결어미 '-지/-지랑/-지도…'와 무엇을 하도록 하는 연결어미 '-게/-게끔'에 해당하는 '-게/-게시리' 다음에 오는 보조동사 '말다'의 어간 '말' 자음에 붙어서, 현대국어의 '-지/-지는/-지도 말자'·'-게/-게끔 말자'의 '-자'가 된다. 또 그 끝에 강세첨사 '게/겐'이 붙을 수 있는데, 그렇게 되면 그 의도가 강한 '-자야'가 된다.

△ 동사어간+지/지랑/지도+말(말다)+주/주기 [말자]
· 또신 그런 듸 가지/가지랑/가지도 말주.
 (다시는 그런 데 가지/가지는/가지도 말자.)
· 우리랑 ᄀ찌 어울리지/어울리지랑/어울리지도 말주기.
 (우리는 같이 어울리지/어울리지는/어울리지도 말자.)

△ 동사어간+지/지랑/지도+말(말다)+주/주기+게/겐 [말자야]
· 우리랑 줘도 받지/받지랑/받지도 말주게(겐).
 (우리는 줘도 받지/받지는/받지도 말자야.)
· 아예 듣지/듣지랑/듣지도 말주기게(겐).
 (아예 듣지/듣지는/듣지도 말자야.)

△ 동사어간+게/게시리+말(말다)+주/주기 [말자]
· 오늘은 해언 일ᄒ게 말주.
 (오늘은 종일 일하게 말자.)
· 다시랑 오게시리 말주기.
 (다시는 오게끔 말자.)

△ 동사어간+게/게시리+말(말다)+주/주기+게/겐 [말자야]
· 이웃찌리 싸우게 말주게(겐).
  (이웃끼리 싸우게/ 말자야.)
· 쉰 밥 먹게시리 말주기게(겐).
  (쉰 밥 먹게끔 말자야.)

❷ **부정동사어간+게/게시리+막(막다)+주/주기 [막자]**

이 형태를 취할 때의 '–주/–주기'는 부정사 '못/안'이 붙은 '못ᄒ다
(못하다)'·'안ᄒ다(안하다)'의 어간 '못ᄒ'·'안ᄒ'에 붙는 연결어미 '–게/–
게시리(게/게끔)' 다음에 놓이는 '막다'의 어간 '막'에 붙는다. 그 기본골격의
구조는 <못ᄒ/안ᄒ(못ᄒ다/안ᄒ다)+게/게시리+막(막다)+주/주기>가 된
다. 또 그 끝에 강세첨사 '게/겐'이 붙을 수 있는데, 그렇게 되면 그 권유가
강한 '–자야'가 된다.

△ 못ᄒ(못ᄒ다)+게/게시리+막(막다)+주/주기 [막자]
· 야이랑 일어나지 못ᄒ게 막주/주기.
  (애랑 일어나지 못하게 막자.)
· 야이랑 먹지 못ᄒ게시리 막주/주기.
  (애랑 먹지 못하게끔 막자.)

△ 못ᄒ(못ᄒ다)+게/게시리+막(막다)+주/주기+게/겐 [막자야]
· 야이랑 얼씬도 못ᄒ게 막주게(겐)/주기게(겐).
  (애랑 얼씬도 못하게 막자야.)
· 야이랑 옴찍도 못ᄒ게시리 막주게(겐)/주기게(겐).
  (애랑 옴쭉도 못하게끔 막자야.)

△ 안ᄒ(안ᄒ다)+게/게시리+막(막다)+주/주기 [막자]
· 그 사름 걱정ᄒ지 안ᄒ게 막주/주기.

(그 사람 걱정하지 안하게 막자.)

· 서로덜 드투지 안흐게시리 막주/주기.
(서로들 다투지 안하게끔 막자야.)

△ 안흐(안흐다)+게/게시리+막(막다)+주/주기+게/겐 [막자야]

· 더 곤란흐지 안흐게 막주게(겐)/주기게(겐).
(더 곤란하지 안흐게 막자야.)

· 큰 소리 안흐게시리 막주게(겐)/주기게(겐).
(큰 소리 안하게끔 막자야.)

[맙주체]

이 존대형의 '맙주체'는 '흡주체'와 상반되는 것으로 뭣을 하지 말도록 권유하는 말하기의 형태를 문장화한 것을 총괄한 것이다. 여기에 쓰이는 청유형종결어미는 금지나 부정을 나타내는 '말다'·'막다'의 어간에 붙는다. 그 대표적인 것이 현대국어의 '-ㅂ시다'·'-십시다'·'-읍시다'에 해당하는 '-ㅂ주/-ㅂ주기'·'-십주/-십주기'·'-읍주/-읍주기'·'-옵주/-옵주기'로 끝맺는 말들이다.

(1) -ㅂ주/-ㅂ주기 [-ㅂ시다]

이들 존대형의 '맙주체' 청유형종결어미는 금지나 부정을 나타내는 '말다'의 어간에 붙어서 현대국어의 '맙시다'의 '-ㅂ시다'에 해당한다. 그 쓰이는 조건은 금지나 부정을 나타내는 연결어미 '-지/-지랑/-지도…'와 무엇을 하도록 하는 '-도록'의 뜻을 가진 '-게/-게끔'에 해당하는 '-게/-게시리' 다음에 놓이는 보조동사 '말다'의 어간 '말'에 붙어서, 현대국어의 '-지/-지는/-지도 맙시다'·'-게/-게끔 맙시다'의 '-ㅂ시다'가 된다. 그 기본골격의 구조는 <어간+지/지랑/지도+말(말다)+ㅂ주/ㅂ주기>·<어

간+게/게시리+말(말다)+ㅂ주/ㅂ주기>로 돼 있다. 그 끝에 강세첨사 '게/
겐'·'마씀/마씸'·'양' 중 하나 내지 둘이 붙으면 '요'가, 세 개가 겹친 <게/
겐+마씀/마씸+양>의 형태를 취하면, 그 권유의 뜻이 더 강한 '요네'가 덧
붙은 것이 된다.

 △ 동사어간+지/지랑/지도+말(말다)+ㅂ주/ㅂ주기 [맙(말ㅂ)시다]
 · 알아도 굳지/굳지랑/굳지도 맙(마ㅂ)주.
   (알아도 말하지/말하지는/말하지도 맙시다.)
 · 밧갓듸 나가지/나가지랑/나가지도 맙(마ㅂ)주기.
   (바깥에 나지/나가지는/나가지도 맙시다.)

 △ 동사어간+지/지랑/지도+말(말다)+ㅂ주/ㅂ주기+게/겐 [맙(말
   ㅂ)시다요]
 · 줘도 받지/받지랑/받지도 맙(말ㅂ)주게(겐).
   (줘도 받지/받지는/받지도 맙(말ㅂ)시다요.)
 · 우리랑 먹지/먹지랑/먹지도 맙(말ㅂ)주기게(겐).
   (우리는 먹지/먹지는/머지도 맙(말ㅂ)시다요.)

 △ 동사어간+지/지랑/지도+말(말다)+ㅂ주/ㅂ주기+마씀/마씸 [맙
   (말ㅂ)시다요]
 · 너미 깝 비싸게 받지/받지랑/받지도 맙(말ㅂ)주마씀(씸).
   (너무 값 비싸게 받지/받지는/받지도 맙시다요.)
 · 그런 말랑 듣지/듣지랑/듣지도 맙(말ㅂ)주기마씀(씸).
   (그런 말은 듣지/듣지는/듣지도 맙시다요.)

 △ 동사어간+지/지랑/지도+말(말다)+ㅂ주/ㅂ주기+양 [맙(말ㅂ)
   시다요]
 · 못뒌 놈영 놀지/놀지랑/놀지도 맙(말ㅂ)주양.
   (못된 놈하고 놀지/놀지는/놀지도 맙시다요.)

· 가이만 똘리지/똘지랑/똘리지도 맙(말ㅂ)주기양.
　(그 아이만 따돌리지/따돌리지는/따도리지도 맙시다요.)

△ 동사어간+지/지랑/지도+말(말다)+ㅂ주/ㅂ주기+게/겐+마씀/
　마씸 [맙(말ㅂ)시다요]
· 곡숙이랑 볼르지/ㅂ르지랑/볼르지도 맙(말ㅂ)주게(겐)마씀(씸).
　(곡식이랑 밟지/밟지는/밟지도 맙시다요.)
· 비 오는 날엔 내 넘지/넘지랑/넘지도 맙(말ㅂ)주기게(겐)마씀(씸).
　(비 오는 날에는 내 넘지/넘지는/넘지도 맙시다요.)

△ 동사어간+지/지랑/지도+말(말다)+ㅂ주/ㅂ주기+게(겐)+양 [맙
　(말ㅂ)시다요]
· 그만흔 일로 ᄃ투지/ᄃ투지랑/ᄃ투지도 맙(말ㅂ)주게(겐)양.
　(그만한 일로 다투지/다투지는/다투지도 맙시다요.)
· 아파도 울지/울지랑/울지도 맙(말ㅂ)주기게(겐)양.
　(아파도 울지/울지는/울지도 맙시다요.)

△ 동사어간+지+말(말다)+ㅂ주/ㅂ주기+게/겐+마씀/마씸+양 [맙
　(말ㅂ)시다요네]
· 그놈광은 상대ᄒ지 맙(말ㅂ)주게(겐)마씀(씸)양.
　(그놈과는 상대하지 맙시다요네.)
· 우리 ᄆ음냥 ᄒ지 맙(말ㅂ)주기게(겐)마씀(씸)양.
　(우리 마음대로 하지 맙시다요네.)

△ 어간+게/게시리+말(말다)+ㅂ주/ㅂ주기 [맙(말ㅂ)시다]
· 너미 덜럽게 맙(말ㅂ)주.
　(너무 더럽게 맙시다.)
· 그보담 더 좋게시리 맙(말ㅂ)주기.
　(그보다는 더 좋게끔 맙시다요.)

△ 어간+게/게시리+말(말다)+ㅂ주/ㅂ주기+게/겐 [맙(말ㅂ)시
다요]

· 너미 못 준디게 맙(말ㅂ)주게(겐).
(너무 못 견디게 맙시다요.)
· 더 일을 시키게시리 맙(말ㅂ)주기게(겐).
(더 일을 시키게끔 맙시다요.)

△ 어간+게/게시리+말(말다)+ㅂ주/ㅂ주기+마씀/마씸 [맙(말ㅂ)
시다요]

· 오래 지드리게 맙(말ㅂ)주마씀(씸).
(오래 기다리게 맙시다요.)
· 너미 지접게시리 맙(말ㅂ)주기마씀(씸).
(너무 뜨겁게끔 맙시다요.)

△ 어간+게/게시리+말(말다)+ㅂ주/ㅂ주기+양 [맙(말ㅂ)시다요]

· 벌 받게 맙(말ㅂ)주양.
(벌 받게 맙시다요.)
· 애긴 얼게시리 맙(말ㅂ)주기양.
(아기는 춥게끔 맙시다요.)

△ 어간+게/게시리+말(말다)+ㅂ주/ㅂ주기+게겐+마씀/마씸 [맙
(말ㅂ)시다요]

· 가이신던 일흐게 맙(말ㅂ)주게(겐)마씀(씸).
(그 아이한테는 일하게 맙시다요.)
· 그 집이랑 튼게시리 맙(말ㅂ)주기게(겐)마씀(씸).
(그 집이랑 뜬게끔 맙시다요.)

△ 어간+게/게시리+말(말다)+ㅂ주/ㅂ주기+게/겐+양 [맙(말ㅂ)시
다요]

· 놈 부치럽게 맙(말ㅂ)주게(겐)양.

(남 부끄럽게 맙시다요.)
· 못 먹엉 굶게시리 맙(말ㅂ)주기게(겐)양.
(못 먹어서서 굶게끔 맙시다요.)

△ 어간+게/게시리+말(말다)+ㅂ주/ㅂ주기+게/겐+마씀/마씸+양
[맙(말ㅂ)시다요네]
· 너미 곱게 맙(말ㅂ)주게(겐)마씀(씸)양.
(너무 곱게 맙시다요네.)
· 물 굴르는 듸 묻게시리 맙(말ㅂ)주기게(겐)마씀(씸)양.
(물 고이는 데 묻게끔 맙시다요네.)

(2) -십주/-십주기 [-십시다]

이들 존대형의 '맙주체' 청유형종결어미는 보조동사 '말다'의 어간에 붙어서 현대국어의 '마십시다'의 '-십시다'에 해당한다. 그 쓰이는 조건은 동사의 어간에 붙는 금지나 부정을 나타내는 연결어미 '-지/-지랑/-지도 …' 따위와 무엇을 하도록 하는 '-도록'의 뜻을 가진 '-게/-게끔'에 해당하는 '-게/-게시리'40) 다음에 놓이는 '말다'의 어간 '말'에 붙어서, '-지/-지는/-지도 마십시다'·'-게/-게끔 마십시다'의 '-십시다'가 된다. 그 기본골격은 <어간+지/지랑/지도+말(말다)+십주/십주기>·<어간+게/게시리+말(말다)+십주/십주기>의 형태를 취한다. 또 그 끝에 강세첨사 '게/겐'·'마씀/마씸'·'양' 중 하나 내지 둘이 붙으면 '-요'가, 세 개가 겹친 <-게/겐+마씀/마씸+양>의 형태를 취하면, 그 권유의 뜻이 더 강한 '요네'가 덧붙은 효과가 있다.

---

40) '-게/-게시리(게/게끔)'는 동사어간에만 붙는 게 아니라 '아니다'를 제외한 형용사의 어간에도 붙는다.

△ 동사어간+지/지랑/지도+말(말다)+십주/십주기 [마십시다]
· 오늘랑 아무 듸도 가지/지랑/지도 마십주.
(오늘랑 아무 데도 나가지/나가지는/나가지도 마십시다.)
· 신이랑 벗지/벗지랑/벗지도 마십주기.
(신이랑 벗지/벗지는/벗지도 마십시다.)

△ 동사어간+지/지랑/지도+말(말다)+십주/십주기+게/겐 [마십시
다요]
· 우리랑 걸엉 돋지/돋지랑/돋지도 마십주게(겐).
(우리랑 걸어서 뛰지/뛰지는/뛰지도 마십시다요.)
· 우린 헛일랑 ᄒ지/허지랑/ᄒ지도 마십주기게(겐).
(우리는 헛일랑 하지/하지는/하지도 마십시다요.)

△ 동사어간+지/지랑/지도+말(말다)+십주/십주기+마씀/마씸 [마
십시다요]
· 그런 사름이랑 돕지/돕지랑/돕지도 마십주마씀(씸).
(그런 사람이랑 돕지/돕지는/돕지도 마십시다요.)
· 욕심다리랑 사귀지/사귀지랑/사귀지도 마십주기마씀(씸).
(욕심쟁이랑 사귀지/사귀지는/사귀지도 마십시다요.)

△ 동사어간+지/지랑/지도+말(말다)+십주/십주기+양 [마십시
다요]
· 그림에 떡이난 생각지/생각지랑/생각지도 마십주양.
(그림에 떡이난 생각지/생각지는/생각지도 마십시다요.)
· 그 일 돼카부뎅 믿지/믿지랑/믿지도 마십주기양.
(그 일 될까보다고 믿지/믿지는/믿지도 마십시다요.)

△ 동사어간+지/지랑/지도+말(말다)+십주/십주기+게/겐+마씀/
마씸+양 [마십시다요네]
· 우린 줘도 받지/받랑/받지도 마십주게(겐)마씀(씸)양.

(우리는 줘도 받지/받지는/받지도 마십시다요네.)
· 주는 건 내불지/내불지랑/내불지도 마십주기게(젠)마씀(씸)양.
(주는 것은 내버리지/내버리지는/내버리지도 마십시다요네.)

△ 어간+게/게시리+말(말다)+십주/십주기 [마십시다]
· 가이랑 너미 짐 하영 지게 마십주.
(개랑 너무 짐 많이 지게 마십시다.)
· 머리랑 비에 젖게시리 마십주기.
(머리랑 비에 젖게끔 마십시다.)

△ 어간+게/게시리+말(말다)+십주/십주기+게/젠 [마십시다요]
· 성제찌리랑 서로 드투게 마십주게(젠).
(형제끼리랑 다투게 마십시다요.)
· 오늘랑 술 먹게시리 마십주기게(젠).
(오늘랑 술 마시게끔 마십시다요.)

△ 어간+게/게시리+말(말다)+십주/십주기+마씀/마씸 [마십시다요]
· 색칠랑 너미 찐호게 마십주마씀(씸).
(색칠은 너무 진하게 마십시다요.)
· 살림 갈리게시리 마십주기마씀(씸).
(살림 갈리게끔 마십시다요.)

△ 어간+게/게시리+말(말다)+십주/십주기+양 [마십시다요]
· 빕 손으론 가게 마십주양.
(빈 손으로는 가게 마십시다요.)
· 너미 어둑게시리 마십주기양.
(너무 어둡게끔 마십시다요.)

△ 어간+게/게시리+말(말다)+십주/십주기+게/겐+마씀/마씸+양
[마십시다요네]

· 짐칫국 너미 시게 맙<u>주</u>게(겐)마씀(씸)양.
(김칫국 너무 시게 맙<u>십시다요네.</u>)
· 조근각시 언게시리 마<u>십주기</u>게(겐)마씀(씸)양.
(작은마누라 언게끔 마<u>십시다요네.</u>)

(3) –읍주/–읍주기 [–읍시다]

이들 존대형의 '맙주체' 청유형종결어미는 무엇을 못하도록 하는
'막다'의 어간에 붙어서 현대국어의 '막읍시다'의 '–읍시다'에 해당한다. 그
쓰이는 조건은 부정사 '못'·'안'과 결합된 동사의 어간에 붙는 연결어미
'–게/–게시리(게/게끔)' 다음에 '막다'가 올 때, 그 '막다'의 어간 '막'에 붙는
다. 그 기본골격은 <못+어간+게/게시리+막(막다)+읍주/읍주기>가 된다.
끝에 강세첨사 '게/겐'·'마씀/마씸'·'양' 중 하나 내지 둘이 겹치면 '요'가
덧붙은 현대국어의 '–게/–게끔 막읍시다요'의 '–읍시다요'가 되고, 세 개
가 겹쳐서 붙을 경우는 '네'가 덧붙은 '–읍시다요네'가 된다.

△ 못/안+어간+게/게시리+막(막다)+읍주/읍주기 [막<u>읍시다</u>]

· 댕기지 못/안ᄒ게 막<u>읍주.</u>
(다나지 못/안하게 막<u>읍시다.</u>)
· 집이 오지 못/안ᄒ게시리 막<u>읍주기.</u>
(집에 들어오게 못/안하게끔 막<u>읍시다.</u>)

△ 못/안+어간+게/게시리+막(막다)+읍주/읍주기+게/겐 [마<u>읍시
다요</u>]

· 독ᄒ 개랑 질루자 못/안ᄒ게 막<u>읍주</u>게(겐).
(독한 개랑 기르지 못/안하게 막<u>읍시다요.</u>)

· 밥 먹지 못/안하게시리 막<u>읍</u>주기게(젠).
(밥 먹자 못/안하게끔 막<u>읍</u>시다요.)

△ 못/안+어간+게/게시리+막(<u>막</u>다)+읍주/읍주기+마씀/마씸 [막
<u>읍시다요</u>]

· 다신 오지 못/안ᄒ게 막<u>읍</u>주마씀(씸).
(다시는 오지 못/안하게 막<u>읍</u>시다요.)
· 세간이랑 주지 못/안ᄒ게시리 막<u>읍</u>주기마씀(씸).
(세간이랑 주지 못/안하게끔 막<u>읍</u>시다요.)

△ 못/안+어간+게/게시리+막(<u>막</u>다)+읍주/읍주기+양 [막<u>읍시
다요</u>]

· 과실낭 끄치지 못/안ᄒ게 막<u>읍</u>주양.
(과실나무 끊지 못/안하게 막<u>읍</u>시다요.)
· 땅을 파지 못/안ᄒ게시리 막<u>읍</u>주기양.
(땅을 파지 못/안ᄒ게끔 막<u>읍</u>시다요.)

△ 못/안+어간+게/게시리+막(<u>막</u>다)+읍주/읍주기+게/젠+마씀/마
씸+양 [막<u>읍시다요네</u>]

· 그 사름광 말ᄒ지 못/안ᄒ게 막<u>읍</u>주게(젠)마씀(씸)양.
(그 사람과 말하지 못/안하게 막<u>읍</u>시다요네.)
· 장시 못/안ᄒ게시리 막<u>읍</u>주기게(젠)마씀(씸)양.
(장사 못/안하게끔 막<u>읍</u>시다요네.)

(4) -읍주/-읍주기 [-읍시다]

이들 존대형의 '맙주체' 청유청종결어미 '-읍주'와 '-읍주기'는 용
언의 어간에 붙어서 상대를 아주 높여 말할 때 쓰이는 예스러운 말로서,
식자층이나 관료들 간에 주로 쓰였다. 그 쓰이는 조건은 '말다'의 어간 '말'
앞의 어간에 붙는 연결어미 '-지/-지는' · '-게/-게시리(게끔)' 다음에 놓

여서 '-지/지는 마옵시다' · '-게/게끔 마옵시다'의 '-옵시다'가 된다.

> △ 어간+지/지는+말(말다)+옵+주/주기 [-마옵시다]
> · 그 사름광은 놀지/놀지는 마옵주.
> (그 사람과는 놀지/놀지는 마옵시다.)
> · 시간에 늦지/늦지는 마옵주기.
> (시간에 늦지/늦지는 마옵시다.)
>
> △ 어간+게/게시리+말(말다)+옵+주/주기 [-마옵십시다]
> · 널리 알려지게/알려지게시리 마옵주.
> (널리 알려지게/알려지게끔 마옵시다.)
> · 놈 궂게/궂게시리 마옵주기.
> (남 나쁘게/나쁘게끔 마옵시다.)

또 '-옵주/-옵주기'에 주체존대 선어말어미 '-시'가 덧붙은 '-시옵주/-시옵주기'의 형태를 취하면 '-시옵시다'가 된다.

> △ 어간+지/지는+말(말다)+시옵+주/주기 [-마시옵시다]
> · 술이랑 먹지/먹지는 마시옵주.
> (술은 먹지/먹지는 마시옵시다.)
> · 어둑은디 돋지/돋지도 마시옵오주기.
> (어두운데 뛰지/뚜지는 마시옵시다.)
>
> △ 어간+게/게시리+말(말다)+시옵+주/주기 [-마시옵시다]
> · 그놈신디만 좋게/좋게시리 마시옵주.
> (그놈한테만 좋게/좋게끔 마시옵시다.)
> · 밥 너미 족게/족게시리 마시옵주기.
> (밥은 너무 적게/적게끔 마시옵시다.)

5) 감탄형종결어미

누차에 걸쳐 언급했듯이, 제주어는 의사전달의 실제적 효율성을 중시하는 입말 중심의 구어체이다. 그러다 보니 문어체(文語體)에서 중시하는 문법적 논리에 따른 형식에 부합하지 않는 경우가 꽤 많다. 이를테면 문어체의 감탄문은 말을 끝맺는 어말어미가 '−구나/−구려/−도다/−로다…' 등으로 돼 있지만, 제주어인 경우는 앞에서 다룬 종결어미들이 그랬듯이, 감탄형인 경우도 대화현장의 상황에 의한 말하기에 따라 일정치가 않다. 문장형태로 보면 현대국어의 감탄형종결어미로 끝맺지 않는 것들이 많아서, 그 어형이 현대국어와 다르다. 그 까닭은 외적 표현형식보다 말속에 담긴 희로애락의 감성에 좌우되기 때문이다. 아래 제시한 것들은 다른 종결어미들과 구분을 위해 평상시 상투적으로 쓰였던 것들 중 대표적인 것만 간추려 본 것이다.

(1) −구(고)나(낭)·−로구(고)나(낭) [−구나·−로구나]

이들 감탄형종결어미는 체언과 용언의 어간에 붙어서 현대국어의 '−로구나'의 준말인 '−구나'에 해당한다. 그 사례는 아래 ❶❷❸❹❺와 같다.

❶ 체언+구(고)나(낭)/로구(고)나(낭) [−구나/−로구나]

이 형태를 취할 때의 '−구나/−고나'·'−구낭/−고낭', '−로구나/−로고나, '−로구낭/−로고낭'은 모음으로 끝나는 체언 다음에 붙고, 자음받침 체언 다음에는 '이다'의 '이'와 결합된 '−이구나/−이고나', '−이구낭/−이고낭, '−이로구나/−이로고나'·'−이로구낭/−이로고낭'이 붙는다. 끝에 강세첨사 '게/겐'이 붙으면 그 분위기를 돋우는 '야가 덧붙은 현대국어의 '−(로)구나야'가 된다.

△ 체언(모음)+구나/고나/고낭/구낭 [-구나]

· 그게 바로 느<u>구나/고나</u>!
  (그게 바로 너<u>구나</u>!)
· 아, 시릿고망은 다섯 개<u>구낭/고낭</u>!
  (아, 시루 구멍은 다섯 개<u>구나</u>!)

△ 체언(모음)+구나/고나/구낭/고낭+게/겐 [-구나야]

· 시상이서 질 붉은 게 해<u>구나게(겐)/고나게(겐)</u>!
  (세상에서 제일 밝은 것이 해<u>구나야</u>!)
· 저런 게 바로 소로기<u>구낭게(겐)/고낭게(겐)</u>!
  (저런 것이 바로 솔개<u>구나야</u>!)

△ 체언(모음)+로구나/로고나/로구낭/로고낭 [-로구나]

· 저게 불타분 집터<u>로구나/로고나</u>!
  (저것이 불타버린 집터<u>로구나</u>!)
· 요것이 사농 잘흔뎬 흔 개<u>로구낭/로고낭</u>!
  (요것이 사냥을 잘한다고 한 개<u>로구나</u>!)

△ 체언(모음)+로구나/로고나/로구낭/로고낭+게/겐 [-로구나야]

· 자이가 바로 느네 아시<u>로구나게(겐)/로고나게(겐)</u>!
  (쟤가 바로 너희 아우<u>로구나야</u>!)
· 아, 경흔난 물보단 찐흔 게 피<u>로구낭게(겐)/로고낭게(겐)</u>!
  (아, 그러니 물보다 진한 것이 피<u>로구나야</u>!)

△ 체언(자음)+이구나/이고나/이구낭/이고낭 [-이구나]

· 춤 뻔른 게 세월<u>이구나/이고나</u>!
  (참 **빠른** 것이 세월<u>이구나</u>!)
· 쉐만 못흔 게 사름<u>이구낭/이고낭</u>!
  (소만도 못한 것이 사람<u>이구나</u>!)

△ 체언(자음)+이구나/이고나/이구낭/니고낭+게/겐 [-이구나야]

· 그 늑숙(석)은 상댈 못홀 놈이구나게(겐)/이고나게(겐)!
  (그 녀석은 상대를 못할 놈이구나야!)
· 엄부랑흔 왕돌이구낭게(겐)/이고낭게(겐)!
  (엄청난 바윗돌이구나야!)

△ 체언(자음)+이로구/이로고나/이로구낭/이로고낭 [-이로구나]

· 욕심이 너미 쎄언 탈이로구나/이로고나!
  (욕심이 너무 세어서 탈이로구나!)
· 거 춤 큰일이로구낭/이로고낭!
  (거 참 큰일이로구나!)

△ 체언(자음)+이로구나/이로고나/이로구낭/이로고낭+게/겐 [-
  이로구나야]

· 가는 날이 장날이로구나게(겐)/이로고나게(겐)!
  (가는 날이 장날이로구나야!)
· 아 그게 삼춘이로구낭게(겐)/이로고낭게(겐)!
  (아 그것이 삼촌이로구나야.)

❷ **어간+구나/고나/구낭/고낭 [-구나/-는구나]**

이 형태를 취할 때의 '-구나/-고나'·'-구낭/-고낭'은 형용사의 어
간에 붙어서 '-구나'가 되고, 동사의 어간에 붙어서 '-는구나'가 된다. 또
그 끝에 강세첨사 '게/겐'이 붙으면 그 정취를 돋우는 '야'가 덧붙은 '-구나
야'가 된다.

△ 형용사어간+구나/고나/구낭/고낭 [-구나]

· 그 꽃은 춤 곱구나/고나!
  (그 꽃은 참 곱구나!)
· 아춤, 그런게 아니구낭/고낭!

(아참, 그런게 아니<u>구나</u>!)

△ 형용사어간+구나/고나/구낭/고낭+게/겐 [-구나야]

· 이 씰은 너미 야리<u>구나</u>게(겐)/<u>고나</u>게(겐)!

  (이 실은 너무 여리<u>구나</u>야!)

· 는 정말 걸음이 느리<u>구낭</u>게(겐)/<u>고낭</u>게(겐)!

  (너는 정말 걸음이 느리<u>구나</u>야.)

△ 동사어간+는+구나/고나/구낭/고낭 [-는구나]

· 밥 재기도 먹<u>는구나</u>/<u>는고나</u>!

  (밥 재게도 먹<u>는구나</u>!)

· 촘 뻘리도 가<u>는구낭</u>/<u>는고낭</u>!

  (참 빨리도 가<u>는구나</u>!)

△ 동사어간+는+구나/고나/구낭/고낭+게/겐 [-는구나야]

· 절국은 모지레<u>는구나</u>게(겐)/<u>는고나</u>게(겐)!

  (결국은 모자라<u>는구나</u>야!)

· 촘 멀리도 느<u>는구낭</u>게(겐)/<u>는고낭</u>게(겐)!

  (참 멀리도 나<u>는구나</u>야!)

❸ **어간+앗/엇/엿+구나/고나/구낭/고낭 [-았/었/였구나]**

이 형태를 취할 때의 '-구나/-고나/-구낭/-고낭'은 과거시제 선어말어미 '-앗/엇/엿(았/었/였)-' 다음에 붙어서 현대국어의 '-았/었/였구나'의 '-구나'가 된다. 또 강세첨사 '게/겐'이 붙으면 그 정취를 돋우는 '야'가 덧붙은 '-구나야'가 된다.

△ 양성어간+앗+구나/고나/구낭/고낭 [-았구나]

· 실퍼 잘 놀앗<u>구나</u>/<u>고나</u>!

  (실컷 잘 놀았<u>구나</u>!)

· 이제도 하영 남았<u>구낭</u>/고낭!
  (이제도 많이 남았<u>구나</u>!)

△ 양성어간+앗+구나/고나/구낭/고낭+게/겐 [−았구나야]

· 아이고, 피멍들게 맞앗<u>구나</u>게(겐)/<u>고나</u>게(겐)!
  (아이고, 피멍들게 맞았<u>구나야</u>!)
· 수뭇 애돌앗<u>구낭</u>게(겐)/<u>고낭</u>게(겐)!
  (사뭇 애달았<u>구나야</u>!)

△ 음성어간+엇+구나/고나/구낭/고낭 [−었구나]

· 쉐 엇이 욕만 처들엇<u>구나</u>/<u>고나</u>!
  (죄 없이 욕만 처들었<u>구나</u>!)
· 하도 설롼 막 울엇<u>구낭</u>/<u>고낭</u>!
  (하도 서러워서 막 울었<u>구나</u>!)

△ 음성어간+엇+구나/고나/구낭/고낭+게/겐 [−었구나야]

· 우리 낭에만 꼿이 피엇<u>구나</u>게(겐)/<u>고나</u>게(겐)!
  (우리 나무에만 꽃이 피었<u>구나야</u>!)
· 볼써 죽언 묻어불엇<u>구낭</u>게(겐)/<u>고낭</u>게(겐)!
  (벌써 죽어서 묻어버렸(리었)<u>구나야</u>!)

△ ᄒ(ᄒ다)+엿+구나/고나/구낭/고낭 [−였구나]

· 그 집은 폭삭 망ᄒ엿<u>구나</u>/<u>고나</u>!
  (그 집은 폭삭 망하였<u>구나</u>!)
· 아이고게, 일만 처ᄒ엿<u>구낭</u>/<u>고낭</u>!
  (아이고야, 일만 처하였<u>구나</u>!)

△ ᄒ(ᄒ다)+엿+구나/고나/구낭/고낭+게/겐 [−였구나야]

· 가인 그자락도 못ᄒ엿<u>구나</u>게(겐)/<u>고나</u>게(겐)!
  (걔는 그렇게도 못하였<u>구나야</u>!)

・아무도 엇어부난 섭섭ᄒ엿<u>구낭게(겐)/고낭게(겐)</u>!
（우무도 없어버리니 섭섭하였<u>구나야</u>!）

❹ **어간+암/엄/염+구나/고나/구낭/고낭 [-고 있구나]**

이 형태를 취할 때의 '-구나/-고나/-구낭/-고낭'은 진행상을 나타내는 선어말어미 '-암/엄/연(고 있)-' 다음에 놓여서 현대국어의 '-고 있구나'의 '-구나'가 된다. 또 끝에 강세첨사 '게/겐'이 붙으면 위 ❶❷❸과 같이 '-구나야'가 된다.

△ 양성어간+암+구나/고나/구낭/고낭 [-고 있<u>구나</u>]
・저 연은 잘도 노피 놀암<u>구나/고나</u>!
（저 연은 몹시 높이 날고 있<u>구나!</u>）
・경도 못살암<u>구낭/고낭</u>!
（그렇게도 못살고 있<u>구나</u>!）

△ 양성어간+암+구나/고나/구낭/고낭+게/겐 [-고 있<u>구나야</u>]
・얼음 녹듯이 술술 녹암<u>구나게(겐)/고게(겐)</u>!
（얼음 녹듯 살살 녹고 있<u>구나야</u>!）
・나가 홀 말 사돈이 몬저 ᄀᆞᆯ암<u>구낭게(게)/고낭게(겐)</u>!
（내가 할 말을 사돈이 먼저 말하고 있<u>구나야</u>!）

△ 음성어간+엄+구나/고나/구낭/고낭 [-고 있<u>구나</u>]
・족흔 사름 떠나불엄<u>구나/고나</u>!
（귀한 사람 따나버리고 있<u>구나</u>.）
・밧기 간 너미 오래 살아불엄<u>구낭/고낭</u>!
（육지부에 가서 너무 오래 살아버리고 있<u>구나</u>!）

△ 음성어간+엄+구나/고나/구낭/고낭+게/겐 [-고 있<u>구나야</u>]
・경 재기 엇어져불엄<u>구나게(겐)/고게(겐)</u>!

(그렇게 빨리 없어져버리고 있<u>구나야</u>!)
· 제우 이세사 기엄<u>구낭게</u>(게)/<u>고낭게</u>(겐)!
(겨우 이제야 기고 있<u>구나야</u>!)

△ ᄒ(ᄒ다)+염+구나/고나/구낭/고낭 [-고 있<u>구나</u>]
· 그 집안도 망ᄒ<u>염구나</u>/<u>고나</u>!
(그 집안도 망하고 있<u>구나</u>!)
· 공부 경 잘ᄒ염<u>구낭</u>/<u>고낭</u>!
(공부 그렇게 잘하고 있<u>구나야</u>!)

△ ᄒ(ᄒ다)+염+구나/고나/구낭/고낭+게/겐 [-고 있<u>구나야</u>]
· 맬 맞아사 고분고분ᄒ<u>염구나게</u>(겐)/<u>구고나게</u>(겐)!
(매를 맞아야 고분고분하고 있<u>구나야</u>!)
· 느보단 공불 훨씬 잘ᄒ염<u>구낭게</u>(겐)/<u>고낭게</u>(겐)!
(너보다는 공부를 훨씬 잘하고 있<u>구나야</u>!)

❺ **어간+더/겟+구나/고나/구낭/고낭 [-더구나/-겠구나]**

이 형태를 취할 때의 '-구나/-고나/-구낭/-고낭'은 회상시제 선
어말어미 '-더-' 다음에 붙어서 현대국어의 '-더구나'의 '-구나'가 되고,
추측·의도·가능을 나타내는 선어말어미 '-겟(겠)-' 다음에 붙어서 '-겠
구나'의 '-구나'가 된다. 또 그 끝에 강세첨사 '게/겐'이 붙는 것은 위 ❶
❷❸❹와 같다.

△ 어간+더+구나/고나/구낭/고낭 [-더구나]
· 벗 엇이 지만도 잘 놀<u>더구나</u>/<u>고나</u>!
(벗 없이 자기만도 잘 놀<u>더구나</u>!)
· 색즈가 하도 곱<u>더구낭</u>/<u>고낭</u>!
(색깔이 하도 곱<u>더구나</u>!)

△ 어간+더+구나/고나/구낭/고낭+게/겐 [-더구나야]
· 불이 활활 잘 부트더구나게(겐)/고나게(겐)!
  (불이 활활 잘 붙더구나야!)
· 역시 배운 사름이 달르더구낭게(겐)/고낭게(겐)!
  (역시 배운 사람이 다르더구나야!)

△ 어간+겟+구나/고나/구낭/고낭 [-겠구나]
· 그 낭 불휘가 널리 번겟구나/고나!
  (그 나무의 뿌리가 널리 뻗겠구나!)
· 춤 맛이 돌겟구낭/고낭!
  (참 맛이 달겠구나!)

△ 어간+겟+구나/고나/구낭/고낭+게/겐 [-겠구나야]
· 얼메 엇엉 손지 보겟구나게(겐)/고나게(겐)!
  (얼마 없어서 손자 보겠구나야!)
· 야, 일름 난 큰 부재가 뒈겟구낭게(겐)/고낭게(겐)!
  (야, 이름 난 큰 부자가 되겠구나야!)

(2) -이여·-여 [-이여·-여]

이들 감탄형종결어미는 원래 자음받침으로 끝나는 체언 다음에는 '이여'가, 모음으로 끝나는 체언 다음에는 '-여'가 연결돼서 부름이나 호소의 뜻을 나타내는 호격조사이다. 그와 같은 맥락에서 아래 예시와 같이 자음받침으로 끝나는 체언에는 '-이여'가, 모음으로 끝나는 체언에는 '여'가 붙어서 감탄형의 구실을 한다.

△ 체언(자음)+이여 [-이여]
· 나가 불르당 죽을 일름이여!
  (내가 부르다가 죽을 이름이여!)

· 아, 이 산은 멩산이여!
(아, 이 산/묘는 명산이여!)

△ 체언(모음)+여 [-여]

· 불쌍흔 게 바로 우리여!
(불쌍한 것이 바로 우리여!)
· 물보단 진흔 게 피여!
(물보다 진한 것이 피여!)

(3) -로다··-이로다 [-로다··-이로다]

이들 감탄형종결어미는 현대국어와 마찬가지이다. 그 붙는 조건은
모음으로 끝나는 체언과 형용사 '아니다'의 어간 '아니' 다음에는 '-로다'가
붙고, 자음받침으로 끝나는 체언 다음에는 '-이로다'가 붙는다.

△ 체언(모음)+로다 [-로다]

· 존 게 친구로다!
(좋은 것이 친구로다!)
· ᄀᆞᆷ 때 지드리는 게 비로다!
(가뭄 때 기다리는 것이 비로다!)

△ 체언(자음)+이(이다)+로다 [-이로다]

· 못살 시상이로다!
(못살 세상이로다!)
· 오늘은 지쁜 날이로다!
(오늘은 기쁜 날이로다!)

△ 형용사어간(아니다)+로다 [-로다]

· 살아가는 성펜이 말이 아니로다.
(살아가는 형편이 말이 아니로다!)

· 간 보난 그게 아니<u>로다</u>!
  (가서 보니 그것이 아니<u>로다</u>!)

위와 같이 희로애락의 정감의 표현은 다양한 형태로 나타나기 마련이다. 이들은 어느 순간 무슨 일에 맞닥칠 때마다 표출되는 감탄조의 말을 편의상 격식화시킨 것일 뿐, 실제 말하기에서는 고정된 형식이 있는 것이 아니다. 그때 그때의 상황에 따라 달라질 수가 있다.

참 고 문 헌

강영봉:『제주 한경지역의 언어와 생활』, 태학사, 2007.

고재환:『제주속담총론』, 민속원, 2001.

    〃 :『제주속담사전』 민속원, 2002.

남기심/고영근:『표준국어문법』, 탑출판사, 1985.

남광우:『古語辭典』, (株)敎學社, 1997.

김영돈:『濟州島民謠研究 上』, 一潮閣, 1997.

김영돈 외:『濟州說話集成(1)』, 濟州大學校 耽羅文化研究所, 1985.

김형규:『國語學槪論』, 一潮閣, 1984.

문순덕:『제주방언 문법연구』, 도서출판 세림, 2003.

박용후:『제주방언연구』, 도원사, 1960.

송상조:『제주말 큰사전』, 한국문화사, 2007.

윤치부:『제주전래동요사전』, 민속원, 1999.

이기문:『國語史槪說』, 태학사, 2007.

이익섭:『國語學槪說』, 學研社, 1989.

전영우:『표준어국어발음사전』, 집문당, 1992.

허 웅 주역:『龍飛御天歌』, 正音社, 1979.

현용준:『제주도무속자료사전』, 도서출판 각, 2007.

현평효:『濟州方言研究』-論考篇-, 二友出版社, 1985.

홍종림:『제주방언의 樣態와 相』, 한신문화사, 1993.

『杜詩諺解』, 大提閣, 한국고전총서간행위원회 편, 1987.

『국어대사전』, 금성출판사, 1992.

『새한글맞춤법 및 용례집』, 아시아 법조각, 1993.

『제주도큰굿자료』, 제주도특별자치도/제주전통문화연구소, 2001.

『제주어사전』, 제주특별자치도, 2009.

찾 아 보 기

ㄱ

간음화/축약화 356

감탄문 454

감탄사 45, 46, 53, 54, 59, 60

감탄사+게/겐 59

감탄사+양 46

감탄사+이 54

감탄형종결어미 19, 22, 23, 58, 70, 454, 461, 462

강세보조사 45

강세어미 53, 191

강세첨사(强勢添辭) 9, 37~47, 50~60, 62, 64~71, 129, 136, 139, 140~143, 146, 159, 169, 170, 172~177, 180, 183, 185, 188~191, 193, 194, 197, 198, 200~204, 206, 208, 212, 214, 216, 218, 220, 222, 224, 225, 230~232, 234, 235, 240, 242, 244, 253, 255~258, 261~269, 271~280, 283, 285, 286, 288, 290, 291, 292, 294, 296, 299~302, 304~307, 309~313, 315, 317, 319, 320, 322, 325, 326, 330~333, 336, 341, 343, 345, 347, 348, 352, 354, 355, 357, 359, 360, 361, 363, 364, 365, 369, 371, 372, 376, 377, 378, 383, 384, 386, 387, 388, 391, 393, 396, 397, 398, 402~406, 411, 413, 414, 415, 417, 418, 420, 424, 426, 428, 431, 434, 436, 438, 440, 442, 443, 445, 448, 451, 454, 456, 457, 459, 460

강세형 320

-거딜랑/-거딜란 122

-거라 386

-건-건 161

-게 405, 438

-게/-겐・-게게/-게겐 129

-게꾸리・-게꾸룸・-게시리 139

-겟- 19

-겡/-겐 118

겹보조사 154

경어법 31, 127

-고/-곡 73

-고렝/-고렌 107

고어 31

-고정/-구정 140

-곡-곡 161

공통형:게/겐 59

과거시제 107, 126, 251

과거시제 선어말어미 14, 55, 63,
  70, 84, 93, 103, 105, 109, 113,
  114, 118, 120, 121, 122, 133, 136,
  143, 146, 150, 154, 156, 166, 180,
  191, 200, 206, 212, 225, 235, 244,
  253, 256, 269, 273, 280, 281, 286,
  292, 298, 313, 322, 331, 339, 344,
  347, 361, 392, 402, 411, 457

과거완료형 235

관형사 32

관형사형어미 92, 153, 183

관형사형전성어미 18, 32, 33, 34,
  95

-구(고)나(낭)·-로구(고)나(낭)
  454

구개음 36

구개음화 154

구술효과 136

구어체(口語體) 9, 418, 454

국어문법 73

-그네/-그넹 133

극존대 31

극존대어 25

극존대형 249, 251, 252, 337, 339,
  340, 341, 376

극존대형선어말어미 25, 27

기본형 45, 54, 68

기본형+게/겐 60

기본형+양 46

기본형/원형 46, 60, 68

기본형+이+게겐 68

기본형어미 47, 133

ㄴ

-ㄴ/-는- 17

-ㄴ/-는/-은 32

-ㄴ가/-ㄴ고 258

-ㄴ다·-은다 183

-ㄴ뎅/-ㄴ덴·-는뎅/-는덴 91

-ㄴ디·-디 286

-ㄴ디·-은디·-는디 149

-나 168, 272

-난 34, 75

-낫- 12

-낭-낭·-으낭-낭 162

-네·-느네 197

-넹/-넨 97, 98

-노렝/-노렌 108

-느니··-으니··-이니 277

-는가/-는고 263

-는딩/-는딘··-ㄴ딩/-ㄴ딘 95

-니 274

-닝/-닌··-느닝/-느닌 101

ㄷ

-다+ㅇ/ㄴ>당/단 81

-닥-닥 163

-닥지 157

대등관계 73

대등적 연결어미 73, 129

대우관계 73

대응어 53

-댜 281

-더- 15

-더렝/-더렌 111

-던/-단 34

-뎅/-텐 84

동사 14, 50, 55, 56, 57, 60, 62, 64,
    68, 69, 72, 93, 95

동사어간 152

동사어간+게 405

동사어간+는가/는고 263

동사어간+읍서 364

동사어간+저 190

동형이역(同形異役) 73, 149

된소리 311

-딩/-딘 93

ㄹ

-ㄹ꼬 266

-ㄹ댜/-을댜 282

-ㄹ뎅/-ㄹ덴··-을뎅/-을덴 92

-ㄹ디/-을디 153

-ㄹ딩/-ㄹ딘··-을딩/-을딘 96

-ㄹ레-ㄹ레··-을레-(을)레 164

ㄹ-불규칙어간 281

-ㄹ/-을 33

-라 347, 383

-라/-라 384

-라/-이라 296

-라··-이라 170

-라게··-라야 353

-라라··-이라라 172

-락-락··-으락-으락 163

-랏- 14

-레··-으레 148

-렝/-렌··-으렝/-으렌··-우렝/-
    우렌 104

-로다··-이로다 462

ㅁ

-마씀/-마씸 201, 304

마씀/마씸+양/마씀/마씸+게/겐 64

말라체 346, 382, 385

말자체 386

말주체 398, 434, 438, 441

맙서체 346, 388, 390, 393, 394, 396

맙주체 398, 418, 444, 448, 451, 452

-멍 74

-멍-멍 165

-메·-으메 141

-메·-으메·-우메 174

명령형 388

명령형어미 374

명령형종결어미 56, 62, 346, 347,
353~357, 359, 360, 361, 363, 371,
376, 377, 383, 385, 386, 388, 390,
393, 394, 396, 398

명사 35, 36

명사형 188

명사형어미 326

명사형전성어미 35, 36, 296, 326,
328

명사화접미사 35

모음조화 180

못/안+어간+게+막(막다)+자 436

문어체(文語體) 9, 454

-민 75

민중어 249, 337, 374

ㅂ

-ㅂ네다 230

-ㅂ네까/-ㅂ네깡 317

-ㅂ데가/-ㅂ데강 311

-ㅂ데다 232

-ㅂ서 388

-ㅂ셍/-ㅂ센·-읍셍/-읍센·-웁
셍/-웁셴 111

-ㅂ주/-ㅂ주기 240, 418, 444

ㅂ-불규칙 175, 222, 277, 291, 310,
317, 344, 359

ㅂ-불규칙어간 111, 117, 121

ㅂ-불규칙용언 104, 121, 153, 160,
176, 277, 291, 310, 359

ㅂ-불규칙형용사 262

반복형연결어미 161, 162, 163, 164,
165, 166, 167

반존대 377, 388

반존대어말어미(半尊待語末語尾)
341

반존대형(半尊待形) 252, 346, 363,
418

변이형 329

변형 376

보조동사 383~388, 390, 393, 396,
397, 434, 438, 442, 444, 448

보조사 37, 46, 53, 54, 60, 122, 129,

136, 140, 141, 143, 145, 146, 148, 154, 158, 159

보조용언 76

보조적 연결어미 76, 129, 153

복합어미군(複合語尾群) 73

부사격조사 84, 91, 93, 96, 97, 100, 104, 107, 111, 112, 114, 116, 118, 128

부사형어미 76

부서격조사 103

부정동사어간+게/게시리+막(막다)+게 440

부정동사어간+게/게시리+막(막다)+주/주기 443

부정동사어간+게+막(막다)+심/순 397

부정동사어간+게+말리(말리다)+라 385

부정동사어간+동사+게+막(막다)+거라 387

비어 144

비어말어미 9

비존대어 37, 60, 68, 69, 71, 122, 142, 143

비존대형 54, 62, 65, 67, 168, 170, 172, 173, 174, 177, 183, 188~190, 193, 200, 254, 258, 263, 266, 268, 272, 274, 281, 282, 286, 288, 291, 292, 294, 296~299, 301, 302, 307, 346, 347, 353~355, 357, 359, 360, 382, 383, 385, 386, 398, 405, 414, 434, 438, 441

비존대형의 명령형종결어미 384

비존대형:이 53

비존대형종결어미 44, 59

ㅅ

사/피동형접미사+쿠가/쿠강=쿠과/쿠광 333

사동·피동형접미사 183, 283, 348, 361, 398

사동형접미사 185, 186, 187, 285, 328, 335, 347, 351, 352, 356, 357, 361, 365, 368, 369, 374, 378, 381, 384, 402, 410, 417, 424, 426

-스오/스옵(습)/즈옵(줍)- 25

-스옵네까/-습네까··-스옵네깡/-습네깡 339

-스옵네다 251

-산디 158

상호동화 356

-서 189

-서니··-서냐 302

서술격조사 99, 110, 116, 120, 150, 152

서술문 168

선어말어미(先語末語尾) 9, 15~19,
21, 22, 25, 30, 31, 42, 44, 50, 51,
56, 66, 71, 81, 84, 90, 93, 103,
105, 107, 109, 111, 114, 121, 122,
125~128, 136, 144~146, 154, 156,
168, 173, 183, 189, 190, 191, 193,
200, 208, 214, 224, 225, 235, 244,
249, 251~253, 274, 278, 279, 281,
286, 294, 301, 302, 315, 322, 330,
332, 337, 339, 345, 347, 361, 372,
391, 403, 412, 428, 433, 459, 460
-소서·-옵서 374, 394
-수가/-수강·-수과/-수광 320
-수게/-수겡/-수겐 211
-수겡/-수겐 112
-수다 204
-수뎅/-수덴 114
-순/-심 252
-시/-오/-옵- 22
-시난/-시메 145
-시니/-시냐·-이니/-이냐 278
시상(時相) 73, 190
시제구분 91
시제적 연결어미 73, 76
시제형선어말어미 9
-시카/-시코 294
-심/-순 341, 377, 396
심의형선어말어미 19

-십데가/-십데강 315
-십서 371, 390
-십주/-십주기 426
15세기 중세국어 281

ㅇ

ㅣ모음동화 198, 356
-아/-어/-여 76, 177, 297, 355
-아/-어/-여+ㅇ>-앙/-엉/-영·-
아/-어/-여+ㄴ>-안/-언/-연 77
-아냐/-어냐/-여냐 301
-아사/-어사/-여사 158
-악-악/-억-억/-역-역 166
-안/-언/-연 298
-안/언/연- 11
-암/엄/염- 16
-앗/엇/엿- 10
양성모음 어간 10, 11, 16, 39, 42,
43, 44, 47, 49, 50, 71, 72, 77, 79,
80, 130, 158, 160, 166, 297, 298,
299, 301, 347, 354, 355, 384
양성어간+아 177
양성어간+안가/안고 299
어간 35, 36, 39, 40, 51, 55, 56, 57,
62, 64, 69, 70, 72~74, 76, 80, 81,
91~93, 95, 99, 100, 102, 104, 105,
107, 109, 193

어간+(앗/엇/엿·암/엄/염)+주/주기
　195

어간+게/십주+마씀/마씸 41

어간+게/주+마씀/마씸+양 64

어간+게/주+이+게/겐 69

어간+게/주기+게/겐 62

어간+구나/고나/구낭/고낭 456

어간+구나/구낭+이 58

어간+구나/구낭+이+게/겐 70

어간+기/지 36

어간+ㄴ가/ㄴ고 261

어간+ㄴ다/은다 183

어간+ㄴ디/는디/은디 150, 152

어간+넹/넨·느녱/느녠 99

어간+느네/느녜 198

어간+다/나+이 54

어간+더/겟+구나/고나/구낭/고낭
　460

어간+르꼬 267

어간+르락/을락 36

어간+라 347

어간+라/거라+게/겐 62

어간+ㅁ 35

어간+마씀/마씸 203, 305

어간+메/으메 175

어간+ㅂ네다 231

어간+ㅂ데가/ㅂ데강 312

어간+ㅂ데다 233

어간+(ㅂ변칙)+우+카/코+마씀/마씸
　310

어간+(ㅂ변칙)+우메 176

어간+ㅂ서 363

어간+ㅂ주/ㅂ주기 242, 418

어간+ㅅ오 25

어간+ㅅ옵/습 27

어간+사/피동접형접미사+ㅂ서 365

어간+사/피동형접미사+게+게/겐
　406

어간+사/피동형접미사+라 348

어간+사/피접미사+주/주기 415

어간+사동형접미사+거라 361

어간+사동형접미사+ㄴ다 185

어간+사동형접미사+십/순 378

어간+선어말어미+젱/젠 118

어간+수게/수겡/수겐 211

어간+수다 204

어간+시+어/우꽈/구낭 23

어간+십/순 342, 377

어간+십서 371

어간+십주/십주기 426

어간+아/어/여+ㄴ>안/언/연 79

어간+아/어/여+낫 13

어간+아/어/여+넹/녠 100

어간+아/어/여+니 276

어간+아/어/여+마씀/마씸 39

어간+아/어/여+마씀/마씸+양 65

어간+아/어/여+ㅇ/ㄴ>앙/안·엉/
언·영/연 80

어간+아/어/여+ㅇ>앙/엉/영 77

어간+아/어/여+양 47

어간+안/언/연+가/고 256

어간+안/언/연+게+양 49

어간+안/언/연+마씀/마씸 42

어간+안게/언게/연게+마씀/마씸 43

어간+암/엄/염+게 412

어간+암/엄/염+게+양 50

어간+암/엄/염+구나/고나/구낭/고낭
459

어간+암/엄/염+나 274

어간+암/엄/염+서+마씀/마씸 44

어간+암/엄/염+서+마씀/마씸+게/겐
66

어간+암/엄/염+수게/수겡/수겐 214

어간+암/엄/염+수다 208

어간+암/엄/염+시니/시냐 279

어간+암/엄/염+시라+이 56

어간+암/엄/염+신가/신고 271

어간+암/엄/염+심/순 345

어간+암/엄/염+십서 372

어간+암/엄/염+십주/십주기 428

어간+암/엄/염+자 403

어간+앗/엇/엿/+어 180

어간+앗/엇/엿+게 411

어간+앗/엇/엿+구나/고나/구낭/고낭
457

어간+앗/엇/엿+나 273

어간+앗/엇/엿+수게/수겡/수겐 212

어간+앗/엇/엿+수다 206

어간+앗/엇/엿+심/순 344

어간+앗/엇/엿+이니/이냐 280

어간+앗/엇/엿+이카+이 55

어간+앗/엇/엿+인가/인고 269

어간+앗/엇/엿+입주+게/겐 63

어간+앗/엇/엿+자 402

어간+연결어미+말(말다)+게 438

어간+연결어미+말(말다)+주/주기
442

어간+오+니/민/리다 24

어간+옵+고/더니/주/네다 25

어간+옵+네까/네깡 338

어간+옵+네다 250

어간+우+ㄴ가/ㄴ고 262

어간+우까/우꽈+마씀/마씸 40

어간+우께/우껭/우껜 222

어간+우다 218

어간+음 36

어간+인가/인고 268

어간+자 398

어간+ᄌ옵/줍 30

어간+젱/겐 117

어간+주/주기 194, 414

어간+주/주기+이 57

어간(주다)+주/주기 197

어간+지/지도+말(말다)+거라 386

어간+지/지도+말(말다)+라 384

어간+지/지도+말(말다)+심/순 396

어간+지/지도+말(말다)+십서 390

어간+지/지도+말(말다)+암+십서 391

어간+지/지도+말(말다)+자 434

어간+카/으카+게/겐 61

어간+카/코 289

어간+카/코+마씀/마씸 308

어간+쿠가/쿠강=쿠과/쿠광 330

어간+크/커+라+양 51

어간+피동형접미사+ㄴ다 187

어근 35

어근+접미사→명사 35

어말어미 72, 73, 74, 76, 168, 346, 376, 385, 393, 396, 398, 454

어소 73

어투 198, 336, 343, 345, 347, 418, 420, 428

-엥/-엔 116

여-불규칙동사 355

여-불규칙용언 39, 43, 44, 48, 49, 50

여성전용어 398

연결어미(連結語尾) 9, 16, 24, 25, 30, 49, 59, 72, 77, 79, 80, 81, 90~93, 95~97, 101, 103, 104, 105, 107, 108, 111, 112, 114~119, 121, 122, 125~130, 133, 135, 139, 143, 145, 146, 148, 149, 150, 152, 153, 154, 156, 158, 168, 383, 384, 386~388, 390, 393, 394, 396, 397, 434, 438, 440, 442~444, 448, 451, 452

예삿소리 312, 313

-옵네까/-옵네깡 337

-옵네다 249

-옵주/-옵주기 433, 452

용언 35, 36, 39, 46, 51, 55, 60, 64, 68, 72, 73, 74, 76, 80, 81, 91, 100, 102

용언+랏 15

-우까/-우깡·-우꽈/-우꽝 324

-우께/-우껭/-우껜 219

-우껭/-우껜 115

-우다 216

-우라 357

-우카/-우코 291

-으라 385

-으쿠가/-으쿠강·-으쿠과/-으쿠광 336

음성모음 178

음성모음 어간 10, 11, 16, 39, 42, 44, 48, 49, 50, 71, 72, 77, 79, 80, 130, 158, 160, 166, 297, 298, 300, 301, 347, 354, 355, 385

음성어간+어 178

음성어간+언가/언고 300

-읍네까/-읍네깡 319

-읍데가/-읍데강 315

-읍서 393

-읍주/-읍주기 431, 451

의도형연결어미 117

의문사 255, 263, 288, 292, 294, 302, 304

의문형 61, 93, 101, 164, 311, 312, 377

의문형어말어미 281

의문형어미 95, 100, 102, 128, 263, 291, 296, 301, 307, 330, 337, 339, 340

의문형연결어미 96, 99, 119

의문형종결어미 11, 19, 22, 23, 31, 40, 55, 61, 70, 71, 93, 103, 115, 254, 258, 261~269, 271~278, 281, 282, 286, 288, 289, 291, 292, 294, 296~302, 304~307, 311, 313, 315, 317, 319, 320, 324, 329, 335~337, 339~341

2인칭 281

이+게/겐 67

-이난/-이메 143

-이네 · -시네 200

-이닝/-이닌 · -시닌/-시닌 103

-이렝/-이렌 · -시렝/-시렌 105

-이민 · -시민 146

-이여 · -여 461

-이카/-이코 292

-이켕/-이켄 · -시켕/-시켄 126

-이쿠다 · -시쿠다 225

이형동역(異形同役) 73

-인가/-인고 · -신가/-신고 268

-인공/-인곤 · -신공/-신곤 · -운공/-운곤 121

-인다 188

-인디/-신디 154

-입데가/-입데강 313

-입데다 · -십데다 235

-입주/-입주기 · -십주/-십주기 244

ㅈ

-자 398, 434

-ㅈ옵네까/-줍네까 · -ㅈ옵네깡/-줍네깡 340

-ㅈ옵서 376

-자-자   167

작위동사(作爲動詞)   355

-저   190

전성명사   32, 35

전성어미(轉成語尾)   9, 18, 32, 168

제주어   17, 53, 59, 263, 454

제주어문법   76

-젱/-젠   117

조모음   125, 148, 175, 231, 242, 250, 267, 331, 338, 374, 377, 433

조보적 연결어미   73

존대어   21, 37, 60, 65, 122, 128, 142~145

존대형   39, 42, 44, 63~65, 168, 204, 211, 216, 219, 224, 225, 230, 232, 235, 240, 244, 249, 251, 252, 254, 304, 305, 311, 313, 315, 317, 319, 320, 324, 329, 335~337, 346, 363, 371, 374, 376, 388, 390, 393, 394, 398, 418, 426, 431, 433, 434, 444, 448, 451, 452

존대형: 마씀/마씸   38

존대형: 양   45

존대형선어말어미   22, 23, 24, 25

존대형어미   111

존대형의문형어미   112

존대형의문형종결어미   306

존대형종결어미   38, 39, 59, 66, 114

종결어미(終結語尾)   9, 16, 18, 24, 25, 30, 38, 39, 46, 48, 49, 52~57, 59, 60, 64, 66~68, 91, 109, 129, 136, 181, 188, 190, 191, 193, 194, 197, 224, 249, 251, 252, 254, 297, 298, 301, 347, 353, 377, 414, 454

종속적 연결어미   73, 74, 129

-주/-주기   135, 414, 441

-주/-주기·-이주/-이주기   193

주요 연결어미   129

주체존대   22, 23, 433

주체존대 선어말어미   453

-지   76

진행상   50, 56, 71, 84, 93, 103, 105, 107, 109, 113, 114, 118, 122, 126, 136, 146, 154, 156, 189, 191, 200, 208, 214, 225, 235, 244, 251, 253, 271, 274, 279, 281, 286, 294, 302, 315, 322, 332, 339, 345, 347, 361, 372, 391, 403, 412, 428, 459

ㅊ

청유형   398

청유형종결어미   41, 50, 57, 62, 64, 69, 118, 397, 398, 405, 414, 418, 426, 428, 431, 433, 434, 438, 441, 444, 448, 451

체언   12, 14, 38, 45, 59, 98, 193

체언+가/고   255

체언+구(고)나(낭)/로구(고)나
   (낭)   454

체언+ㄴ디   150, 152

체언+네/이네   197

체언+다/우다+게/겐   59

체언+다/이다+이   53

체언+다/이다+이/게/겐   68

체언+라/이라+마씀/마씸   38

체언+라낫/이라낫   12

체언+마씀/마씸   202, 304

체언+메/이메   174

체언(모음)+ㄹ꼬   266

체언+ㅂ네다   230

체언+ㅂ데가/ㅂ데강   311

체언+ㅂ데다   232

체언+ㅂ주/ㅂ주기   240

체언+심/순   341

체언+양   45

체언+옵+네다   249

체언+우께/우껭/우껜   220

체언+우다   216

체언+주/주기·이주/이주기   193

체언+카/코   288

체언+카/코+마씀/마씸   307

축약형   135

ㅋ

-카/-코   288

-카마씀/-카마씸··-코마씀/-코마
   씸   306

-커/크/키-   20

-커라/-크라   173

-켕/-켄   125

-쿠-   21

-쿠가/-쿠강··-쿠과/-쿠광   329

-쿠껭/-쿠껜   128

-쿠다   224

-쿠뎅/-쿠뎬   127

ㅌ

탈락   39, 96, 102, 120, 158, 164,
   177, 181, 188, 355

탈락/생략   77, 79

ㅍ

파생어   35

평서형   377

평서형종결어미   19, 22, 23, 31, 38,
   39, 42, 43, 51, 52, 54, 63, 65, 66,
   68, 97, 168, 170, 172~174, 177,
   183, 188, 189, 190, 193, 197, 200,
   204, 211, 216, 219, 224, 225, 230,
   232, 235, 240, 244, 249, 251, 252,

298, 414, 428

표기법 356

표준어 53, 92

품사 32

피동사 381

피동형접미사 187, 347, 361, 365, 374, 398, 406, 415, 420, 426

ㅎ주체 398, 405, 414, 438

ㅎ서체 346, 371, 374, 376, 388

ㅎ주체 398, 418, 426, 431, 433, 434, 444

ㅎ

합성태(合成態) 128

현재진행완료형 235

형용사 14, 23, 40, 47, 54, 60, 68, 70, 72, 80, 92

형용사어간 150, 152

형용사어간+는가/는고 264

형용사어간+니 275

형용사어간+저 191

형태론 38

형태소(形態素) 37, 52, 77, 133, 420

호격조사 461

활용어미 32, 45, 55, 116

회상시제(回想時制) 15, 34

회상시제 선어말어미 460

ㅎ(ㅎ다)+연가/연고 300

ㅎ라체 346, 353, 354, 355, 357, 360, 361, 382

■ 고 재 환

1937년 제주 출생
성균관대학교 국어국문학과 졸업
성균관대학교 대학원 국어국문학과 문학석사/박사
제주교육대학교 국어교육과 교수·명예교수
제5차교육과정 초등학교 국어교과서제작 협의연구위원
한국세시풍속사전 집필위원
『제주도지』·『제주어사전』 편집/집필위원
제주도문화재위원
제주특별자치도 제주어보전육성위원회 위원장
제주도문화상 <학술부문>, 황조근정훈장

『제주도속담연구』(집문당, 1995), 『제주속담총론』(민속원, 2001), 『제주속담사전』(민속원, 2002), 『제주의 민속Ⅲ』공저(제주도, 1995), 『제주의 전통문화』공저(제주도교육위원회, 1996), 『우도지(牛島誌)』공저(우도지편찬위원회, 1996), 『제주도지-제7권-』공저(제주도, 2006), 『제주인의 혼불』공저(각, 2006), 『제주어사전』 공편저(제주특별자치도, 2009) 외 다수

개정판

제주어개론 하권

2011년 9월 9일 초 판
2013년 3월 5일 개정판

지은이 고재환
펴낸이 김흥국
펴낸곳 도서출판 보고사

책임편집 이유나
표지디자인 윤인희

등록 1990년 12월 13일 제6-0429호
주소 서울특별시 성북구 보문동7가 11번지 2층
전화 922-5120~1(편집), 922-2246(영업)
팩스 922-6990
메일 kanapub3@chol.com
http://www.bogosabooks.co.kr

ISBN 978-89-8433-935-4
      978-89-8433-933-0 94710(세트)
ⓒ 고재환, 2011

정가 30,000원